地铁车站机电装修综合施工技术

广东省工业设备安装有限公司科技专著编写委员会　编著

华南理工大学出版社
SOUTH CHINA UNIVERSITY OF TECHNOLOGY PRESS
·广州·

图书在版编目(CIP)数据

地铁车站机电装修综合施工技术/广东省工业设备安装有限公司科技专著编写委员会编著.—广州：华南理工大学出版社，2023.5

ISBN 978-7-5623-7122-9

Ⅰ.①地…　Ⅱ.①广…　Ⅲ.①地下铁道车站-机电工程-工程施工　Ⅳ.①U231.4

中国版本图书馆CIP数据核字(2022)第147015号

Ditie Chezhan Jidian Zhuangxiu Zonghe Shigong Jishu

地铁车站机电装修综合施工技术

广东省工业设备安装有限公司科技专著编写委员会　编著

出 版 人：柯　宁

出版发行：华南理工大学出版社

（广州五山华南理工大学17号楼，邮编510640）

http://hg.cb.scut.edu.cn　E-mail：scutc13@scut.edu.cn

营销部电话：020-87113487　87111048（传真）

责任编辑：刘　锋

责任校对：王洪霞

印 刷 者：广州一龙印刷有限公司

开　　本：787mm×1092mm　1/16　**印张**：22.75　**字数**：497千

版　　次：2023年5月第1版　2023年5月第1次印刷

定　　价：88.00元

广东省工业设备安装有限公司科技专著编写委员会

本书编写委员会

主　　任：陈　鹏

副 主 任：徐　刃　曾勇泉

主　　编：詹崇业　田炳权

副 主 编：黄　文　萧若霓

编　　委：陈正华　岑荣威　黄桂红　江桂焕　肖胜强

李远辉　侯震方　李颂华　叶　明　何文杰

李振稌　罗传文　李存福　卢桂鹏　潘俊峰

郑文勋　方　圆　张梦玲　方观伟　张　欣

刘志宇　彭小坤　林梓玮　林嘉威　孙向辉

丁创锐　文　航　黎金友　乐家欢　闫镇淮

本书审定委员会

主　　任：陈友明

副 主 任：莫道远　于文杰

委　　员：黄建麟　赵艳文　陈　胜　袁怀龙　何伟年

徐小明　陈亮清　李金河　庄新雄　何　康

序

传承与创新，是国家与社会发展的关键，也是企业发展的强大引擎。广东省工业设备安装有限公司作为华南地区的机电安装行业龙头企业，从广州地铁开建之初，就投身其中，秉持传承与创新并举的精神，凭着雄厚的技术、精良的工艺和优质的管理，不断取得业主与同行的认可。随着地铁项目在全国各地越来越多，“广东安装”的品牌也随之遍地开花。

广东省工业设备安装有限公司始终坚持以习近平新时代中国特色社会主义思想为指导，深入学习领会习近平总书记关于科技创新的重要论述，将科技创新作为企业发展的重要动力，坚持科技兴企、科技强企的发展战略，不断加大科技创新投入，重视科技人才培养，加快科技成果转化，科技创新能力得到较大提升。经过二十多年的辛勤耕耘，广东安装公司在地铁项目实施领域不断积累与创新，收获了众多优秀业绩。

地铁项目技术要求高、专业接口多、组织管理复杂，本书所述的各项管理程序、施工方法、技术措施和工具设施等，都是项目管理团队智慧的结晶，希望可以为地铁项目建设的管理者和技术人员提供参考和帮助。

2023 年 2 月

前　言

自20世纪90年代以来，国家不断加大轨道交通的建设。目前，我国已有近40个城市开通地铁，运营里程超过8000千米。在世界各城市地铁运营里程排行榜上，中国包揽前四，总数遥遥领先。

地铁车站机电与装修工程的技术要求较高，涉及的专业多，综合性强，与轨道交通的其他专业存在大量的配合协调工作。本书以广东省工业设备安装有限公司以往实施的项目为依托，按项目实施的生命周期，分专业顺次展开，从安全、质量、技术、工艺和现场管理与协调等各方面进行阐述，全面系统地阐明各项管理、专业技术的内容、流程、关键环节、常见问题及措施等。这些措施和技术都是在项目中经过实践检验并成功应用的，具有代表性、实用性和针对性。

这些技术的推广应用，有利于加快工程的建设进度，帮助企业获得良好的经济效益、社会效益和环境效益。

我们希望通过本书与广大项目管理者和技术人员互勉，增进学习交流，激励我们在瞬息万变的时代里攻坚克难，在不断的创新中实现新的更大辉煌。

在此，衷心感谢各位奋斗在一线的项目管理者和工程技术人员，谨以本书向各位致敬！

编委会

2023年2月

目　录

1 概述

近年来，伴随着我国社会经济的快速发展，我国的城市轨道交通进入了前所未有的发展阶段。当前是城市轨道交通建设高速发展时期，为了让城市建设与现代化生活节奏相适应，对城市轨道交通的建设要求也越来越高。城市轨道交通建设的质量以及在实践中的应用效果，将会直接影响现代城市规划和建设的效果。在城市轨道交通的建设和发展过程中，离不开机电设备安装工程与装修这极其重要的一环。城市轨道交通机电设备安装工程一般包括通风系统、给排水及消防系统、动力供配电系统及照明系统、火灾自动报警系统、综合监控系统等专业。城市轨道交通装修则属于建筑装饰工程技术专业类别，主要包含车站设备区与车站公共区装修。

1.1　我国城市轨道交通的建设现状及发展趋势

1. 城市轨道交通的建设现状

我国城市轨道交通，经历了50多年的发展，逐渐形成了城市中心区采用地铁、轻轨，城区与郊区及卫星城间采用市域铁路，即“内轨外铁”的布局模式，构成城市轨道交通网络的基本骨架。

根据中国轨道交通发展过程中的行业引导政策，中国城市轨道交通的发展过程可以分为3个重要的阶段：严格控制(2003年前)、规范发展(2003—2018年)和优化发展(2018年以后)。2018年以后，我国城市轨道交通进入优化发展阶段，规模化、结构网络化、标准多元化、装备智能化、技术自主化趋势凸显。目前，国内城市轨道交通已经形成了包含地铁、轻轨、有轨电车、单轨、悬磁浮交通等多种制式的城市轨道交通体系。其中地铁是首位的交通方式，城市有轨电车和轻轨快轨位列其次。至2021年9月30日，我国城轨交通运行线路长度增长至8553.4千米。我国城市轨道交通已经提前完成了“十三五”发展规划的目标，为“十四五”期间由高速发展向高质量发展的转型奠定了良好基础。“十四五”期间，全国已有67个城市的城轨交通线网规划获批，计划新增运营里程3000千米。目前，我国运营线路规模、在建线路规模和客流规模均居世界第一，我国已成为名副其实的城轨大国，城轨交通迈入了规模化、智能化发展的新时代。

2. 城市轨道交通建设的整体发展趋势

21世纪以来，具有节能、快捷和大运量特征的城市轨道交通建设受到众多城市的关注。城市轨道交通是采用专用轨道导向运行的城市公共客运交通系统，包括地铁系统、轻轨系统、有轨电车、单轨系统、自动导向轨道系统、市域快速轨道系统和磁浮系统。畅通、高效、可靠的交通出行不仅是出行者选择出行方式的基础，更是城市交通管理者追求的目标。城市轨道交通凭借快速、便捷、安全、运量大和运输效率高等特性，成为城市公共交通的重要组成部分。在中国已经运营轨道交通的城市中，越来越多的居民选择乘坐轨道交通出行。

综合来看，我国城市轨道交通的建设呈现以下3种发展趋势：

(1)规模不断增大。随着经济发展，城镇化速度不断加快，城市交通系统建设的主体也越来越侧重于公共交通系统，一些二、三线城市纷纷上马地铁项目。特别是东部沿海区域，城镇化率不断增高，某些地区由于城市体制的改变，致使城市市区规模越来越大，城市轨道交通需求增大，城市轨道交通规划的范围、延伸的里程已覆盖了城市和乡镇的大部分区域，为城市轨道交通发展注入了新的活力。

(2)多元化的发展态势。城市轨道交通不单单发展地铁，也加快了轻轨的建设速度。科学技术的进步，使不同类型的轨道交通进入并行发展时期，呈现多元化发展态势，并开始注重轨道交通与城市环境的协调发展。

(3)技术成熟化、智能化。“互联＋轨道交通”的深度融合趋势，云计算、大数据、物联网等新技术正将城轨交通推向安全高效的自动化与智能化运行轨道，更好地惠及民生福祉并推动经济社会的发展进步，城轨交通变得更加智慧、便利、高效。

1.2 城市轨道交通机电安装工程与装修专业概述

城市轨道机电设备安装与装修工程离不开各种专业性人才。为了保证机电设备安装与装修的质量，对安装及装修人员的综合素质和专业性要求也越来越高，操作人员不仅要有非常扎实的专业理论知识作为基础，而且要具有非常良好的实践操作能力。与此同时，机电安装工程与装修必须与现代科学技术进行有效结合。这样不仅有利于从根本上保证机电安装与装修的质量，而且能够为城市轨道交通在后期运行过程中的安全性和稳定性提供保障。

1. 城市轨道交通机电安装专业概述

城市轨道交通工程是一个技术密集、资金密集、专业门类复杂的大型市政工程。城市轨道交通工程的构成，除了车站和区间的土建结构、建筑装修等主体外，还有机电设备安装工程。城市轨道交通机电安装工程涉及专业众多，包含车站机电设备安装和专业系统设备安装两大部分。车站机电设备安装包含给水排水及消防工程、动力与照明工程、通风空调工程、火灾自动报警系统、综合监控系统。专业系统设备安装包括供电系统、通信系统、信号系统、屏蔽门系统、自动扶梯系统等。

(1)给水排水及消防工程。该专业分为给水工程和排水工程。城市轨道交通给水工程提供地铁运营所必须的生产、生活、消防用水，保证地铁的安全。给水排水及消防系统以城市自来水为给水水源。在车站两端设置接驳市政永久给水系统的水表井，水表井内分别设置生产、生活给水用表及消防给水用表，其中生活、生产给水系统从引入管上接出给水管后在车站呈枝状布置。水消防系统则从车站两端引入管上各接出给水管后在站厅、站台层连通，使车站消防水管形成环状供水管网。地下车站排水工程的基本任务是收集排出生产、生活、消防等产生的废水、污水及地下结构渗漏水、雨水等。排水方式主要有4个独立系统，通过站厅、站台的地漏等汇集至车站端头废水池再由排水泵接入市政排水管道；污水由下水管及排水泵提升排入城市污水管道；雨水汇入集水井提升至市政排水管道；地下结构渗漏水汇集于集水池由泵提升排出车站。

(2)动力与照明工程。地铁车站的动力照明配电是地铁车站建设的重要组成部分，车站的动力照明的系统安全、稳定运行对车站的正常运行有着重要的影响。车站的供配电系统范围主要包括从变电所配电变压器后的低压柜及变电所交直流盘馈出的电缆头至车站的动力、照明、通信、信号等用电设备。车站低压配电系统采用380V三相五线制、220V单相三线制方式供电。系统范围大致包括站台层、站厅层和设备及管理用房的环控、排水、消防、电梯、自动扶梯、自动售检票及通信、信号、站控室等系统动力设备的供配电和车站环控室所供配电设备的电控控制。根据用电设备的不同用途和重要性，车站用电负荷分为三级。为了方便对机电设备的供电管理和控制，对不同的设备的供电分为由车站低压配电所直接供电和低压配电所供电到环控电控室之后再由环控电控室对环控设备供电。站台层和站厅层的照明主要由一般照明和应急照明构成。站台、站厅每个分区的照明都由两路电源提供，分为6～8个支路，交叉配电。在运营高峰过后可以停掉一部分支路，以便于节约照明用电。设备房间可由单独回路供电。

(3)通风空调工程。城市轨道交通车站的站厅、站台层公共区是乘客活动的主要场所，也是环控系统空调、通风的主要控制区。地铁通风空调系统一般分为开式系统、闭式系统和屏蔽门式系统。根据使用场所不同、标准不同，又分为车站通风空调系统、区间隧道通风系统和车站设备管理用房通风空调系统。城市轨道交通通风空调系统的组成实际上与各地下车站功能区的划分密切相关，其中还必须兼顾到安全性考虑如防排烟系统的设置问题。不管是站台加装了屏蔽门的屏蔽门系统还是通常所说的闭式系统，车站内部的通风空调系统均可简化为5个子系统：①公共区通风空调兼排烟系统(简称“大系统”)；②设备管理用房通风空调兼排烟系统(简称“小系统”)；③空调冷冻水系统(简称“水系统”)；④车站轨行区排热系统；⑤区间隧道通风兼排烟系统。另外，还有空调冷却循环系统。

(4)火灾自动报警系统。地铁的火灾自动报警系统设计复杂，切除非消防电源联动的实现并不是直接由火灾自动报警系统来实现的，而是不同专业分别进行设计，然后与火灾自动报警系统通过不同的接口形式来实现联动功能。地铁的火灾自动报警系统(FAS)采用两级管理、三级控制的系统构成方式，整个系统构成由中央级、车站级、就地级三级控制，完成控制中心级、车站级两级管理。一般由火灾触发器件、火灾报警控制装置、火灾警报装置以及火灾联动控制装置四部分功能装置组成。

火灾发生时，燃烧所产生的烟雾、温度变化和热辐射等物理量信号被火灾触发器件转换成电信号输入火灾报警控制器，之后火灾警报装置以声、光、音响等方式向报警区域发出火灾警报信号，并记录、显示火灾发生的时间和位置，同时火灾联动控制装置启动自动喷水灭火系统、室内消火栓系统、管网气体灭火系统等各种消防装置。通过火灾自动报警系统可以有效指挥人员疏散、控制火灾蔓延及发展。

(5)综合监控系统。综合自动化监控系统主要是通过集成多个主要弱电系统，形成统一的监控层硬件平台和软件平台，从而实现对地铁主要弱电设备的集中监控和管理功能，实现对列车运行情况和客流统计数据的关联监视功能，最终实现相关各系统之间的信息共享和协调互动功能。综合监控系统的服务对象为各车站和车辆段/停车场值班员、控制中心各调度员。通过综合监控系统的统一用户界面，运营管理人员能够更加方便、更加有效地监控管理整条线路的运营情况，提升自动化水平，提高地铁的安全性、可靠性和高响应性。综合监控系统采用两级管理、三级控制的分层分布式结构，两级管理分别是中央级和车站级，三级控制分别是中央级、车站级和现场级。控制中心通过主干网络汇集所有车站级监控系统的信息。综合监控系统采用集成和互联方式，并将电力监控、环境与设备监控和站台门控制等系统集成到综合监控系统，同时将广播、视频监控、乘客信息、时钟、自动售检票、门禁等系统与综合监控系统互联，也可互联防淹门、通信系统集中告警等监控信息。

2. 城市轨道交通装修专业概述

城市轨道交通车站的装修定位，造就了风格各异的车站装修形式。随着技术与材料的发展，相较于传统车站质朴简单的装修形式，新建车站的装修风格更趋于多样化。优质的装修设计，能够提高建筑的艺术感和美感，提升人们的舒适度，增添建筑的活力。城市轨道交通装修主要包含车站设备区与车站公共区装修。设备区主要包括各种设备用房、风道、员工通道及紧急疏散通道等，是地铁设备运行管理和车站地铁运营员工的办公区域。车站站厅、站台、通道、出入口为乘客进出站及候车区域，可称为地铁车站公共区。

(1)车站公共区装修。地铁车站公共区装修涵盖车站站厅、站台、出入口通道或天桥通道、地下站，还包含四小件、与商业结合的车站商铺基础装修等，车站乘客行经区域可视范围的顶面、地面、墙面、动力照明、共有元素、导向、安全疏散及其他装修内容。公共区地面装修应采用耐磨、防滑、易清洁材料，一般采用石材地面。地铁车站的吊顶设计应满足质轻、牢固、防火、防潮、防腐蚀、美观、易于安装的要求，一般采用铝合金板。地铁车站公共区域对于装修的特定顺序有严格的要求，需要施工队对标高进行严格把控，使得地面、墙面以及天花标高实现顺利对接，以此达到地铁车站公共区装修工艺的最佳要求。

(2)车站设备区装修。车站设备区一般位于站台层、站厅层的两端，称作大、小端。设备区主要包括各种设备用房、风道、员工通道及紧急疏散通道等，是地铁设备运行管理和车站地铁运营员工的办公区域，可称为地铁车站设备区。设备区装修风格相对简单，装修材料一般以铝合金、乳胶漆、水泥砂浆、瓷砖、静电地板为主，装修风格以实用为主，力求简单舒适，其装修定义为设备区装修。

1.3 城市轨道交通机电安装与装修项目的特征及问题

城市轨道机电设备安装与装修项目具有建设规模大、投资高、施工复杂、安全风险高、质量控制标准严、不可预见因素多、协调难度大以及“四新”不断出现等建设特点。机电安装与装修项目是一种繁琐的工作，既要安装机电装备及装修，还要与其他项目相协调及搭配，方可确保机电装置安装及装修的高效性。从机电装备的安装、调试至运行直至装修项目结束，均需要专门的工艺技术及严格的管理，方可保障机电安装与装修的合理性，而且保障其可靠运转及满足美观性需求。在机电安装与装修阶段，许多新工艺及新技术均得到了广泛使用，由此针对产品的装配与检测方法也提出了较高的要求，为确保机电安装与装修效果，需要进一步创新安装与装修技术及产品，方可迎合机电安装与装修技术进步的趋势。在机电安装与装修项目的验收环节，相较于其他工程有更为严格的要求，其要求经过检验、验收、质量评价等环节。

1. 城市轨道交通机电安装项目特征

(1)机电设备安装的外部协调事项众多。机电设备安装大都是在土建项目完工或具备一定的安装条件后才能开始。在安装施工前，需要对土建结构、隧道进行实地勘察和分析，对施工过程中可能出现的位置偏差进行测量复核，以确保土建结构的尺寸，位置符合设计要求。机电安装工程与公共区装修及房建工程同时进行，需要从工期节点、施工工序、现场安全文明施工等方面协调配合管理。

(2)机电设备安装专业性强。地铁工程设备种类繁多，管线错综复杂，常会出现同一区域存在多个专业同时施工。这就需要属地管理方〔一般为机电、装修单位〕有专业的工程组织协调小组，对地铁下的装修工程、机电工程及其他系统单位工程(如强电、通信、信号、BAS、FAS、屏蔽门，轨道工程、电扶梯、人防工程等)进行合理协调。采用站长负责管理方式，对每一个区域制定负责管理人员，一般由工程技术人员担任。为了方便综合布线施工，需要及时对各个专业的路由和施工进度进行沟通和调整，防止各专业之间出现交叉影响问题。另外对动力照明，通风空调，给排水(含消防)等专业分别设置专责技术人员，从专业角度制定施工方案，综合考虑各专业施工顺序，实行流程化管理。

(3)与主体接口多、综合管线复杂。地铁常规机电安装是一个复杂的过程。地铁机电设备的安装过程中，与主体结构之间的接口多。地铁机电设备中的专业管线较多，因为处于地下空间，专业管线都呈集中排布的状态，需要综合平衡技术进行排布，施工作业难度大。

(4)智能化程度高，调试难度大。城市轨道交通工程采用先进的材料设备及控制系统，且机电系统多、控制点多。在设备及系统完成安装后，均要求进行深度全面的调试工作，以尽可能早发现存在的问题，因此调试工作量大，质量要求高。

(5)施工风险关联性大。机电安装过程中电焊、切割甚至吸烟等火源较多，火灾风险较大，全线隧道贯通使得所有区间和车站在空间上连成一体，原来相对独立的施工风险就具有相互关联性。

2. 城市轨道交通装修项目特征

(1)点多面广。国内城市轨道交通站装修工程，按线路分标段进行施工招标，一个标段通常由几座相邻车站组成。根据主体结构完工时间和现场实际情况，车站的开工时间不统一，交工时间相同，并按时间段、工期节点给出装修工作面。一个标段的几座车站同时或相继开始施工，工作面较为分散，作业面间跨度大。且装修涉及二次结构、装修、防水、钢结构、绿化、广告灯箱、导向指示等内容，涉及面很广。

(2)材料性能要求高、用量大、供货周期长。城市轨道交通站装修对材料特性要求较高，主要体现在安全性、耐久性、环保性、先进性等方面，从而也造成了材料成本的提高。涉及面广，用量大。市场上专业生产厂家较少，个别厂家处于垄断地位，供货周期也相对较长。

(3)材料组织困难。地铁车站主体结构位于地下，这就决定了其施工环境较为特殊，再加上其施工所涉及的领域、系统多且复杂，因此其装修施工过程中对材料的组织要求相对较高。特别是站台层，其施工区域位于地下二层，如果遇到换乘站还会有地下三层，并且都没有专门的运输设备，这就决定了在进行后期装修施工时，材料、设备的运输调配只能采用人工搬运的方法进行，费时费力且效率低下，材料组织困难。除此以外，地下车站空间有限，限制了材料存放的数量，因而需要多次组织材料运输转运，难度大、时间长、效率低。

(4)装修成品保护难度大。装修工程包括了车站的设备区、公共区及地面以上部分，工作量大。与多家施工单位和多个专业都存在交叉作业，装修成品保护难度大。

3. 机电安装与装修项目常见的共性问题

(1)设计单位之间难以统筹协调。总体设计可能由于种种原因对机电设备安装与装修工程各专业和其他相关专业、设计单位在联控、平衡、协调能力等方面考虑不到位，导致土建设计、装修深化设计与系统设计接口存在严重偏差。城市轨道交通工程机电设备安装与装修工程施工各个部分的专业强，不同的施工部位有专门的设计单位。众多设计单位的参与，导致施工单位与设计单位沟通起来较为困难，难以采取统一、有效的方法进行协调、统筹，最终致使机电设备安装与装修中的很多问题无法及时、高效地解决。

(2)施工单位间难以协调、配合。城市轨道交通各个专业施工次序及交接标准问题。城市轨道交通建设涉及建筑装饰、机电安装工程，是多功能、多专业的综合性公共交通工程，包括土建、机电、装修等多专业项目施工，专业工种交叉作业频繁，各施工单位之间的配合协调要求高。

(3)施工工期紧。各站点因站前土建施工主体完成的时间和场地移交时间不一，造成机电设备安装与装修交叉干扰大，同时，施工边界条件较为复杂，对工程的总工期和各关键工期形成限制条件。且实现工期目标涉及多方因素，要面对劳动力因素、材料供应、设备保障、技术方案、多方协调、资金保证、进度管理等问题，需要制定好相应的保证措施，合理调配施工资源，做好各作业面之间的配合施工，抓好关键工序的施工，才能最终实现整个工期目标。

(4)施工环境复杂。地铁常规机电设备安装及装修工程在地下进行，属地下工程，所以施工环境亮度较差，场地比较窄小，地面可占用的面积小，环境湿度大、通风差。由于公共交通系统的功能需要，地铁施工场地大多处于城市交通繁忙的地带，对于工程施工秩序的控制就显得更加困难。

(5)安全问题。施工所处的环境复杂、场地狭窄，其出入口均与地面交通网络相连接，地面可占用的面积小，进、出地铁站不易，对运输车辆管理和控制非常严格，对材料、设备的进场和吊装非常不利，危险因素多。城市轨道交通工程中存在高空作业，搭设脚手架及施工操作中安全要求高。因此需要施工过程中加强安全质量管理，严格执行。

2 项目实施准备及现场管理措施

车站机电及装修项目实施策划工作，是保证工程顺利连续施工的重要前提，是一项有计划、有步骤、有阶段性的工作，它贯穿于机电设备安装及装修项目的全过程。车站机电及装修项目实施过程中涉及外部协调管理、地盘属地管理、地盘标准化管理、成品保护管理等，直接影响到项目实施效果，是重要的项目管理控制要点。

2.1 项目实施准备

2.1.1 施工技术准备

(1)参与图纸会审、了解设计内容及设计意图。图纸会审的内容如表2－1－1所示。

表2－1－1 设计图纸会审内容

序号	内 容
1	设计是否符合国际、国家的有关技术标准、法律法规
2	设计采取新工艺或特殊技术的可行性，在技术、装备上能否保证施工
3	设计采用的特殊材料和新设备、新材料，目前市场上在品种、数量和质量上能否满足要求
4	设计的各个系统是否完整，有无系统性的缺漏
5	建筑、结构与安装之间，设备、管道、电气、通风的安装和装修之间有无重大矛盾。特殊工艺的质量要求是否明确
6	所有施工图和技术资料、文件是否齐全，有无缺图，设备表、材料表等是否资料齐全，有无矛盾
7	专业图之间、图与表之间相应规格、型号、标号、材质、数量、坐标、标高等重要数据是否一致，图纸的主要尺寸是否标注清楚，有无矛盾
8	土建预留孔洞、预留件的规格、坐标、标高和数量是否符合专业施工要求，管沟、电缆沟的坐标、标高，设备基础是否与土建图一致
9	各种室外管道、电缆电线与室内各专业图进出衔接是否一致，分界地点是否明确，室内外规格、坐标、标高是否一致
10	确保设备、管架、电缆电线支架不破坏建筑物的强度，不破坏建筑物的美观，不与其他专业分包工程发生位置冲突
11	在图纸会审时，由设计院有关设计人员向施工技术人员进行设计交底，施工技术人员在理解设计意图时，进一步把握所需要的设计参数，以便实施时更好地把握施工布置，提高机电调试时的质量及效率

(2)收集及掌握必需的技术资料。熟悉和工程有关的技术资料，如：施工及验收规范；技术规程；质量检验评定标准；材料设备供应商提供的随机资料，包括设备安装说明书、产品合格证、试验记录数据、检测报告、设备接线(管)图、安装详图等。

(3)编制工程实施需要的技术文件。在全面熟悉施工图的基础上，依据图纸及施工现场情况及机电安装单位的技术力量，综合做出合理、科学的施工组织设计、质量计划及专业施工方案、进度计划等，并报各部门审批。特别是重点难点的关键施工技术和工艺，应请相关专家进行专题技术论证。

2.1.2 项目组织策划

1. 组织设备、材料以及施工机械入场(表2-1-2)

表2-1-2 设备、材料及施工机械入场制度

序号	制 度
1	按工程需要，编制详细的机具、材料采购入场计划。计划表分总表及月度进场表、分期进场表，清单内容包括产品厂家、品名、技术规格、价格、样品
2	根据施工方案组织机具的调配和材料采购工作，并有计划地组织机具和材料进场
3	非机电安装单位进货的材料设备，列出采购清单交由相关方，计划内容需要包括材料设备的名称、规格、单位、数量、技术要求、要求进货时间、进货地点等
4	组织材料进场时，应预计材料采购周期及设备生产周期，材料设备的选择要考虑安全和经济技术等指标，材料的入场应结合交通管理部门的要求进行安排

2. 成立项目管理部及组织劳动力入场

按照机电安装单位的投标文件的管理架构，组建项目管理机构；按工程实施的紧张情况、施工方案及进度计划，有计划地组织施工工人进场。选定的施工技术人员保证经验丰富、技术精湛，满足工程实施的需要。

3. 编制有针对性的工地管理制度

项目部依据国家及省市、公司有关规定及管理文件，针对工程的特殊点和业主现场管理制度，单独编制各项管理制度。实施对整个工程各方面强制性管理。这些制度包括但不限于表2-1-3所列内容。

表2-1-3 工地管理制度

序号	制度
1	《项目部工程质量管理制度》
2	《项目部工程进度管理制度》
3	《项目部工程验收管理制度》
4	《项目部技术管理制度》
5	《成品、半成品保护制度》
6	《安全施工管理制度》
7	《文明施工管理制度》
8	《施工环境保护管理制度》
9	《施工质量通病防治管理制度》
10	《工地防火管理制度》
11	《工地高处作业安全管理制度》
12	《施工机械管理制度》

4. 临时设施布置

根据地铁工程作业站点多且分散、管理跨度大的特点，临时设施的布置应以满足工程施工管理需要为原则。可按照项目站点的分布情况，在合适的位置设立一个项目主驻地，其他各站点设立分驻地，分驻地可使用集装箱等较灵活、简易的管理用房。

5. 组织施工人员的培训及教育

施工前，将针对本工程质量、安全、技术特点对项目部实施技术培训，使施工人员对设计图纸、施工组织设计、质量计划、施工工艺等技术文件有较全面的了解，以便科学地组织施工，按合理的施工程序进行作业，落实技术文件中的质量标准和技术要求。培训内容包括但不限于以下内容：

劳动卫生、施工安全知识、施工质量知识、质量通病防治知识、应急事故处理知识、公司工地管理制度、创优工程实施知识、新材料应用及其工艺、新机具使用等等。除必须在入场前进行，教育培训可分期分批进行，每次均应进行考核，考核合格后才准予进行施工，对不合格者，离场另行培训处理。

对需要持证上岗的作业人员(焊工、电工、起重工等)，必须严格管理，严禁现场无证人员代替有证人员进行作业，确保施工质量及施工安全。

6. 安全质量施工交底

向施工技术人员和施工班组进行安全、技术、质量交底，使施工组织设计、质量计划及专业施工方案有效地起到指导施工全过程的作用；交底内容应符合设计要求及有关施工及验收规范的要求，特别对施工难度较大的，容易出现质量、安全问题的地方，更应重点进行交底；对施工过程中易出现的施工质量通病，采取一些有效措施进行防范及整治，应重点交底，确保工程实施时，尽可能杜绝质量通病。

7. 协助业主进行报装、报建工作

工程合同签订后，立即协助业主进行报装、报建工作，以确保工程实施顺利展开。报装工作内容包括质量安全监督申报、消防报装、环保报装、防雷报装、技防报装等。报装工作安排专人跟进，负责收集施工图、施工组织设计、红线规划图、开工许可证、申请表等资料，并随时与质监站、公安消防队、公安技防处、劳动局、技术监督局、环保局、防雷办等政府有关职能部门联络。机电安装单位各部门也将全力配合协助此项工作，确保各机电项目的报装工作快速及时完成。

2.2 外部协调管理

组成综合协调管理小组，负责综合协调和管理进入站区的各专业的施工及各工序的合理安排，以保证各单位安全、文明、有序地施工。

2.2.1 外部接口协调管理

根据施工计划网络图，应密切注意与其他施工单位的配合，通过召开接口例会等会议，形成纲领性文件，严格执行。合理解决施工的先后顺序，确定施工的合理衔接，避免出现停工、窝工、返工现象。合理安排时间，以确保安全质量和施工进度齐头并进。

1. 与业主、监理、设计院及政府部门协调关系

施工配合协调是工程管理的一个重要内容，是决定工程是否顺利进行和确保工期的关键因素之一，同时也是确保工程施工质量的重要环节。施工配合协调涉及各方面，重点要做好下面几项工作。

1)加强与业主、监理的协调

质量第一、用户至上是我们的施工宗旨，把业主期望的工期和工程质量作为核心，24 小时随叫随到提供优质服务是我们的行动，理顺与业主、监理等各方面的关系。在严格遵守合同条款的前提下，在图纸深化、场地使用，临时电用量、施工进度、完成工期、安装质量、产品保护、整体协调等各方面处理好与业主代表、监理工程师的关系，也是保证工程顺利实施的关键之一。在工程施工过程中，密切配合业主代表和驻场监理的工作，并与其建立良好的工作关系，为业主、监理排忧解难，

同心同德，确保承建的整体工程顺利完成。

2)与设计单位密切联系

施工图纸是工程施工最原始的依据，施工图纸的合理及完整与否直接关系到施工能否正常进行。对设计而言，应尽早确定设计方案，明确各种设备选型、材料样板以及各个细部的做法。设计修改和变更，一定要快速出图，积极、主动和设计单位沟通、配合，及时反馈施工信息到设计院，协调设计院做好施工图的细化。设计工人保证施工图纸的修改和有关变更能及时顺畅送达，避免因设计与施工的配合不佳拖延时间，从而影响整个工期。

3)获得有关政府部门支持配合

工程的施工涉及公安消防、供电供水、技监质检、市政城管、劳动局等政府行政部门，公司发挥本地施工的优势，积极、主动、协调好对外关系，自觉接受政府有关部门的监督和指导，排除干扰，按有关规定及时办理水电、消防以及环保等各方面的报装报建、竣工验收手续，进行程序化、规范化施工，确保工程施工顺利进行。

4)与属地周边相关方的协调

基于地铁工程的特点，施工过程中要处理好属地周边相关方的关系。施工吊装、运输及施工噪声等涉及影响周边的作业要积极做好协调沟通工作，避免由于沟通不畅造成的纠纷及争执，确保工程顺利实施。

2. 与土建工程的交接与协调

土建结构工程交接顺利与否直接影响后续安装和房建工程的施工。搞好与土建施工单位的协助配合，分清遗留问题的责任，并尽早定出处理方案和意见，这是工程施工工期和质量的有力保证。

1)施工场地

工程进场需与业主、驻地监理一起，尽快进行施工场地的接收。根据土建单位实际情况可采取一次性移交或者分部、分批的逐步移交方式。施工临设用地，施工用水、用电接口应尽早接收，以便施工现场搭设临设、临时用水用电以及必要的对外通信设施。另一方面，作为安装、房建施工人员、材料、小型设备进出的施工通道也须及早落实解决。

2)结构移交

车站结构(包括出入口、风亭)进行移交时，应注意协调解决好以下问题：

(1)结构几何尺寸和标高。车站内的施工场地，包括车站坐标控制点和水准点，重点复测站台、站层板的标高，站台边线位置。站台、站厅层公共区的净空尺寸，车站内梁、柱的位置、尺寸偏差，人行梯级的尺寸偏差、风、水、电系统预留的孔洞，接地电阻测试，井口的位置、尺寸偏差以及对照图纸检查预留孔洞井口的数量是否相符。有条件的情况下可采用三维激光扫描技术记录结构实际数据。

(2)漏水检查及措施。对于地下车站工程结构渗漏的问题尤为重要。在移交时，对车站的底板、顶板和侧板进行详细检查，发现问题及时记录在交接报告中，积极与土建联系协调解决。

(3)未完工土建工程作业协调。如果土建施工单位未能如期完成部分土建结构工程(如车站出入口、风亭、盾构施工影响部分土建结构)，应针对部分房建和安装工作独立安排计划，主动配合土建单位，使其能按期或提前完成剩余工作，也确保整个车站施工顺利进行。

3. 为其他承包商进场提供条件保障

(1)施工临电接口。在车站内、外设置临时配电箱，为各相关专业提供用电接口(由各承包商设置电表箱计费)。

(2)施工临水接口。在车站内、外敷设自来水管，为站内相关专业施工及站外相关专业生活用水提供接口(由各承包商独立设水表计费)。

(3)施工场地规划。在场地允许的情况下，为自动扶梯等承包商提供设备堆放周转场地，其他专业承包商提供工具房。

4. 与其他专业承包商施工的协调配合

(1)积极组织施工，为各系统承包商的工程按期进行创造条件。机电安装单位应优先安排各关键用房的施工内容，加大人、材、机的投入力度，克服专业间的交叉干扰，合理安排工序，为各系统承包商按期进场创造条件。

(2)与各系统承包商在综合管线布置方面的协调。同各系统承包商一起召开技术联络会，共同对综合管线进行确认。对综合管线图纸有不完善之处提出修改意见，提交设计单位确认。在施工工序方面按先上后下、先大后小的原则编排工序和施工计划。在管线布置方面按照“小管让大管，有压管让无压管，电气在上其他在下”的原则，合理布置各专业管线交叉。

(3)在自动扶梯施工的区域附近设置好施工临时电源。站厅、站台层两端设备区的关键设备房砌筑、装修、各类管线安装、保温、油漆等工作要按照关键工期要求落实施工完成。确保其他专业承包商能够按期进行相关设备房的安装。

(4)装修吊顶施工前通知各相关专业，确认其天花吊顶内的管线设备是否已如期施工完毕。在地面装修施工前，也按类似的办法通知相关承包商。

(5)在任何情况下，均积极配合和支持各承包商的施工和调试，并提供准确的控制回路接线、电气回路测试数据，投入相关系统配套设备运行，确保设备运行期间管道不泄漏、排水管道顺畅和通风设备良好。

(6)提供清洁的工作环境，做好施工现场的防火、防盗、防灾工作，保持施工区内空气清新、照明充足。

(7)对各系统承包商的安全文明施工成品保护的协调管理。各系统承包商进场施工前需向机电安装单位提交一份施工计划，经监理、业主同意后实施。进场时需与地盘管理承包商签订施工用水、电协议和安全文明施工协议，并交纳一定数量的押金，以确保地盘管理的各项制度得以落实执行，以确保站区的安全文明施工和成品保护工作处于受控有序状态。

5. 与甲供产品供货商的协调配合

加强与甲供产品供货商的配合和联系，在设备安装前由供货商对机电安装单位技术人员进行安装施工工艺、安装技术交底，在安装过程中对机电安装单位进行督导，并配合机电安装单位进行系统设备的调试工作。

做好与甲供产品供货设备的交接、开箱检验工作，保证设备及时到货以及质量过关。

2.2.2　外部接口协调管理保证措施

1. 作业计划的协调管理

各承包商首先编制总体安装计划进行协调，衔接总体安装计划，合并总安装计划，编制项目安装计划，划定安装时段和安装区域。按月编制月度安装计划，按周编制周作业计划和周安装计划。

总体安装计划在安装工作开始前协调。

月度安装计划在安装月前协调，要保证总体安装计划的执行。

周安装计划在安装周前协调，要保证月安装计划的执行。

作业时须遵照业主的安排和调配，且与其他承包商协商，以方便其他承包商共同使用同一场地。如有争议，业主具有最终解决争议权。

协调时，重点考虑完成的工作是否满足指定的设计要求、营运安全、便于维修及布置整齐的因素。

按照总施工进度计划制定的控制节点，组织协调工作会议，检查本节点实施的情况，制定、修正、调整下一个节点的实施要求。

由业主主持，邀请各系统承包商代表参加相关的协调会议，协调在施工中存在的需相互支持及相互配合的工程技术、工程进度、工程质量、工程管理等具体事宜，保证系统总工期目标的顺利实现。

2. 现场安全协调管理

（1）对于现场的安全事项，应与装修承包商及其他专业承包商进行详细的交底和协调，各承包商在进场前必须清楚了解现场的状况，包括但不限于如下内容：

①明确已采取的安全保护措施和必须补加的安全保护措施；

②限界要求；

③现场保安协调；

④轨行区作业计划；

⑤安全责任的分配和协调；

⑥停电和送电的程序和要求；

⑦已完工部分的保护要求；

⑧各类已完工管线的位置和保护要求；

⑨现场已有的安全围护、安全保护装置、高处作业设备的使用和保护要求；

⑩安全责任的分配和协调；

⑪紧急情况的联络人员和职责。

(2)在各现场作业区、生活区和道路范围提供足够的正常和应急照明系统。在危险部位或须提醒注意的地方设置安全警示标志。

(3)材料存储场所：

①材料存储将按要求堆码整齐、安全，确保稳固，不阻塞和侵占安全通道、交通、行人道路或其他限界；

②物料必须分类、分堆清楚，不相容的、存在火险或其他化学反应的物料禁止混存；

③各类废旧包装材料、包装容器将随产随清，不得积聚或堵塞安全通道和行人通道，保持现场的整洁，安全。

3. 协调配合措施

有计划、有条理、积极主动地做好与其他承包商在施工中的工作界面划分和协调配合工作，以保证本工程高效优质顺利完成。为保证施工进度，做好与其他施工单位的协调关系，制定如下措施：

(1)在保证总体进度计划的前提下，提前安排协调，并严格服从业主、监理工程师协调，确保工程的顺利进行。

(2)按照总施工进度计划制定的控制节点，组织协调工作会议，检查本节点实施的情况，制定、修正、调整下一个节点的实施要求。严密制定周计划，计划安排充分利用作业时间。

(3)负责主持接口协调会，邀请各系统承包商代表参加我方的工作协调会议，并且形成制度，以周为单位进行协调工作的落实，协调在施工中存在的需相互支持及相互配合的工程技术、工程进度、工程质量、工程管理等具体事宜。

(4)以周为单位，编制施工简报，向业主及监理工程师及相关部门通报工程进展情况和需要解决的问题，使有关各方了解工程的进行情况，及时解决施工中出现的困难和问题，以达到确保工程进度的目的。

(5)定期(半月)会同业主及监理工程师对工程节点、工程质量、工程进度、安全文明生产等进行检查，发现问题及时协调，并制定必要的奖罚制度，奖优罚劣，以保证施工顺利实施。

(6)在施工中主动联系其他专业和其他系统承包商共同进行图纸会审，现场调查核实接口位置和部分管线设置方案，对施工计划统一协调；必要时提请监理单位和设计单位代表参加。

(7)在项目经理部内部由项目总工主持，组织项目技术、安质、物资、工程队长在每周(需要时可每天)召开内部碰头会解决各专业之间的协调问题及与其他系统承包商的协调问题，做到人人心中有数，使工程有条不紊地进行。

因为机电工程包括的系统比较多，为保证施工进度，做好与其他施工单位的协调工作，确保施工总工期的按期完成，制定如下措施：

①按时参加接口协调配合会，服从业主对系统运行的统一调配。

②严密制定周计划，充分利用作业时间。

③随时了解各单位的施工情况，根据施工情况对机电施工计划进行调整。

④做好与土建、公共区装修、信号、供电及综合监控等安装工程的协调配合工作，避免相互间的干扰。

⑤管线综合共用支吊架安装协调：机电工程涉及大量各专业管线安装，难免会相互交叉干涉，应协调好本承包商与系统承包人之间的管线安装，特别注意不可将风管挡住扶梯吊钩，合理安排安装空间和工序。车站综合管线的深化设计由机电承包商牵头，负责对进入车站的所有专业的管线进行统筹设计，根据设计院提供的综合管线图，结合现场实际情况和装修要求，保证综合管线统一布置，满足装修效果的需要，特别是管线要尽量避开镂空吊顶位置，若无法避开则要求考虑管线的敷设整齐、统一、美观。

2.3 地盘属地管理

进入安装阶段，通常车站机电安装单位作为车站地盘管理承包商，在实施过程中负责对进入地铁车站现场施工的其他承包商进行综合协调、管理，以及监督各系统承包商。

2.3.1 地盘管理权责

1. 地盘管理者(机电承包商)职责

(1)全面负责车站的安全文明施工、总体计划等管理工作。组织协调施工场地、作业面、材料堆放等事项，做好施工现场防火、防盗、防汛以及施工临时用电、用水、接口衔接等方面的工作。

(2)负责对各系统设备安装承包商安全管理体系的有效运转进行监督，并有责任警告不遵守安全规则的人员。

(3)负责对进入施工现场的所有人员进行管理。现场施工人员实行实名认证制度，进出施工现场的作业人员必须佩带证明其身份的胸卡，如无相关证明，可拒绝其进入施工场地。地盘管理者应在出入口设置专人进行检查登记。

(4)负责车站区域内环境卫生管理工作，制定相关管理办法及管理制度。

(5)负责对所有进场施工单位的电、气焊等明火作业的统一管理，其他承包商动火作业前须向地盘管理单位提交经相应单位批准的有效动火令。

(6)负责对整个施工现场进行例行安全检查。地盘管理者有责任将进入施工场地的所有施工单位纳入其正常的安全管理范围之内，按地盘管理者的检查制度检查安全文明施工情况；对发现的问题提出整改要求，并监督整改。

(7)负责组织施工区域内各系统设备安装承包商迎接各类安全检查，对检查中提出的问题有权监督责任方整改。

(8)负责划定各系统设备安装承包商的安全管理责任区。统一规划施工范围内所有地上、地下施工场地，按合同及工程实际需要分配给各承包单位，同时实施全面管理。在各自的施工作业区内由各单位自行管理，但地盘管理单位有权进行监督检查。负责向各系统承包商在站厅、站台公共区域提供临水、临电接口，容量满足各系统承包商的正常施工需求，并负责临水、临电设施接口上端的日常维护，接口下端的日常维护管理由各系统承包商自行完成，地盘管理单位有权按相关规范要求进行监督检查。

(9)按施工合同要求，对进场的所有承包商进行协调管理。

(10)负责公共区域清扫、垃圾清运、安全文明施工检查等日常现场管理工作。施工过程中各系统单位要做到工完场清、料清，各系统单位做好所负责区域的公共卫生。

(11)负责车站范围内施工照明的安装、维护及日常管理。

(12)负责设置地盘管理范围内“四口”“五临边”安全防护栏杆、地板、警示带、警示牌或警示标语。

(13)负责组织各承包商做好成品、半成品保护工作。

(14)负责对违反本办法相关规定的行为及时上报监理、业主，并按相应规定进行处罚。

2. 系统设备安装承包商职责

(1)负责建立健全各自安全管理体系。保证安全管理体系的有效运转并接受业主、监理及地盘管理者的监督。在进场施工前，须与地盘管理者签订安全文明施工协议、临水临电协议。

(2)负责本系统内的工程进度、安全、质量管理，对各自的文明、安全施工负全责。

(3)须对本单位的职工按相关规定进行安全文明生产教育，以增强法制观念，提高职工的安全生产意识及自我保护能力。

(4)要积极配合、服从地盘监理和地盘管理者统一协调管理，要服从车站的总体施工进度计划要求。

(5)遵守地盘管理的各项规定，服从地盘管理者对现场施工场地的规划安排，不准随意占用场地作仓储使用。各系统的施工区域和材料堆放场地要保持整洁干净，并按相关要求进行标识。

(6)负责各自的材料、设备和成品、半成品的保护。

(7)系统设备安装承包商携带物资出门时，应持有地盘管理者签字的出门证(或放行条)。

2.3.2 属地管理

属地管理基本原则：界面清晰，责任明确，服从管理，相互监督。

(1)属地管理单位制定落实属地管理工作方案，履行人员配置、场地移交与分配、安全协议、治安门卫、视频监控、起重吊装(主要指场地协调、进场登记)、临水临电、高处作业、临边及洞口防护、场内照明、通风除湿、扬尘控制、场地保洁、成品半成品保护、防火防盗等属地管理方面的具体工作。

(2)属地单位项目部应设置总调度1名(可由项目部生产副经理兼任)，负责受理、批复其他单位的进场申请。

(3)按现场协调会确定的计划安排或双方商定的计划结果，及时受理、批复其他单位在正式施工前3日提出的进场施工许可申请，签订安全协议，明确双方责任。开展属地管理工作方案交底，明确进场施工的工作程序和管理要求，并在其他单位进场施工的前日或当日办结现场准入手续，安排其他单位当日进场施工。

(4)负责属地现场门卫治安及人员、材料、设备进出管理。

①在满足消防安全要求的前提下，原则上一个车站开通一个供施工用的出入口，且至少设置一个供消防疏散用的出入口，其他出入口或与轨行区的联通部位(包括站台板外缘、站台层至隧道口以及土建单位正在施工、未能交付的出入口等)，均应采用金属夹芯板或钢格栅封闭隔离。若需增加供施工用的出入口，应征得监理和业主工程师同意，并按要求设置地面岗亭和门卫保安。

②属地单位应在已移交的地面场地的大门口或进出车站通道口的地面上设置岗亭和24小时门卫保安。24小时门卫保安应在场地接收之日立即完成。

③属地单位应在工地大门口、进出车站的人行通道口、隧道口、轨行区进出口等部位设置有效的昼夜视频监控系统。昼夜视频监控系统应在场地接收之日起3日内完成且数据保存时间应不少于15天。

④依据上列第1项规定，车站与轨行区已完全隔离封闭，但结合轨行区施工实际，属地单位应在左右线站台通往轨行区的楼梯口位置的封闭设施上，留置供人员、

材料、设备进出的临时通道门，并安排24小时站台保安，负责临时通道门的锁闭及进出登记管理(凭轨行区作业票进出)。

⑤属地单位应落实门卫保安严格管控人员、材料、设备的进出管理，并做好登记。登记信息应包括人员姓名、单位、所持证件、同行人数、进入目的及地点、进入时间、所带物件及机具、退出时间、带出物件及机具等。进出人员一律凭有效证件进入工地，门卫保安应严格查验、核对人员进出信息，必须人、证、物三者对应后方可放行。建设单位人员凭工作证进入；监理单位、监测单位、检测单位人员凭工作证或胸卡进入；其他单位人员凭当日"准入证"或当日轨行区"作业票"进入。未持证件者，一律不得入内。

(5)负责属地现场日常保洁、扬尘、排水、除湿管理。

①属地单位每个站区配置专职保洁人员，专门负责场内的日常保洁工作，同时检查督促或清理其他单位的卫生保洁和机具材料整理情况。保洁人员每天上午、下午至少进行1次场内保洁，并留有记录。保洁范围包括且不限于：地面、车站公共区、设备区等部位。

②属地单位应在每个站区设置场内垃圾存放点供场内单位集中存放垃圾，并保证每天清理外运，不出现垃圾积压现象(属地单位可与其他单位协商收取清运费用)。

③属地单位应在每个站区的站厅层或地面至少设置1座临时厕所，方便场内人员如厕，并定时保洁清理。

④属地单位应在场内合适位置设置挡水坎、集水坑，集中引流雨水、污水、渗漏水，并负责场内积水的统一抽排，保证场内不出现大面积(指5平方米以上)积水、积泥现象。其中，区间隧道正式泵启用之前，区间积水由区间属地单位抽排至车站废水泵房，车站属地单位应及时抽至地面排放，严禁站内积水流至区间。区间风井积水由车站属地单位直接抽排至地面排放。

⑤站内通风设施启用前，属地单位应在站厅层、站台层、通道口分别设置不少于2台大功率通风设施，及时通风除湿，保证站内没有明显湿气、浮尘积聚。

(6)负有属地现场安全防护巡查责任。

①属地单位应在每个站区配置站区专职安全员，专门负责施工现场日常安全巡查及安全防护检查工作。

②站区专职安全员每天上午、下午至少分别巡查1次施工现场，发现问题、及时解决处理问题，并留有书面和影像记录。

③专职安全员巡查内容应包括但不限于以下内容：地面场地的管理情况、风口围闭及洞口防护情况、地面作业情况(如起重吊装、材料垂直运送等)、地面保安和站台保安对进出人员查验登记的履职情况、视频监控系统运行情况、预留洞口临边防护设施和区域隔离设施的设置及维护情况、临时照明的设置与维护情况、场内临时用电设施的设置及维护情况、消防安全情况(动火令开具及消防临时给水、灭火

器、焊接接渣盆设置等）、各单位责任区划分执行情况、场内各种警示警告禁止提示标识设置及维护情况、扬尘控制以及保洁除湿排水情况、高处作业防护情况、成品半成品保护情况等，必要时开具处罚手续，并通报项目领导、监理及业主项目工程师。

(7)负责属地现场临时照明设施的设置与维护。属地单位负责场内包括梯道、公共区、设备区、商业开发区、站厅、站台及地面等所有区域临时照明设施的设置与维护，并保证昼夜供电(地面部分，白天不供电)。如有损坏必须及时修复。照明必须覆盖所有区域，不得留有死角和盲区。照度应满足进入场地无须配备电筒增加照明的标准。

(8)负责属地现场消防安全管理。属地单位应按照要求，配置相应的消防安全设施，包括灭火器、临时消防给水、应急照明、疏散指示等，并对电气焊等动火作业进行属地检查管理。

(9)负责属地现场的水电供给及管理。

①属地单位应在站厅层、站台层两端和中间部位为场内其他单位提供配置合理、方便接入的水、电接口，并制定临时用水、用电管理办法，承担现场用水用电管理职责。

②属地单位应根据现场实际和其他单位的用电需求编制临时用电组织设计，报监理审核批准后实施。并及时许可、管理其他单位用电接入和使用，不得出现私拉乱接或擅自接入的现象。

③考虑机电安装及装修阶段水电转户手续比较繁琐且增加过户费用等因素，场内业主提供的原水电总接口，由土建阶段属地单位将总接口直接转交机电阶段属地单位，或由机电阶段属地单位向原土建阶段属地单位申请接入，并按时缴纳场内水电费用。其他单位只能向机电阶段属地单位申请接入且缴纳费用，原土建阶段属地单位不得向其他单位直接供电供水且收缴费用。

④属地单位可参照建设单位所列的费用标准或按双方商定的费用标准在其他单位办理进场许可手续时，向其他单位收取水电费用。

(10)负责属地现场成品半成品保护管理。属地单位应每天对属地范围内成品半成品保护情况进行巡查，发现有不当行为的，应立即制止；拒不执行的，有权依照本办法予以处罚。

(11)负责属地范围内计划协调管理。属地单位应根据现场实际需要，及时召集相关单位的业主、项目负责人或站点负责人、安全负责人及监理人员召开属地管理协调会议，协商解决现场计划安排、责任区划分、工序衔接、违章处罚等问题。属地单位应留存会议记录及签到手续，并于次日形成会议纪要下发至各与会单位。

(12)公示并及时更新属地管理工作方案和责任人信息。属地单位应在属地权限接收之日起3日内，在每个站区已移交的地面场地的大门口或地面进出车站的通道口醒目位置除设置应有的文明施工标识牌外，还应设置属地管理相关信息牌，并根据现场调整变化及时更新。所公示内容至少应包括：属地管理工作方案或细则、进场施工许可办法及流程、门卫治安管理制度和人员材料设备进出管理制度、场内责任区域划分图(含地面区域)、现场相关责任人信息(必须要有项目经理、站区经理或负责人、专职安全员、地面保安、站台保安、保洁人员、站区专职调度等相关人员的姓名、电话)等。同时应在站厅层、站台层醒目位置设置现场相关责任人(同上)信息，便于其他单位查找。

(13)合法合规行使场内违规违章行为处罚权力。属地单位应根据本办法对现场违规违章行为进行管理和处罚。发现其他单位的违规违章作业行为，必须予以制止。若不予制止而造成生产安全事故，则承担由此而引起的属地管理连带责任。

(14)按照业主要求落实其他属地管理工作。

2.4 地盘标准化管理

为了更加有效地提高现场的管理水平，建立标准，其他系统承包商按照此标准执行。

2.4.1 出入口标准化管理

机电安装单位负责对车站所有出入口进行统一的管理，包括文明施工、环境卫生、安全保卫等内容。

机电安装单位根据可提供施工使用的车站出入口位置综合考虑施工场地的规划，临时设施的布置。

在施工现场选择一个出入口作为地盘管理的进出通道。出入口的选择应综合考虑；应便于管理，以及施工人员、工具材料的搬运。其他出入口必须采取牢固的临时性封堵措施防止人员进出，任何单位不得私自破坏封堵措施。

为加强地铁施工现场地盘管理，规范地铁施工现场出入口管理，特制定以下管理标准：

1. 出入口岗亭及通道设置要求

(1)车站或车辆段(场)的施工现场只选择一个出入口作为地盘管理的进出通道。出入口的选择应综合考虑便于管理及工具材料的搬运。其他出入口必须采取牢固的临时性封堵措施防止人员进出，任何单位不得私自破坏封堵措施。地盘管理的出入口及进出通道可根据现场施工的实际情况变更，一般选择一个(可根据实际情况增加或者减少)出入口。

(2)出入口岗亭牢固、美观、方便移动。岗亭内需设置值班人员工作所需的必要配置。负责对出入口进行管理；轨行区送电至移交运营期间设轨行区安全保安，负责送电期间轨行区安全管理。

(3)地盘管理的进出通道的地面需硬化处理，方便人员的进出以及材料工具的运输。通道临边侧设置围栏。

(4)出入口岗亭内必须24小时有人值守，一日之内倒班次数不得少于两班。门卫值班人员应认真负责，坚守岗位，严格门卫制度，对现场实行封闭式管理。

所有施工人员必须佩戴好胸卡及有单位标识的安全帽方可进入施工现场。任何人员进入工地，须在门岗进行登记，确认身份后方可进入。进场时须将出入证交给门卫值班人员保管，待出场时由门卫退还。

施工班组退场或需移至其他工地的材料、工具等，必须列出物品清单，经业主代表或项目经理签字确认，门卫清点核对后方可放行。

门卫值班人员对出入口的环境卫生负责。做到打扫清洁，洒水防尘。工作人员应服装整齐，注重形象，服务热情，语言文明规范。

出入口必须在醒目位置放置工程概况牌、管理人员名单及监督电话牌、消防保卫牌、安全生产牌、文明施工牌、施工现场总平面布置图。

2. 施工围蔽

施工围蔽是根据业主关于施工现场安全文明施工要求或地方政府管理部门统一要求进行工地施工围蔽。

施工围蔽按照招标文件及地铁建设工程安全文明施工标准化图册进行施工。进场后按不同的场地地质情况将围墙砌筑的基础及构造方案上报业主。地铁施工外墙视觉形象根据业主和政府部门的要求设置。

(1)正式施工围蔽。

正式施工围蔽考虑到墙柱及墙体的牢固、安全、可靠。外墙面批荡抹光后再刷涂料。围墙外立面绘制宣传壁画，壁画内容表达以下内容：

地铁公司的标志、字样及工点名称；

公益宣传广告或有关地铁宣传广告。

(2)施工临时围蔽采用蓝色金属材料快装快拆式围挡，高度不低于2.5m，同时顶部设警示灯及照明灯。

(3)施工现场围墙或围墙外的拐角处及大门外侧夜间设立红色警示灯，周围设照明灯，以防止意外事故的发生。

(4)因施工现场围墙或围墙外拆迁损坏的路灯，机电安装单位恢复临时照明，确保交通、行人安全。

3. 临时视频监控

站厅、站台可配置4个摄像头和1台监控主机，摄像头像素要求在720P或以上，实现对施工现场每天24小时不间断的视频监控。在车站出入口、临时出入口、隧道口、站厅公共区进入设备区的通道口设置监控探头。在危险、重点需要监控的位置安装监控点，利于施工现场的防盗，发现安全隐患。

整个系统由图像摄取、图像传输、视频信号处理及显示控制、图像存储等部分组成。系统采用数字化方案，可采用视频服务器或硬盘录像机，配置视频监控终端，并预留向上联网的条件(接口)。同时安排专业人员对临时视频监控系统进行维护，期限为整个施工周期。

4. 地盘管理图标标准

(1)施工单位应在施工现场的作业区、加工区、生活区的醒目位置设置警示用语牌。

(2)警示用语牌要统一规范，满足警示要求。

(3)施工单位应绘制安全标志平面布置图，在危险作业部位悬挂安全警示标志牌。安全标志应符合安全标志的要求。

2.4.2 施工期间车站平面布置

车站进入安装装修阶段，进场施工专业多，交叉作业量大，施工总平面布置合理与否，将直接影响施工进度和安全施工管理。

1. 施工平面布置七原则

(1)集中管理布置原则：场地由地盘管理单位组织公共区装修等单位，统一协调、划分布置和管理。

(2)合理高效利用原则：充分利用现有的施工场地，紧凑有序，减少场内二次搬运。

(3)专业工种分区原则：按专业、工种划分施工用地，避免用地交叉、相互影响干扰。

(4)安全文明施工原则：现场布置符合相关安全文明施工技术规范要求。

(5)主要工序优先原则：优先满足钢结构运输、吊装和混凝土浇筑运输组织。

(6)通道畅通原则：保证场内运输畅通和人行通道的畅通。

(7)灵活机动原则：根据工序的插入，经地盘管理负责人同意可及时合理地调整场地布置，满足施工需要。

2. 施工总平面功能划分

车站施工区综合设置施工人员出入口、垃圾外运口、进料口，使之能够满足施工作业的需要。同时根据施工现场的实际情况及施工平面的要求，施工现场分为各专业加工区、材料堆放区、垃圾临时堆放区及地盘管理治安保卫办公区、车站安全通道，各区域间保持相对独立，互不影响。

其他专业承包商进场前须向地盘管理单位提交一份网络施工计划，以便地盘管理单位确定各专业加工区、材料堆放区、垃圾堆放区面积及位置。

对施工周期较短的专业可不设置加工区、材料堆放区、垃圾临时堆放区，如栏杆、AFC、广告灯箱等，进场时与地盘管理单位协商确定材料堆放位置，并确保短期内将进场的材料安装完成，同时当天产生的垃圾必须当天清走，做到工完场清。

对施工周期较长的专业可在站内设置加工区、材料堆放区，如机电安装、装修、弱电、气体灭火、屏蔽门、供电、信号等，加工区、材料堆放区、垃圾堆放区必须悬挂或张贴各专业施工的企业标识，加工区须悬挂设备安全操作规程，材料堆放区须设置材料标识牌。

站内安全通道应便于紧急情况下疏散要求，通道宽度一般不小于2.5m，困难时不小于1.8m，通道处严禁堆放材料及设备。

各承包商在施工期间必须确保各自施工作业范围内的安全文明施工和环境卫生良好，及时清理建筑垃圾。未做到场容场貌整洁、垃圾不及时清理的，按地盘管理办法进行处罚。

2.4.3 车站垃圾清运

为确保地铁站内安全、文明施工，做好垃圾清运工作。根据设备安装及装修阶段的实际情况，垃圾清运一般要求如下：

(1)风水电进场前的垃圾清运由土建施工单位负责，风水电施工单位进场时，站场部应组织相关单位进行场地移交。

(2)风水电施工单位进场后，公共区装修单位进场前的垃圾清运由风水电承包商负责。

(3)风水电承包商应在车站地面及站厅、站台设备区设立垃圾临时存放点，站厅、站台垃圾由各专业每天外运至地面临时存放点；地面垃圾外运由风水电承包商负责清运，所需费用由各专业安全文明施工费支付。

(4)装修单位进场后，车站垃圾清运划分如下：

①设备区垃圾由各专业施工单位清运至地面垃圾存放点，风水电承包商对设备区整体清运效果负责；

②公共区垃圾由各专业施工单位清运至地面垃圾存放点，公共区装修施工单位对公共区整体清运效果负责；

③地面垃圾外运统一由公共区装修施工单位负责清理外运，所需费用由各专业安全文明施工费支付。

(5)各设备系统安装及装修单位应在安全文明施工费内按一定比例分别向风水电及公共区装修单位缴纳垃圾清运押金(可以根据实际情况调整缴费的管理单位和比例)。

①通信、信号、BAS、供电等专业向风水电施工单位缴纳垃圾清运费；

②吊顶、不锈钢栏杆、屏蔽门、电扶梯、AFC 等专业向公共区装修施工单位缴纳垃圾清运费；

③FAS、水消防按现场实际情况按比例分别向风水电和公共区装修施工单位缴纳垃圾清运费。

2.4.4 地铁施工临时照明及疏散指示灯安装要求

1. 临时照明

1)灯具型号

因地铁车站内较潮湿，且施工过程中产生的粉尘大，灯具应具备防水防尘功能，同时为响应国家节能高效的号召，临时照明灯具应为节能型防水防尘荧光灯。

2)灯具安装位置及数量

(1)车站公共区灯具间距，具体数量根据公共区面积而定，保证公共区照度不低于 50 lx。

(2)设备区走廊灯具间距根据实际长度和面积定，照度不低于 50 lx。

(3)楼梯处灯具数量不少于 2 盏。

(4)设备管理用房内灯具数量不少于 1 盏。

(5)机房内灯具数量根据其面积来定，保证机房照度不低于 50 lx。

(6)随着工程的推进，部分照度不够的区域可采用行灯来加强照度，行灯要求有金属保护罩。

3)安装高度及线路敷设要求

(1)灯具安装高度不低于 2.5m，部分低于 2.5m 的灯具其金属外壳应加接地保护线。

(2)临时照明线路应采用低烟无卤阻燃电线或电缆，所有照明回路均要求设漏电保护装置。

2. 临时紧急疏散

1)灯具型号

临时紧急疏散根据功能可分为疏散指示标志(指引最近出口线路)、安全出口标志(通往安全地带)，疏散指示标志及安全出口标志分为电光源型及蓄光自发光型。

电光源型消防安全疏散标志应急电源供电时间不小于 30 min，标志表面的平均亮度宜为 17 ～ 34cd/m^2，但任何小区域内亮度不应大于 300 cd/m^2 且不应小于 15 cd/m^2，最大亮度与最小亮度不应小于 5∶1。满足正常电源中断 30 min 后其表面任一发光面积的亮度不低于 0.1 cd/m^2。

2)灯具安装位置及数量

根据车站平、剖面图及疏散通道制定疏散路线，疏散路线应通往最近的安全出口，并符合视觉连续的要求。

(1)车站公共区及设备区走廊根据疏散路线安装单向或双向电光源型疏散指示灯，灯具安装间距10 m，且走廊内疏散指示灯数量不少于2个，疏散指示灯上边缘距地面不高于2 m。

(2)在站厅与出入口通道及楼梯与走廊、走廊与公共区接驳处设置电光源型安全出口标志灯，标志灯下边缘距地面高度为2.5 m或在门框上方0.2 m处。

(3)公共区柱子上设置蓄光型疏散指示标志，疏散标志上边缘距地面不高于2 m。

(4)楼梯侧墙设置电光源型疏散指示灯，指示灯中心距地面高度为300 mm。

(5)车站必须安装应急照明灯，标准站不少于20盏，换乘站不少于30盏，均匀安装在车站站台层、站厅层的公共及设备区域，应急照明灯断电工作时间不得低于30 min。

2.4.5 施工标识标牌

(1)七牌一图。施工现场明显位置设置“七牌一图”，包括：工程概况牌、管理人员名单及监督电话牌、消防保卫牌、安全生产牌、文明施工牌、农民工权益保障公示牌、环境保护制度牌、施工现场平面布置图。

(2)安全警示牌。在施工现场内，每个危险部位都要悬挂相应安全警示牌。对于吊装等危险区域必须设置明显的警戒线和警示牌，基坑通道必要位置必须设置逃生通道提示牌和应急照明设施。标牌制作、悬挂应位置合理、规范整齐。

(3)施工现场醒目位置设置危险源公示牌，并及时更新内容。

(4)在临街围挡、办公生活区设置文明施工标语标牌。

(5)机械及加工设备必须挂设操作规程和检验合格牌，位置合理、制作规范。

(6)施工告示牌及环境保护监督牌。在项目部出入口及其他醒目位置应设立施工告示牌(标明建设单位、设计单位、施工单位、监理单位、安全与质量监督单位、工程负责人、监督电话等)及环境保护监督牌。

(7)民工工资发放公示牌。在项目部驻地及民工驻地应设置民工工资发放公示牌，公示发放人员名单、发放月份及金额、投诉电话等内容，每月如实公示民工工资发放到位情况。

2.5 质量控制措施

质量是工程施工的根本，如何在施工的过程中消除质量问题，涉及管理和技术两大方面。

2.5.1　施工测量控制

在施工现场移交时，由业主向机电安装单位提供工程范围测区内有关的三角网点、水准网点和中线控制桩点等基本数据的测量资料，并在现场办理交接手续。机电安装单位收到基本数据进行复核验算和复测工作，并将测量控制点引至站台层、站厅层，形成测量报告递交给监理公司报审。得到许可使用批复后才进行下一工序的施工。

控制点的复测：现场平面控制点测量完成后，先由检测单位复测合格后，将测量资料报给监理申请复测，经过复测符合要求后才正式使用控制点进行下一工序的施工。

放样和水准测设后，由测量组进行复核，复核合格后，才能进行下一工序的施工。

测量仪器应该小心看护，定时复检，发现误差及时纠正；坚持做到仪器专人专用，减少不同施测人员观测带来的误差；坚持测量复核制度，每次轴线测量应该由另一个人进行复测校核。每次测量作业都要做好书面记录，作为资料归档保存。

2.5.2　设备材料质量控制保证措施

设备材料质量的保证是整个工程质量保证的先决条件之一，因此对材料质量的控制是非常重要和关键。工程设备、材料选用的优劣将直接影响到工程的内在质量及产品的外观质量。为确保本工程所用设备材料的质量，材料将按照一定的程序进行确定。

根据工程设备材料不同来源，分为甲供设备和乙供材料(含业主推荐品牌设备材料)。

1. 甲供设备材料质量保证措施

甲供设备材料在进场后及时向驻地监理进行申报，及时进行设备开箱验收，重点做好以下方面工作：

对设备材料的外包装进行目测检查，要求外包装完好，设备外壳无碰撞、划伤、挤压等痕迹，油漆完好。

设备随机技术资料齐全，随机带有国家相关部门要求的产品认证资料。设备安装就位后试运转前对静态技术指标进行检测，满足产品质量要求和设计要求。

在设备调试时，要求设备供应商到现场进行督导，确保调试过程满足设备性能和设计要求，最终保证工程质量的达标。

开箱完成的设备，如果现场具备安装条件，组织人员及时作业，这样可以减少库房压力和保管过程中的损坏；如果有些设备提前到货，现场不具备安装条件时，先将设备装入库房，做好防雨、防火工作。

2. 乙供设备材料质量控制措施

乙供设备材料的质量控制是工程设备材料控制的重点，具体措施如下：

(1)大宗设备和材料采取多家厂家议标形式进行采购，通过议标，选择质量好，价格合理、服务全面、保质期长的产品。

(2)建立严格的自查自检程序，选择合格的产品，保证进入安装的设备材料完全符合国家验收标准。

材料采购前质量控制程序如图 2－5－1 所示。

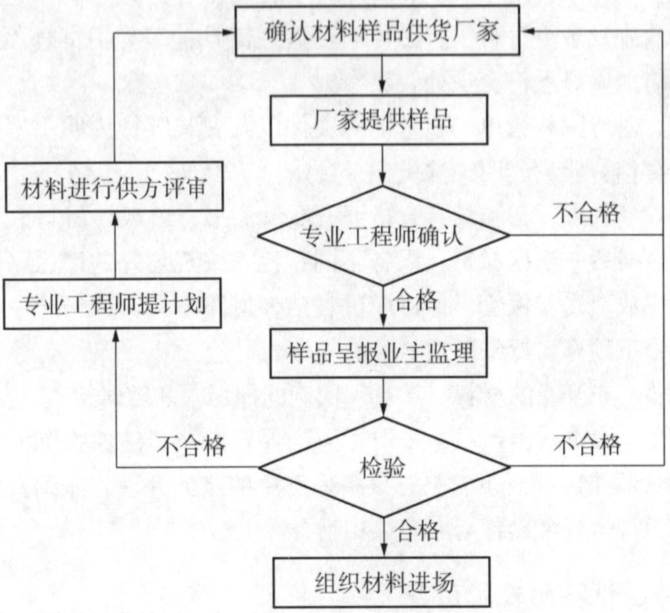

图 2－5－1　材料采购前质量控制程序

(3)接受多方质量监督，尤其是监理和业主代表以及当地质监部门的检查。

(4)设立现场实验室，对关键设备和材料进行性能测试，符合使用标准后方可使用。

(5)强化管理，确保材料进场后不被掉包或代用。

材料在使用前按设计要求核对其规格、材质、型号，材料必须有制造厂的合格证明书或质保书。材料的运输、入库、保管过程中，实施严格的控制措施，每道工序均有交接制度。

材料在入库后实行标识和分类、分规格堆放及管理，同时有防止变形、防止受潮霉变等措施，材料出库检验和办理领用手续。

材料出库后，在施工现场妥善保管，存放地点安全可靠，如材料堆放的场地可能产生积水，必须在下面垫上枕木，室外堆放的材料必须用塑料布遮挡严实，避免日晒雨淋。材料堆放要求整齐，并挂上标识牌。

材料使用前进行严格检查，包括外观检查，附着物的清除等。

一旦发现材料不能满足或可能不满足设计要求时，应将其与合格材料相隔离，在自检过程中如发现质量问题及时整改。

对发出的材料要进行建档跟踪，重要材料的使用部位要处于可追溯的受控状态。

3. 材料、设备的验收、仓储

对已到货的材料、设备，按工程要求和索赔期限，编制开箱验收计划。按照开箱计划发出开箱通知单，组织应参加人员实施开箱验收。应参加人员包括：供货方代表，监理、使用单位技术人员、仓库管理员、计划员、质保员。

开箱验收中发现不符合项，必须当场做好记录，填写不符合项报告，由参加人员会签，并协助做好不符合项处置工作。

开箱后，对所附装箱单、质量证明文件以及安装维护说明书等文件，必须妥善保管，编号存档，质量证明文件设记录台账。

材料、设备入库，必须具有合格证、质量证书，由现场材料人员对其质量、数量进行验收合格后，根据材料、设备不同特性，按规划好的库区平面图、设施、项目进行分类安放，妥善保管，保持库区整洁，道路畅通。现场统一建立材料、设备台账，根据施工预算实行限额发料。

对已开箱、未开箱的材料、设备加明确的标识，并随时检查。重要材料、设备、精密仪器、仪表及电气类产品，采取相应的保管措施，确保物资安全无损，有保管要领的按“要领”措施保管。材料、设备保管中的账务处理，做到及时核销、账目清晰，卡、物相符，剩余设备与账存数相吻合。

4. 材料、设备的现场防护

施工现场设材料库、设备库，用以存放小型金属材料、管件、电气配件、五金材料、小型精密设备及电气设备。同时设置设备及管道、型钢、管件堆场，设备及管材堆场设置标识及四周设围栏。

材料设备库保管员，对库房保卫和材料、设备安全负责。库房要有完备的消防设施，建立防火制度，集中堆放的设备，应有完善的防雨、防晒措施；易燃材料及油漆，单独设库，并远离设备堆场和材料设备库房，确保库房安全。

为保证库房安全及材料、设备安全，安排保卫人员做好夜间及节假日期间的保卫工作。

2.5.3 建筑装修及机电安装工程质量控制措施

1. 低压配电系统质量保证措施

桥架安装质量保证措施如表 2－5－1 所示。

表 2-5-1 桥架安装质量保证措施

序号	质量保证措施
1	钻孔作业按照膨胀螺栓的规格设置深度尺和选择钻头
2	管路定位、基础预埋、桥架及箱(柜)安装时使用墨斗、水平尺、线锤、塔尺等专用测量工具，确保安装整齐美观
3	管路、桥架、电缆等遇建筑物伸缩缝时有补偿措施

电缆敷设质量保证措施如表 2-5-2 所示。

表 2-5-2 电缆敷设质量保证措施

序号	质量保证措施
1	电缆敷设前，根据电缆盘清单合理周密配盘，防止产生不必要的电缆中间接头
2	电缆敷设前，先检查电缆型号、电压、规格及绝缘值是否符合设计要求，其外观有无损伤
3	电缆敷设前认真审查二次接线图，按照电缆清册，在纸上模拟每一根电缆的敷设方向、路径，以保证所有电缆在支架上摆放整齐不交叉，做到整洁、美观，然后按此排列顺序敷设电缆
4	电缆敷设时，从盘的上部引出，同时要保证有足够的人力不使电缆外皮受到摩擦
5	电缆在穿入金属保护管时垂直穿入，避免管口划伤电缆。电缆穿入后，立即进行封堵
6	电缆敷设后，用自粘带在端头缠绕密封，防止电缆受潮
7	热缩电缆头火烤热缩时，要均匀加热，使热缩件受热均匀，均匀收缩
8	电缆进入箱、盘、柜排列整齐、美观、有规则，使用尼龙扎带进行绑扎和固定，电缆芯线号用电缆标志打印机打印
9	电缆芯线与接线端子的连接，母排的安装连接等紧固工作，均使用力矩扳手，满足扭矩要求
10	钢管选用镀锌厚壁钢管，钢管切割后将管口打磨光滑，避免损坏电缆电线

电柜安装质量保证措施如表 2-5-3 所示。

表 2-5-3 电柜安装质量保证措施

序号	质量保证措施
1	配电柜在就位过程中，用滑车和人力缓慢平稳就位，严禁用撬棍等进行野蛮操作
2	配电柜在就位过程中，要防止柜体受到剧烈的撞击，致使柜体变形、内部元器件损坏
3	配电柜在安装过程中，要防止漆层被划伤，如被划伤，用厂家配送的同样颜色的漆重新涂抹

2. 给排水系统质量保证措施

热镀锌钢管在给排水系统的使用数量很大，管线几乎延伸至车站及区间的每个地方，多工作面、多专业的交叉施工，施工中镀锌层极易被损伤，给长距离管道的成品保护增加难度。

由于地铁施工的特殊性，大批量材料需从出入口倒运至地下，出入口长而曲折使得镀锌管在倒运过程中极易碰撞、挤压，损坏镀锌层。因此，镀锌层的保护是影响工程质量的薄弱环节。总结以往的经验，我们在加大质量教育力度、增强职工成品保护意识的同时，根据总体部署以及现场施工情况，适时协调、调整各专业施工工序。在镀锌管二次倒运过程中，组织技术人员根据现场情况，制定合理倒运方案，研制简单适用的搬运工具，尽量减少成品的损伤。

3. 通风空调系统质量保证措施(表2-5-4)

表2-5-4　通风空调系统质量保证措施

序号	质量保证措施
1	轴流风机、隧道风机、组合风阀、空调机组、冷水机组、空调器等环控设备，参考厂家的说明及通用图相关说明进行安装。设备及管路安装定位后，进行外观检查及设备单机试运转及各系统的试运行调试，力求达到设计的要求
2	安装设备及管道时要仔细复核预埋件位置，安装后的吊杆、螺栓要牢固、可靠，吊装设备、支架的螺栓要采取一定的防松措施
3	和机组(水泵)相联的风管(水管)有独立的支、吊架，不得将重量加于本体上。所有与设备连接的软接头，包括帆布软接头、橡胶软接头、与设备连接的伸缩器等，均就近采用固定支吊架紧固，防止产生移位
4	必须按照设计和规范要求采取消声隔振及防火措施
5	机组和风管(水管)相联采用软接，耐火等级达到标准要求
6	风(水)管穿墙、房间采用设计要求的填料填塞。联动组合式风阀，安装完毕后阀框与洞口间隙用水泥和石棉绳封堵。所有的封堵墙待设备安装完毕后再砌
7	支吊架的防腐防锈
8	设备带包装进场，以防止设备在运输过程中遭到损坏。大型设备运输线路与土建结构荷载核实后再行搬运
9	管路联接可靠，试压全部合格后方可进行保温、隐蔽

4. 建筑装修质量保证措施(表2-5-5)

表2-5-5 建筑装修质量保证措施

序号	质量保证措施
1	所有隐蔽工程严格按规范要求，施工过程接受监理单位的监督，隐蔽工程完工后由项目经理会同监理单位、业主共同检查验收，做好《隐蔽工程验收记录》签证
2	装饰材料、配件、小五金、半成品、灯具、设备必须为优良产品，否则立即淘汰
3	每项工程施工完毕，由施工管理员、工长自检一次后报公司质检小组验收，验收合格后，给予签证。不符合装修施工规范的项目，必须无条件返工，并要追究施工工长的经济责任，分析原因，吸取教训，避免此类事故再次发生
4	加强成品、半成品和原材料的保护工作，防止因其他工程施工损坏材料表面，出现破损现象，实行围、拦、包装等措施，必要时派专人看管
5	施工现场空气湿度超过规定的制作环境，立即停止木制作及油漆作业，项目经理将情况用书面形式报告建设单位，在没有得到建设单位的同意前，不能进行施工
6	所有装修材料应与封样材料一致，否则不得使用
7	对重要部位的施工，必须安排熟练工人进行施工，在必要时先做出样板，经建设方和监理认可后，再进行全面施工
8	对于大面积的地面工程、吊顶工程，事先定出水平线和位置，然后按水平线找平，以保证所施工的地面、吊顶平直，达到满意的装饰效果

5. 隐蔽工程质量保证措施(表2-5-6)

表2-5-6 隐蔽工程质量保证措施

序号	质量保证措施
1	暗敷钢管预埋固定后用水泥砂浆抹平沟槽
2	排污泵安装：安装前用临时泵抽干基坑积水，清除杂物，检查基坑深度是否符合设计要求。测量定位，预埋水泵安装螺栓，浇筑水泵基础。基础凝固后，检查其水平度是否符合要求、基础螺栓是否牢固、尺寸是否满足要求
3	冷水机组安装前核对设备基础图与设备实物尺寸是否相符。基础验收时，尺寸的误差允许范围：长度允许偏差≤20 mm；基础表面凹凸程度允许偏差≤10 mm；地脚孔中心距允许偏差≤20 mm；机组主要轴线间尺寸允许偏差≤1 mm
4	通风机、隧道风机安装前，检查基础表面预埋钢板的位置是否符合设计要求，安装前请监理进行基础验收

续表 2-5-6

序号	质量保证措施
5	风管、冷却(冷冻)水管在保温前的检查：检查风管、水管的密封性能、连接的可靠性、坡度是否满足要求(特别是冷凝水管路)，阀门安装的方向性等项目
6	在覆盖保护层之前，检查并保证保温材料：接缝要严密、无缝隙；粘贴牢固，填嵌密实，拼缝整齐、平整；搭接顺水流方向，宽度均匀，接口平整
7	水泵的安装：水泵就位前，对基础的尺寸位置、标高进行验收，确认是否符合设计要求。地脚螺栓垂直，螺母拧紧，扭力矩一致；垫铁组放置平稳，位置正确，接触紧密

2.5.4 成品保护管理

2.5.4.1 概述

根据施工组织设计、各专业正式施工图和相关标准规范编制成品保护方案，以文件的形式明确各工区、协作队对成品的交接和保护责任，确定主要的成品保护责任单位、部门和人员，项目经理部在成品保护工作中起管理和协调监督作用。

2.5.4.2 机电专业的成品保护

1. 通风与空调工程

1)风管制作

①风管制作设立独立的工作场地，场地平整清洁。风管堆放场地干燥，且有足够的成品堆放场地。

②成品及半成品风管、配件和附件加工成型后，按照通风系统和风管规格进行分类存放在干燥的成品及半成品堆放区，并将成品及半成品等码放在干燥隔潮的木垫上，避免相互碰撞造成风管表面损伤，保持所有风管表面的光滑和洁净。

③在搬运过程中，严禁直接在地面上拖拉，以防破坏风管表面镀锌层和风管产生变形。

④风管及附件堆放区内，明确标识出各型风管的系统类别、规格型号及用途，并进行防尘防潮处理。

⑤风管在堆放过程中，将风管直立码放，即将风管的一端面放置在木垫上，另一端朝上，严禁将风管侧翻码放，以防风管受压变形。

2)风管安装

①安装完的风管要保证表面光滑清洁，保温风管外表面整洁无杂物。室外风管应有防雨、洪措施。特别要防止二次污染，必要时采取保护措施。

②暂时停止施工的风管系统，将风管敞口封闭，防止杂物进入。

③严禁把已安装完的风管作为支吊架或当作跳板，不允许其他支、吊架焊或挂在风管法兰和风管支、吊架上。

④运输和安装风管时，应避免风管表面划伤，安装时尽量减少与其他金属接触。

3)通风空调设备安装

①设备开箱后安装现场封闭，禁止闲人进入现场。安装现场应宽敞明亮，防风、防雨并干燥。堆放设备及配件的场所应隔潮，设备及配件应分类保存，应避免相互碰撞造成表面划伤和损坏，要保持设备及配件的洁净。

②设备及配件安装时，要轻拿轻放，重物吊装要合理选择吊点。绳索在设备及配件上的绑扎处应加软垫，并按顺序安装，避免返工。

③安装现场应清理干净，照明、给排水均应畅通，设备外表面易损部位应加防护罩，设备上面不得存放任何物品及承重，做好封闭工作。

④通风机、空调机组等设备就位未配风管前，应将通风机、空调机组等设备接口做临时封闭，防止杂物落入设备内。

⑤不得将通风机、空调机组等设备及其配管做脚手架。在室内装修时，应对其加以覆盖，防止污染机体及管道。

⑥设备安装完成后，如需在设备四周进行其他施工作业，应对设备进行全方位保护，防止作业时损坏设备。

4)空调制冷系统安装

①管道预制加工、防腐、安装、试压等工序应紧密衔接，如施工有间断，及时将敞开的管口封闭，以免进入杂物堵塞管道。

②吊装重物不得利用已安装好的管道作为吊点，也不得在管道上搭设脚手架踩蹬。

③安装用管洞修补工作，必须在面层粉饰前全部完成。

④粉饰工程期间，必要时设专人监护已安装完的管道、阀门部件、仪表等，防止碰坏成品。

5)空调水系统安装

①测量定位的墨线在安装前进行检查、校核，并防止被涂抹。

②详细核对经测绘制成的加工草图，防止有误。并注意保管好，安装时对照就位。

③水平干管的拉线在支架安装完以前要注意保护和监视，防止交叉作业中弄坏拉线。

④加工过程中，对标注的记号、尺寸、编号均应注意保护，以免弄错。

⑤调直时，注意不得损伤丝扣接头。

⑥加工的半成品要编号捆扎，存放在专用的场地，安装时运至安装地点，按编号就位。

⑦暂不安装的丝头，要用机油涂抹后包上塑料布，防止锈蚀、碰坏。

⑧安装好的管道不得用来支撑、系安全绳、搁脚手板，也禁止蹬踩。

⑨未安装好的管道管口及时盖好，以免进入灰浆等污物。

⑩管道和设备搬运、安装、施焊时，要注意保护好已做好的墙面和地面。

⑪保温后的水箱不得人踩或堆放承重物品，防止保温层脱落。

⑫水箱于现场组装时，认真清理水箱内的污物，防止运行时连接管被堵。

⑬管道在冲洗过程中，要严防中途停止时污物进入管内。下班后设专人负责看管，或采取保护措施。

⑭冲洗过程中，严禁水或蒸汽冲坏土建装修面，设专人看护。

⑮堆放设备及配件的场所应隔潮，分类存放，要避免相互碰撞造成表面划伤和损坏，要保持设备配件的洁净、卫生。

⑯设备及配件安装时，要轻拿轻放，重物吊装要找好绑扎吊点。绳索靠在设备及配件上应架隔垫。

⑰在堵洞浇捣混凝土时应控制套管环隙不要挤向一侧，使位置正确。

6）防腐与绝热安装

①在漆膜干燥前，防止灰尘、杂物污染漆膜。采取有效措施对涂漆后的构件进行保护，防止漆膜破坏。

②刷油前先清理好周围环境，防止尘土飞扬，保持清洁。

③保温材料放在干燥处妥善保管，不得露天堆放，防止挤压损伤变形，并与地面架空。受潮的绝热材料及其制品，当经过干燥处理后不能恢复合格性能时，不得使用。

④施工时要严格遵守先上后下、先里后外的施工原则，以确保施工完的保温层不被损坏。

⑤操作人员在施工中不得脚踏挤压或将工具放在已施工好的绝热层上。

⑥拆移脚手架时不得损坏保温层。

⑦当与其他工种交叉作业时要注意共同保护好成品。

⑧如有特殊情况拆下绝热层进行管道处理或其他工种在施工过程中损坏保温层时，应及时按原则要求进行修复。

2. 给排水与水消防工程

1）室内给水系统安装

①预制加工好的管段，加临时管箍或用防水材料将管口包好，以防丝头腐蚀。

②预制加工好的干、立、支管要分项按编号排放整齐用木方装好，不许大管压小管码放，并防止脚踏和物砸。

③塑料管材和管件不得露天存放，以防止阳光直晒，堆放要远离热源；堆置高度不超过 1.5 m。

④经除锈、刷油防腐处理后的管件、管材、型钢、托吊支架等金属制品，保证

防雨防水。

⑤安装好的管道不得用作支撑或放脚手板，不得踏压。其支托架不得作为其他用途受力点。

⑥阀门的手轮在安装时应卸下，交工前，统一安装完好。

⑦水表应有保护措施，为防止损坏，在统一交工前装好。

⑧安装好的管道及设备，在抹灰、喷漆前应作好防护处理，以免被污染。

2）室内排水系统安装

①管道安装完成后，应将所有管口封闭严密，防止杂物进入，造成管道堵塞。预留管口的临时丝堵不得随意打开，以防掉进杂物造成管道堵塞。

②严禁利用塑料管道做脚手架的支点或安全带的拉点、吊顶的吊点。

③不允许明火烘烤塑料管，以防止管道变形。

④油漆粉刷前应将管道用纸包裹，以免污染管道。

3）卫生器具安装

①材料应进行分类堆放。

②洁具在搬运和安装时要防止磕碰。稳装后洁具排水口应用防护用品堵好，镀铬零件用纸包好，以免损坏。

③泥水施工时，要防止泥水堵塞下水道，要先将泥砂打扫干净，再冲洗地面。

④安装完的洁具应加以保护，防止洁具瓷面受损和整个洁具损坏。

⑤通水试验前应检查地漏是否畅通，分户阀门是否关好，然后按区域和房间逐一进行通水试验，以免漏水使装修工程受损。

4）室外给水系统安装

①胶粘剂及丙酮等清洁剂不得随意丢弃。

②胶圈连接的橡胶圈储存的适宜温度为 $-5\sim30$℃，湿度不大于80%，远离热源，不与溶剂、易挥发物质、油脂等放在一起。

③给水管道敷设完毕，管沟回填前，应有保护措施，以免管道受破坏。

④冬期施工水压试验应有保护措施，试压完毕后应排尽水，以免管道冻裂。

⑤消火栓、消防水泵接合器等安装完毕交工前施工现场应有保护措施。

5）室外排水系统安装

①放线后应及时开挖沟槽，以免所放线迹模糊不清。

②管道中心线控制桩及标高控制桩应随着挖土过程加以保护措施或补测后重新立小木桩。

③抹带后，用湿土将其表面包好，严禁踩压或碰撞。如果不及时还土，可用湿草袋覆盖并洒水养护至还土时止。

④施工过程中，防止管子相撞，以免管子端部保护层脱落影响接口质量。

⑤在昼夜温差大的地区或季节，管子可能受到较大的热应力产生裂缝。因此，除接口暂时外露养护外，要尽快回填土，以便遮住管身。

3. 低压配电与照明工程

1) 配电箱安装

①设备到场后不能及时安装时，设专用库房保管，并专人看护。

②设备开箱检验后立即安装，不能及时安装时应利用原包装封存好。

③安装后，采取保护措施，避免碰坏、弄脏电器、仪表。

④安装、调试、运行阶段门窗封闭，专人值守，避免闲杂人等进入。

⑤送检、更换电器、仪表、零件时应经许可，并记录备案。

⑥临时送电、断电要按程序由专人执行，防止误操作。

2) 电缆敷设、电缆头制作、接线和线路绝缘测试

①电缆及附件的运输、保管应符合产品说明书的要求。

②电缆在运输装卸过程中，不应使电缆及电缆盘受到损伤，禁止将电缆盘直接由车上推下，电缆盘不应平放运输和储存。

③运输及滚动电缆盘前，必须检查电缆盘的牢固性。

④电缆及附件如不能及时安装，应集中分类存放，盘上应注明型号、规格、电压及长度。电缆盘之间应有通道，地基应坚实，易于排水；橡胶套电缆应有防日晒措施。

⑤电缆及附件与绝缘材料在储存过程中，防潮包装应密封良好，并置于干燥的空间内。

⑥电缆中间接头制作完成后，应立即安装固定，送电运行。暂时不能送电或有其他作业时，对电缆头加木箱给予保护，防止砸碰。

⑦电缆敷设宜在管道及空调工程基本施工完毕后进行，防止其他专业施工时损伤电缆，电缆端头处的门窗装好，并加锁，防止电缆丢失或损毁。

⑧线槽安装及配线时，注意保持墙面的清洁。接线盒盖、线槽盖板应齐全平实，不得遗漏，导线不允许裸露在线槽外，防止损坏和污染线槽。

⑨插接母线安装完毕，现场应设明显标志牌，以防损坏。并保留其原有塑料膜包装。严禁利用母线及插接箱作蹬踏支撑。

3) 线管安装

①线管分类堆放于专用货架上，不得随意堆放于地面上。

②管路敷设或配合预埋过程中，及时将敞口用管帽、木塞进行封口，防止杂物进入，并及时将施工中造成的孔洞、沟槽修补完整。

③剔槽不得过大、过深或过宽。预制梁柱和预应力楼板均不得随意剔槽打洞。混凝土楼板、墙等均不得擅自断筋。

④浇筑混凝土时，安排电工看守，以免振捣时损坏配管及盒、箱，或造成移位。如发生管路损坏，应及时修复。

⑤照明器具在装修喷浆后进行安装，如安装后再喷浆，应将电气设备及器具保

护好。

⑥吊顶内装盒配管时，不得踩坏龙骨，严禁踩着电线管行走，刷防锈漆时不得污染墙面、吊顶或护墙板等装修成品。

⑦其他专业进行施工时，注意不得碰坏电气配管。严禁私自改动电线管路。

⑧镀锌材料要妥善保管，防止材料锈蚀。拆除脚手架、搬运物品时，不得碰坏接地干线，地线焊接时与墙面采取金属隔板进行保护，喷浆前，预先将接地干线包好，防止污染。

4)桥架安装

①桥架按规格分类进行堆放，堆放时不得将桥架直接放置于地面上，应采用垫木或其他垫料将桥架架空堆放。

②桥架在安装前，不得将桥架的外包装材料或捆扎材料拆除，以防止产生碰撞造成桥架表面划伤或变形。

③桥架转运过程中，应轻拿轻放，以免造成桥架碰坏。

④桥架安装过程中，严禁对桥架进行敲击，以免桥架表面损伤或变形。

⑤严禁将安装完成的桥架及其支吊架作为其他用途的支撑件、受力件。

5)灯具安装

①灯具材料在搬运存放过程中，注意防振、防潮，不得随意抛扔、超高码放。应存放在干燥通风、不受撞击的场所。

②灯具堆放场所内，不得堆放其他材料，以避免相互碰撞造成灯具损坏。

③灯具安装过程中，不得进行抛掷，以免灯具损坏。

④灯具安装完毕后，可用原包装塑料袋罩盖灯具以防尘。室内有条件时应关好门上好锁，以防损坏或丢失。

⑤油漆工需要补刷顶棚和墙壁时，应注意不能污染灯具。其他工种作业时，应注意对灯具进行保护，不得损伤已装好的灯具。

2.5.4.3　对公共区域的成品保护

(1)地面铺砖完工后，装修专业覆盖较厚的塑料布或薄地毯。风水电地盘管理单位在特殊施工区域或主要通道地面用木板全面覆盖予以保护，下面应再铺一层塑料布。电焊时，施工区域用湿水厚棚布覆盖予以保护，并设有消防器材，否则严禁施工。

(2)装修专业已安装的轻钢骨架不得上人踩踏，其他工种吊挂件，不得吊于轻钢骨架上。为保护成品，在面板安装前完成顶棚内管道试水、保温等一切工序及全部隐蔽验收，切忌颠倒工序。

(3)踏步面板施工完毕后先覆盖一层塑料布，然后及时用木板钉成踏步形状，扣在楼梯上以保护其不受破坏，楼梯扶手安装完成后应用泡沫塑料瓦扣在扶手上，然后用编织布条缠绕包上，在转角处多包几层并用胶带纸粘好。

(4)进行焊接作业时，在靠近的墙面、地面上设金属防护板，防止烧损墙面、地面。

(5)施用高凳时，不得碰撞墙、角、门、窗，更不得靠墙面立高凳，高凳脚应用布扎好，以防划伤地板。从高处运送工具、材料时，用工具包或绳子吊送，严禁抛扔，防止砸伤地面。

(6)安装开关、插座、阀门、龙头等器具时，操作人戴白手套，以防对装修墙面造成污染。在墙面上弹标高线时，要用浅粉，以防污染墙面。

(7)当出现上下交叉作业时，为避免下部墙面污染，应使用彩条布等遮挡。

(8)为防止在进行顶棚、墙面及地面施工时损害及污染其他专业成品构件，采取以下三种保护的方法。

①护——就是提前保护。在其他专业成品构件表面全部贴上塑料薄膜，保护起来。在门口位置及转角等交通道口，为预防受碰，要多贴几层薄膜纸或再贴上小块木条。

②包——就是包裹。对个别有特殊要求的专业成品构件可以进行包裹，或用木夹板覆盖，防止油漆时污染。

③封——就是封闭。必要时对其他专业成品构件的施工部位，在不影响后续工艺施工的前提下，采取封闭方式，达到保护目的。

(9)设专人负责成品保护、治安和巡视检查，操作人员工作完毕后由成品保护人员检查，发现问题立即查明责任者。对于已完成的区域，凡未经许可一概不得进入。统一全场成品保护标志，如挂“油漆未干”“小心碰撞”等警示牌加以保护。

2.6 安全管理措施

安全是施工管理中必须放在首位的问题，坚持“安全第一，预防为主”的方针和“管生产必须管安全”的原则，建立项目安全管理的安全保证体系，制定项目施工安全的目标指标、各项安全管理制度、安全施工保证措施、安全操作规程，并保证项目施工中安全管理体系有效运行和改进。

2.6.1 安全基本要求

(1)落实安全责任、实施责任管理。建立以项目经理为首的安全生产管理机构，项目经理作为项目安全生产的第一责任人，领导组织开展项目安全生产管理活动，对项目安全负总责任。项目总工、项目生产副经理、安全总监、安全员、各专业施工员、材料员、施工班组长在各自的职责范围负相应的安全责任。做到人人讲安全、人人管安全。

(2)制定完善的管理制度、安全措施和安全操作规程，项目经理部对工程施工将随时监督检查，使安全管理落到实处。

(3)施工管理人员安全培训及持证上岗。施工前组织项目部全体人员进行安全学习，熟知项目部的安全规章制度、安全管理措施、安全生产知识和岗位的安全职责，并进行安全知识、安全技能考核，合格者方准上岗。项目经理、项目副经理必须持安全考核B证上岗，安全总监、专职安全员必须持有效的安全考核C证上岗。

(4)大力加强工人安全教育。新工人进场严格执行“三级安全教育”，即公司级、项目部级、班组级安全教育，使工人了解现行国家安全生产的法规、政策，熟悉工程项目部安全生产的管理制度、项目施工环境的安全情况、所采取的安全措施、存在的安全危险因素，掌握本工种的安全技术操作规程、本工种施工存在的危险因素和应急自救的基本技能。工人变换工种必须进行变换工种的专项教育培训。结合施工生产的变化，定期组织工人进行适时的安全教育。

(5)加强安全生产宣传和文化建设工作。利用黑板报、专栏、标语、会议等载体，开展安全演讲、知识竞赛等各种形式的经常性安全教育，及时宣传党和国家安全生产方针政策、法律法规，宣传公司和上级安全工作部署、政策、措施等，提高职工安全意识，营造安全生产浓厚氛围。在元旦、春节、劳动节、国庆节等法定节假日和“安全活动月”“百日安全活动”等特殊日子、时段开展安全宣传活动，掀起群众性安全宣传教育高潮，吸引广大职工群众直接参与，增强干部职工做好安全工作的责任感、紧迫感和使命感。

(6)安全技术交底。

项目部严格执行安全技术交底制度，在分部分项工程开工前，根据工程的实际情况，由项目总工向专业施工员进行交底，施工员向作业班组进行交底。交底内容包括：本分部分项工程的特点、存在的安全危险因素、施工安全控制要点及控制措施、安全技术操作规程等。

安全技术交底采用“BIM”模型，结合“轨道交通信息模型管理系统”的安全管理模块，对施工员和作业人员进行3D模拟技术交底。通过3D模拟，使作业人员从感官上、时间上、空间上对本分项工程施工工序、安全技术措施和控制要点有深刻的认识，提高安全技术交底效果。

(7)重要施工方案和特殊施工工序安全控制。

项目部应对危险性较大的专项方案、重要部位的施工方案和特殊要求的施工工序根据管理制度的要求编制专项施工方案和安全控制措施。这类施工方案经公司审批后报监理单位批准后实施。

利用BIM技术，对重要部位、特殊工序进行虚拟建造，通过动态预演可预见到重要部位、工序的安全控制要点，并制定相应的控制措施，达到安全可控的效果。同时，利用BIM技术对施工员和作业人员进行3D模拟技术交底，使施工管理人员和作业人员预知重要部位、工序的安全操作要点，使重要部位施工安全可控。

对重要施工方案和特殊施工工序进行专项管理，由安全总监负责加强安全检查，建立专门的监督岗，并在危险作业区附近设置醒目的标志。施工现场的防护设施、安全标志和警告牌等，不得任意拆动，若必须改动时，须经有关人员批准。

(8)特种作业培训及持证上岗。

特种作业的人员必须是经过专门的安全技术培训，考核合格并取得操作证的熟练工人，在工程工作期间应将有效的操作证复印件交项目安全部登记备案。

项目对从事特种作业的人员要进行经常性(每月一次，每次不得少于4学时)的安全教育，并做好记录。教育内容包括岗位特点、可能存在的危险、隐患和安全注意事项、安全技术要领、个人防护用品的正确使用方法等。

(9)安全监督检查。

项目经理部定期组织进行施工安全检查，召开安全会议，对工程施工出现的安全隐患进行分析、总结，制定相应的整改措施。针对工程中的特殊工种、关键工序研究制定相应的安全技术措施和防范措施。

各作业班组随时对作业过程及安全保护、安全防护设施进行检查，发现不安全因素及时处理和解决。项目经理部安全总监、专职安全员定期对班组的安全问题进行监督检查。

(10)安全应急救援预案及演练。

项目经理部应针对可能发生的事故制定相应的应急救援预案，准备应急救援物资，并在事故发生时组织实施，防止事故扩大，减少与之有关的伤害和环境影响。应急救援预案包括以下内容：①应急救援组织和人员安排，应急救援器材、设备的配备与维护；②在作业场所发生事故时，保护现场、组织抢救的安排；③建立内部和外部联系的方法、渠道，根据事故性质，按规定在相应期限内报告上级、政府主管部门和其他有关部门，通知有关的近邻及消防、救险、医疗等单位；④作业场所内全体人员的疏散方案。

项目应根据实际情况定期演练应急救援预案，在演练后或事故发生后，项目将对应急救援预案的实际效果进行评价，必要时进行修订。

2.6.2 施工安全防护措施

1. 个人防护

安全帽：进入施工现场必须正确戴好安全帽，安全帽的质量要符合国家标准的要求。

安全带：作业人员高处悬空作业应正确系好安全带。安全带要求产品证件齐全，使用时要高挂低用；采用可卷式安全带，可卷缓冲装置要齐全有效。

安全帽、安全带等安全防护用品统一由项目部购买，安全防护用品进货、保管、发放必须要建立台账。

2. 洞口防护

（1）对边长≤1500 mm 的设备区小型孔洞封堵：采用 3 mm 厚螺纹钢，四周采用 M10 膨胀螺丝固定，螺孔间距小于等于 1.5 m。盖板四周用水冲洗干净后用砂浆 45°进行护角，盖板上刷红白警示油漆。具体做法如图 2－6－1 所示。

图 2－6－1　设备区小型孔洞封堵图

（2）对边长＞1500 mm 的洞口封堵：按临边防护方案执行，并设安全平网。安全网（图 2－6－2）物理性能、耐候性应符合《安全网》（GB 5725—2009）有关规定。使用前必须三证齐全，即生产许可证、技术监督部门的质量检验鉴定证及出厂合格证。

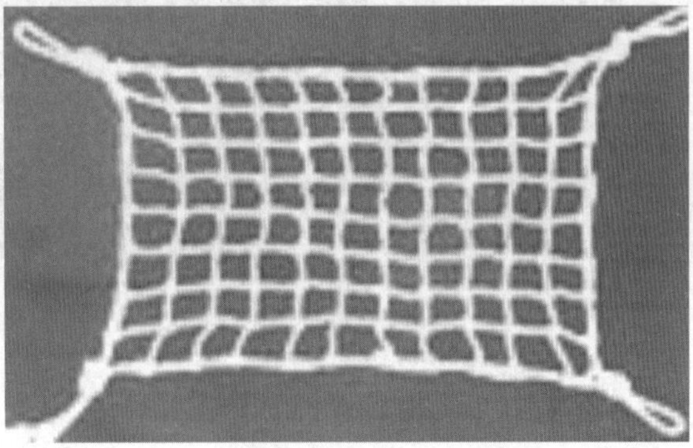

图 2－6－2　安全网

（3）临边防护。

站内临边防护主要在站台两侧、楼梯和边长＞1500 mm 的孔洞（如电梯孔、风孔、吊装孔等）等处。防护采用标准模块进行防护，方便拆卸及重复使用。

站台两侧的标准模块的立杆采用 ϕ50 圆钢，宽 1800 mm、高 1500 mm，立杆中间加 30×30 mm 红白色相间的方钢，每个模块立杆的支撑采用 120×120 mm 的铁板，立杆和铁板之间可靠焊接，铁板与地面采用可拆卸膨胀螺栓固定。脚板采用高 180 mm 的高挡脚板，刷红白相间的警示油漆，间隔 300 mm，防止杂物的掉落，如图 2－6－3 所示。

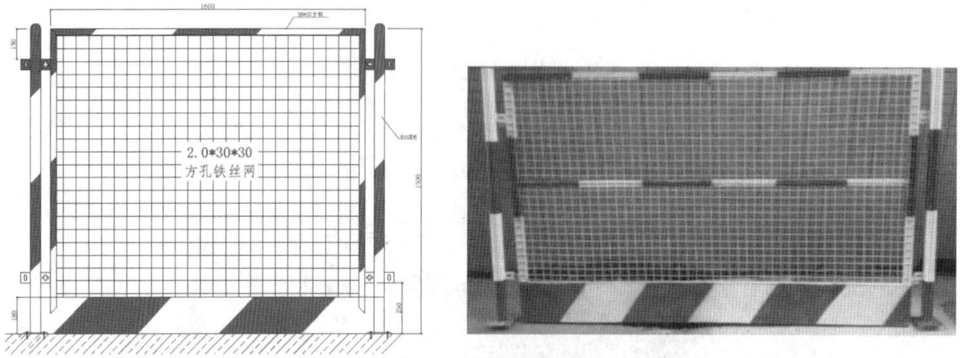

图 2－6－3　临边护栏做法图

楼梯和边长 >1500 mm 的孔洞(如电梯孔、风孔、吊装孔等)的标准模块做法与站台两侧的相似，模块宽 1800 mm、高则为 1200 mm。洞口挂设安全平网，并绑扎牢固，如图 2－6－4 所示。

图 2－6－4　洞口护栏做法图

(4)临边防护通过 BIM 技术对临边防护建模并进行模拟，确保防护达到安全防护要求，如图 2－6－5 所示。

图 2－6－5　临边防护 BIM 模拟图

2.6.3 事故隐患的控制

针对工程实施各阶段、各工种的安全操作，并结合具体施工对象补充有针对性的安全技术交底内容。根据机电专业安装工程施工特点，要重点防止以下事故隐患的发生：防高空坠落事故；防机具设备伤害事故；防触电事故；防洪事故；防交通安全事故；防火灾事故；防物体打击事故。

(1)任何人不得违章作业、违章指挥。安全员是安全生产的执法人员，有权制止违章作业，任何人不得干涉。

(2)当生产、施工与安全发生冲突时，必须服从安全需要。

(3)全员参与安全生产活动，使施工过程中存在的事故隐患能及时发现，及时处理，确保不符合设施不使用，不符合过程不通过，不安全行为不放过。

(4)对出现的隐患要及时督促施工部门进行整改，以达到规定要求，并组织复查，对有不安全行为的人员进行教育或处罚。

(5)对于事故隐患，安全员有权进行处理，具体方法包括：

对不合格设备和防护用品停止使用，必要时予以封存，并以文字或颜色等进行标识。

有事故隐患的设施，按照“三定”原则，指定专人进行整改，以达到规定要求。

(6)验证。

对施工过程中存在隐患的安全设施、设备、安全防护用品等，施工部门应进行整改，达到要求挂合格牌或其他合格标识后方可使用；

对于上级部门在检查过程中指出的事故隐患应落实整改，并将整改后的情况反馈至上级检查部门。

(7)纠正和预防措施。

①对查出的事故隐患或潜在的危险状况进行分析，制定相应预防措施，对事故隐患及时进行处理，落实整改措施。

②纠正措施：

对施工现场发生的事故，应首先抢救伤员及国家财产，防止事故进一步扩大，并保护现场，按事故报告程序及时向上级部门报告；

对事故产生的原因进行调查，研究防止发生重复事故的纠正措施；

对存在事故隐患的设施、设备及安全防护用品实施封存隔离等处置办法，做好标识，如挂牌说明、警戒线等，必要时派专人设岗值班，然后进行调查分析，按制定的相应纠正措施进行处理；

对采取的纠正措施进行跟踪验证，做好记录。

③预防措施：

安全生产保证体系的健全和正常运作是预防的根本。

推行全面、全过程、全方位的标准化管理，教育工人增强自我保护意识，自觉执行各项安全技术规范。

针对性安全技术交底和教育是预防事故的必要手段。

2.6.4 安全教育和培训

1. 教育和培训的目的和范围

(1)目的：使处于每一层次和职能的人员都认识到：遵守“安全第一、预防为主”方针和工作程序，以及符合安全生产保证体系要求的重要性；与工作有关的重大安全风险，包括可能发生的影响，以及其个人工作的改进可能带来的安全因素；在执行安全生产保证体系方面的作用与职责，包括在应急准备方面的作用与职责。

(2)范围：全体管理和施工人员。

2. 教育和培训的形式与内容

1)项目经理和安全管理人员的安全生产培训

定期轮训，提高政治水平，熟悉安全技术、劳动卫生知识。

专职安全员还应接受劳动部门和行业行政主管部门的培训，取得相应的证书持证上岗，并按规定定期复审。

2)三级安全教育

(1)公司(基层)级：①劳动保护的意义和任务的一般教育；②安全生产方针、政策、法规、标准、规范、规程和安全知识；③企业安全规章制度。

(2)项目(施工队)级：①建安工人安全生产技术操作一般规定；②施工现场安全管理规章制度；③安全生产纪律和文明生产要求：④本工程基本情况。

(3)班组级：①本人从事施工生产工作的性质、必要的安全知识，机具设备及安全防护设施的性能和作用；②本工种安全操作规程：③班组安全生产、文明施工基本要求和劳动纪律：④本工种事故案例剖析，易发事故部位及劳防用品的使用要求。

3)特定情况下的适时安全教育

季节性安全教育，例如冬季、雨季、汛期施工安全教育等。

4)安全记录

由项目专职安全员组织相关人员建立安全生产保证体系有效运行安全记录，包括相关的台账、报表、原始记录。

安全记录由项目专职安全员进行收集、整理，并进行标识、编目和立卷。

安全记录应完整及时，并延续到工程项目竣工。

施工现场安全记录要齐全。安全生产保证体系管理资料共分为 8 册：安全生产管理职责；安全生产保证体系文件；采购(安全设施所需的材料，设备和防护用品)；施工班组管理；安全技术交底及动火审批；检查、检验记录；事故隐患控制；

安全教育培训。

2.6.5 消防保证措施

1. 消防保证体系

在施工现场建立以项目经理为第一责任人的项目经理部消防保证组织机构，树立从各车站负责人到每一个施工人员全员参与的消防意识。

机电承包商逐层签订消防安全责任书，同时服从政府消防主管部门的检查。

2. 消防保证措施

由于施工工种较多，在施工过程中如何协同配合好其余施工单位做好消防管理是地铁工程管理的重点之一。

机电承包商加强对参与现场施工人员的消防意识教育和消防技术指导，认真贯彻消防制度，经常开展消防活动，定期进行防火检查。

工地设立义务消防队，在设置灭火器、水源处的道路应保持畅通。在生活区内配备足够的消防器材，并且定期检查消防器材，以保证消防器材齐全有效。

用火点和燃气罐不能放置在同一房间内。在生活区内不得存放易燃、易爆、剧毒、放射源等化学危险品。

施工现场应严格按《施工现场防火规定》等文件的规定，进行施工消防工作，定期检查灭火设备和易燃物品的堆放处，消除火灾隐患，休息室、更衣宿舍更要注意防火。

加强对电焊，气焊设备的整治，要注意防火防爆，现场动用明火前，必须按规定办理动火证，并加强防范工作。

在进行焊割作业时必须严格执行“十不烧”规定。非电工严禁擅自拉接用电器具和电线。禁止擅自使用非生产性电加热器和煤油炉等明火器具。

在各个施工作业面配置灭火器具，设置安全疏散通道及疏散指示标志。

及时清理施工现场垃圾杂物，特别是设备材料的木制包装、塑料包装、纸包装等，洒水清扫，保持施工现场环境的整洁。

现场标识好消防平面图，注明消防重点部位，消防设施位置。

工地设立联防小组，以预防为主。在每个建筑物内设置灭火器，水源处的道路应保持畅通。

重点部位必须执行严禁吸烟、动火等有关规定，有专人管理，落实责任，按规范设置警示牌，配置相应的消防器材。

值班人员必须配合安全部门定期巡逻，发现火苗隐患及时采取措施，且立即报告有关领导部门。

消防器材不得挪作他用，周围不准堆物，保护道路畅通。消防专用器材及消防砂如图2－6－6所示。

(a) 消防专用器材　　(b) 消防砂

图 2－6－6　消防专用器材和消防砂

春节期间各站要安排专人负责工地安全巡查，尤其要加强防火监控，防止因燃放烟花爆竹而导致的火灾。严禁周围居民在工地附近燃放烟花爆竹，配足意外火灾扑救时的消防器材。

对施工人员进行专业化的灭火救援培训，为其配备高效灭火救援器材和防护器材。

2.6.6　施工现场安全保卫方案

1. 组织保证

要在组建项目经理部机构时就成立综合办公室，设专人负责现场安全保卫管理工作。

2. 人员保证

施工现场配备专职保安保卫人员 24 小时值班，做好进入施工现场人员的登记手续，防止外来人员随便进入施工现场干扰施工，车辆进入施工区时应先在门卫登记而后才能进入，进出车辆要服从现场人员的调度安排。

3. 宣传措施

施工现场利用黑板报专栏和其他形式对各进场施工的承包商包括地盘管理商、员工进行法纪和道德宣传教育，使施工人员进入现场后懂法并自觉遵守和维护国家的法规法令、政策法律，提高员工的法制观念，杜绝盗窃、斗殴及黄、赌、毒等非法活动的发生。

施工作业资料应齐全、整洁、清楚、数据可靠，办公室按要求布置各种图表、专业岗位职责、施工图表，及时了解、掌握工程完成进度、劳动力状况、机具设备使用状况以及各种职责的布置。

4. 安全保卫具体措施制度

进入施工现场要严格遵守门卫制度，主动出示临时出入证及其他有关证件，经保卫人员同意方可入内。

自进入施工现场起，施工作业人员必须按规定佩戴标有公司名称、姓名、工种的临时出入证。

临时出入证用完后由门卫室保留，如果发生遗失现象应立即汇报。

工作完成后，所有的临时出入证应该退还，临时出入证遗失或者损坏的则作出一定的赔偿。

骑自行车进出大门，必须下车推行，并将自行车摆放在停车区域内，不得随意停放。

外来单位参观工程项目，须征得业主和地盘管理单位同意，并应有有关人员陪同，遵守工地安全管理规定。其他人员未经许可不得入内。

5. 施工现场的防盗措施

地盘管理单位将对所有出入口和地面上的施工设备材料实行统一管理，出入口设岗哨，日夜安排保卫人员值班、巡视，检查所有进出车站车辆及施工现场人员出入证，工地采取封闭式管理。设置治安领导小组，对生活办公、生活现场区域和施工人员的治安，全面负责和管理，出现紧急情况直接向项目经理部报告，必要时可联系当地派出所，请予协助解决。设置治安保卫管理员一名，专门负责治安保卫工作，并建立现场治安管理小组。认真落实施工现场的防火、防盗、防破坏及治安管理等安全措施。严禁赌博、偷盗、打架斗殴等扰乱正常生产秩序的行为，严格执行施工现场的治安保卫工作制度，经常开展以“四防”为内容的安全检查，消除隐患。加强各类物质的管理，施工现场使用的工具、油料、设备、缆线等物资要严格管理，落实专人保管，防止被盗。

2.7 进度管理措施

施工进度管理基于总目标，使施工进度计划能够稳中有序地开展，以达到预期的目标。

2.7.1 施工进度控制工作流程

施工进度控制工作流程如图 2－7－1 所示。

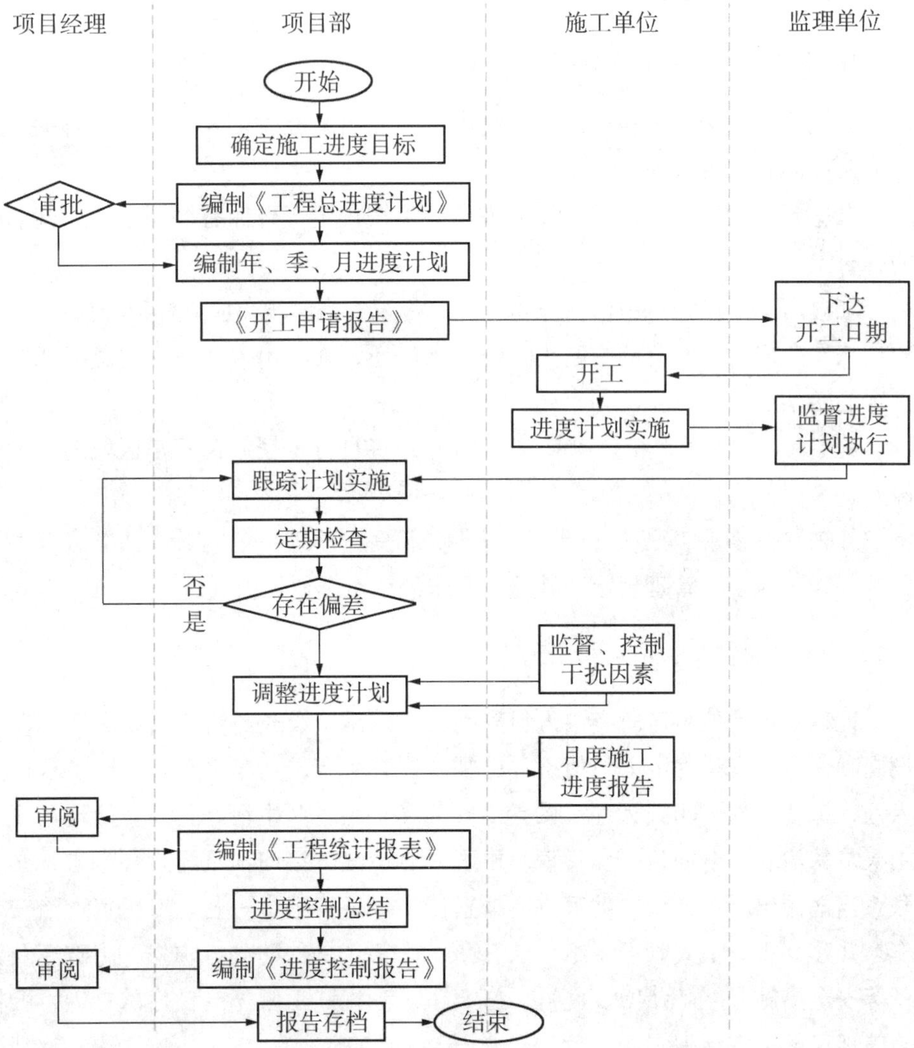

图 2－7－1　施工进度控制工作流程图

2.7.2　施工进度控制保证措施

初步应用 BIM 技术进行进度控制，通过动态跟踪可视化施工组织设计(4D 虚拟建造)的实施情况，对于设备、材料到货情况进行预警，同时通过派工单，将现场实际进度完成情况反馈回 BIM 管理平台中，与计划进行对比、分析及纠偏，实现施工进度控制管理。同时，通过以下方式对进度进行控制。

1. 施工组织保证(表2-7-1)

表2-7-1 施工组织保证

加强组织领导	建立从项目经理到作业班组的生产指挥系统，全面及时反馈影响施工进度的各种问题，加强对现场交叉和施工干扰的指挥与协调，及时调整劳动力和机械设备，保证工程的连续性和均衡性
开展劳动竞赛活动	增强员工的光荣感和紧迫感，充分发挥员工“干好、干快”的积极性和创造性
优化施工组织方案	根据工程特点及现场调查了解情况，对工程关键工期进行有效的控制；对于隧道内交叉施工相互干扰大的特点，编制合理、完整的施工方案，确保施工的连续性
加强生产计划动态管理	根据生产计划下达“月、旬、日”的作业计划，将实际完成情况与原计划进行比较，及时采取措施修正调整，实行动态管理。若进度滞后要及时分析查找原因，做到“以日保旬，以旬保月”，确保生产计划的实现
做好劳动力投入	充分利用机电安装单位人力资源优势及协调机制 组织技术素质高的施工专业队伍，特别是具有丰富地铁实施经验的建筑工人，从而为项目建设提供劳动力的充分保障 及时编制劳动力计划，并及时进行调整，确保劳动力投入满足工程进展的需求
建立健全管理制度	建立健全进度保证岗位责任制 建立生产计划考核制度 实行工期奖惩制度 建立工期进度定期检查制

2. 施工技术保证(表2-7-2)

表2-7-2 施工技术保证

缩短工序转移时间	积极与铺轨单位协调，跟进装修进度，落实轨道占用计划，缩短工序转移时间，提高时间利用率 加强与业主、监理工程师的联系，做好隐蔽工程、设备安装检验的签认
采用先进的施工技术	在施工过程中积极采用先进的施工工法和完善的施工工艺，在设备安装过程中实现施工作业程序化、工艺标准化 加强对新技术、新材料、新工艺的施工技术研究，大力开展“QC”攻关小组活动
采用先进的施工机具	施工中采用先进的施工机械设备、精密的仪器仪表，提高施工效率和保证施工精度
加强施工协调	积极主动与业主、设计、监理及相关接口单位联系，认真研究各施工工序与其他系统的施工接口，制定详细的施工接口协调方案

续表2－7－2

预见性采取措施	施工中根据现场实际情况，细化施工工序，确定分项工期控制点；对影响工期的因素，有预见性地提前采取措施，提供足够的施工资源，确保关键工期的兑现
减少施工瓶颈制约	与轨道等相关承包商签订施工配合协议，明确相互作业时间。服从业主对车站和轨行区作业时间的分配，避免施工时间冲突，减小施工干扰

3. 物资供应保证(表2－7－3)

表2－7－3　物资供应保证

确保材料设备供应	①保障影响工期关键路线的材料供应； ②采取多条材料供应链，减少供应链单一的风险； ③保持常规材料的存贮量； ④充分发挥技术优势，确保材料计划编制的准确性、科学性、合理性； ⑤加强材料供应市场风险评价，做好风险分析
做好施工机械设备投入	(1)公司内部资源 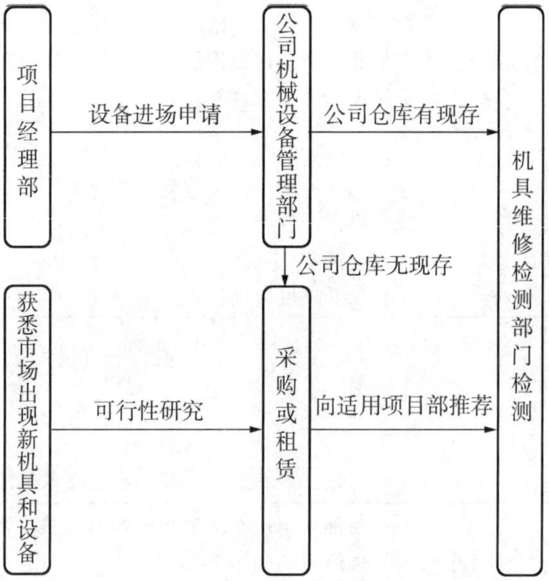 机械设备管理、调配流程图 通过上述制度流程，能够促进项目实施尽早采用新型的施工机械和设备，大大提高施工效率 (2)外部资源的利用 对于不经常使用、价值非常大的机械设备，可利用租赁市场的外部资源，并且分别签订1～3年的长期租赁协议，可以确保优先、及时地租赁到性能可靠的、先进施工机械 (3)机械设备的调配 提高机械设备的使用率，建立完善的机械设备调配制度

续表 2-7-3

资金投入计划及保证	公司及项目部制定严格的资金管理制度，财务部负责人每周与项目经理沟通资金的使用及贮备情况等，使项目部能及时掌握和了解项目资金状况，备用款保持在合理范围，确保施工资源的供应
采用先进施工机械设备	施工机械设备和检测仪器： ①3D 扫描仪；②电动压线钳； ③CYC 型承载移动车(地牛)；④逆变弧焊电源； ⑤红外水平仪；⑥红外垂直仪； ⑦电子数字风速风温仪；⑧热线风速仪； ⑨电动切管机；⑩管道开口机； ⑪先进的数字测试仪表等；⑫电动液压升降平台

4. 与各方面协调配合的保证(表 2-7-4)

表 2-7-4　与各方面协调配合的保证

加强外部协调	积极主动与业主、设计、监理及相关接口单位联系，协调处理施工中的相关问题，确保施工顺利进行 搞好与政府和工程沿线各社区、市民的关系，为施工创造良好的外部环境，从而确保施工的顺利进行
做好后勤服务保证	关心员工生活与健康，尽力做好生活物资的供应，开展有益于员工身心健康的工地文化娱乐活动 以当地医疗机构为依托，并配备一定数量的急救和常用药品，认真制定保障措施，保证施工人员身体健康
合理安排交叉作业	与公共区装修、轨道等相关承包商签订施工配合协议，明确相互作业时间 服从业主对车站和轨行区作业时间的分配，避免施工时间冲突，减小施工干扰 平衡各工序安排，投入合理施工资源，及时完成对后续工序制约大的工序作业，减少工序之间的交叉干扰

5. 特殊情况的保证措施(表2 -7 -5)

表2 -7 -5　特殊情况的保证措施

冬、雨、夜施工	施工调度人员与当地气象部门保持联系，了解气象变化趋势，根据气象预报合理安排施工计划 在雨季来临之前，项目经理部备足主要防洪物资、材料，以及劳动保护用品，保证雨季施工正常进行 夜间施工时，施工现场配备足够的照明设施，保证场地光线充足 冬季施工，配备防寒、保温材料，做好人身和施工机具的保温、防寒工作，机械设备必须按有关规定保养并使用符合标准的油料
节假日期间施工	做好组织动员工作，确保有足够的人员坚持工作；同时对坚持施工的员工给予一定的补贴，让员工安心工作 提前与各设备供应商协商，保证节假日期间物资的供应和储备 提前储备各种易损机械配件，保证机械正常运转
设备材料不能按期到货	项目经理部派员进驻主要设备材料工厂进行生产监造，同时物资机械部全程跟踪设备材料的发货、运输、到货情况，使工程物资的供应始终处于受控状态 实行物资管理周计划，五日到货核实制度
外界干扰影响进度	考虑突发因素对施工的干扰，编制两套以上的作业方案和计划 同时，项目经理部积极与当地政府有关部门等进行协调联系，得到地方政府理解和支持，妥善处理好各种干扰，避免矛盾激化 针对突发流行性疾病，加强预防措施，避免感染人群扩大，并尽快从项目部总部劳务中心抽调人员或在当地雇请临时劳动力补充
自然灾害影响进度	坚持预防为主的原则，加强全员防范意识，做到领导重视、全员参与 发生自然灾害，项目经理部对施工计划作相应的调整，进一步优化施工方案和资源配置。推行昼夜连续作业(倒班)、平行作业、交叉施工等各种行之有效的施工方法，使工期控制在要求的范围内，直至实现工期目标
保证施工用水用电及紧急排水	提供备用应急发电设施，保证在不能正常供电的情况下施工用电及照明的要求 另外，修建若干个蓄水池及几台潜水泵，保证在紧急停水情况下满足施工、消防及生活用水正常

续表 2-7-5

土建及轨道进度滞后影响进度	利用 BIM 技术和 project 软件对项目进行科学动态管理，对整个项目进度进行实时监控 原计划的施工面受土建、轨道进度影响时，有条件的施工人员可转入其他有条件施工作业面施工 主动配合土建工程，尽早完成施工定测任务，测量前进行施工调查，发现问题及时联系有关部门落实以便后续工序及时开展 加大对项目的资源投入，及时增调施工机械，投入施工预备劳动力，必要时由项目部协调组织其他施工资源进行项目赶工

2.8 危大施工安全管理

轨道交通机电工程实施中存在的危大施工，主要包含临水临电、移动平台、轨行区安装管理和升降平台的安全管理。坚持“安全第一，预防为主”的方针和“管生产必须管安全”的原则，对危大施工进行有效的安全管理。

2.8.1 临电管理

1. 一般规定

(1) 临电施工应符合国家相关用电安全规定。

(2) 按照《施工现场临时用电安全技术规范》(JGJ 46—2005) 及《建筑工程施工现场安全用电规范》(GB 50194—1999) 的规定，结合地铁安装工程施工面积大、用电施工承包商多、负荷点移动性大的特点，车站临电应采用 TN-S 接线、树干—放射布置的车站临时供电系统。

2. 临电规格

(1) 配电箱。站内根据施工现场临时用电安全技术规范，需要设置三级配电两级保护，站内配电箱分 3 类：一级箱、二级箱(含照明箱)及三级箱。

(2) 线槽。站内电缆线槽采用 150×100×2000 mm 规格的钢制槽式线槽，线槽涂刷红白相间的防火漆，色长间隔 1 m，中间用连接片及跨接导线连接。

(3) 照明灯具及配管。车站公共区、出入口及设备区走廊部分选用直管单管荧光灯，型号为 220V，1×36W，利用系数 0.7，维护系数 0.8，单个光源光通量为 5000 lm。

3. 临电施工方法及工艺

1)临电施工方法

(1)制定临电施工方案。核对综合管线图，确定电缆线槽布线位置及标高，选购电缆型号、配电箱规格、照明导线及灯具的型号规格。

(2)线槽及吊杆安装。放线确定安全绳及线槽位置、标高；采用10#镀锌全牙螺杆、顶爆螺栓及∠40×40×4 角钢制作支吊架，并打码。

(3)线槽连通及安装。先将两条线槽按回路用连接片连好，线槽连接、弯头、三通处加跨接线，配电箱处做部分下引线槽至配电箱；均完成后，进行水平竖直调直及固定。

(4)配电箱安装。配电箱采用底座支架固定，摆放到位；在配电箱位置设置相应的接地极，保证配电箱接地良好；完成后张贴用电安全标语及检查记录等。

(5)电缆敷设及接头。将计算好的电缆按设计路径敷设，电缆进箱需码放整齐美观，然后悬挂回路电缆牌。

(6)线管敷设。按照图纸灯具的走向，预弯线管，使之尽量靠近墙壁，保证每个灯线能到位，并且不影响其他管线的安装及施工。

(7)灯具安装。按照图纸要求，根据不同位置，灯具接至不同回路，使站内灯具得到最合理利用，施工时能保证亮度，不施工保证照明。

(8)管线调整。核对综合管线图纸，复核临时管线的标高及横平竖直，确认无误即可。

(9)送电调试。

2)临电施工工艺

临电施工前，需要先行建模用于指导施工，临电模型图如图 2－8－1 所示。

图 2－8－1　临电模型图

(1)支吊架制作及安装。线槽支吊架采用 10#镀锌丝杆及∠40×40×4 的角钢制作，制作后丝杆做尾部打磨、角钢切角处理，完成焊接后，及时做好防腐及喷银粉漆；线槽每隔 20 m 需加设固定支架，固定支架采用∠40 角钢制作。

(2)线槽连通及安装。线槽连接处采用连接片加跨接线形式，并调整好横担的水平及标高，保证线槽标高低于吊顶标高及其整体性、美观性。

(3)配电箱安装。配电箱采用 600 mm 高固定底架固定摆放到位，在配电箱位置设置相应的接地极，配电箱内电缆码放整齐，配电箱需配备相应标识牌及检查记录，如图 2-8-2 所示。

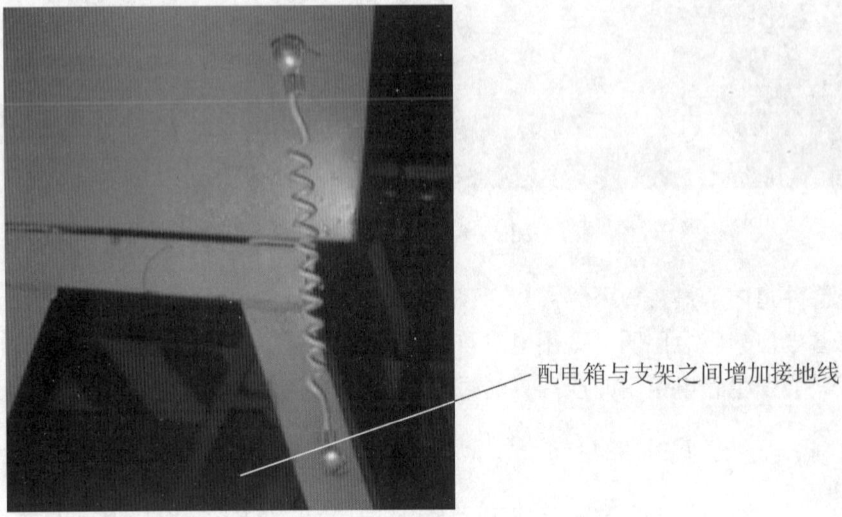

图 2-8-2　箱体与支架接地连接

(4)电缆敷设及接头。电缆接头需加热缩套管及五指套，接线处需压接电缆鼻子，接线前电缆绝缘值不小于 5 MΩ，电缆进线需美观整齐，进口处需做护角处理。

(5)线管敷设。线管采用 DN25 PVC 管，用管卡固定，每隔 6 m 加设线盒，线管贴顶或沿墙敷设，变形缝及管线位置设置可伸缩的金属软管。线管主要用于出入口及设备房照明回路电缆敷设，如图 2-8-3 所示。

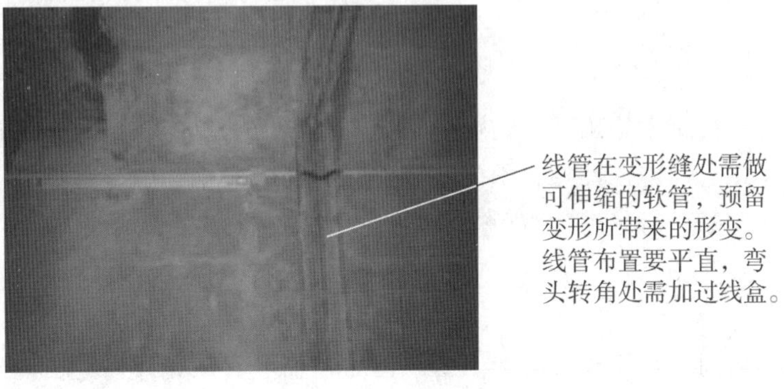

图 2-8-3　变形缝管线安装

(6)灯具安装。公共区、出入口及设备区灯具沿线槽侧面固定，间距为6m，设备房设置为1个/房间，保证施工照明即可；灯具安装后在同一水平线上，如图2-8-4所示。

图2-8-4　灯具安装

电缆井道内、站台板下等设置36V安全照明灯具。另外在站厅、站台、出入口设置带蓄电池的应急照明灯，用电取自单独的回路，正常情况下灯具处于充电状态，不点亮，当发生停电情况时应急灯通过蓄电池供电，给站内提供短时的照明。

4. 临电系统接地保护

由于轨道交通机电安装工程属于大面积机电安装和装修，对接地保护要求较高，临电系统采用三相五线制供电系统，配电箱外壳与接地线可靠连接。在变压器、办公区配电箱位置分别做重复接地。电气设备的金属外壳及与该设备连接的金属构架，与PE保护线可靠连接，以防电气设备绝缘损坏时外壳带电，威胁人身安全。对I类电气设备的金属外壳及与该电气设备连接的金属构架，采取可靠的接地保护。

经查数据，对多雷区域应做好防雷工作，利用项目部金属旗杆作为避雷针，并利用接地线将旗杆引至总配电柜处接地网。按照惯例，机电安装单位架设的金属旗杆在12～15m，经计算保护半径为10～14m，已经能满足防雷要求。

5. 关键工期施工用电

为确保关键工期施工任务的顺利完成，机电施工单位在整个施工过程中应按照制定的各车站总体施工计划，积极创造条件，合理安排和配合其他进入车站安装的承包商依序穿插进行施工，避免用电紧张的情况发生。

6. 临电验收

土建承包商接受该车站的施工变压器后，临电安装完成后经由监理、业主、安监站等进行检查验收，验收整改合格后方可投入使用。施工现场临时用电验收内容见表2-8-1。

表2－8－1　施工现场临时用电验收

工程名称				供电方式	
进线截面		用电容量		保护方式	
验收项目	验 收 内 容				验收结果
施工方案	用电设备5台及以上或总容量50kW及以上应编制临时用电组织设计，必须履行编制、审核、审批程序				
	临时用电施工组织设计或安全用电技术措施针对性强，能指导施工				
	有专项安全技术交底				
外电防护	外电架空线路下方应无生活设施、作业棚、堆放材料、施工作业区				
	在建工程(含脚手架)的周边与外电架空线路的边线之间，必须保护安全操作距离				
	起重机的任何部位或被吊物边缘在最大偏斜时与架空线路边线保持安全距离				
	达不到最小安全操作距离时必须采取绝缘隔离防护措施，并挂警告标识牌				
	电缆埋地敷设方式、深度应符合规范要求。地下0.2m至地上2m应穿管保护				
	按规定使用五芯电缆				
	PE线的颜色应是绿/黄双色线，其截面应不小于工作零线的截面				
	室内配线应用绝缘子固定，距地面高度不应低于2.5m，排列整齐				
保护方式	采用TN－S系统，PE线与N线分开，不得混接，重复接地点不少于3处				
	高于建筑物的大型设备除做好重复接地外，还必须按规定设置防雷接地装置				
配电箱	符合三级配电二级保护要求				
	配电箱内有总隔离开关及分路隔离开关。开关箱做到一机一闸一漏一箱				
	配电箱设置位置应符合规定要求，有足够二人同时工作空间或通道				
	固定式配电箱安装高度为1.3～1.5m，移动式配电箱安装高度为0.6～1.5m				
	箱体符合规定要求，有门有锁，有防雨防尘措施				

续表 2-8-1

现场照明	照明回路有单独的开关箱，配有漏电保护装置并符合要求	
	灯具金属外壳必须作保护接零。灯具与地面、易燃顶面、电线保持安全距离	
	照明器具、器材应无绝缘老化或破损	
	按规定使用安全电压	
验收意见： 年　月　日	项目负责人	
	技术负责人	
	安装负责人	
	安 全 员	
	电 工	

7. 用电安全技术交底

临电使用前须对项目部所有员工及各个进场的承包商进行安全用电技术交底，并做好书面交底记录，如表 2-8-2 所示。

表 2-8-2　施工现场临时用电安全技术交底记录

单位工程名称		交底时间	
分部(分项)工程 各工种名称		交底人	

1. 安全用电自我防护技术交底

施工现场用电人员应增强自我防护意识，特别是电动建筑机械的操作人员必须掌握安全用电的基本知识，以减少触电事故的发生。对于现场中一些固定机械设备的防护和操作人员应进行如下交底：

开机前认真检查开关箱内的控制开关设备是否齐全有效，漏电保护器是否可靠，发现问题及时向工长汇报，工长派电工解决处理。

开机前仔细检查电气设备的接零保护线端子有无松动，严禁赤手触摸一切带电绝缘导线。

严格执行安全用电规范，凡属于电气维修、安装的工作，必须由电工来操作，严禁非电工进行电工作业。

2. 电工安全技术交底

操作人员严格执行电工安全操作规程，对电气设备工具要进行定期检查和试验，凡不合格的电气设备、工具要停止使用。

电工人员严禁带电操作，线路上禁止带负荷接线，正确使用电工器具。

电气设备的金属外壳必须做接地或接零保护，在总箱、开关箱内必须安装漏电保护器实行两级漏电保护。

电气设备所用保险丝，禁止用其他金属丝代替，并且需与设备容量相匹配。

续表 2-8-2

施工现场内严禁使用劲塑料线，所用绝缘导线型号及截面必须符合临电设计。 电工必须持证上岗，操作时必须穿戴好各种绝缘防护用品，不得违章操作。 当发生电气火灾时即切断电源，用干砂灭火，或用干粉灭火器灭火，严禁使用导电的灭火剂灭火。 凡移动式照明，必须采用安全电压。 施工现场临时用电施工，必须执行施工组织设计和安全操作规程。 3. 夯土机械安全技术交底 夯土机械的操作手柄必须采取绝缘措施。 操作人员必须穿戴绝缘胶鞋和绝缘手套，两人操作，一人扶夯，一人负责整理电缆。 夯土机械必须装设防溅型漏电保护器，其额定漏电动作电流小于 15mA，额定漏电动作时间小于 0. 1s。 夯土机械的负荷线应采用橡皮护套铜芯电缆，其长度应小于 50m。 4. 焊接机械安全技术交底 电焊机应放置在防雨和通风良好的地方，严禁在有易燃、易爆物品周围施焊。 电焊机一次线长度应小于 5m，一、二次侧防护罩齐全。 焊机机械二次线应选用 YHS 型橡皮护套铜芯多股软电缆。 手柄和电缆线的绝缘应良好。 电焊变压器的空载电压应控制在 80V 以内。 操作人员必须持证上岗，施焊人要有用火证和看护人，必须穿戴绝缘鞋和手套，使用护目镜。 5. 手持电动工具安全技术交底 手持电动工具依据安全防护的要求分为Ⅰ、Ⅱ、Ⅲ类。 Ⅰ类手持电动工具的额定电压超过 50V，属于非安全电压，所以必须作接地或接零保护，同时还必须接漏电保护器以保安全。 Ⅱ类手持电动工具的额定电压超过 50V，但它采用了双重绝缘或加强绝缘的附加安全措施。双重绝缘是指除了工作绝缘以外，还有一层独立的保护绝缘，当工作绝缘损坏时，操作人员与带电体隔离，所以不会触电。Ⅱ类手持电动工具可以不做接地或接零保护。Ⅱ类手持电动工具的铭牌上有一个“回”字。 Ⅲ类手持电动工具是采用安全电压的工具，它需要有一个隔离良好的双绕组变压器供电，变压器副边额定电压不超过 50V。所以Ⅲ类手持电动工具也是不需要保护接地或接零的，但一定要安装漏电保护器。 6. 手持电动工具安全技术交底 手持电动工具的开关箱内必须安装隔离开关、短路保护、过负荷保护或漏电保护器。 手持电动工具的负荷线，必须选择无接头的多股铜芯橡皮护套软电缆。其性能应符合《通风橡套软电缆》(GB 1169—74)的要求。其中绿/黄双色线在任何情况下只能用作保护线。 施工现场优先选用Ⅱ类手持电动工具，并应装设高额定动作电流不大于 15mA、额定漏电动作时间小于 0. 1s 的漏电保护器。

续表 2-8-2

7. 特殊潮湿场所作业安全技术交底 开关箱内必须装设隔离开关。 在露天或潮湿的场所必须用Ⅱ类手持电动工具。 特殊潮湿场所电气设备开关箱内的漏电保护器应选用防溅型的，其额定漏电动作电流应小于15mA，额定漏电动作时间不大于0.1s。 在狭窄场所施工，优先使用带隔离变压器的Ⅲ类手持电动工具。如果选用Ⅱ类手持电动工具必须装设防溅的漏电保护器，把隔离变压器或漏电保护器装在狭窄场所外边并应设专人看护。 手持电动工具的负荷线应采用耐气候型的橡皮护套铜芯软电缆并不得有接头。 手持式电动工具的外壳、手柄、负荷线、插头、开关等必须完好无损，使用前要做空载检查，运转正常方可使用。			
技术负责人		被交底人签名	
交底人			

2.8.2 施工临时用水及消防管理

1. 施工及消防临时用水

在业主指定临水供应点处安装一套总的计量水表组，自水表后接出一根 DN100 主供水管，提供地面临时施工场地及中心基地生活设施用水及车站内生产、消防用水。地面临时施工场地及中心基地的生活设施用水从主供水管接出，管网呈枝状布置；车站内生产、消防用水由主供水管分出，通过敷设一根 DN100 给水管经机械风井分别接至车站各层，生产、消防合用给水管网分别沿车站各层中心线呈环状布置。

(1)各分层取水点根据现场实际情况，按需敷设，严格控制取水点数，以免造成水浸。

(2)为了节约用水，设专人负责巡查，特别是夜间休息时间，各分层供水总闸阀应关闭。

(3)施工现场及中心基地的排水沟应畅通，站台板下排水设备运转应正常可靠。

(4)临时场地及中心基地按照要求布置消火栓，并在重要设备房和办公房安置灭火器，同时在靠近仓库旁设置一处消防水池及消防沙池。

(5)临时场地及中心基地各设置一处卫生间，卫生间内设置有抽水马桶，污水经化粪池处理后再排至市政污水井。

(6)在临时设施及中心基地大门处设置一洗车处，洗车用水自生活区给水管网接入，污水经排水沟排至市政污水井。

2. 临时消防方案

主要火灾危险区分布分析：

(1)仓库材料与易燃易爆品应分开放置；

(2)办公区，由于人员乱丢烟头，电气线路、电器设备老化、过载等情况引发火灾；

(3)车站设备区已安装电气设备的区域，一旦发生火灾，损失重大。

3. 临时消防设施

严格按照《中华人民共和国消防条例》的规定，在施工现场建立和执行防火管理制度，设置符合要求的消防设施，使用易燃易爆器材时，采取特殊的消防安全措施，在车站内设置临时消防水系统，具体实施如下：

(1)站厅层：成环状布置，两侧各设置2个消火栓箱及灭火器材箱，并配置灭火器箱；

(2)站台层：沿站台中心线设置2个消火栓箱及灭火器材箱，并配置灭火器箱。

(3)区间内在需要动火的工作面施工时，各个施工班组在现场应配置2个MF4手提式干粉灭火器(4kg)，在现场仓库加工区、防火区内按要求配置相应数量MF4干粉灭火器(4kg)。

4. 临时供水及消防接点(图2-8-5)

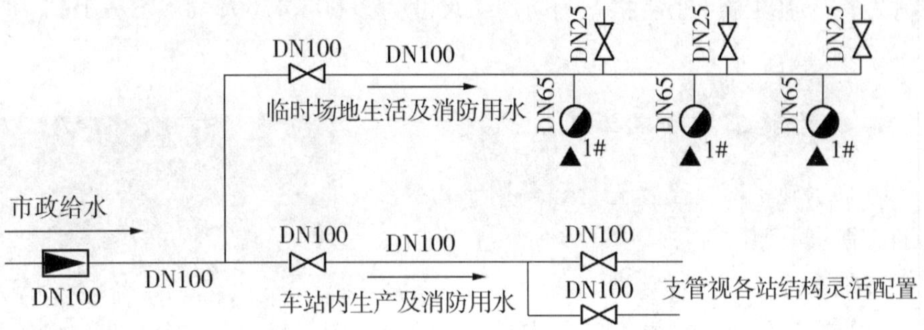

图2-8-5　临时供水及消防接点示意

一般规定：

(1)临时用水的施工及验收参照地铁安全文明施工标准化图册。

(2)临水施工应符合国家相关临时用水及消防安全规定。

(3)临水接驳需要设置相应的阀门及水表，站内临水应考虑消防用水。

5. 临水规格

1)支吊架

水管支吊架采用角钢及10#丝杆，与线槽共用，间距为1.5 m，水管排布置于线槽下方。

2)水管

根据地铁相关要求及现场实际情况，与市政接口水管采用DN100给水管接驳，加装水表及阀门。站内主临水管则采用DN75给水管，管件为相应管件。

3)水阀

水阀采购需与给水管配套，且附相应的合格文件，到货的水阀承压能力必须符合要求，并定期检修。站内施工用水需从主管引出至用地，安装分流闸阀及水龙头。

4)管件

管件与水管配套，满足国家相关标准。

5)消火栓箱

根据站内消防用水量及车站面积，设置柜式消火单栓，消火单栓箱采用800×650×240 mm的钢质箱体，内含铝合金门、有机板、1个DN65的栓口、1个25 m长的消防水带。临时消防引入管水表处安装水阀，以保障施工现场的防火安全。

6)灭火器

规格为2-MF/ABC5无箱灭火器，设有明确的防火标识并经常检查、维护、保养，保证灭火器灵敏有效。

7)消防展架

消防展架上布设有3把消防铁锹和3个消防水桶，4个4-MF/ABC5灭火器，3把消防斧分别置于4个空格。消防展架尺寸为2600×1200 mm，下方1m高加设消防沙池。

6. 临水施工方法及工艺

1)临水施工前，需要先行建模用于指导施工，临水模型图如图2-8-6所示。

2)临水施工方法

(1)制定临水施工方案，业主及监理审批通过；

(2)支吊架加工安装、管束固定；

(3)水管连接、阀门安装；

(4)消火栓箱安装及接管；

(5)消防展架及消防器材的摆放。

(6)通水试验。

图2-8-6 临水模型图

3)临水施工工艺

(1)支吊架、管束安装。

综合考虑施工实用性及美观，水管路径沿已敷设线槽路径安装，故支吊架主要为管束安装，管束间距为1.5m，与线槽横担、线槽相连，上双螺帽防止线槽内丝杆对电缆、电线造成损坏。

(2) 水管连接、阀门安装。

水管连接采用 PVC 专用胶合剂加管件连接，管口需用铣刀或刮刀除掉断口内外飞刺，外棱铣出 15°角，连接处需用棉布将承插口需粘接的部位的水分、灰尘擦试干净。插入粘接剂并将插口稍作转动，以利粘接剂分布均匀，约 30 ～ 60min 即可粘接牢固。粘牢后立即将溢出的粘接剂擦拭干净。

(3) 消火栓箱安装。

安装高度：消火栓栓口距建筑完成面 1.1m，且下引管不小于 2 个固定管束；临时消防引入管水表处安装水阀，以保障施工现场的防火安全，如图 2-8-7 所示。

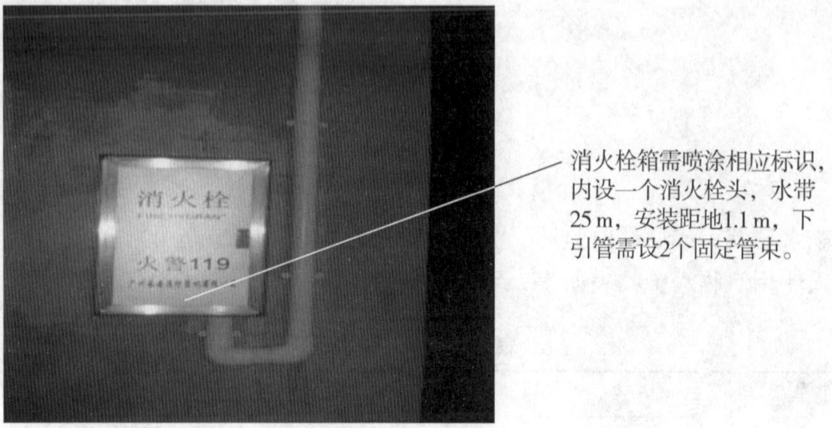

图 2-8-7　消火栓箱安装

(4) 消防展架及消防器材摆放。

按照国家相关消防标准，每个干粉灭火器的保护面积大约为 $75m^2$，地铁站内设置灭火器距离为 20m，有消火栓位置的可考虑减少配置。

(5) 水管通水试验。

根据国家相关规定，水管使用前进行整体式试压，检查是否有漏水渗水管件，发现并及时整改。

7. 临时排水设施

1) 临时排水设施

为保证车站施工期间临时排水要求，在出入口、风亭、主废等集水坑设置临时排水泵，排水泵参数应满足现场水量。可选择位于车站站台下的废水井作为临时排水集水井，参考型号为 WQ30-30-5.5，流量 $Q = 30\ m^3/h$，扬程 $H = 30\ m$，功率 $P = 5.5\ kW$ 的潜污泵两台(一用一备)，并敷设一条 DN50 的临时排水管道至地面市政污水排放井，站内的施工废水、地下结构渗水等废水由废水井经潜水泵直接提升至地面经压力井消能后排入市政排水系统，设置自动控制装置。为应急防洪需要，各车站在施工现场应准备 4 台 3 kW 以上和 2 台 5.5 kW 以上临时水泵，分别放置于出入口、风亭，用于应急排水。

2)各站临时排水系统图(图2－8－8)

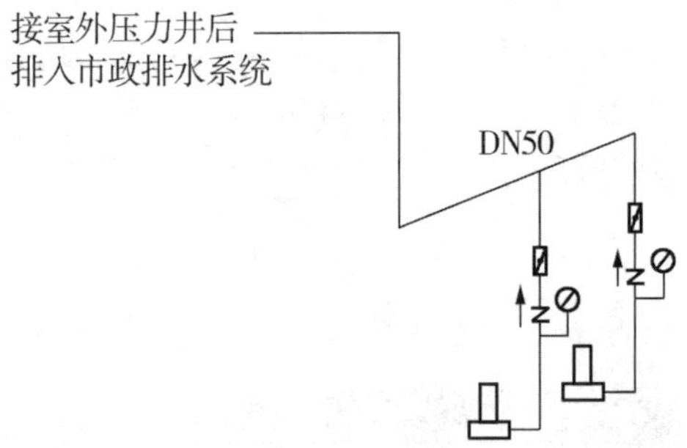

图2－8－8　临时排水系统图

8. 临水验收

临水安装完成后经由监理、业主、安监站等进行检查验收，验收整改合格后方可投入使用。临水验收表如表2－8－3所示。

表2－8－3　临水验收表

施工单位		车站名称	
验收部位		验收时间	

序号	验收项目	验收标准	验收结果
1	临时用水	临水布设是否编制方案，并通过监理审批	
2		铺设的临时用水管线是否会对其他施工造成影响	
3		阀门数量是否满足施工现场要求	
4		打开水龙头是否通水	
5		铺设的临时用水管线是否有渗漏水现象	
6		铺设的临时用水管线是否便于检修	
7		需要用水处是否都通上水，水压是否满足使用要求	
8		消防设施是否齐全	
9		消防管道压力是否满足规范要求	
验收意见：			

续表 2-8-3

监理单位	验收人： 项目部章： 日期： 年 月 日	施工单位	负责人： 项目部章： 日期： 年 月 日

2.8.3 移动平台管理

1. 移动式操作平台搭设(图 2-8-9)

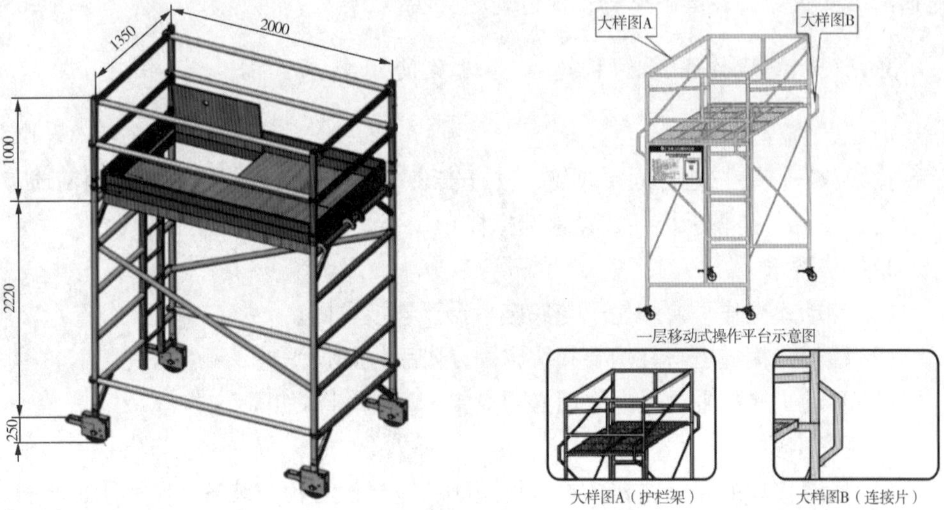

图 2-8-9 移动式操作平台搭设示意图

2. 移动式操作平台搭、拆一般规定

(1)搭设前应检查所有材料是否符合要求。

(2)搭、拆移动式操作平台必须由经安全教育并持上岗证的架子工承担，高血压、心脏病患者不得操作。

(3)搭、拆作业人员不得喝酒，在搭、拆过程中不得开玩笑。

(4)搭、拆作业穿着要灵便，禁止穿硬底鞋、高跟鞋、塑料鞋和带钉的鞋。

(5)施工前，应逐级进行安全技术交底，落实所有安全技术措施和人身防护用品，未经落实不得进行搭、拆施工。

(6)搭、拆使用过程中，钢管不准触及有电线路。

(7)施工中发现存在缺陷和隐患时，必须及时解决。

(8)搭设移动式操作平台时，严格控制施工荷载。

(9)因作业必须临时拆除或变动安全防护设施时，必须经施工负责人同意，并采取相应的可靠措施，作业后应立即恢复。

(10)移动操作平台上的操作工人作业时必须戴安全帽、系安全带(连接平台防护栏)，穿防滑鞋。

(11)应设专人对脚手架经常进行检查，发现问题及时处理、纠正，避免大的事故的发生。

(12)在搭设脚手架的同时，必须设置登高扶梯，严禁在脚手架上攀登。

(13)搭拆现场以及使用阶段必须设专人看管，严禁非施工人员进入作业区域内。

(14)严禁将拆卸下来的材料和杆部件向地面抛掷。已吊至地面的架设材料应随时运出拆卸区域，并堆码整齐，保持现场文明。

3. 移动式操作平台的构造、搭设及使用要求

1)工艺流程

拉线放底座→扫地杆固定脚轮→立杆安装→横杆安装→斜撑安装→照前述步骤，逐层向上安装→铺脚手板→装设顶部栏杆

2)搭设要求

(1)移动式操作平台的轮子与底座平台要连接牢固。

(2)横架、横杠、斜杠均要扣搭牢固。脚手板铺设平整。

(3)移动式操作平台横向立面必须设置 2M×4 斜撑加固。

3)注意事项

(1)底部移动的轮子在架体投入使用时，应当设置锁止装置，限制平面上移动。

(2)架体移动时，上部不能有作业人员。

(3)如果上部全封闭后影响施工，必须有一部分位置敞开时，作业人员在敞开部位作业时，应当系挂安全带，按照高挂低用的原则系挂安全带。

4)决不允许攀登杆件上下。

5)使用过程中的要求：

(1)高处作业，发现有缺陷和隐患时，必须及时解决；危及人身安全时，必须停止作业。

(2)高处作业中所用的物料，均应堆放平稳，不妨碍通行和装卸。

(3)拖动操作平台时，应设 10m 警戒区，并应派专人现场指挥。严禁在操作平台上有人时机械拖动。

(4)禁止配电线路穿越移动式脚手架操作平台，或沿平台拉设。

4. 验收

(1)操作平台搭设完毕，应按规定对操作平台工程的质量进行检查，经检查合格后方可交付使用。

(2)操作平台搭设好后，应由单位工程负责人组织技术安全人员进行检查验收。

(3)验收时应具备下列文件：

①根据《建筑施工扣件式钢管脚手架安全技术规范》要求所形成的施工组织设计文件；

②操作平台构配件的出厂合格证或质量分类合格标志；

③操作平台工程的施工记录及质量检查记录；

④操作平台搭设过程中出现的重要问题及处理记录。

(4)操作平台工程的验收，除查验有关文件外，还应进行现场检查，检查应着重以下各项，并记入施工验收报告。

①构配件和加固件是否齐全，质量是否合格，连接和挂扣是否紧固可靠；

②操作平台在移动中及移动到施工位置后是否按要求恢复到原位；

③平台是否超载；架上严禁堆放或搬运材料、物品，杂物要及时清理；

④杆件相交位置符合节点的规定；

⑤垂直度及水平度是否合格。

5. 移动式操作平台的拆除

(1)拆除移动式操作平台时，应由专人负责监护。

(2)拆除移动式操作平台前，应将平台上的留存材料，杂物等清除干净。

(3)平台拆除顺序一般为板材→栏杆→剪刀撑→横杆→立杆，按自上而下先装者后拆，逐步拆除，一步一清。不准上下同时拆除。

(4)拆下的杆件和配件分类堆放，运至室外，并及时按品种、规格放整齐。

6. 安全保障措施

(1)操作平台移动时必须距离临边一定距离，并派专人看护。

(2)移动中禁止突然启动加速，必须平稳、缓慢前进。

(3)定期检查脚手架操作平台，发现问题和隐患，在施工作业前及时维修加固，以达到坚固稳定，确保施工安全。

(4)操作平台严禁钢竹、钢木混搭，禁止盘扣、绳索、铁丝、竹篾、塑料篾混用。

(5)操作平台搭设人员必须持证上岗，并正确使用安全帽、安全带、穿防滑鞋。

(6)操作平台严禁存在探头板，铺设脚手板及作业时，应尽量使施工荷载内、外传递平衡。

(7)保证脚手架操作平台体的独立性、整体性，不得与塔吊、升降机、外脚手架一并拉结，不得截断架体。

(8)严格控制施工荷载，脚手板不得集中堆料施工荷载，且每边均匀堆放，施工荷载不得大于3kN/m^2，确保较大安全储备。

(9)作业层设置可靠的防护栅栏、挡脚板，防止坠落物体伤人。

(10)移动操作平台拆除技术措施。

7. 安全管理

(1)搭设前应检查所有材料是否符合要求。

(2)拆移动操作平台必须由专业架子工担任，并按现行国家标准《特种作业人员安全技术考核管理规则》(GB 036)考核合格，持证上岗。上岗人员应定期进行体检，凡不适于高处作业者，不得上移动操作平台操作。

(3)施工前，应逐级进行安全技术交底，落实所有安全技术措施和人身防护用品，未经落实不得进行搭、拆施工。搭拆、使用过程中，钢管不准触及有电线路。

(4)搭拆移动操作平台时工人必须戴安全帽、系安全带、穿防滑鞋。搭拆作业人员不得喝酒，在搭、拆过程中不得开玩笑。

(5)操作层上施工荷载应符合设计要求，不得超载。

(6)临街搭设的移动操作平台外侧应有防护措施，以防坠物伤人。

(7)在平台上进行电、气焊作业时，必须有防火措施和专人看守。

(8)沿移动操作平台外侧严禁任意攀登。

(9)作业层脚手板应铺满、铺稳，不得有空隙和探头板。

(10)作业面下方不得设作业面，进行垂直交叉作业，以免发生物体打击。

(11)严格按照规定的构造尺寸进行搭设，控制好立杆的垂直偏差和横杆的水平偏差，并确保节点连接达到要求。

(12)操作平台工作时将其滚动部分固定住及支撑牢固。移动前，架上的材料、工具以及施工垃圾等应清除干净，移动时应有防止倾倒的措施。

(13)操作平台上操作人员应尽量减少，作业时不得多人集中在一个跨距内，作业平台上作业人员应使用安全带，安全带应挂在牢固的结构上，安装人员必须配工具袋和工具挂钩。

(14)操作平台必须设置安全警示牌，表明平台面积、高度及最大承载量；操作平台每次拖移时应有专人指挥，专人观测，先试拖 1 ～ 2 m 后，对架子变形情况进行检查，确认无变形后方可正式拖移。拖移定位后应对操作平台的变形情况进行全面检查，确认无变形后方可使用。

(15)作业平台应设置扶手或防护栏杆，布置登高爬梯，不得爬架子上下；在作业面上作业时，操作人员不得位于平台一侧，以免平台承受侧向力过大，发生倾翻。严禁操作人员在平台上打闹嬉戏。

(16)操作平台搭设完毕要经过安全员验收合格后方可使用，移动操作平台的日常使用管理要有专人负责，定期检查，移动操作平台不得超载，多余物件随时清理，各部件连接节点，由专人按规定时间检查。

8. 验收制度

(1)移动式操作平台在使用前，搭设完后必须进行全面检查和验收，确保符合项目组织设计及规范要求，并确认操作平台搭设牢固，具有一定的刚度和稳定性。

(2)板材按规范要求固定牢固。

(3)施工荷载不得超过3 kN/m^2，严禁超载；架上严禁堆放或搬运材料物品，杂物要及时清理。

(4)杆件相交位置符合设计及规范要求。

2.8.4 升降平台管理

1. 升降平台

升降平台是一种多功能起重装卸机械设备，可分为固定式和移动式：移动式分为直臂式、曲臂式、剪叉式、桅柱式、铝合金升降平台、套缸式：固定式有剪叉式、导轨式升降平台、链条式升降平台、装卸平台及附着式电动施工平台等。

移动式分为：四轮移动式升降平台、二轮牵引式升降平台、汽车改装式升降平台、手推式升降平台、手摇式升降平台、交直流两用升降平台、电瓶车载式升降平台、自行式升降平台、柴油机曲臂自行式升降平台、折臂式升降平台、套缸式升降平台、铝合金升降平台。

升降平台(图2－8－10)是一种垂直运送人或物的起重机械，也指在施工过程中进行垂直输送的设备。升降台上往往还装有各种平面输送设备，作为不同高度输送线的连接装置，一般采用液压驱动，故称为液压升降台。除作为不同高度的货物输送外，广泛应用于高空安装、维修等作业。升降台自由升降的特点已经广泛运用于城市轨道交通机电安装、建筑装潢等，安装了汽车底盘、电瓶车底盘等能自由行走，工作高度空间也有所改变，具有重量轻、自行走、电启动、自支腿、操作简单、作业面大、能跨越障碍进行高空作业等360°自由旋转的优点。

图2－8－10　升降平台

2. 升降平台安全管理

(1)施工前，做好施工方案审批。对升降平台、高空作业车等现场安全防护措施，作业人员进行作业前安全检查，验收合格才能使用。

(2)操作高空作业车及升降平台人员必须身体健康。患有精神病、癫痫病及经医师鉴定患有高血压、心脏病等不宜操作高空作业车及升降平台。凡发现工作人员有饮酒、精神不振时，禁止操作高空作业车及升降平台。

(3)用高空作业车及升降平台必须配置经过专门培训，考试合格，持证上岗的专业操作人员。

(4)高空作业车及升降平台操作人员必须按照机械设备的保养规定，在执行各项检查和保养后方可启动高空作业车及升降平台，工作前应检查高空作业车及升降平台车的工作范围，清除妨碍高空作业车及升降平台车回转及行走的障碍物。

(5)支撑是高空作业车及升降平台操作的一项重要准备工作，应选择平整的地面，如地基松软或起伏不平，必须用枕木垫实后，才可进行作业。

(6)高空作业车及升降平台一般应先起下臂，再起中臂，最后起上臂。在升降平台回转操作过程中，必须在下臂起升一定高度后方可进行回转，回转应缓慢，同时注意剪臂及平台对各设备距离是否满足安全需要。

(7)工作平台上的操作人员应佩带安全带，在带电区域工作时，应将车体按规定进行接地，高空作业车及升降平台登高作业应由工作负责人进行指挥，负责人应按照规定信号与升降平台操作工进行联系。发出的信号必须清楚、准确。

(8)高空作业车及升降平台作业前，工作负责人应向操作人员，进行技术和安全交底，内容包括：工作内容及要求；安全注意事项及危险点；人员分工情况及责任范围。工作负责人除要对车况和操作人员进行检查以外，还要负责看地形环境、起降是否符合安全技术措施的要求，如有出入，则应制定出相应的措施后方能开始工作。

(9)室外施工时，在5级及以上的大风及暴雨、打雷等恶劣天气，应停止操作高空作业车及升降平台。

(10)高空作业车及升降平台应一律使用工具袋，较大的工具应用绳拴在牢固的构件上，不准随便乱放，以防止从高空坠落发生事故。

2.8.5 轨行区管理

(1)严格遵守轨行区作业申请制度，各施工队必须凭调度批准的作业票进场施工，未办理申请许可手续，不得进入轨行区施工。

(2)严格按照规定时间进出轨行区，不得提前进入，不得滞后退出。进入轨行区作业前，应由班组负责人清点班组人数、材料、工器具等，作业完成后同样要清点班组人数、工器具及剩余材料等，不得遗留人员、材料及工器具等在轨行区内。

(3)在轨行区作业时，所有人员必须穿好反光防护服，戴好安全帽；作业区域两端至少100 m外必须各设一盏红闪灯(作业区域变化时红闪灯也应相应变化)；作业时班组中必须安排专人负责瞭望来往车辆，一有情况立即通知班组作业人员避让轨道列车。

(4)轨行区施工时应保证照明充足，不得摸黑作业，电源线需过轨时应从钢轨下部穿过（以便于快速避让列车），所有材料及工器具等应尽量靠边摆放以不影响轨道列车通行为宜，作业完成后所有垃圾必须工完场清。

(5)按计划进入轨行区的材料必须在规定时间内安装完毕，否则必须运出轨行区；使用的工机具必须及时带出轨行区；施工时不得以轨道作为受力支撑点。

(6)轨行区每时段工作完成后，要及时报告专职安全员和各站站长进行检查确认，确保不留下安全隐患。对轨行区完成的成品和半成品要及时进行保护。

(7)当轨行区接触轨送电后，严禁进入轨行区作业。特殊情况下经办理手续并断电后方能进去作业，所有人员应注意与接触轨保持1 m以上安全距离。

3 机电设备安装通用施工方法

本章主要介绍综合管线布置及综合支架应用、机电设备接地及管道接地、防火封堵、标识等，重点学习综合管线布置优化的特点、设备接地的关键控制点、防火封堵操作要点、标识制作及安装，为机电设备通用安装提供基本遵循。

3.1 综合管线布置及综合支吊架应用

3.1.1 综合管线布置

3.1.1.1 综合管线布置优化原则

各专业系统综合管线布置优化过程中应与设计院、业主协调合作。优化应在原设计的基础上，根据现场施工工艺及方法、各施工交叉作业配合、施工定位等相关因素对图纸管道布置平衡优化 。

优化设计过程中应遵循以下原则(表3-1-1)。

表3-1-1 优化设计原则

序号	基本原则	注意事项
1	严格执行设计规范	优化设计需严格遵守相关设计规范
2	不改变设计意图	优化设计人员应熟悉施工图，仔细分析设计意图，在充分了解设计思想的基础上进行优化设计工作
3	不降低设计标准	优化设计不能随意变更原设计选用的设备、材料的性能参数，确需更改应征得业主、原设计人员书面同意，并签发设计变更单
4	不影响使用功能	优化设计不能改变或影响系统的使用功能，同时应特别注重人性化设计，方便使用与维护
5	方便现场施工	优化设计应考虑各种施工工艺，充分考验现场施工所需空间，保证优化设计图纸的可操作性
6	不影响美观	在满足规范和使用功能的前提下，应整齐美观、布置合理

3.1.1.2 综合管线布置优化的主要内容

综合管线布置优化布置图包括内容：给排水管道、消防管、空调送排风管、空调冷冻水管、冷却水管、母线槽、电缆桥架、线槽、线管等的平面布置图、剖面图、大样图和天花综合平面图等。

3.1.1.3　综合管线布置优化的重点部位

由于车站有多个设备间，局部区域也集中了主要的大型设备和系统主管道，因此，在重点区域及管线安装大量集中的位置进行综合管线的统一部署有利于提高机电管线整体布局观感和合理性。

车站综合管线优化的重点部位包括：①设备区主走廊位置；②公共区；③设备间，主要包括低压开关柜室、照明配电室、气体灭火气瓶间、冷水机房、小空调室、车控室等；④轨行区等。

3.1.1.4　综合管线布置优化的设计步骤

(1)专业对各自系统的设备、管线型号、参数等进行复核后，统一解决系统接口问题。

(2)各专业的平面图深化设计，按照技术要求和实物尺寸等技术参数来绘制水管、风管、电缆桥架(特别是要核实电缆桥架的大小)等机电设备和管线。

(3)在一个平面图上导入各专业管线，绘制出综合平面图，并合理调整各种管线的平面位置。

(4)绘制出各部位的剖视图，再次调整各种管道的位置和标高，并相应调整综合平面图各种管线的相应位置。

(5)初步绘制出综合图，经各专业工程师核实调整后，绘制综合图交业主、设计院、监理审批。

(6)按照审批后的综合图，绘制相应的施工图。

(7)有条件的情况下可结合 BIM 模型进行综合管线布置优化。

3.1.1.5　各重点区域综合管线布置优化

1. 公共区(站台、站厅)综合管线

1)站台、站厅综合管线布置概况

在公共区站台站厅的天花上端涉及风管、水管、电缆桥架、照明灯具及广播、消防系统、通信等弱电系统的管槽安装位置，施工时应避免各类机电设备在天花上设置凌乱，严格按照装修图纸中风口、灯具、烟感、喇叭等的位置进行施工。

2)站台、站厅综合管线布置要点

(1)公共区空间大，管线可按专业分区域布置，如图 3－1－1 所示。

(2)严格按照装修公共区控制标高要求，以便为装修尽可能保证公共区净高。

(3)按照公共区建筑装修天花图对灯具、送排风口、烟感器、广播喇叭、导向指示、广告灯箱等位置进行细化布置。

(4)为防止吊顶内敷设的冷水和排水管道有凝结水下滴，影响天花板美观，应

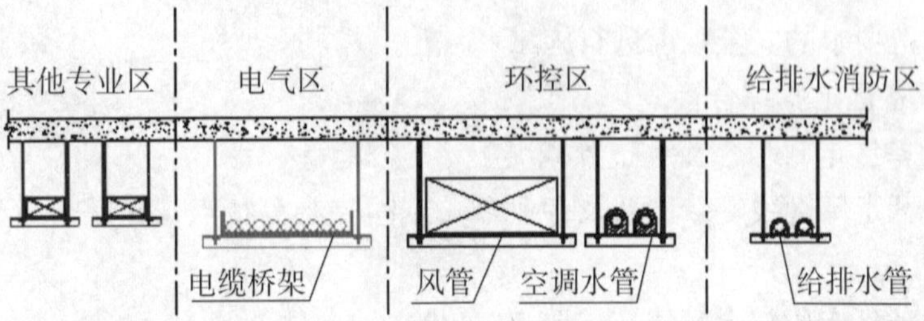

图 3-1-1 管线分区布置

对冷水和排水管线采取防结露措施。

(5)空间变化时的布置应根据“小让大、软让硬、弱让强(电压等级)”的原则进行调整。

(6)相对位置布置要点：注意电缆(动力、自控、通信)桥架与水系统的管线应分开布置，以免管道渗漏时造成事故。若必须敷设在一起，电缆应考虑设套管等保护措施。

(7)维护检修布置要求：公共区天花预留维修检修口主要是通风空调专业，当管线的宽度小于1.2 m时，可只考虑单侧的检修空间；若管线的宽度大于1.2 m时，应同时考虑两侧维修空间，且原则上最小检修空间不得小于0.4 m。另外空调水系统、给排水系统的管道阀门位置也要预留检修口，应根据实际情况与装修专业协调。

(8)分支管线错位布置要点：

电气专业的分支管线主要是公共区的天花末端，包括灯具、烟感器、广播喇叭、导向指示电源等，一般根据优化的公共区建筑装修图敷设管线，再用金属软管连接到末端。注意金属软管应该控制在1m以内，并做好金属软管的固定。

通风空调专业公共区的末端主要是送排风口，在安装末端的过程中，要先保证送排风口的安装空间再考虑灯具等其他管线的空间，仍按照管线小让大的原则。

3)关键控制点

(1)走廊与公共区接口处管线走向。走廊与公共区的接口管线通常有标高和纵向位置的变化，要在安排走廊、公共区这两大区域的综合管线布置时，考虑好接口部分的连接空间、位置是否充足及各专业的施工顺序。往往在走廊的位置安装大管线后就无法在其上方再施工，因此要根据综合管线图协调好各专业的施工顺序。

(2)垫层下与立柱中相关管线隐蔽工程。在施工工程中，垫层与立柱的管线有电气部分末端的管线，包括插座、灯箱等。此部分的管线通常是尽量在天花板上走，再从墙或立柱引到末端，尽量减少在垫层上敷设管线。垫层上的管线主要是自动售票系统、AFC系统等专业系统承包商的管线，因此在公共区综合管线的地面图中应该细化专业系统承包商管线的走向及预埋件的位置，做好装修承包商与专业系统承包商的协调配合。

(3)不同管线之间保持相互防护距离。如果有专业之间交叉管线的情况，要按照施工规范要求的安全距离进行施工。

2. 设备区走廊综合管线

1)设备区走廊综合管线布置概况

设备区走廊管线复杂、涉及专业多、空间狭小等特点，是综合管线布置的重点部位。

2)设备区走廊综合管线布置要点

(1)管线布置时应考虑施工的先后顺序、安装操作距离、支托吊架的空间和预留维修检修的余地。

(2)按照“电上、风中、水下、小管让大管、有压让无压”的总原则，平行布置管线时电气设备的管线位于最上方，通风空调的风管位于中间层，所有水管位于最下层。

(3)风管保温、桥架、线槽等应预留足够的施工操作空间。

(4)按照综合布置的要求控制好走廊的标高，在局部位置无法保证标高的应将管线尽量靠边安装。

(5)相对位置布置要点：电缆桥架与各种管道平行或交叉时，其最小净距应符合施工规范要求。当强电和弱电线路在一定空间范围内敷设时，应符合最小净距或采取隔离措施，以防止电气干扰。

(6)维护检修布置要求：注意走廊的主风管安装后影响其上方管线的维护检修空间，应该为上方的管线预留检修的空间供施工人员进入及操作空间。空调水系统、给排水系统的管道阀门位置也要预留检修空间及操作空间。

(7)分支管线错位布置要点。通风空调专业的末端主要是送排风口，在安装末端的过程中，要先保证送排风口的安装空间再考虑灯具等其他管线，仍按照管线小让大的原则。

走廊的灯具建议采用靠墙安装的形式，若采用吊装形式会因为很多位置上方的管线占用了空间而导致无法安装支架。

3)关键控制点

(1)走廊墙壁箱盒主要包括弱电模块箱、弱电末端、消防箱等，箱盒布置要考虑操作空间，综合布置好走廊立面，避免箱盒或相关管线的位置冲突。

(2)不同管线之间的相互防护及空间关系参照设备区走廊综合管线的布置要点。

(3)走廊的管线综合布置要协调好各专业管线的走向和位置，考虑施工的先后工序、安装操作距离、支托吊架的空间和预留检修的余地。综合考虑，使管线布置整齐有序，利于施工和今后的维修管理。

4)综合管线布置要结合施工顺序进行考虑，一般是大风管、管道、电缆先行施工，广播线路、照明灯具、风口和天花支架次之，最后灯具、风口、喇叭等末端。

3. 设备房综合管线

1)设备房综合管线布置概况

设备区空间较大，但由于设备、管线多，体积大，管线布置更应整齐有序，便于施工和今后的维修管理。对车控室、环控机房、环控电控室及照明配电室等重要设备房，需综合管线优化设计，绘制详细的平面布置图及立面图。

2)设备房综合管线布置要点

(1)管线桥架与设备相对位置及出入线布置要点。根据每个设备房的特点，先规划好设备间的设备位置，再综合布置管线桥架的进出线。设备间的管线布置应考虑其他专业承包商的管线，例如通信设备室应着重考虑通信专业承包商的管线安排，综合协调布置管线。

(2)在有防静电地板的设备房，走静电地板下面的管线布置要避开地板的支撑件。

(3)照明配电室的综合布置要点。照明配电箱需结合配电室的结构进行布置，首先要罗列配电箱的编号、数量、规格大小，注意要考虑其他专业的电箱，例如照明监控箱。根据配电箱的规格大小进行布置，在符合规范要求的情况下要确保布置的美观性。根据配电箱的布置绘制照明配电室的综合管线布置图。配电箱根据实际情况可以采用上进上出或上进下出的形式安排线槽。

布置要预留工作空间，以备设备的维护和检修。

线槽的走向要综合考虑配电室管槽进出的位置，弱电与强电线槽要分开敷设或采用线槽内设隔板的形式。

3)环控电控室综合布置要点

(1)环控电控室是集中了车站环控设备的主要线路，环控电控室的管线综合布置以电气的管线为主，有桥架、母线槽等管线。

(2)通常先按照设计的环控电控柜的安装位置，布置联络柜母线槽的走向和标高，注意母线槽的上方不宜有水管道。再安排主干线桥架的走向和标高，根据空间确定入柜桥架采用的方式，确保安装效果美观，并且应保证电缆敷设的弯曲度。

(3)对有主风管经过的环控电控室，风管可尽量靠顶靠墙安装，为主桥架留出工作空间，确保主桥架的电缆敷设工作顺利完成。

(4)环控电控室设置气体灭火管道的要根据桥架、风管的走向在规范允许的条件下调整管道的敷设位置和标高。

(5)环控电控室的弱电末端管线的敷设采用贴顶敷设，注意避开其他管线的支架位置。

以上综合布置要点适合低压开关柜室的综合布置。

4)冷水机房综合布置要点

(1)冷冻机房是空调工程的重点，其管线布置直接决定冷冻机房的美观度，因此在布置冷冻机房空调管线时(主要是冷冻、冷却水管)应全面考虑，使管线布置协调美观。

(2)冷水机房的布置关键是先对设备的定位，再根据设备定位进行管道的布置规划。

(3)管道的布置

水系统等有排水坡度要求的管道，要严格按设计图纸要求的安装尺寸、标高和流体走向进行布置。

水管(包括给水、排水、冷冻水、冷却水、冷凝水管道等)与电气桥架、线槽平行安装，间距应大于200 mm。在水管与电气桥架、线槽安装位置的交叉处，电气桥架、线槽爬升至水管上方安装。

管道布置应确保管道之间有足够的空间用于检修。

水管与风管交叉重叠处，风管做“马鞍”形避过，尽量不降低水管标高。

设备、管道附件布置要求：成排成线，排列整齐，标高一致，位置正确、合理，间距合理；闸阀布置在同一标高上，手柄方向统一；压力表、温度计等仪表要在同一水平或垂直面上，使其布置整齐、方向统一。

维护及检修空间：设备、管线综合平衡深化设计时，均需预留一定的安装操作空间及日后使用维护空间。焊接管道需要考虑焊炝的焊接空间；保温管道需要预留保温层的安装空间；卡箍连接管道需要预留活动扳手操作空间；阀门位置除按设计及规范安装要求外还需要考虑阀门操作手柄的操作位置，当然也需要考虑阀门重新拆装的方便性；设备布置充分考虑设备吊装的空间、运行时操作的方便性、日后维护的空间。

4. 过程中的沟通与协调

施工前会同设计、监理及其他承包商，对综合管线的布置图进行会审优化，明确各自管线的走向及标高，及时解决发现的问题。施工过程中，严格按优化图纸规定的管线走向及标高施工。并在每周的例会中及时反映综合管线布置出现的问题，与各方沟通解决，必要时可采用专题会议的形式协调相关内容。

3.1.2 综合支吊架应用

3.1.2.1 综合支吊架应用概况

车站机电专业管线(通风空调、给排水消防及气体灭火、动力照明、供电等)均可采用装配式成品综合支吊架，装配式成品综合支吊架所有产品的零配件及型材按需在工厂内下单预制完成，现场只进行装配，不允许焊接。所有配件的安装依靠机械咬合实现，以保证整个系统的可靠连接。但是综合支吊架使用成本高，在后期需要定期进行维护，否则使用效率降低，将增加后期的投入。综合支吊架系统一般由设计单位根据每个支吊架条件和要求个性化设计，再由机电承包商根据专业厂家按标准工艺和系列的产品深化设计。该系统通常由锚固件或预埋槽钢、U 形槽、连接件、管卡、可调式槽钢螺母及支托系统通过螺栓机械连接的方式组成，连接件可以随意调节管道支架的尺寸、高度。

为保证公共区、设备区走廊上的各种管线布置合理、方便检修、充分利用站厅站台的净空高度，在站厅、站台设备区的走廊内安装综合支吊架，敷设风管、水管、动力照明电缆等专业的管槽。同时充分考虑其他承包商的管槽及其相关设备的安装空间和荷载，为各设备专业以外的其他管线留出安装空间，并进行综合吊架二次深化设计。

3.1.2.2 综合支吊架应用要点

(1)综合支吊架可采用组合式构件，装配式施工，使得观感质量好。利用构件装配组合，可方便拆改调整，可重复使用，也可为以后管道的扩展预留一定的空间，减少浪费。

(2)机电各专业在确保室内吊顶空间标高的前提下进行协调，可共用一座支吊架。充分利用空间，良好地协调各专业的管束，达到空间和资源共享，提高有限空间利用率，从而可以确保安装场所的标高，解决标高和检修通道预留困扰的难题。

(3)应使用受力可靠、稳定的综合支吊架系统。综合支吊架系统应具备完善的二次深化设计方案，所有的受力构件如型钢及扣件可以实现拼装构件刚性配合、连接无位移、无阶调节、精确定位。抗冲击及振动，增强支架节点的抗剪能力。底座与结构顶板采用锚栓连接。

(4)吊杆和横担是厂家的定尺产品，根据深化的综合管线图进行下料，便可组装，安装速度是传统做法的 6 ～ 8 倍，安装速度快，施工工期短。各专业和工种可交叉作业，提高工效，缩短工期。

(5)结构的变化，决定了吊架几何尺寸的不统一性，有些需要根据位置来设计吊架的几何尺寸，由于标准组件种类组合性丰富，可供多种选择，保证了不同条件下各类支架的简便性、适用性及灵活性。

(6)使用综合支架，并对各专业支架间距进行优化。按照规范金属风管型号直径或边长小于等于 400 mm，支吊架间距不应大于 4 m，直径或边长大于等于 400 mm，支吊架间距不应大于 3 m；规范要求水平安装的桥架间距为 1.5 ～ 3.0 m。进行优化后规定风管的支架间距为 2.7 m/处(规范 3 m/处)，消防水管支架间距为 5.4 m/处(规范 6 m/处)，线槽、桥架支架间距为 1.8 m/处(规范 2m/处)，这样做的好处是三个专业的支架(电气隔 2 处支架可与风管、水管支架重叠)，风管隔 1 处支架可与电气、水管重合)，可以多次采用综合支架，提高整体的观感。按上述要求完成深化设计后，再由业主、设计、监理、顾问等相关单位进行审核，审批通过后，形成综合支架深化图纸。

3.1.2.3 综合支吊架在狭小空间上的应用

1. 情况一：宽度不够

(1)与线槽厂家配合，在管线能通过或不减小截面的情况下，更改线槽断面形状，如图 3－1－2 所示。

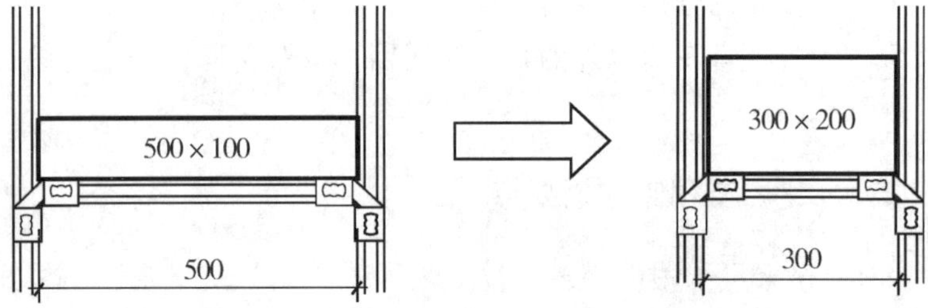

图 3－1－2　线槽修改示意图

(2)部分管线可改线槽形式为穿管形式，如图 3－1－3 所示。

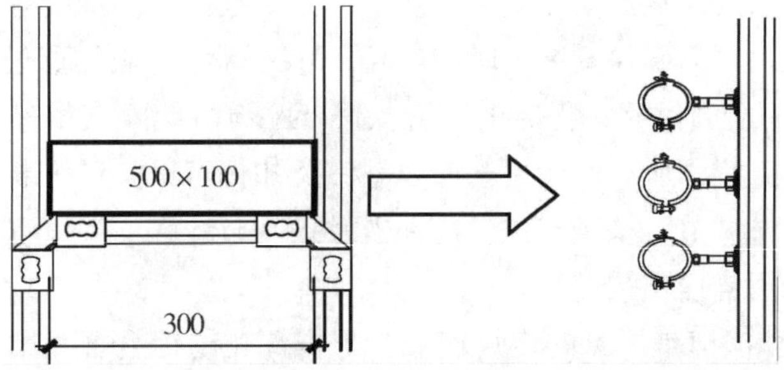

图 3－1－3　线槽改管线示意图

(3)单层桥架变多层桥架，以减小单层的宽度，如图 3－1－4 所示。

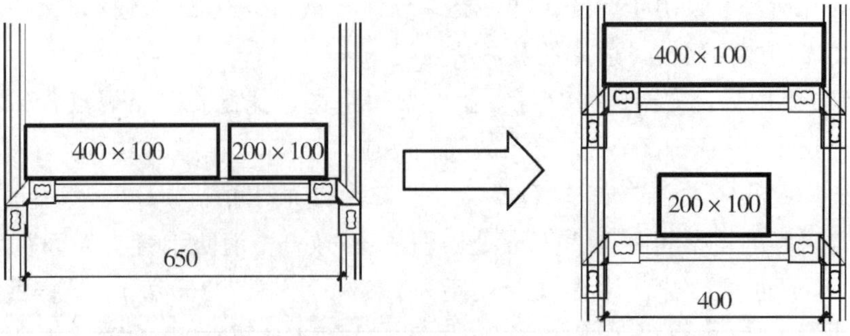

图 3－1－4　单层桥架改多层桥架示意图

(4)可以利用侧墙固定的方式增加空间，如图3－1－5所示。

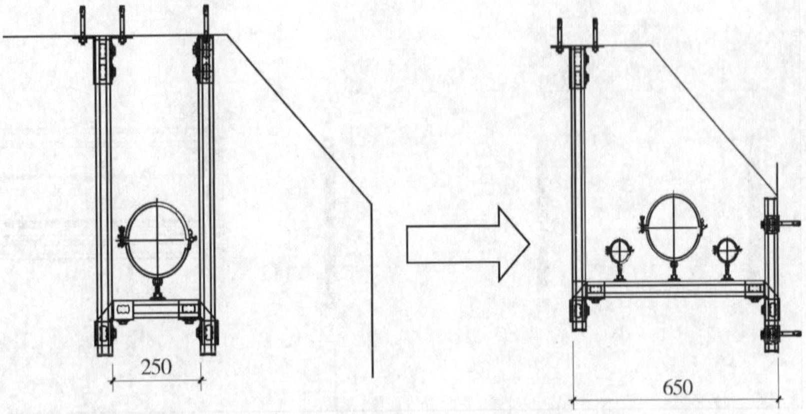

图3－1－5 吊挂式改侧墙固定式示意图

2. 情况二：高度不够

(1)与线槽厂家配合，在管线能通过或不减小截面的情况下，更改线槽断面形状，如图3－1－6所示。

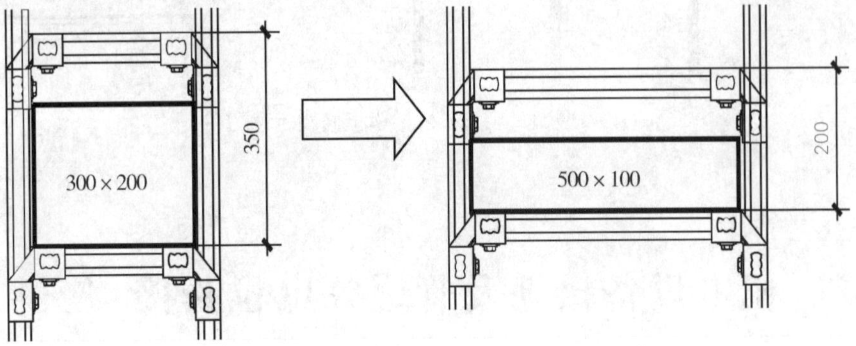

图3－1－6 线槽断面形状修改示意图

(2)与设计院沟通，减小每层层高，但保证最小层高不小于200 mm，如图3－1－7所示。

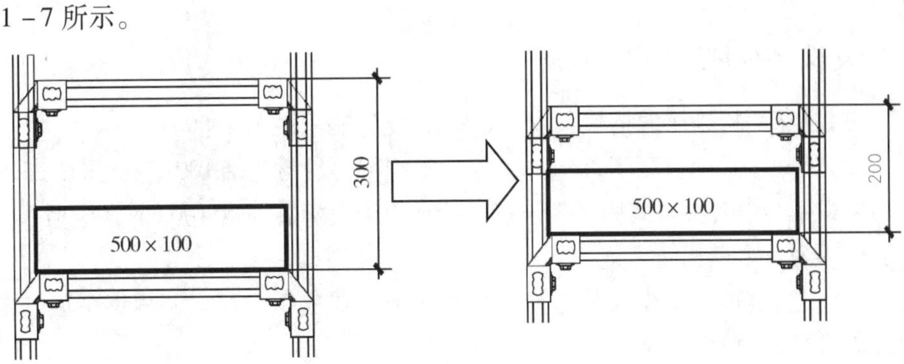

图3－1－7 层高修改示意图

(3)采用加密平面布置的方式，减小横杆的高度，降低标高，如图 3－1－8 所示。

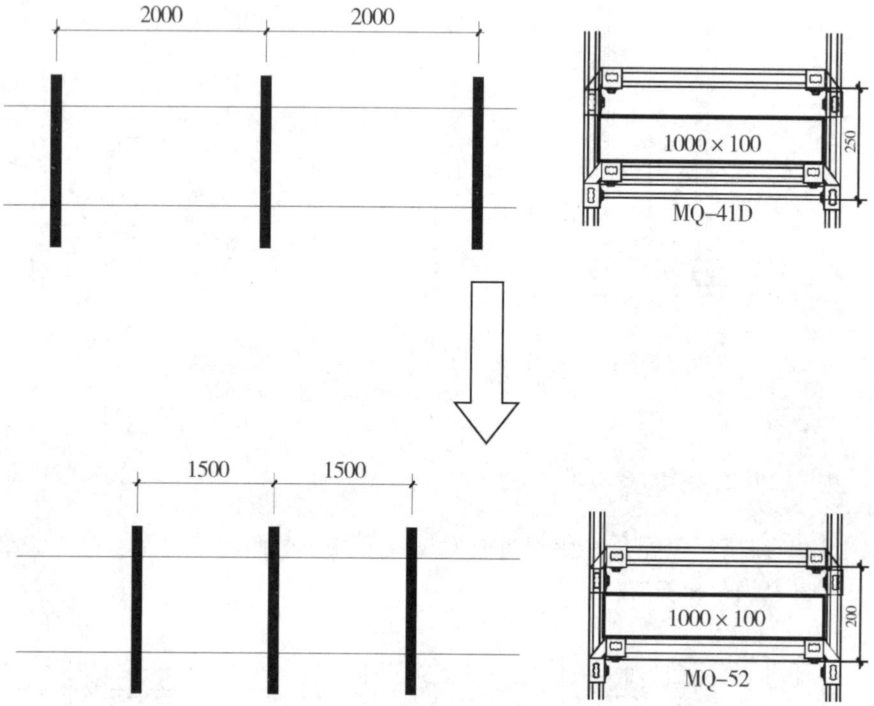

图 3－1－8　桥架横担修改示意图

3.2　机电设备接地及管道等电位跨接

3.2.1　设备房接地

1. 设备房接地要点描述

(1)可采用接地干线搭接长度 100 mm，支持码间距为 1000 mm。

(2)接地干线安装高度 250 mm，接地支线伸出设备基础 100 mm，采用 25 mm² 镀锡铜编织带与设备金属底座可靠连接。接地干线色标总宽度 100 mm，接地干线为银漆、色标为黄绿色相间标记。

(3)设备房接地干线水平扁钢与垂直接地支线扁钢连接时，扁钢平面变向处煨弯，弯曲半径为 150 mm。

(4)设备房接地干线采用 －40×4 镀锌扁钢绕一圈与接地引下线有两处以上的可

靠连接，搭接长度不小于扁钢宽度的2倍，且应至少三面施焊。

(5)设备房的金属门应与接地干线作可靠电气连接，门扇与门框、门框与接地干线通过镀锡铜编织带连接。

(6)与接地引下线连接处采用不干胶粘贴接地符号作为标识。

2. 实例

设备房金属门及接地干线的效果图如图3-2-1、图3-2-2所示。

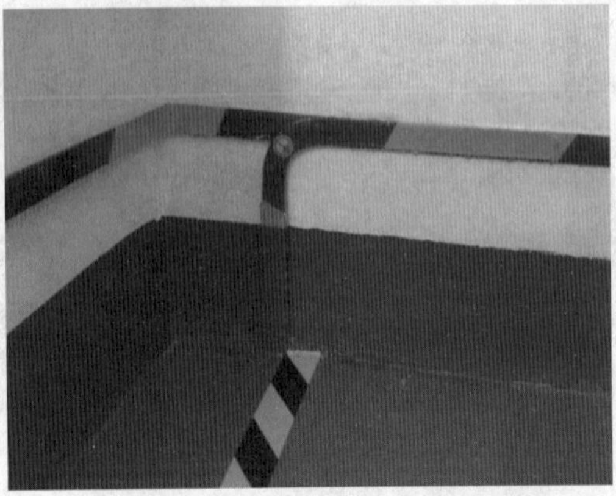

图3-2-1　设备房接地干线安装

图3-2-2　设备房金属门应与接地干线连接

3.2.2　设备管道等电位跨接

等电位连接是将建筑物内的金属构架、金属装置、电气设备不带电的金属外壳和电气系统的保护导体等与接地装置做可靠的电气连接。用作等电位连接的保护线称为等电位连接线。等电位连接措施可以减少设备外壳可能出现的危险电位，有效防止发生电气故障时出现电位差，对人的生命和电气设备等财产安全的保护效果突出。当利用金属构件，金属管道做接地线时，应在构件或管道与接地干线间焊接金属跨接线。车控室等设备房内防静电地板必须按有关规范采取防静电接地措施。

1. 设备管道等电位要点描述

(1)各系统金属管道由室外进入室内处，应通过与附近的接地引出点或设备房内的接地干线联结，实现等电位连接。

(2)设备房内多条排列管道等电位连接接地线不得串接，必须要独立与接地干线可靠连接。

(3)设备房内的设备金属底座(或金属外壳)应与接地干线联结。与设备连接处的管道应与设备跨接联结。

(4)设备基础和不带电金属外壳等电位连接时，采用25 mm^2铜软导线与接地干线相连，不得采用镀锌扁钢或圆钢与设备金属基础直接连接。

(5)金属管道通过抱箍在管道上的卡码与连接线的焊接实现等电位连接，电气金属槽架和金属风管通过末端支架与连接线的焊接实现等电位连接。

(6)卡码油漆颜色为银色。管道与卡码接触的部位不得有油漆。

2. 实例

橡胶软接、设备等电位跨接效果图分别如图3-2-3、图3-2-4所示。

图3-2-3 橡胶软接等电位跨接

图3-2-4 设备等电位跨接

3.2.3 防雷接地

在完整轨道交通系统中，一定要求有一个良好的接地系统，因所有防雷系统都需要通过接地系统把雷电流泄入大地，从而保护设备和人身安全。如果机房接地系统做得不好，不但会引起设备故障，烧坏元器件，严重的还将危害工作人员的生命安全。另外还有防干扰的屏蔽问题、防静电问题都需要通过建立良好的接地系统来解决。一般整个建筑物的接地系统有：建筑物地网(与法拉第网相接)、电源地(要求地阻小于10Ω)、逻辑地(也称信号地)、防雷地等要求地阻小于4Ω(根据实际情况可能会要求小于1Ω)。然而，各地必须独立时，如果相互之间距离达不到规范要求，则容易出现地电位反击事故，因此，各接地系统之间的距离达不到规范的要求时，应尽可能连接在一起，如实际情况不允许直接连接的，可通过地电位均衡器实现等电位连接。为确保系统正常工作，应每年定期用精密地阻仪检测地阻值。接地装置由接地极及一些附件、辅助材料组成，其选材和施工主要取决于土质结构，即土壤的地阻率ρ。不同层土质结构不同，因而地阻率ρ不同，为增加接地装置使用效率，可使用长效降阻剂。

车站结构底板下方设综合接地网，分别是强电接地端口、弱电接地端口、车站金属管线接地端口。供电房、照明配电间、通风空调电控室、污水泵房、冷冻机房、消防泵房、废水泵房及有洗浴设备的卫生间、淋浴间均设置局部等电位箱，弱电接地箱及弱电接地端子排，其应与房间内预留接地预埋件联结，形成一个环形接地网。

3.3 防火封堵

3.3.1 风管防火封堵

1. 带防火阀风管穿墙防火封堵

1)操作要点

风管穿墙处采用钢套管保护，钢套管使用 2.0 mm 钢板制作，尺寸为风管高度（宽度）+30 mm，套管长度为墙体厚度 +40 mm，套管穿墙后两边各翻边 20 mm。套管与墙体之四周的缝隙使用水泥砂浆封填。套管与风管四周的缝隙采用不燃柔性材料封堵严密，外侧用 20 mm 厚的防火泥或防火胶封堵。墙体两面的防火泥采用 L40×4的角钢焊接固定圈，然后用膨胀螺栓固定到墙体上，套管与风管之间用不燃柔性材料塞实，防火泥或防火胶内部压实，外表面涂抹均匀光滑，修边整齐，如图 3－3－1 所示。

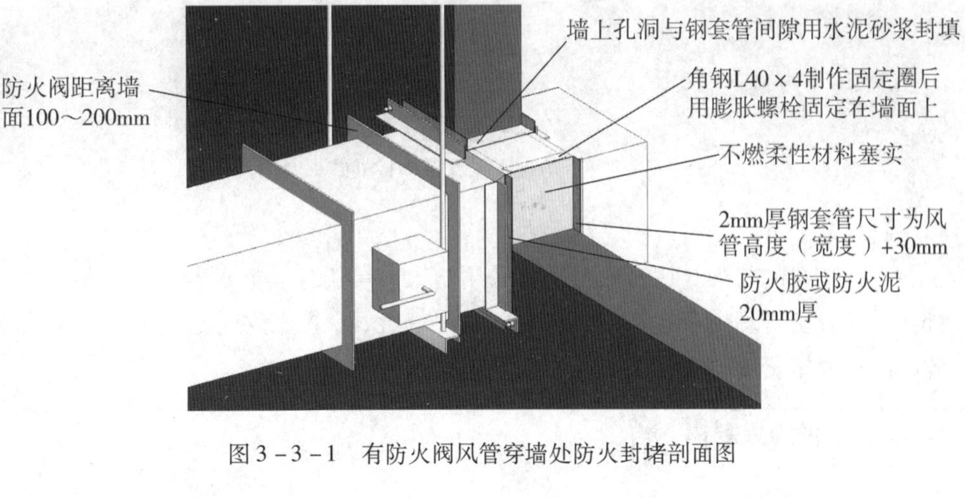

图 3－3－1　有防火阀风管穿墙处防火封堵剖面图

2)材料

下列位置的防火封堵密封材料可选用防火胶：①穿公共区与设备区的防火隔墙处；②穿设备管理用房与环控机房的防火隔墙处；③楼板处；④穿风道处。其他位置的防火封堵密封材料可用防火泥代替防火胶。

2. 风管穿中板防火封堵

1)操作要点

风管穿中板处采用钢套管保护，钢套管使用2.0 mm 钢板制作，尺寸为风管高度（宽度）+30 mm，套管长度为楼板厚度 +40 mm，套管穿墙后两边各翻边 20 mm。套管与楼板四周的缝隙使用水泥砂浆封填。套管与风管四周的缝隙采用不燃柔性材料填实，外侧用20 mm 厚的防火泥或防火胶封堵。楼板底面的防火泥采用 L40 ×4 的角钢焊接固定圈，然后用膨胀螺栓固定到楼板上。楼板上洞口周围使用水泥砂浆砌100 ×100 mm 的防水台，套管与风管之间用不燃柔性材料塞实，防火泥或防火胶内部压实，外表面涂抹均匀光滑，修边整齐，如图 3 –3 –2 所示。

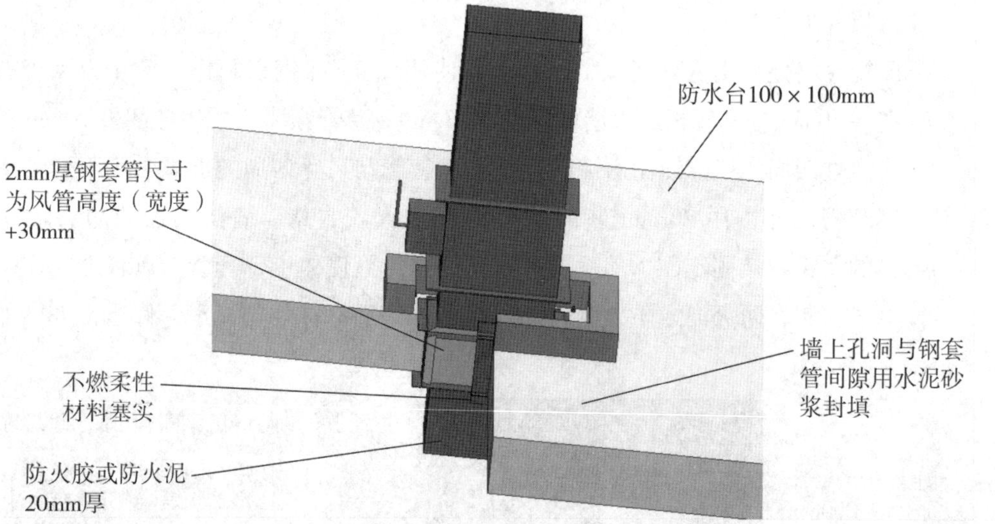

图 3 –3 –2　有防火阀风管穿中板处防火封堵剖面图

2)材料

下列位置的防火封堵密封材料可采用防火胶：①穿公共区与设备区的防火隔墙处；②穿设备管理用房与环控机房的防火隔墙处；③楼板处；④穿风道处。其他位置的防火封堵密封材料可用防火泥代替防火胶。

3.3.2　水管防火封堵

1. 操作要点

当金属管道需穿越墙壁时应进行防火封堵，套管与水管之间用不燃柔性材料塞实，防火泥或防火胶内部压实，外表面涂抹均匀光滑，修边整齐，如图 3 –3 –3 所示。

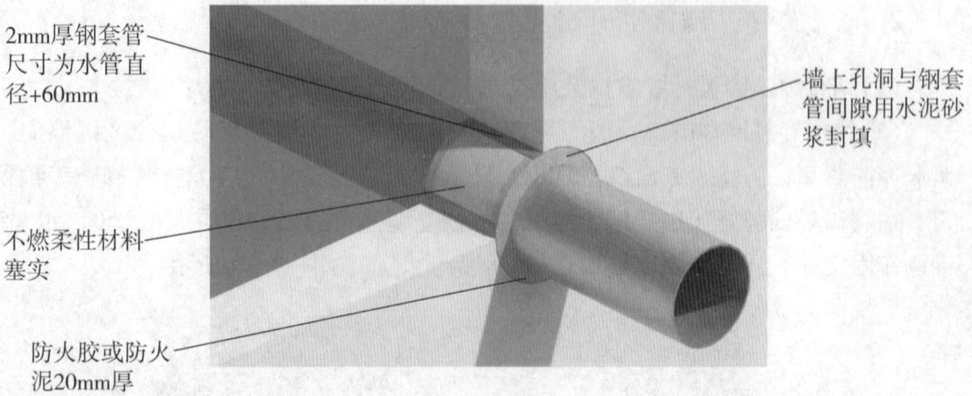

图3－3－3　水管穿墙处防火封堵剖面图

2. 材料

下列位置的防火封堵密封材料采用防火胶：①穿公共区与设备区的防火隔墙处；②穿设备管理用房与环控机房的防火隔墙处；③楼板处；④穿风道处。其他位置的防火封堵密封材料可用防火泥代替防火胶。

3.3.3　电气防火封堵

1. 电气线管穿墙防火封堵操作要点

(1)结合施工图设计要求以及施工平面布置图，确定穿楼板或墙的电气管道防火封堵位置。

(2)电气线管穿越楼板时，预留套管与电气线管之间用防火棉封堵，防火泥压实表面，外表面涂抹均匀光滑，修边整齐，如图3－3－4所示。

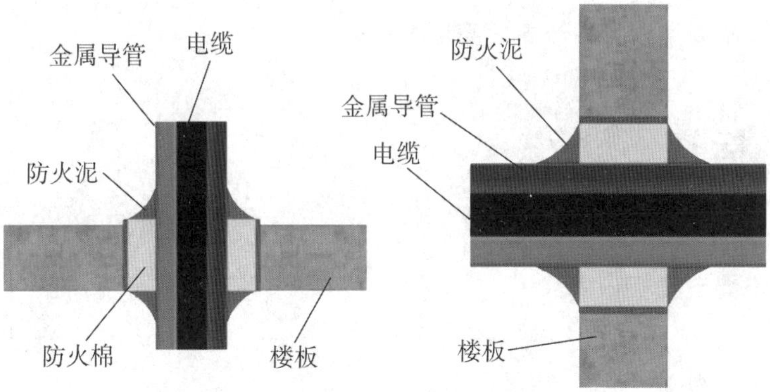

图3－3－4　电气管道穿楼板防火封堵剖面图

2. 电气线槽穿墙防火封堵操作要点

(1)结合施工图设计要求以及施工平面布置图，确定防火封堵位置。

(2)线槽穿越墙体时，穿墙洞用防火堵料封堵；线槽穿越防烟分区隔墙时，穿墙洞亦需封堵，防止火灾沿线路延燃。防火隔离段施工中，应配合装修施工预留洞口，在洞口处预埋好护边角钢。施工时根据电缆敷设的根数和层数用L50×50×5角钢制作固定框，同时将固定框焊在护边角钢上，如图3-3-5所示。

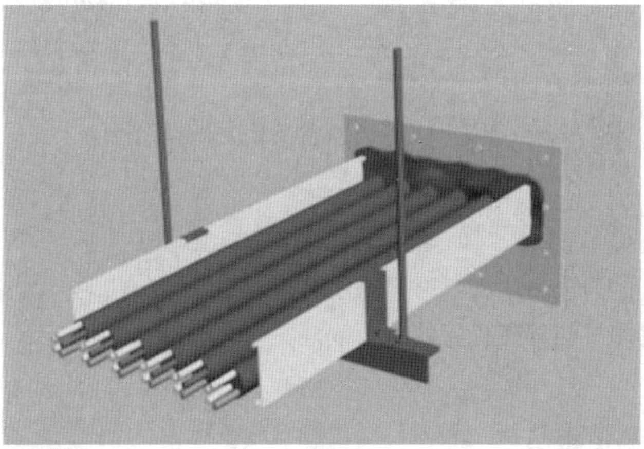

图3-3-5　线槽防火封堵示意图

3. 箱/柜防火封堵操作要点

(1)当电缆进入配电柜底部的孔洞时，用无机防隔板在底部铺垫封堵，再用有机防火泥对进入的电缆进行包裹封堵，做成规则状并高出配电柜底部50 mm。

(2)清理干净电缆穿管孔口的污渍杂物。

(3)用有机防火泥对电缆穿管孔口进行填充封堵，并做成规则形状。

(4)要求封堵密实，外表平整光洁。

3.4 标识

3.4.1 电线电缆标识牌

1. 电缆标识牌

电缆标识牌的样式可参考图3-4-1及表3-4-1。

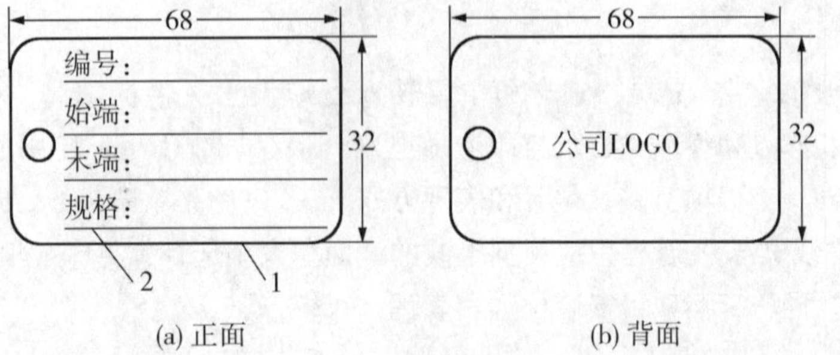

图 3-4-1 电缆标识牌样式

表 3-4-1 电缆标识牌样式

编号	名 称	规 格
1	PVC 电缆标识牌	乳白色，32×68mm，厚度 2 mm
2	标识牌字体	正面：采用 10 号字体，宋体，内容至少包括编号、始端、末端、规格 4 项内容，全部采用打印机打印 背面：公司 logo

2. 电线标识牌

电线标识牌的样式可参考如图 3-4-2 及表 3-4-2。

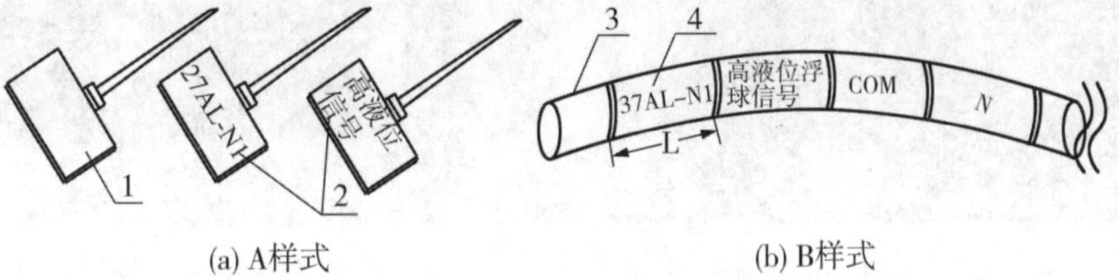

图 3-4-2 电线标识牌样式

表 3-4-2 电线标识牌的样式

编号	名 称	规 格
1	标牌式尼龙扎带	成品
2	标牌式尼龙扎带填写内容举例	填写内容：电气回路编号或名称内容，采用电脑打印
3	PVC 套管	适用于 0.5 mm²、1.0 mm²、1.5 mm²、2.5 mm²、4.0 mm²、6.0 mm²电线
4	自打印式 PVC 套管上字体	填写内容：电气回路编号、电气回路名称等，采用专门线号打印机打印

3. 电缆电线设置

(1)电缆首端、末端、分支和主要转弯处应设永久性标志牌，标明电缆编号、型号规格、起点和终点，要求打印清晰准确，保存长久耐用，使用尼龙扎带固定在电缆上，同一工程项目安装位置和表现方式统一。

(2)电线 PVC 套管标识应根据电线的截面积大小选择，打印或填写字迹需清晰，信息完整，同一工程项目安装位置和表现方式统一。

(3)尺寸标准：156mm≤L≤300 mm。

4. 实物照片

实物照片如图 3－4－3、图 3－4－4 所示。

图 3－4－3　槽架内电缆牌安装

图 3－4－4　配电箱电缆牌安装

3.4.2　防雷接地点标识

防雷接地点标识要点

(1)防雷接地测试引出点使用镀锌扁钢，安装高度按设计要求，如设计图纸未标示，则安装高度为镀锌线盒盒底离地面 500 mm。

(2)接地点标识牌设置位置按照设计图纸要求，如设计图纸未标示，则一般在以下位置设置：设备房(配电房、空调机房、水泵房等)接地干线与预留的等电位连接处。

(3)防雷测试引出点不得再次焊接。

(4)装饰盖板采用100×100 mm不锈钢材料，应使用沉头不锈钢螺栓固定于装饰盖板上字样“防雷接地测试点”采用刻印，涂黑色漆；装饰盖板上接地符号采用刻印或凹(凸)印，靠下边居中。

2. 防雷接地点标识示意图

防雷接地点标识如图3－4－5所示。

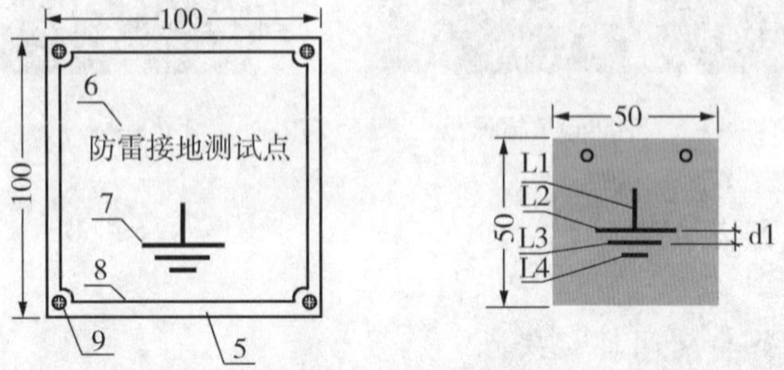

(a) “防雷接地测试点”装饰盖板大样　　(b) 接地点标识牌的大样

图3－4－5　防雷接地点标识示意

3.4.3　管道标识要点

(1)在设备出入口、直线段管道和三通处，颜色箭头用模板印刷到保温层外皮或管道上以指示流向，并用油漆模板印刷出回路和系统。无油漆修饰的管道，漆以色码条纹和文字以示识认，对50 mm直径及以下管道，箭头长应为75 mm，字高不小于15 mm，大直径管道的箭头长150 mm，字高40 mm。

(2)箭头方向表示介质流向；文字虚线框表示文本尺寸，无须标出。

(3)冷冻(冷却)“供”或“回”水以冷冻主机为参考；流出冷冻主机为“供”、流入冷冻主机为“回”。

(4)明暗装管道均须标识。

(5)标识内容颜色须与背景色有一定反差，标识应结合现场情况选择合理位置。

(6)成排管道标识时须考虑标识的一致性。

(7)管道油漆

①底漆：冷冻、冷却、冷凝系统中，各种管材的管道在连接受损处应刷防锈漆两遍；无缝钢管应统一刷防锈底漆两遍。

②油漆施工时，应采取防火、防冻、防雨等措施，并不应在低温或潮湿环境下作业。明装部分的最后一遍色漆，宜在安装完毕后进行。

③油漆应均匀，无堆积、皱纹、气泡、掺杂、混色与漏涂等缺陷。

管道标识效果如图3－4－6、图3－4－7所示。

图 3－4－6　消防管道标识

图 3－4－7　空调水管道标识

3.4.4　设备与阀门标识

1. 设备与阀门标识要点

(1)所有设备在其醒目位置全部漆上设备名称及其在图纸上的编号，有流向的标上流向指示，文字大小应与设备相适合。

(2)采用白色硬质塑料牌。

(3)字体为仿宋体、红色。

(4)用塑料绑扎带将标识牌挂于设备的显著位置或阀门操作柄，但悬挂后不得影响设备或阀门的正常操作；或可将标识牌贴于设备的表面。

(5)水管阀门标识适用于设备房、主管及次主管等处起切断等主作用(或有特殊用途)的阀门。

(6)阀门需标识“常开”或“常闭”或其他用途。

(7)其它设备或配件可参考上述图式标识。

尺寸标准：塑料牌尺寸：100 × 70 × 2 mm，悬挂孔直径：10 mm。

2. 标识牌样式

标识牌样式如图 3－4－8 所示。

名　　称:____________________
编　　号:____________________
参　　数:____________________
施工单位:____________________

图 3－4－8　标识牌样式

3.5 管道过墙预留套管施工方法

过墙套管传统施工方式是装修墙体砌筑完成后再进场施工，采用后凿墙、后刨沟等方式。新的管道过墙预留套管施工技术通过 BIM 技术精准定位预留孔洞位置，构件进行工厂化预制加工，套管装配化现场施工，实现管线过墙预留套管的预留准确率，提高施工质量。

3.5.1 施工流程(图 3-5-1)

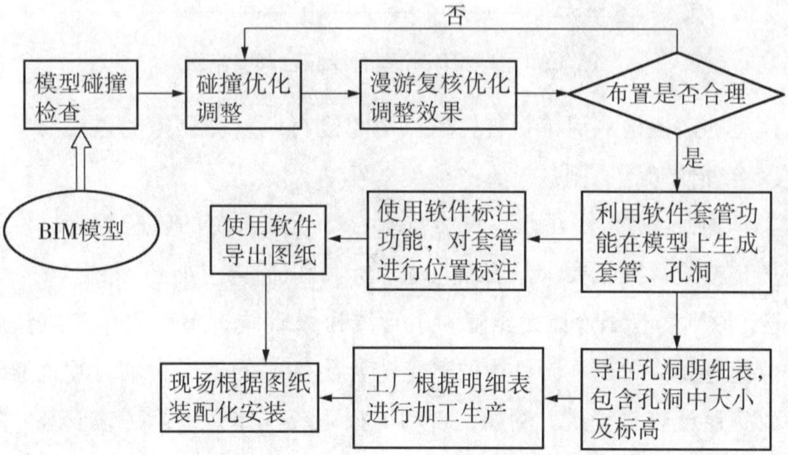

图 3-5-1 施工流程

3.5.2 施工方法

1. 综合管线优化

基于 BIM 应用的综合管线优化方法，基于 BIM 模型碰撞检测后，按照检测结果对模型进行调整，调整过程中还应遵循施工规范及符合施工合理性。BIM 模型的管线综合调整是施工关键控制点。BIM 模型管线综合调整流程，如图 3-5-2 所示。

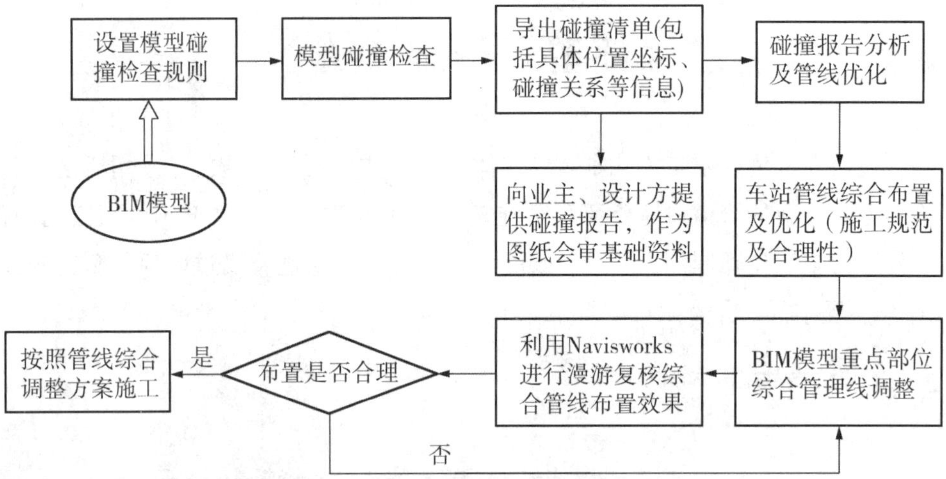

图 3－5－2　BIM 模型管线综合调整流程

BIM 模型的碰撞检测清单报告，依据清单进行调整。调整的过程要符合相关的施工规范及合理性布置原则。

(1)总体原则：雨水、污水、重力排水、冷凝水系统的管道等有排水坡度要求的管道，严格按设计图纸要求的安装尺寸、标高和流体走向进行布置。

(2)避让原则：有压管让无压管，小管线让大管线，施工简单的避让施工难度大的；小管道避让大管道；附件少的管道避让附件多的管道；临时管道避让永久管道；冷水管道避让热水管道。例如，自动灭火系统气体管道除考虑安装、操作空间外尽量贴楼板底安装，通风(包括防排烟)与空调风管紧贴自动灭火系统气体管道安装(需要预留保温层空间)，当风管与自动灭火系统气体喷头位置重叠时，按消防规范要求设置气体喷头与风管的间距或将气体喷头引至风管底部安装，并避开风口位置。

(3)考虑机电末端空间，除建筑结构及管线本身的各种参数外，还要考虑保温层厚度，各管线之间为便于施工及维修所需要的操作空间间隙，吊架角钢所占的空间，吊顶龙骨所占的空间及有关设备，如吊柜空调机组和吊顶内灯具、装修造型等各种有关因素，如有遗漏，管线综合就会出现失误。

用软件进行三维模型基础建立，借助 Naviswork 碰撞检查对管综进行碰撞优化。

2. 生成孔洞

(1)利用 BIM 技术，使用 MAGICAD，生成精准机电管线过墙孔洞并标注相应信息(图 3－5－3)。

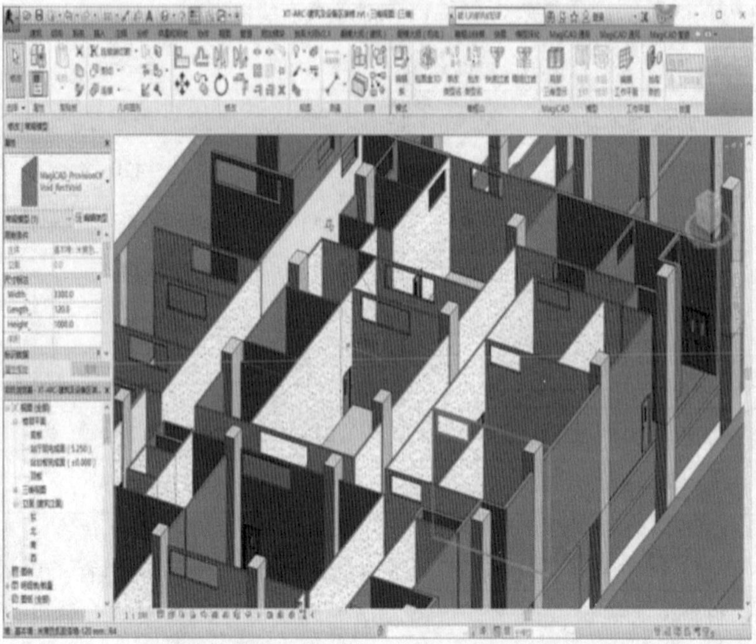

图3－5－3　设备区预留孔洞模型截图

(2)生成满足工厂加工需求的数据。以空调系统为例(图3－5－4)，孔洞生成后相关信息如表3－5－1所示。

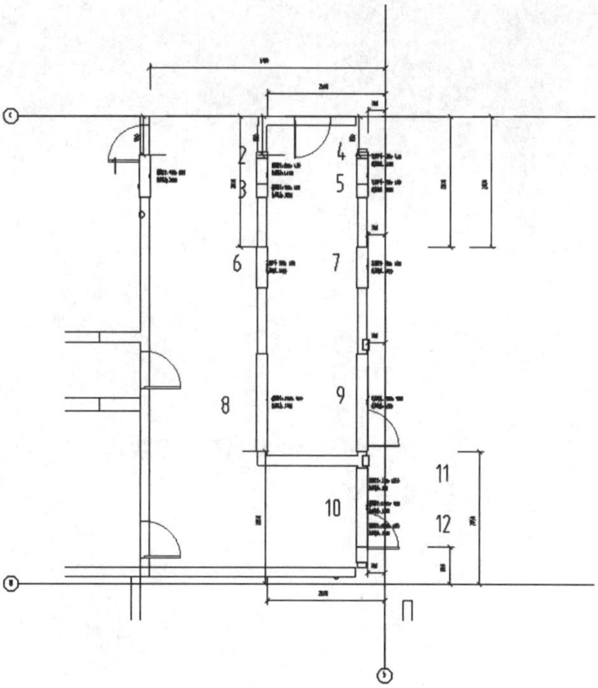

图3－5－4　空调系统孔洞示意

表 3-5-1　孔洞生成后的相关信息

序号	专业	长/mm	宽/mm	高/mm	底标高/mm
1	通风	200	900	600	3800
2	通风	200	600	420	3950
3	通风	200	900	600	3800
4	通风	200	600	420	3550
5	通风	200	900	600	3800
7	通风	200	900	600	4100
8	通风	200	2100	1100	3700
9	通风	200	2100	1100	3700

(3)套管尺寸规则：以桥架宽、高均加 50 mm 作为桥架套管；以风管宽、高均加 50 mm 作为风管套管；以水管直径以增加两级尺寸作为水管套管。

①预留孔洞参数设置如图 3-5-5 所示。

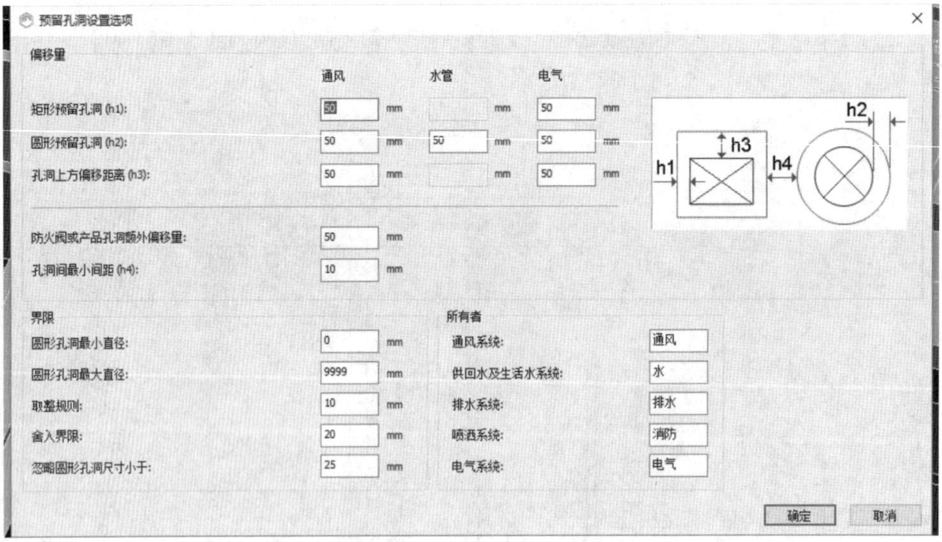

图 3-5-5　预留孔洞参数

②预留孔洞如图 3 –5 –6 所示。

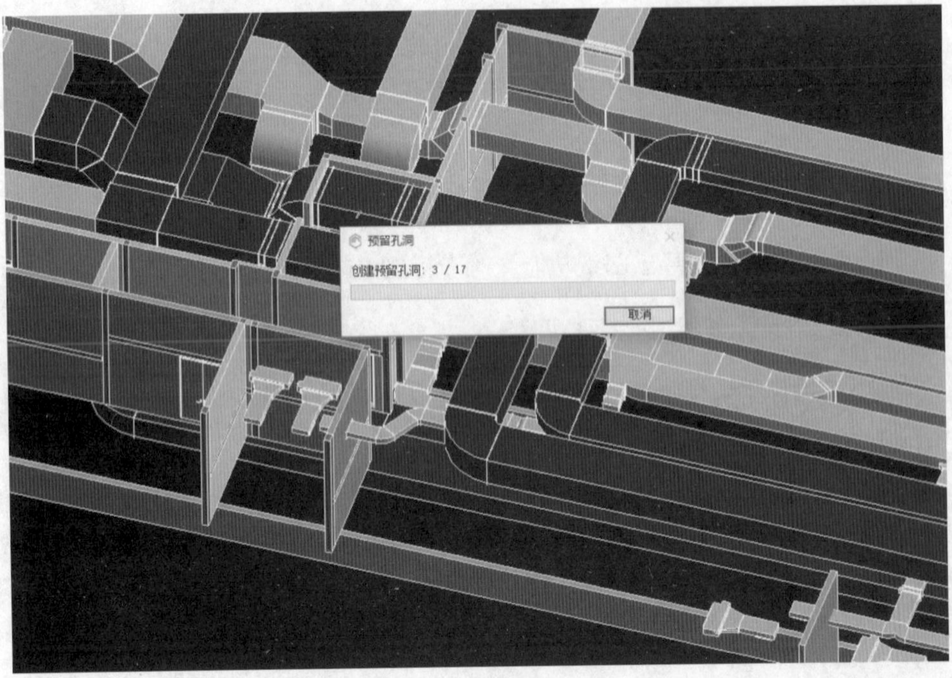

图 3 –5 –6 预留孔洞

③模型生成孔洞如图 3 –5 –7 所示。

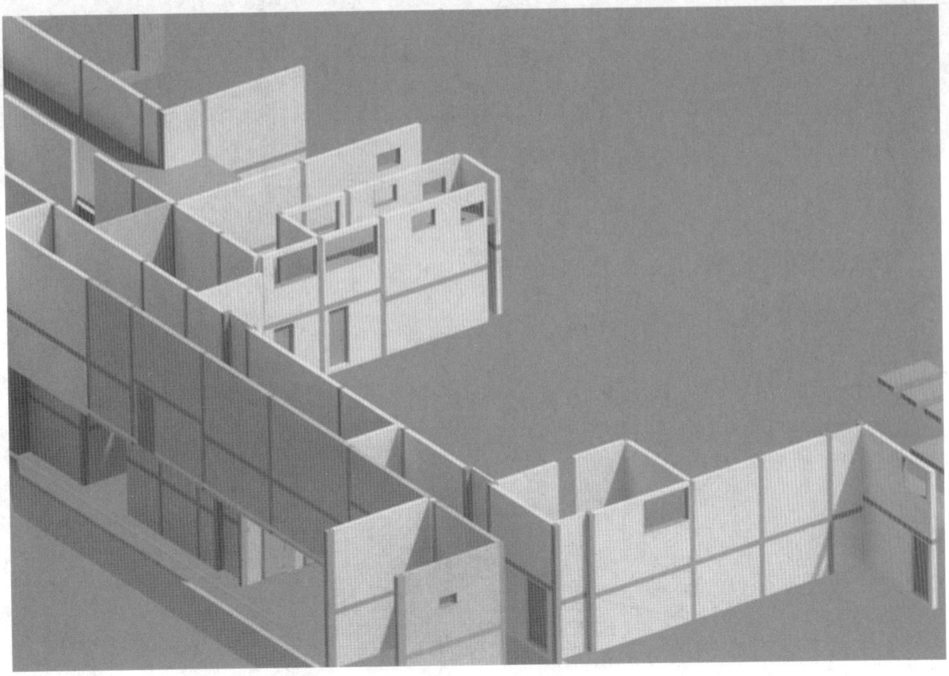

图 3 –5 –7 模型生成孔洞

3. 导出明细表

以大系统风管为例，导出明细表(以风管宽、高均加 100 mm 作为风管套管)将套管进行编号，生成二维码信息，并与套管尺寸明细表一同交付加工厂预制加工及对应粘贴。

4. 导出 CAD 图纸

利用 Revit 标注及导出图纸功能，对套管位置进行标注并导出图纸。

5. 工厂加工及生成二维码

(1)通过导出的尺寸数据形成二位图纸标注相关尺寸交付工厂生产，如图 3－5－8 所示。

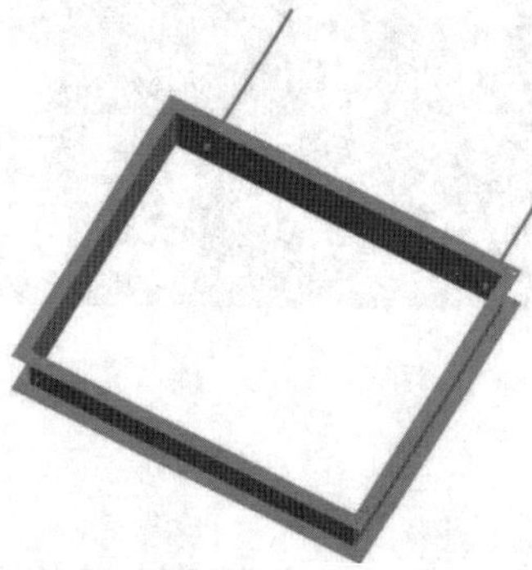

图 3－5－8　套管模型截图

(2)标注套管尺寸，如图 3－5－9 所示。

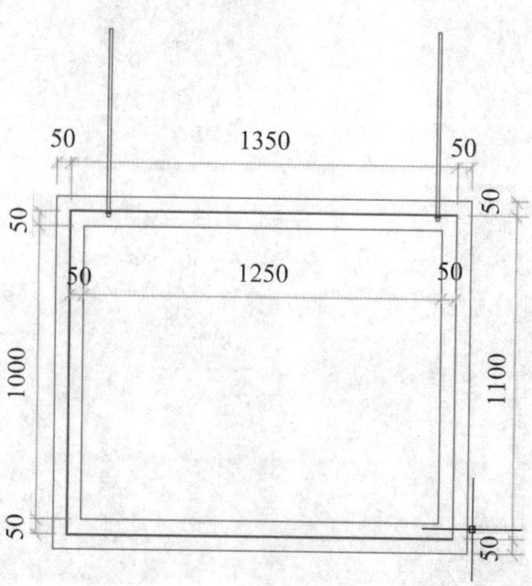

图 3－5－9　标注套管尺寸

(3)套管标注尺寸后交付加工厂生产，套管选用 $h-2.0$ mm 厚的冷轧钢板制作而成，如图3－5－10所示。

图3－5－10 套管实体照片

(4)粘贴二维码信息。

6. 现场测量放线并吊装

套管安装前清除污垢并保持清洁。利用二维码扫描仪确认套管位置及规格是否正确。套管采用 $\phi10$、$\phi12$、$\phi14$ 丝杆和内迫膨胀螺栓进行固定，套管焊接口、切口需进行防腐处理。

1)操作要点

①根据 BIM 模型及现场墙体边线测量数据进行现场定位。

②放线完成后再按照要求进行打孔，要用专用且与螺栓配套的钻头打孔、一般钻头大螺栓两号为宜，孔深必须满足设计要求。

③丝杆固定在承重结构上，位置正确、牢固，不得有歪斜和卡涩现象。

④安装时不得硬砸硬撬，以免损坏构配件表面。

⑤横平竖直，排列整齐，内外清洁。

⑥每个区域的套管安装完成后，采用水准仪和经纬仪对套管进行调整、调平。

2)主要材料(表3－5－2)

表3－5－2 主要材料规格

套管大边长/mm	吊杆型号	螺栓规格
$b\leqslant1250$	$\phi12$	M10
$1250<b\leqslant2000$	$\phi12$	M12
$2000<b\leqslant3000$	$\phi14$	M12

3）主要工器具

便携式冲击钻、红外线水准仪、扳手、卷尺、安全防护用品等，如图3－5－11所示。

图3－5－11　主要工器具

设备区过墙管道预留套管相对于传统方式，其亮点在于准确定位，装配化施工，降低损耗及提高效率。

3.6　自制专用施工装置

3.6.1　一种带刹车装置的简易轨道运输平板车

1. 带刹车装置的简易轨道运输平板车使用目的

地铁材料的二次搬运方式从传统的人工搬运发展到利用运输工具运输，效率得以大大提高。在地铁区间运输施工材料可使用大型动力轨道火车，但是费用高，且机电安装在区间施工所使用材料相对比较零散，从经济性考虑并不适合。因此，地铁区间机电安装材料运输适合采用人力平板运输车。普通的平板运输车采用型钢钢架和脚轮，焊接拼装而成。由于地铁区间轨道大多带有坡度，工人在运输过程中不能确保平板车的平稳性和速度，很容易因速度过快而失去对平板车的控制，从而导致翻车或威胁工人的人身安全。因此，在面对工期要求日益紧张、区间运输条件差的施工环境下，迫切需要采用一种运输效率高、安全、经济的运输工具，以便在保证工人人身安全的前提下，提高运输效率，缩短施工工期。

2. 带刹车装置的简易轨道运输平板车制作方法

该带刹车装置的简易轨道运输平板车主要由平板车承载钢架、板车脚轮、刹车装置、刹车手柄、防滑落限位栏杆五部分组成，如图3－6－1所示。为方便更换易损耗零部件，该平板车采用组装式拼接，其中板车脚轮、刹车装置、刹车手柄、防滑落限位栏杆与板车承载钢架采用螺丝拼接，可以随时拆卸。

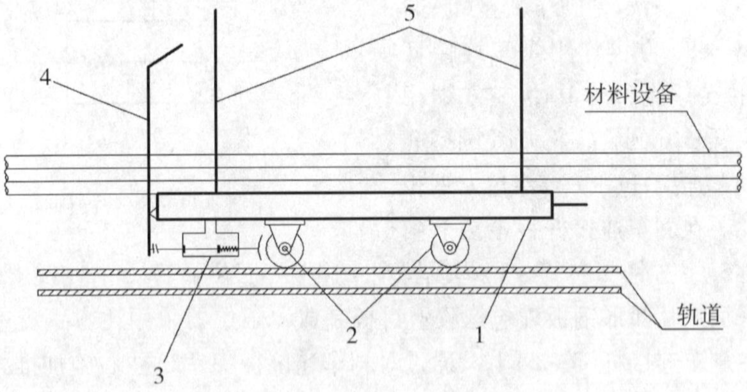

图3-6-1 轨道运输平板车剖视图

1—平板车承载钢架；2—板车脚轮；3—刹车装置；4—刹车手柄；5—防滑落限位栏杆

(1)平板车承载钢架的制作及脚轮安装：如图3-6-2和图3-6-3所示，根据不同的承载量选用不同规格的板车脚轮(2)、外围纵向横向承载主钢架(1-1和1-5，一般采用8#槽钢)和内部次钢架(1-2，一般用L50角铁)，通过焊接将外围纵向横向承载钢架(1-1和1-5)和内部次钢架(1-2)连接好，然后再将脚轮安装板(1-4)焊接到承载主钢梁上。在开料及焊接时注意双边的外围纵向承载主钢架(1-1)和板车脚轮中心线在同一垂直面上，确保其受力均衡。其中脚轮安装板(1-4)需提前根据板车脚轮(2)大小开好螺丝安装孔，一般开孔 $\phi16$，采用M12螺丝连接。平板车承载钢架(1)上还应设置牵引环(1-3)，用以绑扎绳索拉动板车；另外在外围纵向承载主钢架(1-1)上焊接40cm长防滑落限位栏杆插销(1-6，采用DN32水管)，用以安装防滑落限位栏杆(5)；在外围纵向承载主钢架(1-1)两侧下方还需焊接两个刹车装置安装吊耳，在横向承载主钢架焊接两个刹车手柄连接件(4-2)。

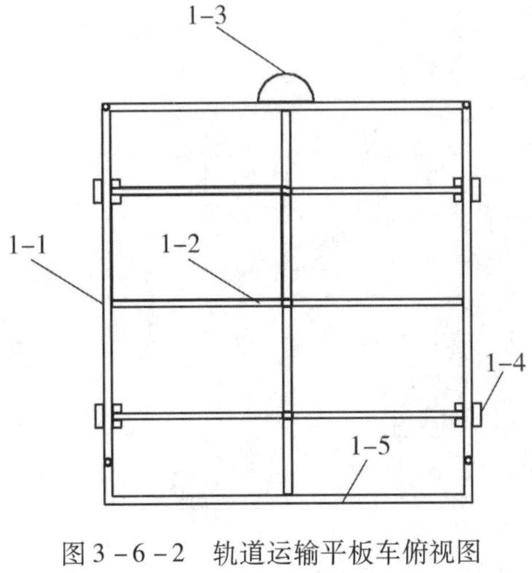

图3-6-2 轨道运输平板车俯视图

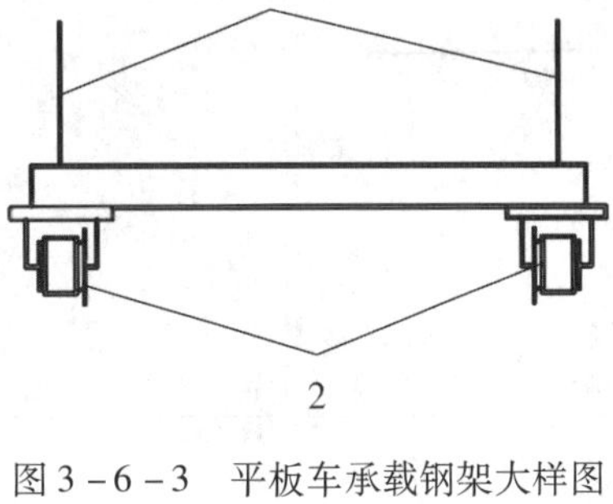

图3-6-3 平板车承载钢架大样图

(2)剎车装置制作：如图3－6－4、图3－6－5所示，剎车装置(3)通过采用80×80方钢作为剎车连接杆(3－2)的支撑座(3－1)，在方钢相对的两头开ϕ16圆孔，将ϕ16圆钢筋制作的剎车连接杆(3－2)穿过方钢相对的圆孔。在剎车连接杆一端接上剎车片(3－5)，方钢支座(3－1)内设置剎车连接杆回位弹簧(3－4)及限位器(3－3)。剎车片采用一片弧形钢板外包橡胶塑料板制成，限位器采用比方钢支座上略大的小钢板焊在剎车连接杆(3－2)上。通过对剎车连接杆(3－2)往右施加推力，剎车连接杆回位弹簧(3－4)受压，同时剎车片(3－5)与板车脚轮(2)接触。施加的推力越大，剎车片(3－5)与板车脚轮(2)的摩擦力就越大，从而达到剎车的功效。

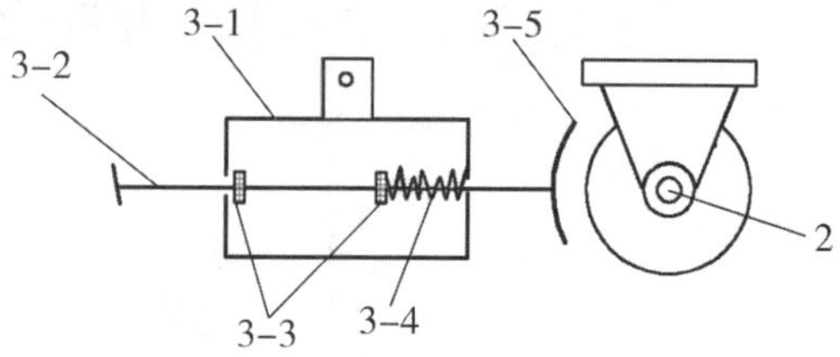

图3－6－4　轨道脚轮大样图

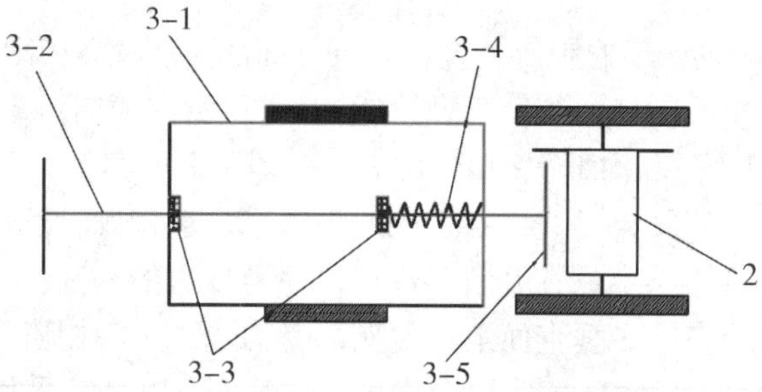

图3－6－5　剎车装置大样图

(3)剎车手柄的制作：如图3－6－6、图3－6－7所示，剎车手柄(4)的制作采用DN25水管作为把手(4－1)并在管道上开ϕ10孔，用ϕ8圆钢筋或采用M8螺丝(4－4)将其固定在手柄连接件(4－2)上，形成一个铰接连接件。在剎车手柄下端焊接一块50×50mm推杆钢板(4－3)，用于向剎车连接杆(3－2)施加推力。

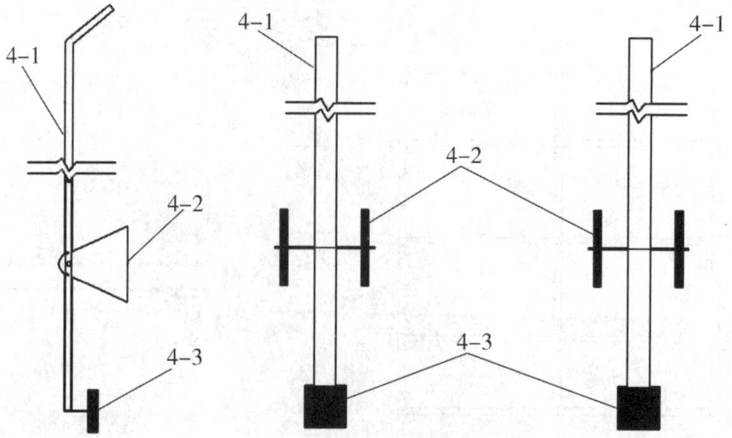

图3－6－6　剎车手柄大样图

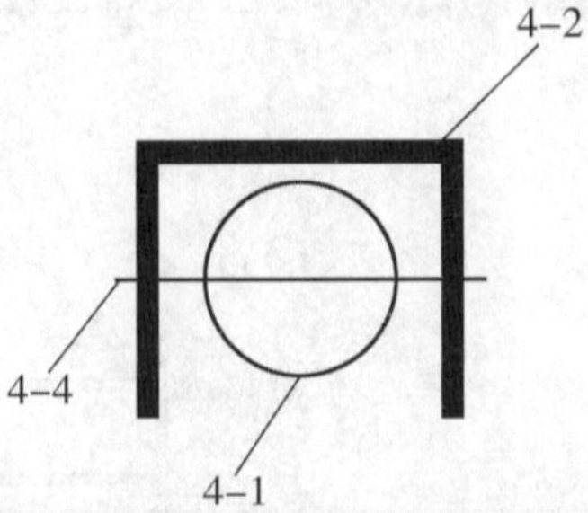

图 3-6-7 防滑落限位栏杆大样图

(4) 防滑落限位栏杆制作：防滑落限位栏杆(5)直接采用 DN40 水管制作，长度约 1 m，直接插到防滑落限位栏杆插销(1-6)上。

(5)最后将以上的平板车承载钢架(1)、板车脚轮(2)、刹车装置(3)、刹车手柄(4)、防滑落限位栏杆(5)五大部分用螺丝螺母连接起来，形成如图 3-6-1 所示的带刹车装置的简易轨道运输平板车。平板车承载钢架(1)、刹车装置(3)、简易刹车手柄(4)制作，仅是优选实例而已。可以根据实际需要用其他常见的结构形式替代。该施工装置已经申请实用新型专利。

3.6.2 驻车型区间专用移动脚手架

1. 驻车型区间专用移动脚手架使用目的

在机电安装施工过程中，登高施工作业随处可见，从传统的普通人字梯登高发展到拆装型可移动脚手架登高作业，其安全系数得到大大提高。在地铁区间的登高作业过程中，可使用普通的拆装型可移动脚手架，但由于区间施工距离长的特点，频繁拆装势必拖慢工人的安装效率和增加施工操作人员的劳动强度。从经济性和施工效率角度考虑，不适合选用拆装型可移动脚手架。普通的人字梯或单面梯在区间内进行登高施工作业，势必让工人人身安全毫无保障。因此，在面对工期要求日益紧张、区间作业条件差的施工环境下，迫切需要采用一种效率高、安全、经济的登高操作施工工具，在保证操作工人人身安全的前提下，提高安装效率，以达到缩短施工工期的目的。

2. 驻车型区间专用移动脚手架制作方法

(1)该驻车型区间专用移动脚手架主要由脚手架承载钢管及踏板、可调节脚手架斜撑、顶层护栏、脚手架脚轮、脚手架侧轮、驻车装置六部分组成，如图 3-6-8、图 3-6-9 所示。考虑到区间经常有动力火车通过，为便于拆装，该驻车型区间专用移动脚手架采用组装拼接的方式。其中脚手架承载钢管、可调节脚手架斜撑、顶层护栏(3)、脚手架脚轮(4)采用螺丝或承插连接，可以随时拆卸，避让动力火车。

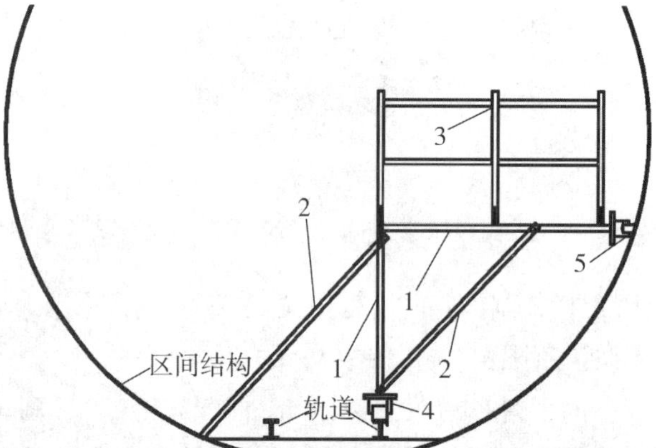

图3-6-8　驻车型区间专用移动脚手架剖视图一

1—脚手架承载钢管及踏板；2—可调节脚手架斜撑；3—顶层护栏；
4—脚手架脚轮；5—脚手架侧轮；6—驻车装置

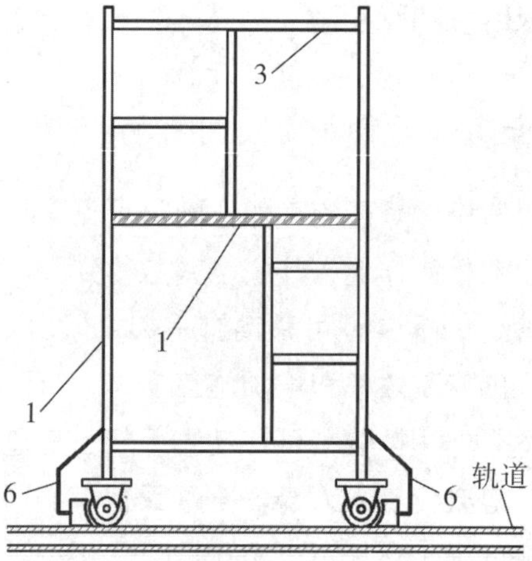

图3-6-9　驻车型区间专用移动脚手架剖视图二

(2)根据不同的区间设定脚手架承载钢管及踏板的高度和宽度。根据区间施工需要，其高度为1.7 m，宽度1.5 m，连接脚手架侧轮钢管长度为2.0 m。承插钢管均采用$\phi48\times3.5$ mm钢管，脚踏板采用网片和型钢制作。先将驻车型区间专用移动脚手架承载钢管的外围钢管(1-1)和脚手架爬梯(1-2)用焊接的形式连接好。另外护栏插销(1-6)和驻车装置摆动铰接件(1-7)同时施焊于承载钢管的立柱和横管上，护栏插销(1-6)采用$\phi42\times3.0$ mm钢管制作。脚手架的侧墙支撑(1-3)一头需要焊接上钢管连接件(1-4)，钢管连接件采用$\phi42\times3.0$ mm钢管制作，中间施焊

$\phi 42\times 3.0$ mm 钢管制作的护栏插销(1－6)，另一头则将脚手架的侧轮(5)与脚手架侧墙支撑(1－3)焊接牢固。脚手架承载钢管立柱(1－1)和侧墙支撑(1－3)在钢管上需要预留好脚手架可调式斜撑(2)对穿螺丝孔(1－5)，孔径为 $\phi 14$mm，如图 3－6－10 所示。

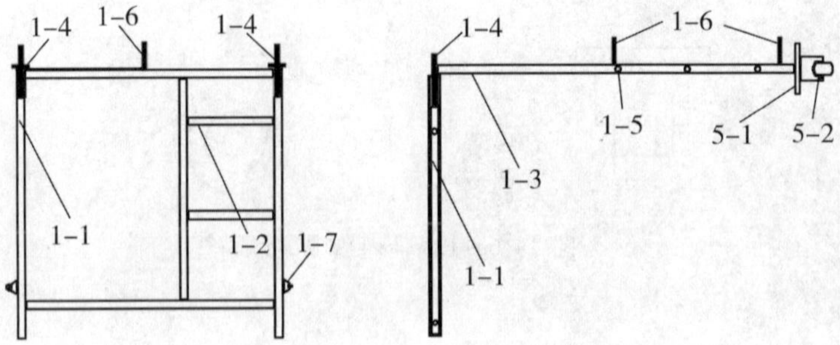

图 3－6－10　脚手架承载钢管及踏板大样图

(3)本装置的脚手架可调节斜撑(2)采用 $\phi 48\times 3.5$ mm 钢管作为斜撑的承口(2－1)，采用 $\phi 42\times 3.0$ mm 钢管作为该斜撑的插口(2－2)。两钢管管径一大一小，从而实现可伸缩的效果。在可调节斜撑(2)的斜撑承口钢管(2－1)和斜撑插口钢管(2－2)上还需要进行开斜撑与承载钢管连接对穿螺丝孔(2－3)和斜撑调节对穿螺丝孔(2－4)，其孔径均为 $\phi 14$ mm，如图 3－6－11 所示。

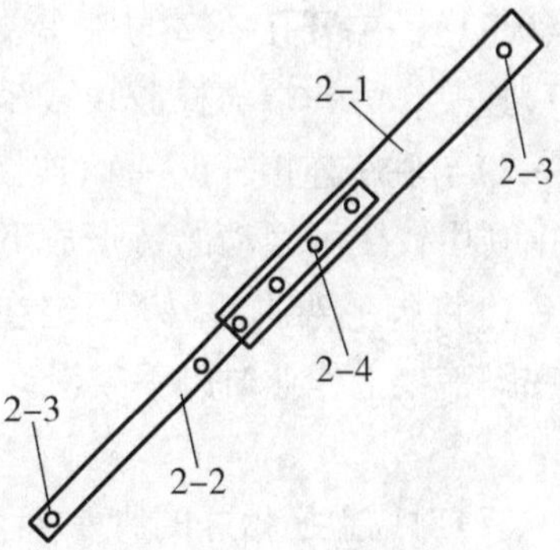

图 3－6－11　脚手架可调节斜撑大样图

(4)顶层护栏(3)分为侧面护栏(3－1)和正面护栏(3－4)，顶层护(3)采用 $\phi 48\times 3.5$ mm 钢管焊接而成。为了侧面护栏(3－1)和正面护栏(3－4)连接牢固，在侧面护栏上焊接固定插钩(3－2)，在正面护栏(3－4)上焊接固定承口(3－3)，如图 3－6－12 所示。顶层护栏(3)直接与护栏插销(1－6)对接，从而使顶层护栏(3)与底层承载钢管(1)连为一体。

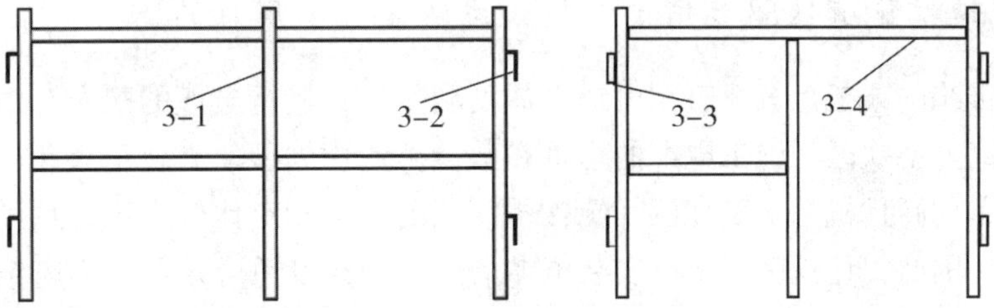

图 3－6－12　顶层护栏大样图

(5)脚手架脚轮(4)的制作采用12#轨道专用脚轮(4－3)与脚手架承载钢管掌板(4－2)焊接形成整个脚手架的可滑动底座。为了方便拆装，在掌板(4－2)上正中位置焊接 $\phi42\times3.0$mm 钢管作为承载钢管插销(4－1)，如图 3－6－13 所示。

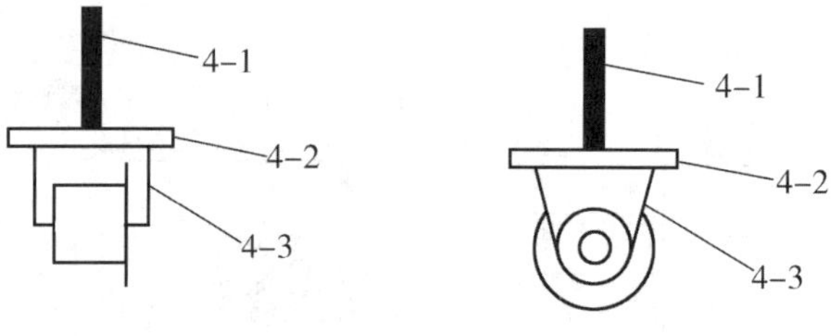

图 3－6－13　脚手架脚轮大样图

(6)驻车装置(6)制作采用 $\phi34\times3.0$mm 钢管作为驻车楔子(6－2)的驻车连杆(6－1)，驻车连杆(6－1)一端开孔 $\phi12$ 与驻车装置摆动铰接件(1－7)连接，另一端与橡胶块或木头作为驻车楔子(6－2)与驻车连接杆(6－1)连接牢固。在使用过程中利用铰接可摆动的特点放下两端的驻车楔子(6－2)将脚手架脚轮(4)固定在轨道上，放置工人在脚手架上作业时脚手架滑动，如图 3－6－14 所示。

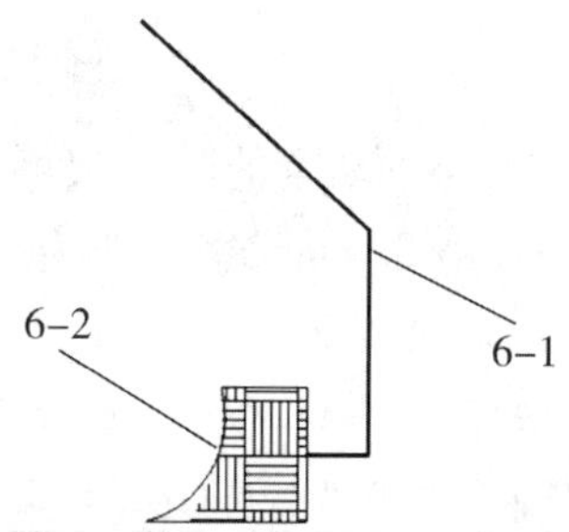

图 3－6－14　驻车装置大样图

(7)对以上已做好的脚手架承载钢管及踏板、可调节脚手架斜撑、顶层护栏、脚手架脚轮、脚手架侧轮、驻车装置，参考图 3－6－1、图 3－6－2 通过螺丝或直接承插拼装的方式进行拼装，从而得到区间轨道施工的驻车型区间专用移动脚手架。

如上所述的可调节脚手架斜撑、脚手架脚轮、脚手架侧轮、驻车装置的制作，仅是本装置的优选实例。可以根据实际需要用其他常见的结构形式替代。该施工装置已经申请实用新型专利。

3.6.3　地铁隧道区间专用电缆敷设运输装置

1. 地铁隧道区间专用电缆敷设运输装置使用目的

从传统的人工盘电缆、拉电缆发展到利用工具进行电缆的敷设，施工效率得到大大提高。地铁区间施工电缆的运输和敷设可使用大型动力轨道火车进行，但由于其租赁费用高且机电安装在区间施工所使用的电缆相对比较零散，从经济性考虑并不适合。因此，地铁区间机电安装电缆的运输和敷设适合采用人力电缆运输敷设工具。由于地铁区间轨道大多是带有坡度的，工人在运输过程中不能确保小车的平稳性和速度，很容易因速度过快而失去对小车的控制，从而导致翻车或危及人身安全。

因此，在面对工期要求日益紧张、区间运输条件差的施工环境下，迫切需要采用一种施工效率高、安全、经济的电缆运输敷设工具，以便在保证工人人身安全的前提下，提高施工效率，缩短施工工期。

2. 地铁隧道区间专用电缆敷设运输装置制作方法

(1)地铁隧道区间专用电缆敷设运输装置主要由底部承载钢架、小车脚轮、刹车装置、电缆承载钢架、电缆提升及滚动装置五部分组成，如图3－6－15所示。考虑该装置的重量及方便更换易损耗零部件，该平板车采用组装式的拼接方式，其中小车脚轮、刹车装置、电缆承载钢架、电缆提升及滚动装置与底部承载钢架采用螺栓拼接，可以随时拆卸。

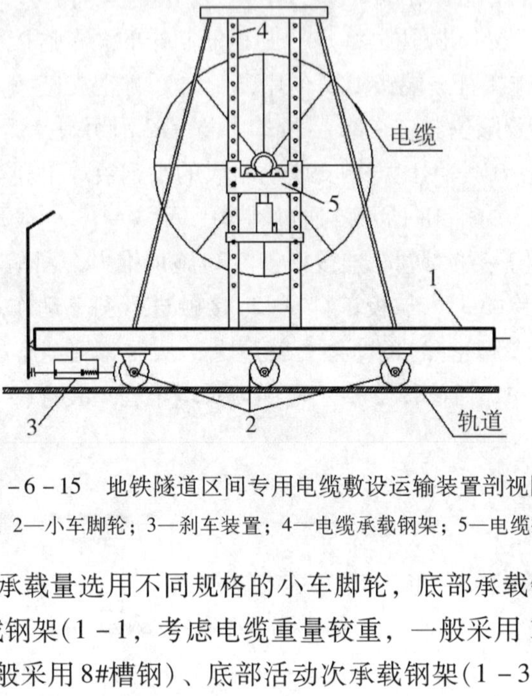

图3－6－15　地铁隧道区间专用电缆敷设运输装置剖视图

1—底部承载钢架；2—小车脚轮；3—刹车装置；4—电缆承载钢架；5—电缆提升及滚动装置

(2)根据不同的承载量选用不同规格的小车脚轮，底部承载钢架主要由连接小车脚轮的底部主承载钢架(1－1，考虑电缆重量较重，一般采用10#槽钢)、底部次承载钢架(1－2，一般采用8#槽钢)、底部活动次承载钢架(1－3，考虑到整个装置能方便与整盘电缆对接而设置为活动式的，与整盘电缆对接后用螺栓与底部主承载钢架连接，一般采用8#槽钢)、牵引环(1－4)和小车脚轮安装板(1－5)组成。通过焊接将底部主承载钢架(1－1)和底部次承载钢架(1－2)连接好，然后将小车脚轮安装板(1－5)焊接到底部主承载钢架(1－1)上，在开料及焊接时注意底部主承载主钢架(1－1)和小车脚轮中心线在同一垂直面上，确保其受力均衡。其中小车脚轮安装板(1－5)需提前根据小车脚轮大小开好螺丝安装孔，一般开ϕ16孔，采用M12螺丝连接。底部承载钢架上设置牵引环(1－4)，主要用以绑扎绳索拉动小车；另外在底部主承载钢架(1－1)两侧下方还需焊接两个刹车装置安装吊耳，在底部次承载钢架(1－2)焊接两个刹车手柄连接件(1－6)，如图3－6－16所示。

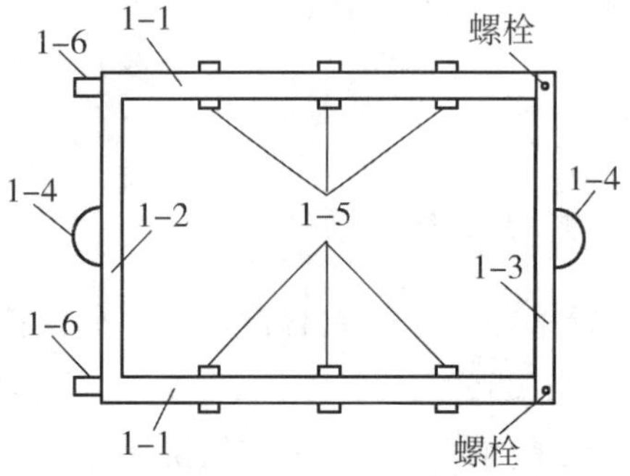

图 3－6－16　底部承载钢架大样图

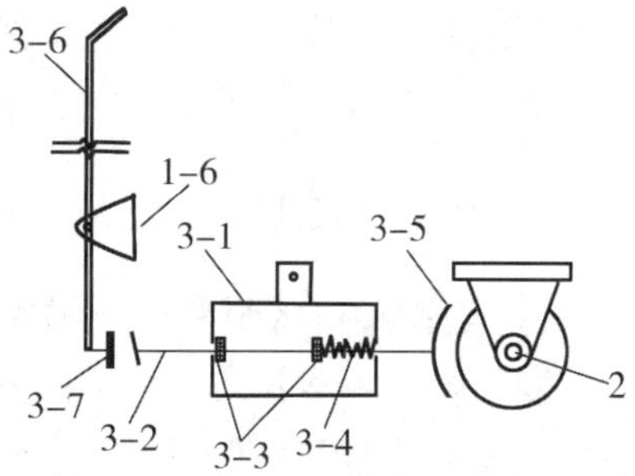

图 3－6－17　刹车装置大样图一

(3) 刹车装置通过采用 80×80 方钢作为刹车连接杆(3－2)的支撑座(3－1)，在方钢相对的两头开 ϕ16 圆孔，将 ϕ16 圆钢筋制作的刹车连接杆(3－2)穿过方钢相对的圆孔。在刹车连接杆一端接上刹车片(3－5)，方钢支座(3－1)内设置刹车连接杆回位弹簧(3－4)及限位器(3－3)。刹车片(3－5)采用一片弧形钢板外包橡胶塑料板制成，限位器(3－3)采用比方钢支座上略大的小钢板焊于刹车连接杆(3－2)上，如图 3－6－17、图 3－6－18 所示。通过刹车手柄(3－6，一般采用 DN20 钢管)的拉杆动作使推杆钢板(3－7)对刹车连接杆(3－2)施加推力，刹车连接杆回位弹簧(3－4)受压，同时刹车片(3－5)与板车脚轮(2)接触进行刹车动作。施加的推力越大，刹车片(3－5)与板车脚轮(2)的摩擦力就越大，从而达到刹车的功效。当刹车手柄(3－6)撤销拉杆动作，回位弹簧(3－4)弹力对整个刹车装置(3)进行回位动作。

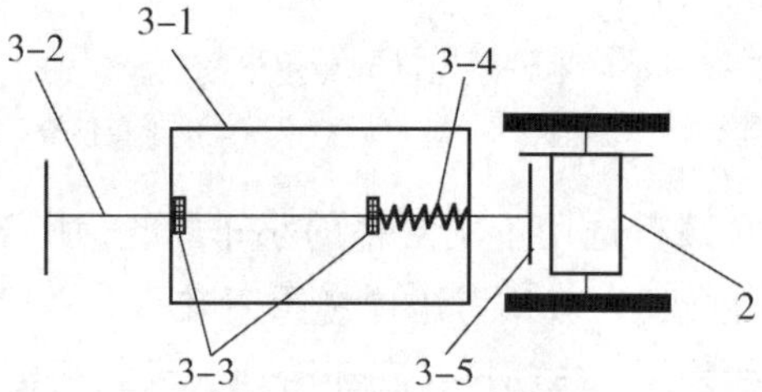

图 3－6－18　刹车装置大样图二

(4) 电缆承载钢架参考龙门架的形式设置，其中立柱(4－1，采用 DN50 无缝钢管)单边设置两根(间距约 20 cm)，并在上面间隔 10 ～ 15 cm 进行开孔(孔径 ϕ14)，固定电缆提升及滚动装置；立柱(4－1)底部焊接安装底板(4－5，采用钢板或角钢，开孔 ϕ18)采用螺栓与底部主承载钢架(1－1)连接，上部焊接顶梁(4－2，采用 L80 角铁)用于连接拉杆(4－4)和稳定梁(4－3)。为了方便拆卸，拉杆(4－4)与底部主承载钢架(1－1)和顶梁(4－2)均采用螺栓连接，稳定梁(4－3)与顶梁(4－2)采用螺栓连接，如图 3－6－19 所示。

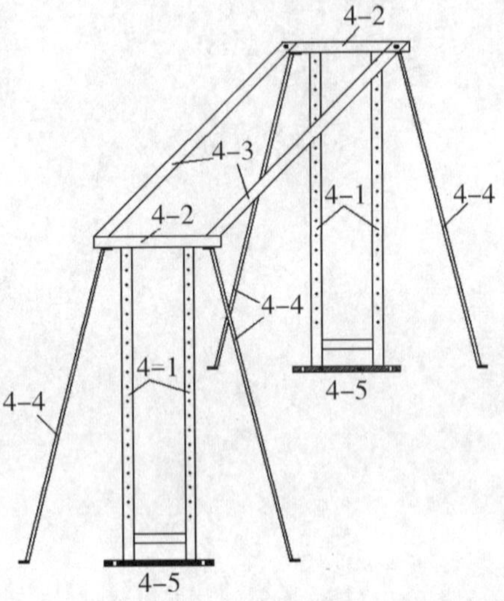

图 3-6-19 电缆承载钢架大样图

(5)电缆提升及滚动装置主要用于将电缆从地面提升至一定高度，实现整盘电缆的运输和敷设，由底座(5-1)、滚轮(5-2)、电缆滚轴(5-3)、千斤顶(5-4)和千斤顶底座(5-5)组成，如图 3-6-20 所示。其中底座(5-1)采用钢板焊接而成，其形状如一个方形无盖盒子。滚轮(5-2)采用螺栓与底座(5-1)连接，其中两滚轮间距应保证电缆滚轴(5-3)在滚轮上能灵活滚动。千斤顶底座(5-5)采用钢板和型钢焊接而成，在使用时根据不同高度为千斤顶提供稳固的操作台。

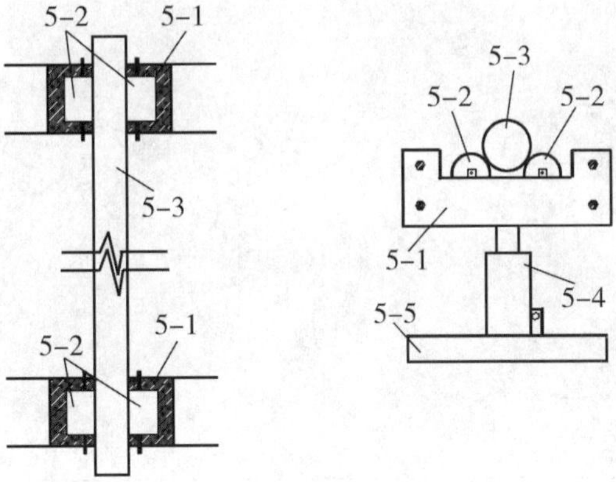

图 3-6-20 电缆提升及滚动装置大样图

(6)最后将底部承载钢架、小车脚轮、刹车装置、电缆承载钢架、电缆提升装置 5 部分采用螺栓螺母连接起来，形成如图 3-6-1 所示的地铁隧道区间专用电缆敷设运输装置。

如上所述的底部承载钢架、刹车装置、电缆承载钢架、电缆提升装置仅是本装置的优选实例而已。可根据实际需要用其他常见的结构形式替代。该施工装置已经申请实用新型专利。

4 通风与空调系统

4.1 系统概述及组成

通风与空调系统在城市轨道交通领域是必须要有的系统之一，对地铁车站方案影响较大，系统设置复杂，工艺控制复杂，与外部接口多，主要包含隧道通风系统、车站公共区通风空调和防排烟系统(简称“大系统”)、车站管理及设备用房的通风空调和防排烟系统(简称“小系统”)以及空调水系统。以下主要针对通风与空调系统及其安装进行介绍。

地铁工程是一个复杂的系统工程，要达到运营条件，不仅要优质按期完成车站机电设备安装工程和土建工程，而且还要其他的系统承包商，如供电系统，FAS 系统，AFC 系统，通信信号、电梯、安全门、电力牵引系统等参与施工。因此，在本专业施工的同时，还需做好与其他专业/系统间的协调配合及接口工作。管线施工图应根据综合管线图纸示意走向，按“小管让大管，有压让无压、弱电让强电”的原则进行管线协调排布。对设备区走廊及空间小、管线布置密集的施工部位，应严格控制管道标高、坡度，不侵占其他专业的安装位置，遵循顶部管线安装“先高后低”，底部管线安装“先低后高”的原则。

地铁通风与空调风系统：由车站隧道通风系统、车站公共区通风与空调兼排烟系统(大系统)、设备管理用房通风空调送排风兼排烟系统(小系统)组成。其中隧道通风系统分区间隧道通风系统及车站通风系统，由大型可逆转耐高温轴流风机、排热风机及联动组合风阀、结构消声器等设备和风道等构成。车站公共区空调通风系统由组合式空调箱、回排风机、排烟风机等设备以及彩钢复合板风管、消声器、风阀、风口等管道部件构成。设备管理用房空调通风小系统由空气处理机、各类送排风机、钢板风管及风阀等通风管道部件构成。

空调水系统：为车站空调系统提供空调冷源，由设在站厅层或站台层冷冻机房内的冷水机组、冷冻水泵、冷却水泵、水处理仪器、分集水器、定压补水装置、管道和部件，以及设在地面上冷却塔等构成。通过螺杆式冷水机组转换为各工况下运行的空调设备提供冷源，适应不同季节站内温度质量要求。

地铁施工中常用的风管类型有：双面彩钢酚醛风管、镀锌钢板风管、碳素钢板风管等。

4.2 施工方法

4.2.1 风管制作

4.2.1.1 施工准备

1. 材料要求及主要机具

（1）所使用镀锌板材、镀锌型钢等材料应具有产品合格证明书或质量鉴定文件，材料品种、规格、性能与厚度等应符合设计和现行国家产品标准的规定，并满足招投标文件中关于乙供材料技术性能的要求。

（2）彩钢复合风管板材，应符合设计及相关产品国家现行标准的规定。成品的彩钢复合风管管道必须具有相应的合格证明，包括主材料的材质证明、检测机构提供的风管耐压强度及严密性检测报告。

（3）制作金属风管及配件的钢板厚度如表4－2－1所示。

表4－2－1　风管板材厚度选型表　　单位：mm

矩形风管长边尺寸 b	通风空调风管壁厚	排烟风管壁厚
$b \leqslant 1000$	0.75	1.2
$1000 < b \leqslant 2000$	1.0	1.2
$2000 < b \leqslant 4000$	1.2	1.5

（4）镀锌钢板厚度、镀锌层等除满足设计要求外还应满足《地下铁道工程施工及验收规范》，镀锌钢板表面不得有裂纹、结疤及水印等缺陷，应有镀锌层结晶花纹。

（5）主要机具：电冲剪，手用电动剪倒角机，咬口机，折方机，型钢切割机，电动拉铆枪，台钻，手枪钻，电气焊接设备，以及不锈钢板尺、钢直尺、角尺量角器、划规、划针、铁锤、木锤等小型工具。

2. 作业条件

（1）集中加工作业区应保证宽敞、明亮、洁净、通风、场地平整等。

（2）应设置半成品堆放区，并具有防雨、防风、防潮等设施。

（3）加工作业区内使用的带电设备应保证有可靠的接地系统，并配有消防器材。

（4）风管制作应有获得批准的图纸，经审查的大样图、系统图，并有技术及安全交底。

4.2.1.2　金属风管操作工艺

1. 工艺流程(图4－2－1)

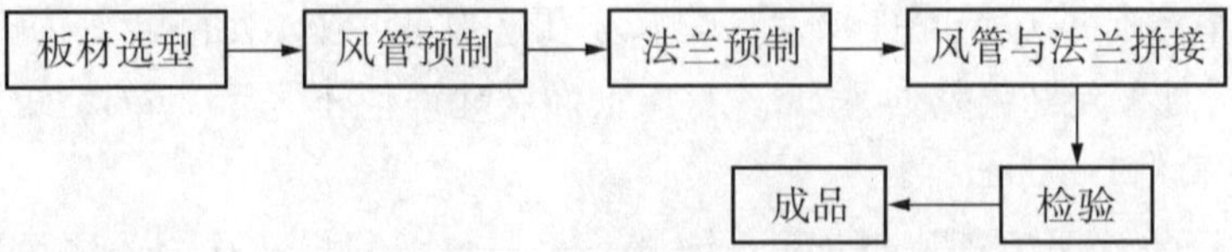

图4－2－1　工艺流程

2. 操作要求

(1)划线的基本线有：直角线、垂直平分线、平行线、角平分线、直线等分、圆等分等。根据图及大样风管不同的几何形状和规格分别进行划线展开。

(2)板材剪切必须复核下料，以免有误。按划线形状用机械剪刀进行剪切。

(3)板材下料后在轧口之前，必须用倒角机或剪刀进行倒角工作。风管转角处采用联合咬口方式，如图4－2－2所示；风管大边长不满足要求需要拼接时采用单边咬口，如图4－2－3所示。咬口宽度和留量根据板材厚度而定，如表4－2－2所示。

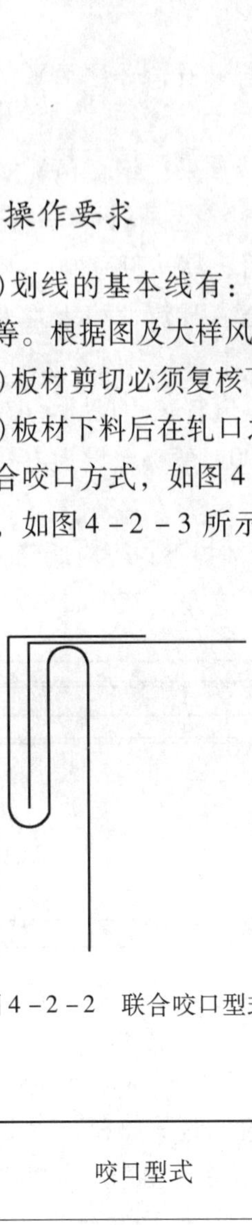

图4－2－2　联合咬口型式

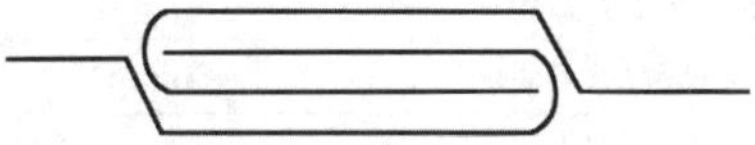

图4－2－3　单咬口型式

表4－2－2　咬口宽度表

咬口型式	板材厚度/mm		
	0.5～0.7	0.7～0.9	1.0～1.2
单咬口型式	6～8	8～10	10～12
联合咬口型式	3～9	9～10	10～11

(4)铆钉连接时，必须使铆钉中心线垂直于板面，铆钉头应把板材压紧，使板缝密合并且铆钉排列整齐均匀。

（5）风管制作要求：

①风管制作中采用联合式咬口进行施工，风管之间采用法兰 + 螺栓连接。

②风管加工中风管与配件的咬口缝隙应紧密，宽度应一致；折边应平直，圆弧应均匀；两端面平直。风管无明显扭曲与翘角；表面平整，不平度不大于 10 mm。

③风管外径或边长允许偏差：边长小于 300 mm 时，允许偏差为 2 mm；边长大于 300 mm 时，允许偏差为 3 mm。管口平面度允许值不大于 2 mm，矩形风管对角线长度之差不大于 3 mm。

④风管法兰焊接缝融合良好、饱满、无假焊、漏焊和孔洞。法兰平面度允许偏差为 2 mm，同一批量加工的法兰孔洞排列间距应一致。

⑤风管制作过程中板面宽度为 630 ～ 1250 mm 时，宜采用钢板预轧横向弧形楞筋或交叉楞筋方式加固；板面宽度为 1600 ～ 3000 mm 时，应采用 40 ×4 角钢沿气流方向加固。角钢应置于风管宽度方向的中间或均分位置，其间距为800 ～1000 mm。

（6）通风空调系统中的弯管、三通、四通、异径管、导流片和法兰所用材料规格、板材厚度及连接方式与风管制作的相同。所有 90°弯头，当风管长边尺寸≥630 mm 时应设为内弧（R =200 mm）外直角加导流片型式；风管长边尺寸 <630 mm 时应设为内外弧形弯头并加导流片（内弧 R =200 mm）；非 90℃ 弯头应设为内外弧形弯头（内弧 R =200 mm）并加导流片。

（7）矩形风管所用法兰材料在满足国家相关规范的前提下，不应低于表 4 －2 －3 中规定。螺栓和铆钉直径、间距应符合规范规定，且不应大于 150 mm。

表 4 －2 －3　风管法兰材料规格选型表

风管长边尺寸 b/mm	法兰用料规格（角钢）
$b \leqslant 630$	25 ×3
$1600 \leqslant b < 2000$	40 ×4
$4500 \leqslant b < 5500$	56 ×5
$800 \leqslant b < 1250$	30 ×4
$2000 \leqslant b < 4500$	50 ×5

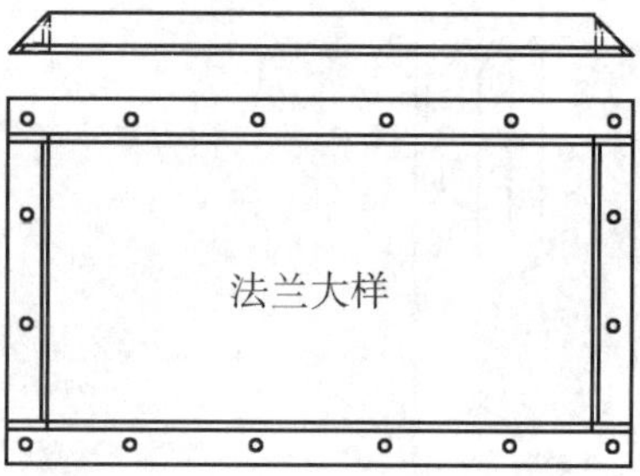

图 4 －2 －4　法兰大样图

（8）法兰加工：法兰由四根角钢组焊而成，划线下料时应注意使焊成后的法兰内径不小于风管的外径，用砂轮切割机按线切断；下料调直后放在钻床上钻出铆钉孔，孔距不应大于 150 mm，均匀分布；铆钉孔加工完成后，角钢放在焊接平台上进行焊接及组对，焊接时按各规格模具卡紧压平；焊接完成后，在台钻上钻螺栓孔，螺栓孔距不大于 150 mm，均匀分布，如图 4 －2 －4 所示。

（9）风管法兰焊接缝融合良好、饱满、无假焊、漏焊和孔洞。法兰平面度允许偏差为 2 mm，同一批量加工的法兰孔洞排列间距应一致。

（10）风管外径或边长允许偏差：边长小于 300 mm 时，允许偏差为 2 mm；大于

300 mm 时，为 3 mm。管口平面度允许值不大于 2 mm，矩形风管对角线长度之差不大于 3 mm。

(11)风管与角钢法兰连接。风管与法兰连接前，应检查风管的外边长和法兰内边长的偏差是否符合要求：

①风管铆接连接，必须使铆钉中心线垂直于板面，铆钉头应把板材压紧，使板缝密合并且铆钉排列整齐均匀。

②风管板厚≤1.2 mm 的风管，与角钢法兰连接宜采用翻边铆接。风管的翻边应紧贴法兰，翻边宽度应为 6～9 mm，咬缝及四角处应无开裂与孔洞。铆接应牢固，无脱铆和漏铆。铆钉间距 100～120 mm，且数量少于 4 个。风管板厚大于 1.2 mm 的风管，与角钢法兰连接可采用翻边间断焊。风管与法兰应紧贴，风管端面不得凸出法兰接口平面，间断焊的焊缝长度宜在 30～50 mm，间距不应大于 50 mm。

③风管制作中采用联合式咬口进行施工，风管之间连接采用法兰 + 螺栓连接。

④当矩形风管不保温大边长≥630 mm 或保温风管大边长≥800 mm 且风管长度在 1000～1200 mm 以上时，风管采取加固措施。风管加固采用角钢框，风管大边长 1000 mm 以内时采用 25 ×4 角钢，大边长 >1000 mm 时采用 30 ×4 角钢，角钢加固框用 $d=4\sim5$ mm 铆钉锚固于风管外侧，铆钉间距 150～200 mm。风管大边长为 630～800 mm 时，加固间距为 1000～1200 mm；风管大边长≥1000 mm 时，加固间距为 700～1000 mm。

4.2.1.3 非金属风管操作工艺

地铁通风与空调系统采用非金属风管主要是彩钢酚醛复合风管。

1. 工艺流程(图 4－2－5)

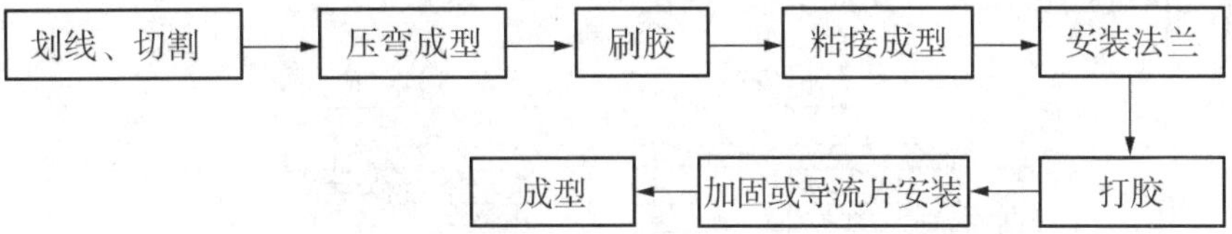

图 4－2－5　工艺流程

2. 操作要求

(1)用 90°刀裁 V 形槽，单刃刀中，斜刀刀片长度一般以不切穿下层彩钢为准，运刀时用力均匀，速度平稳，使用完毕后侧立放置刀具，以防损坏。板材下料后用磨光机磨掉彩钢边上不整齐的地方，这样有利于合管，如图 4－2－6 所示。

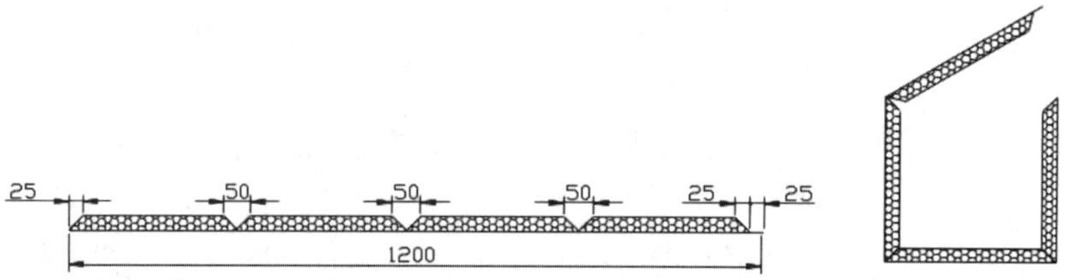

图4－2－6　彩钢酚醛复合风管下料示意图

(2)风管折弯使用专制折弯机；将开好V形槽的板材逐个折弯，折弯机冲压刀口对准V形槽中线，要求必须垂直，注意操作安全，按照规定步骤操作，做好防护。

(3)刷胶前，胶水浓度调配至适中，每个刷胶部位都需刷三道胶水，后一道胶水在前一道胶水干了之后进行。

(4)风管粘接时要使用酚醛专用胶水，粘接过程中注意保证风管的规范尺寸和风管边角的垂直度，风管粘接后边角的锚固连接可以直接使用板材下料时预留的彩钢包边折弯，同时用铆钉固定。

(5)组装异形风管时，折边点或内外弧形边要在彩钢包边上开槽，开槽间距根据弧线弯度调整，粘接后使用铆钉固定，使用铆钉固定边角要注意保证固定点分布均匀、美观，其合理间距相邻两固定点之间的距离不大于100 mm。

(6)在风管内表面的接缝处打玻璃胶，打玻璃胶前保证风管内壁的清洁度，以确保粘接牢固。涂满胶后插接到位且与风管平行、连接牢固，法兰平面度允许偏差为2 mm，使用法兰连接的风管板面平面度允许偏差为5 mm。

(7)平面连接法兰的使用：平面连接法兰为铝合金断桥法兰，主要用于风管与风管之间的连接，法兰两端裁切呈45°角，安装时要保证法兰面平直，相邻两法兰交界处拼缝严密，夹角保证90°，如图4－2－7所示。

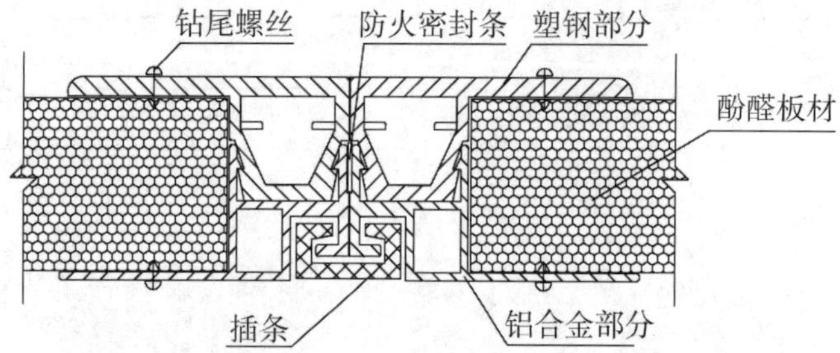

图4－2－7　平面铝合金断桥法兰连接示意图

(8)侧面连接法兰的使用：侧面连接法兰为铝合金断桥法兰，主要用于主风管与支管之间或风口开口后需要连接下送风管短管部位的连接。在管道开口后安装，安装时要保证法兰面平直，以便于与支管和下送风管短管连接，如图4－2－8所示。

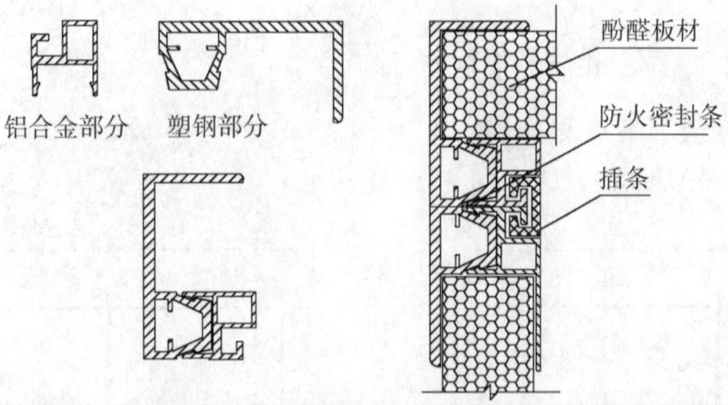

图 4-2-8　侧面铝合金断桥法兰连接示意图

(9) F 形法兰是风管系统中常用的部件连接法兰之一，可将风管与许多部件相连接，主要连接规格较大的风量调节器阀、消音器、铁皮风管等。与部件连接时要求部件与 F 形法兰紧密接触后使用螺栓连接，如图 4-2-9 所示。

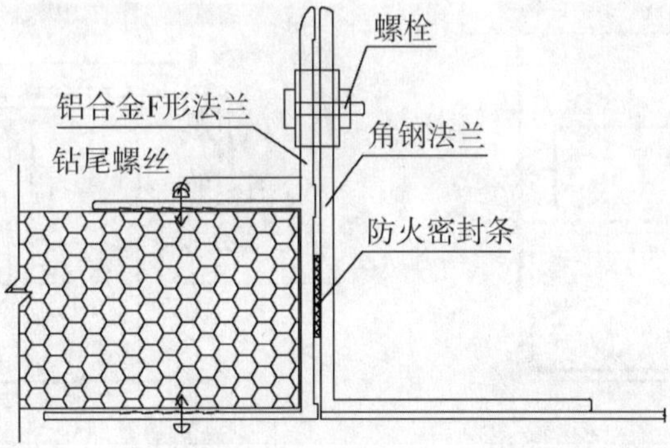

图 4-2-9　铝合金 F 形法兰与角钢法兰连接示意图

单边长≥2500 mm 的送风管采用角钢外加固的方式，使用材料为 3#角钢、ϕ8 丝杆、16 mm 和 20 mm PVC 线管、加固盘等。加固间距为：单边长≥2500 mm，风管纵向加固 2 道；单边长≥3000 mm，风管纵向加固 3 道；单边宽≥800 mm，横向加固 1 道。操作方式：先加固两个长边，固定后测量风管对角线，保证误差不大于 3 mm 时，将两短边焊接到长边上。要求焊点均匀、平整，角钢外边角裁切成 45°角并打磨圆润，避免人员在转运和吊装时被划伤。

4.2.2　风管及部件安装

工艺流程如图 4-2-10 所示。

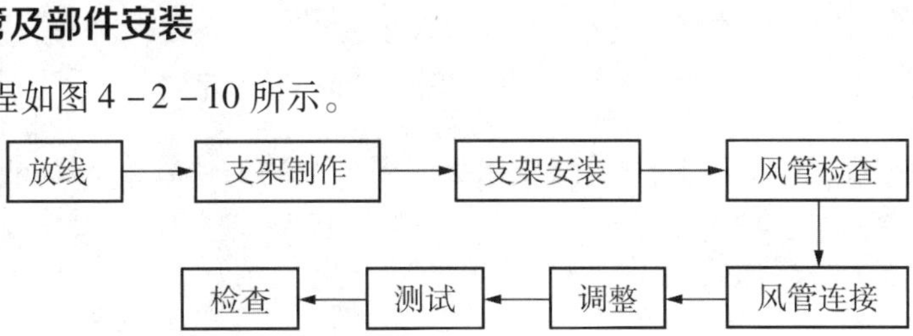

图 4-2-10　工艺流程

4.2.2.1 支、吊架制作安装

（1）风管支、吊架式样。

风管支吊架形式一般如图 4－2－11 所示。

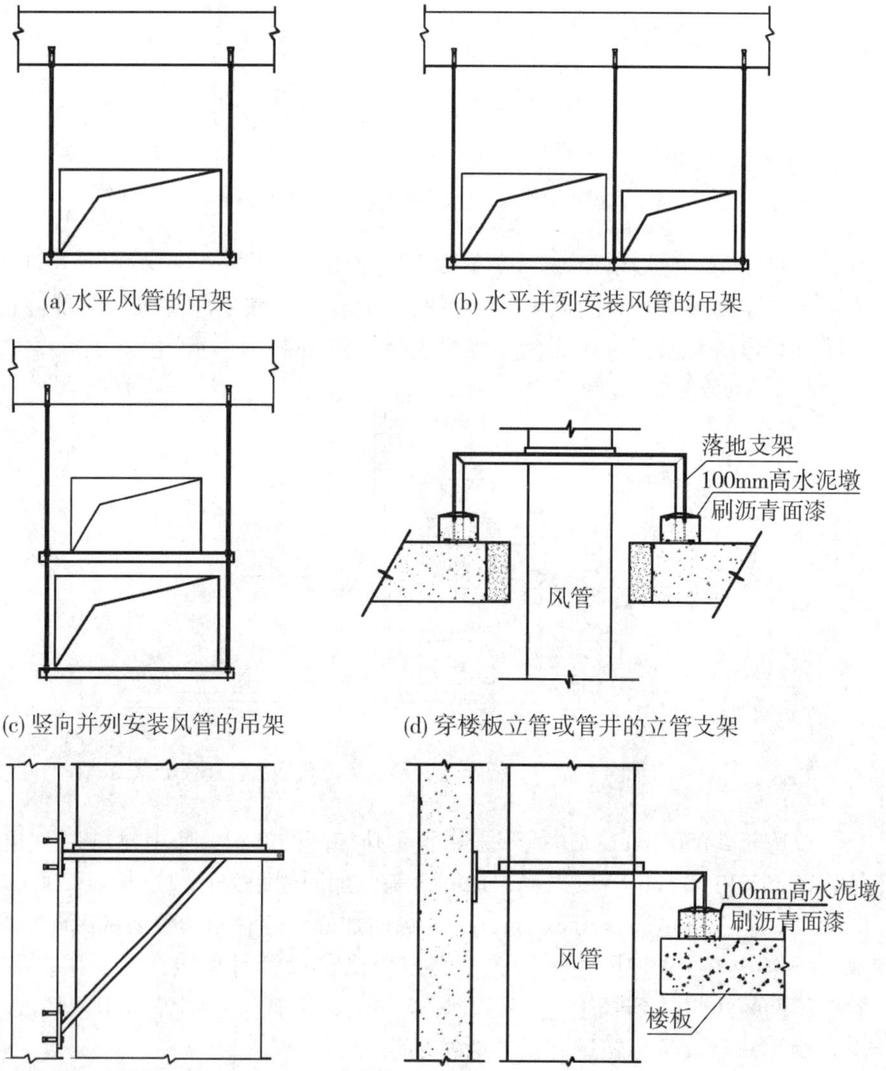

图 4－2－11　风管支吊架示意图

（2）根据《通风管道技术规程》要求，对不同规格的风管采用不同大小的支吊架，具体规格如表 4－2－3 所示。

表4-2-3　金属矩形水平风管吊架的最小规格　　单位：mm

风管边长 b	吊杆直径	横担规格	
		角钢	槽钢
$b \leqslant 400$	$\phi 8$	∠25×3	[40×20×1.5
$400 < b \leqslant 1250$	$\phi 8$	∠30×3	[40×40×2.0
$1250 < b \leqslant 2000$	$\phi 10$	∠40×4	[40×40×2.5 [60×40×2.0
$2000 < b \leqslant 2500$	$\phi 10$	∠50×5	—

(3)风管吊架膨胀螺栓的规格：风管截面≤1.0 m^2 时用M12膨胀螺栓；风管截面>1.0 m^2 时用M14膨胀螺栓。

(4)风管支吊架制作要点：

①支架的悬臂、吊架的横担宜采用角钢或槽钢，斜撑宜采用角钢，吊杆采用圆钢。

②型钢钻孔，不得采用氧气-乙炔焊切割，应采用机械钻孔。

③支吊架的焊缝应熔合良好、饱满，无假焊和孔洞，保证有足够的承载能力。

④抱箍应紧贴并箍紧风管。

⑤吊杆应平直，螺纹完整、光洁。吊杆的加长采用搭接双侧连续焊时，搭接长度不应小于吊杆直径的6倍。采用螺纹连接时，拧入连接螺母的螺丝长度应大于吊杆直径，并有防松措施。

⑥吊杆的长度要根据风管的尺寸、安装高度以及楼层梁的高度来下料加工。吊杆底端外露螺纹不宜大于螺母的高度。吊杆的吊码用角钢加工，吊杆的末端螺纹丝牙要满足调节风管标高的要求，吊杆的顶部与角钢码焊接固定，吊杆涂防锈底漆和面漆各两遍。

⑦非镀锌的钢件(埋入墙体部分的支架除外)均需除锈后涂刷两道防锈底漆和两道灰色调和面漆。

(5)支吊托架制作好以后，就可以根据风管的布置方位进行安装，风管吊架间距按大边长的不同规格选2000～3000 mm，但不得超过3000 mm。

(6)风管垂直安装时，其支架间距不应大于3000 mm，长度≥1000 mm的单根直风管至少应设置2个固定点。每层楼板面均设置支架，层内按风管规格及部件位置合理布置。

(7)水平悬吊的风管长度超过20m的系统，应设置不少于1个防止风管摆动的固定支架。保温风管的水平管支架设置在保温层外面，并在风管与支架横担之间加垫保温板。

(8)风管安装后，支、吊架受力应均匀，且无明显变形，吊架横担挠度应小于9 mm。

（9）支吊架不应设在风口、阀门、检查门及自控机构的操作部位，与风口的距离不宜小于200 mm。

（10）立管与支架接触的地方垫橡胶垫或木方（浸沥青），橡胶垫厚度与保温层厚度相同。

4.2.2.2 风管连接

1. 风管组对

风管闭合、组装完毕后，将按编号进行排列，风管系统的各部分尺寸和角度确认准确无误后，开始组对。

2. 风管连接

各段连接后在法兰边四周涂上密封胶，连接螺母置于同一侧。法兰接口处为确保严密，法兰间应有垫料：送回风、新风、排风系统为3～5 mm厚无石棉环保垫片，排烟风管为3～5 mm厚阻燃密封环保垫片。普通风管法兰垫片的工作温度不小于70℃；对于排烟风管法兰垫片的工作温度不小于250℃。加垫片在风管上螺栓之后完成，且不得超出法兰外边，然后再拧紧螺栓。普通风管法兰垫片的叠接方式如图4－2－12所示。

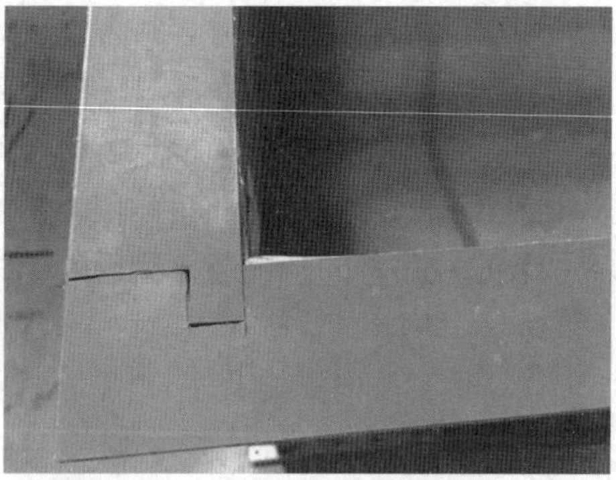

图4－2－12　风管法兰垫片叠接方式

3. 风管加固

风管加固一般采用压筋加固、外框加固和点加固。通过加固，使风管达到相应的刚度要求。风管加固等级及间距分钢板风管和复合风管两种。

（1）钢板风管：当矩形风管大边长≥630 mm，保温风管大边长≥800 mm，风管长度大于1200 mm的风管应采取加固措施。采用角钢框加固，边长1000 mm以内的用30×3角钢，边长>1000 mm的用40×4角钢，铆在钢板外侧。加固框用$d=4\sim5$ mm铆钉连接，间距150～200 mm。风管加固间距：风管大边长为630～800 mm，加固间距为1000～1200 mm；风管大边长≥1000 mm，加固间距为700～1000 mm。

(2)复合风管：风管宜采用直径不小于8 mm的镀锌螺杆做内支撑加固，内支撑件穿管壁处应密封处理。内支撑的横向加固点数和纵向加固间距应符合《通风与空调工程施工规范》的相关规定。风管采用外套角钢法兰或C形插接法兰连接时，法兰处可作为一加固点；风管采用其他连接形式，其边长大于1200 mm时，应在连接后的风管一侧距连接件250 mm内设横向加固。

4.2.2.3 风管吊装

(1)风管安装时，可以在地面上连成一定长度，采用吊装的方法就位，也可以把风管一节一节地放在支架上逐节连接，一般顺序是先主管后支管。

(2)不允许将可拆卸的接口装设在墙或楼板内。

(3)风管系统吊装支架采用膨胀螺栓固定时，必须保证牢固。

(4)各种阀件的安装，应装在便于操作的位置。

(5)为保证今后送风时不吹出尘土，保护装饰品的清洁，在安装完送回风管及新风管的断口部分后应用塑料布密封。

(6)在风管穿过需要封闭的防火、防爆的墙体或楼板时，应设预埋管或防护套管，其钢板厚度不应小于1.6 mm。风管与防护套管之间，应用不燃且对人体无危害的柔性材料封堵，如图4－2－13所示。

图4－2－13　风管穿越楼板防火封堵

图4－2－14　风管安装效果图

(7)风管的连接应平直、不扭曲。明装风管水平安装，水平度的允许偏差为3/1000，总偏差不应大于20 mm。明装风管垂直安装，垂直度的允许偏差为2/1000，总偏差不应大于20 mm。安装风管的位置应正确、无明显偏差，如图4－2－14所示。

(8)各类风阀应安装在便于操作及检修的部位，安装后的手动或电动操作装置应灵活、可靠，阀板关闭应保持严密。防火阀直径或长边尺寸大于等于630 mm时，应设独立支、吊架。

(9)防火阀安装时应顺气流、靠墙安装，且距离墙壁最大距离不应大于200 mm。

4.2.2.4 风管漏风量测试

风管的严密性试验一般采用漏风量试验。

1. 漏风测试装置

漏风试验法是用高心风机向系统风管内鼓风，使风管内静压上升并保持在工作压力上，此时该进风量即等于漏风量。该进风量用风机与风管之间设置的孔板和压差计测量。风管内的静压则由另一台压差计来测量。试验装置可分为正压风管和负压风管式两种，一般采用正压条件下的测试来检验。正压风管的试验装置及风管系统连接的方法如图 4－2－15 所示。

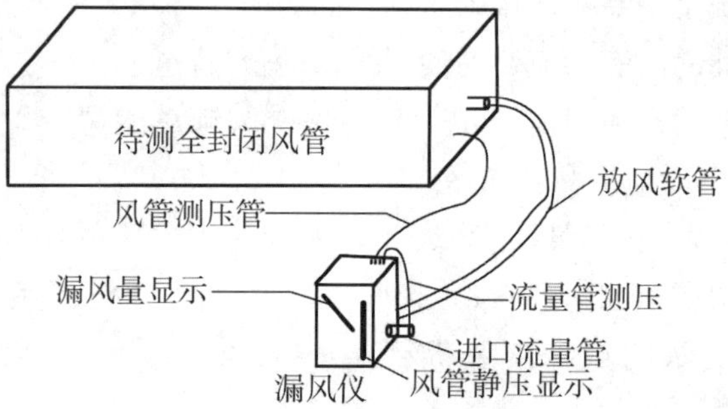

图 4－2－15　正压风管漏风测试装置

2. 漏风量试验的方法

试验前将连接送风的支管取下，并将开口管端用盲板密封。

试验步骤：整个试验过程应做详细记录，其内容包括漏风部位、漏风量、漏风的原因及如何处理等情况。

(1)漏风声音试验：在漏风量测量之前，先用白板和胶带密封管端开口处，将试验装置的软管连接到被试风管上，关闭进风挡板，启动风机，逐步打开进风挡板，直到风管内静压值上升保持在规定压力为止。此时注意听风管所有接缝和孔洞处漏风声音，将每个漏风点做出记号并逐步修补。

(2)漏风量测量试验：在漏风声音试验后，修补和密封漏风声音点，再次启动风机，逐步打开进风挡板，直到风管内静压值上升并保持在规定压力时，读取气流通过孔板产生的压差，即可对漏风量进行计算。

4.2.3 风管外包防火板安装

防排烟风管(含正压送风管、排烟补风管、专用或兼用的排烟风管)及防火阀

2m 范围内的防火等级均应与建筑防火等级一致，一般采用耐火极限不低于 3h 的防火材料包覆，防火材料应采用“岩棉 + 防火板”，整体满足耐火隔热性和耐火完整性的要求。

(1)根据铁皮风管截面尺寸，裁切 U50 型龙骨用抽芯铆钉组合到铁皮风管外侧，并按 1220 mm 间距依次安装，如图 4 - 2 - 16 所示。

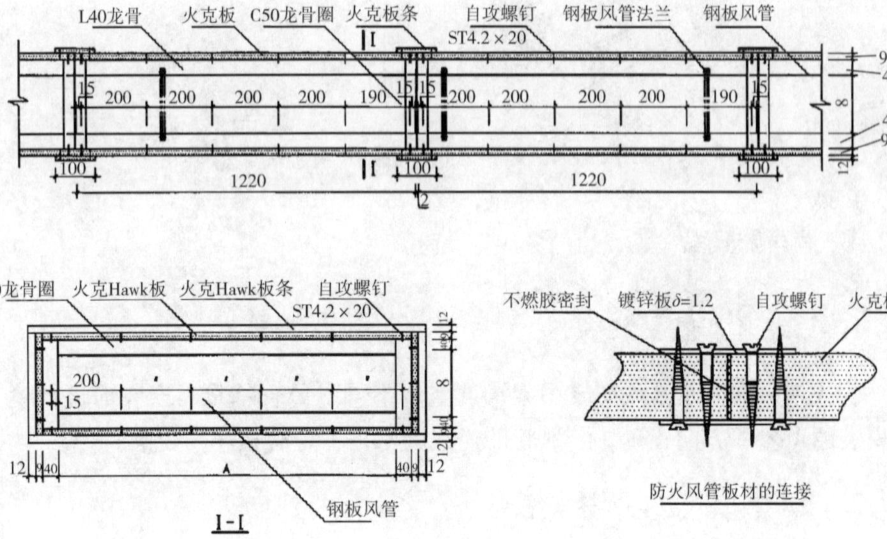

图 4 - 2 - 16　龙骨安装示意图

(2)用 L 形轻钢龙骨连接轻钢龙骨四个转角，形成轻钢龙骨骨架。

(3)根据轻钢龙骨骨架切割防火板。

(4)铺厚度为 50 mm 的岩棉于铁皮风管和轻钢龙骨骨架之间。

(5)用自攻螺钉(间距 200 ～ 250 mm)固定防火板于轻钢龙骨架。

(6)当风管长边尺寸大于 1250 mm 时，应在轻钢龙骨架上增加 U50 型龙骨支撑。

(7)风阀等部件及设备与防火板的风管连接时，应单独设置支吊架；该支吊架不能作为风管的支吊点。风管的支吊点距风口、风阀及自控操作机构的距离不小于 200 mm。防火阀的操作手柄位置必须预留出来。

(8)防火板风管穿过需要封闭的防火、防爆的墙体或楼板时，风管与预留洞口之间采用不燃柔性材料封堵，再采用宽 150 mm 防火板及 L 形龙骨压边收口，如图 4 - 2 - 17 所示。

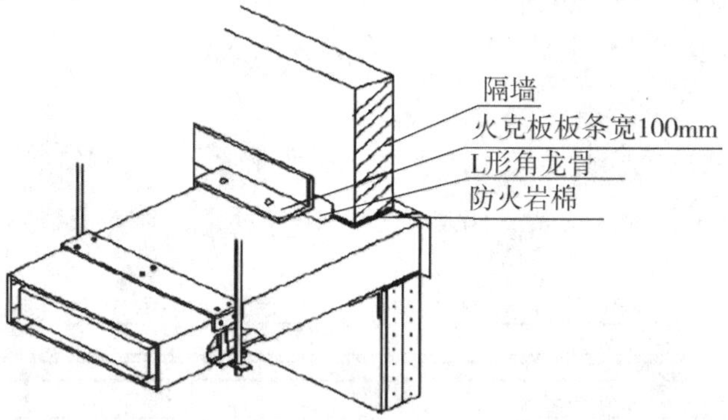

图 4－2－17　风管外包防火板穿墙做法

4.2.4　消声器安装

1. 管式消声器安装

管式消声器应单独设置支吊架，其重量不得由风管承重。安装前进行检查，保证安装的位置、方向正确，与风管的连接严密，不得有损坏与受潮。

2. 金属外壳式消声器安装

安装前检查金属壳体壁板平整度，如有变形需校正。制定工艺，确定其组装顺序为先连接四面壁板，后装入消声片，消声片安装顺序为先安装两侧壁，后由一端开始逐片装入。消声片与金属壳体上下壁板连接处铺设耐热橡胶板，并划线定位保证消声片片距符合要求。

3. 片式消声器安装

1）工艺流程（图 4－2－18）

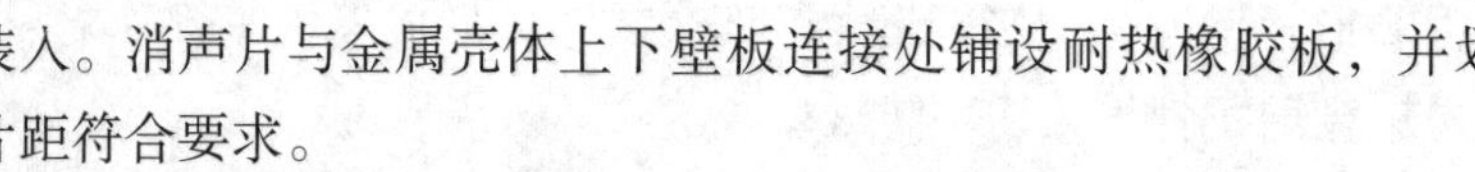

图 4－2－18　工艺流程

2）消声器组装工艺

（1）地铁片式消声器体积大、重量重，因此，采用模块化、模数化散装进场，然后用螺栓或铆钉等紧固件连接组装。

（2）原则上按从下到上、从外到内顺序进行安装，最后安装顶外壳。

（3）整体式消声器与风机前后渐缩、渐扩管法兰连接，法兰现场钻孔，并加密封条，切忌漏风。

(4)安装过程中，尤其要注意避免损伤消声片及外壳，否则会导致消声器使用寿命缩短。

(5)结构片式消声器为保证安装方便，片间距采用 200 mm。消声片与消声片之间采用连接板连接，连接板与消声片之间采用 M10×30 的螺栓连接。消声片与土建墙之间采用直角连接板连接。直角连接板与土建墙之间采用 M10 的膨胀螺栓连接，直角连接板与消声片之间采用 M10×30 的螺栓连接，如图 4-2-19 所示。

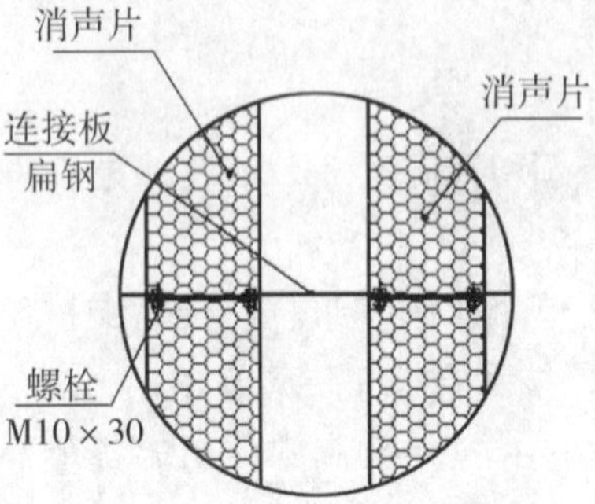

图 4-2-19　消声器节点安装示意图

(6)安装活动消声片时，首先安装活动门下方的万向轮，依据图纸要求。万向轮与活动片之间采用 M5.5×30 自攻钉连接。再用连接板将已打好万向轮的活动门片与两侧固定消声片用螺栓连接，片式消声器安装如 4-2-20 所示。

图 4-2-20　片式消声器安装图

图 4-2-21　消声器顶部封堵做法

(7)消声片与土建墙之间采用镀锌钢板封堵，做法如图 4-2-21 所示。

4.2.5　组合风阀安装

组合风阀的结构主要由单元风阀、底框、传动机构、执行器和电控箱等组成。考虑到设备尺寸较大，现场吊装运输条件有限，一般设备到场为散装部件，到场后再拼接与安装。

1. 工艺流程(图 4－2－22)

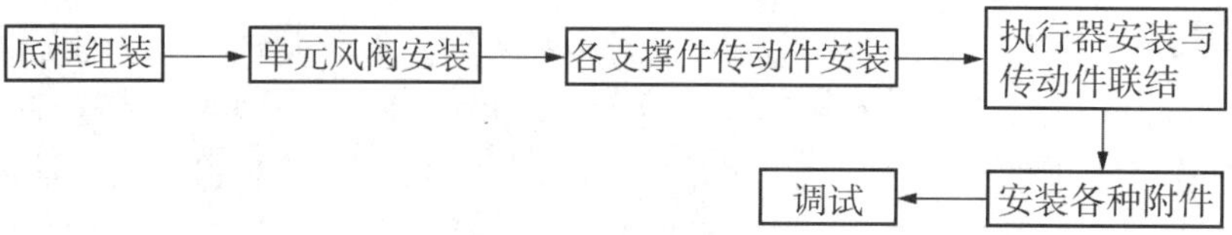

图 4－2－22　工艺流程

2. 安装工艺说明

(1)底框安装：检查预留孔洞尺寸，预埋件是否符合安装要求，按底框排列的顺序逐个固定在孔洞上。

(2)单个风阀安装：单个风阀按组合阀传动支撑位置打孔示意图安装。节点的各部件按节点图的位置、技术要求安装调节好。

(3)传动机构安装调试：按传动图中标出的各个节点的安装位置和拉杆的安装位置，安装好各传动机构件。所有传动机构安装好后，手动调节执行器，使执行转运到关闭位置，再进行各单阀的微调，使各单阀关闭。微调时调节各杆螺纹使各阀关闭到位，组合风阀安装如图 4－2－23 所示。

(4)安装好后，检查有无螺钉松动，并将阀框与洞口墙壁间隙用水泥和石棉绳堵死。

图 4－2－23　组合风阀安装图

3. 组合风阀安装安全注意事项

(1)在搬运组合风阀过程中操作人员应佩戴手套，防止碰撞、割手等受伤情况。

(2)安装卧式组合风阀时应注意临边洞口作业安全，对需要拆除洞口现场安全防护设施和施工现场安全标志的，须由安全员会同技术员商议，并采取相应措施后方可由有关工种进行操作。

(3)吊装立式组合风阀时，所用的索具要牢固，吊装时应加溜绳稳住。

（4）吊装区域四周10m内拉警戒线、挂警戒牌，严禁非操作人员进入警戒线内，操作人员作业时严禁在吊装平台下方作业。

4.2.6 通风与空调设备安装

1. 区间隧道风机安装

（1）基础验收：基础表面无蜂窝，基础标高和平面位置符合设计要求，基础形状和各部位主要尺寸、预留洞的位置和深度符合设计要求；放置垫铁位置的基础表面要平整，混凝土的强度要满足要求。

（2）开箱检查。根据设计图纸核对名称、型号、设备编号、传动方式、旋转方向等内容。

（3）通风机的搬运。首先根据工程实际条件制订有关施工方案，搬运和吊装的绳索不能捆绑在机壳和轴承的吊环上，搬运时不得将叶轮和齿轮轴直接放在地上滚动或移动。

（4）安装前核对基础合格后方可就位，就位后用成对斜垫铁找平，使通风机达到要求的标高和水平度。隧道风机与地面基础间采用减振器隔振，减振器通过固定连接板与基础预埋钢板固定。根据风机载荷点分布，将减振器与风机支承部位连接，然后再安装到预制的基础上。首先在基础预埋钢板上定测好减振器位置，并进行固定连接板位置的划线。采用280×240×20固定连接板与基础预埋钢板焊接固定（固定连接板与减振器相配套），减振器通过专用螺栓与固定连接板连接，再将风机与减振器连接。

（5）整套隧道风机装置主要由风机本体、耐高温软接、进出口安全网、减振器、进出口扩散筒及进出口消声器组成，隧道风机装置安装如图4－2－24所示。风机就位后再安装扩散筒、消声器等其他部件。风机两端扩散筒支架采用角钢焊接，与地面基础相连接，扩散筒应有可拆卸的检修孔。进出口扩散筒与风机本体之间由耐高温软接头连接用抱箍连接，拆卸方便，扩散筒方口处与消声器通过法兰连接。

图4－2－24　隧道风机装置安装图

2. 轴流风机安装

（1）风机安装时，如发现弹簧中心线与水平面不垂直、不同心，一般采用在弹簧盒内的底部加斜垫铁来消除。如偏差过大，不易调整，则应更换合格产品。

(2)减振器应按设计或标准图的要求布置，做到各减振器受力均匀。为避免引起耦合振动，减振器的布置尽量对称于设备的主惯性轴，或布置在设备重心的平面内，以使各减振器受力均匀、变形量相等。如安装在设备下的各减振器变形量不相等时，不移动减振器，以使其变形量相等，使减振器上的设备重心与减振器垂直方向刚度中心重合，轴流风机安装如图4－2－25、图4－2－26所示。

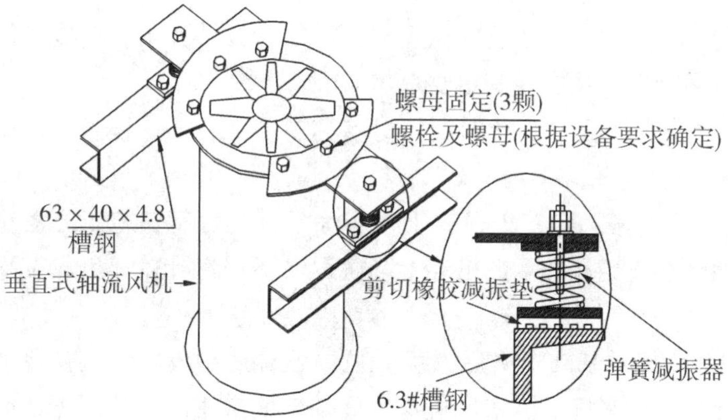

图4－2－25　垂直式轴流风机安装详图

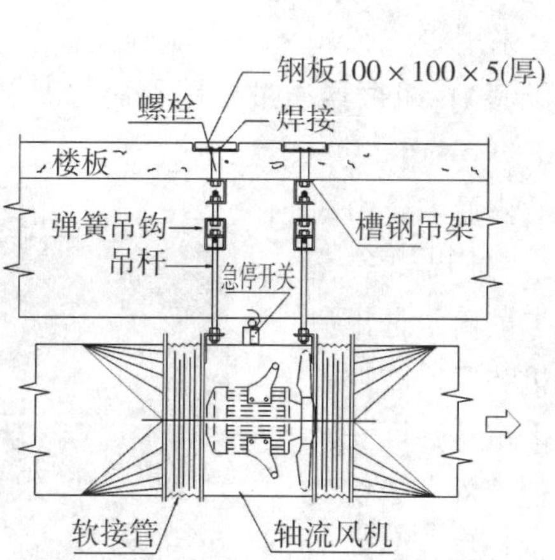

图4－2－26　水平式轴流风机安装详图

(3)风机与风管采用软管连接，长度为150～250 mm。为保证软管在系统运转过程中不扭曲，安装的松紧应适度。对于装在风机吸入端的软管，可安装稍紧些，防止风机运转时被吸入，减少软管的截面尺寸。排烟风机前后均设置硅钛合成高温耐火软接。

(4)未接风管的通风机进出口均应装不锈钢防鼠网，室外通风机进出风口均设不锈钢防护网。

3. 区间射流风机安装

1）开箱检查

根据设计图纸核对名称、型号、设备编号、传动方式、旋转方向等内容。

2）射流风机安装工艺

（1）检查预埋件的数量、位置是否符合设计要求，如无预埋钢板，则采用过渡钢板化学锚栓固定，其预埋件的偏差应不大于通风机安装的允许偏差，即中心线平面位移小于10 mm，标高偏差小于±10 mm。

（2）将风机的连接附件焊接在预埋件上，并加载荷做预埋件的抗拉拔力的实验。拉拔试验值应为实际静载荷的15倍以上。

（3）风机吊装时，风机捆扎点的索具应用软索具，以免损坏设备漆层。转子、轴颈和轴封等处均不应作为捆缚部位。

（4）将射流风机平稳缓慢吊起至支架相当高度，把减振器安装在已固定的支架上，调整风机的位置，安装风机与连接附件之间的螺栓、钢丝绳，并紧固联接螺栓，射流风机安装如图4－2－27、4－2－28所示。

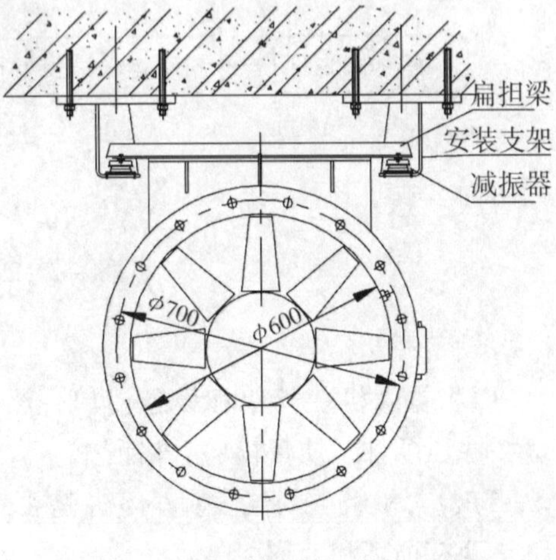

图4－2－27　射流风机安装示意图

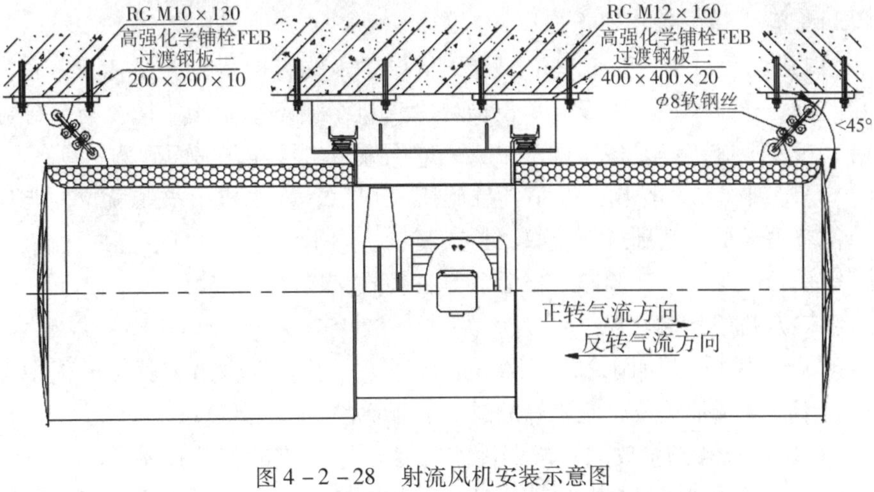

图4－2－28　射流风机安装示意图

3）安装要求

（1）轨行区施工环境复杂，严格按照制定的运输要求，服从专业工程师和工班长的指挥。

(2)运输中，注意保护设备，避免破坏原有的技术要求。

(3)区间施工作业建立严格的作业制度，进入轨行区作业，施工人员身穿荧光服，配备对讲机，联络施工。严格按照作业规定施工，执行请销点制度。

(4)区间使用电动工具时，严格按照电动工具操作规范执行，做好接地，防止漏电伤人。

(5)轨行区内作业，提前做好相关专业接口的联系工作和施工准备工作，设备材料和安装完成后必须满足限界要求，以免造成事故。

4. 制冷机组安装

1)工艺流程(图 4－2－29)

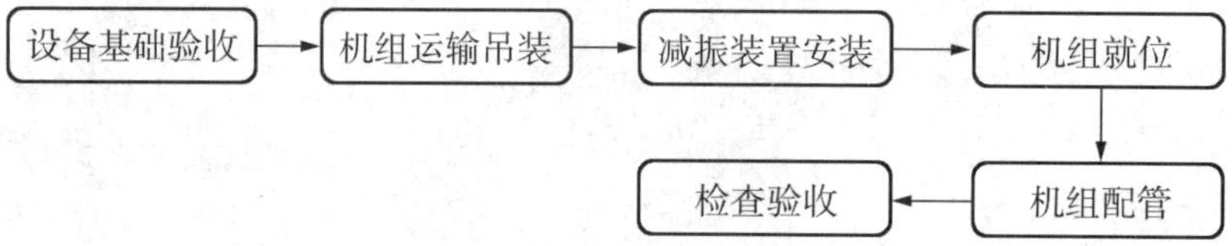

图 4－2－29　工艺流程

2)设备开箱检查

(1)根据随机装箱单和设备清单，逐一核对名称、规格、数量，清点全部随机技术文件、配件、质量检验合格证书。

(2)检查机组上的仪表及小零件是否完好；机组外表有无损坏；机组上的管路、线路是否有损坏和变形。

(3)开箱检查应有建设单位、监理及设备制造商参加，并做好验收和交接记录。

3)配合土建设备基础施工

(1)进场后与相关施工单位配合，从设备采购方取得有关设备技术资料，通过项目监理、建设单位，由设计单位设计冷水机组设备基础施工图。与基础施工单位配合，按专业施工图复核基础定位、完成面高度、尺寸并书面确认。

(2)基础检查、验收：设备基础施工完成后，冷水机组吊装就位前与监理、建设单位有关人员对基础进行验收，检查复核基础平整度、尺寸、完成面高度、定位、强度等是否符合要求，验收合格后双方在验收交接单签字确认。

4)冷水机组运输就位

(1)与相关单位协调，疏通设备运输通道。设备运输吊装就位过程中注意成品保护，不损坏其他单位已施工好的成品、半成品。

(2)机组安装测量放线：按照冷水机组厂家提供的安装技术资料、设计施工图机组安装大样图、国家规范要求，把机组的纵向、横向轴线放样在基础上并标识出机组两端底座的中心线。

(3)吊装机组时设备接触处垫以软木或其它软质材料，以防止钢丝绳擦伤设备表面油漆。将机组搬运到基础旁，然后起吊到基础上方一定的高度，使机组对准基础上事先划好的纵横中心线，再徐徐下落到基础上。机组中心线应与在基础放样的中心线重合，若出现纵横偏差，可用撬棍伸入底座和基础之间空隙处的适当位置，前后左右地拔动设备底座，直至调正为止。

(4)机组水平调整：根据设备的具体外型选定测量基准面，用水准仪测量。按照机组纵向、横向的水平偏差不大于1/1000要求标准，通过调整冷水机组底座下不同厚度平板垫铁的数量、楔形垫铁位置(垫铁不宜超过3块)对冷水机组进行调平。

(5)限位装置安装：机组调平调正后，在机组底座四个角位设置8处限位装置，冷水机组安装如图4-2-30所示。

图4-2-30　冷水机组安装图

5. 空调水泵安装

1)工艺流程(图4-2-31)

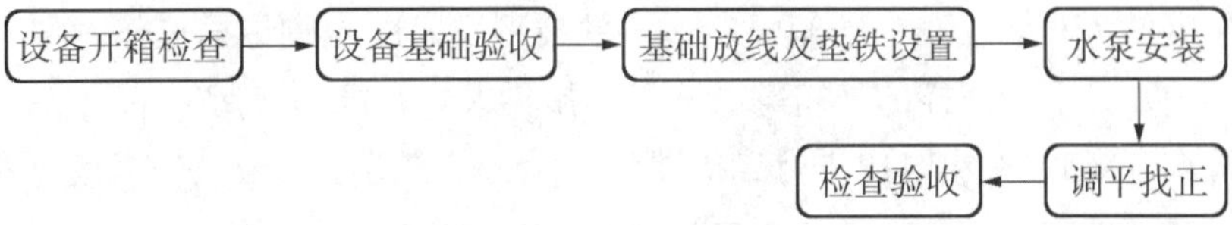

图4-2-31　工艺流程

2)基础验收

设备安装前对基础进行检查验收，具体验收内容包括以下各项：检查中心线、标高点是否准确；对照设备和工艺图检查基础的外形尺寸、标高及相互位置尺寸；按照规范要求检查基础平稳度是否符合要求；基础外观不得有裂纹、蜂窝、空洞、露筋等缺陷。

3）基础放线及垫铁设置

（1）基础验收合格后进行放线工作，划出安装基准线及定位基准线，地脚螺栓的中心线也同时弹出来。在基础平面上，划出垫铁布置位置，放置时按设备技术文件规定摆放。垫铁放置的原则是：负荷集中处，靠近地脚螺栓两侧，或是机座的立筋处。相邻两垫铁组间距离一般规定为500～1000 mm，若设备安装图上有要求，则按设备安装图施工。

（2）整个基础平面要修整铲麻面，预留地脚螺栓孔内的杂物清理干净，以保证灌浆的质量。放置垫铁区域的基础平整度不允许大于2 mm/m，必要时对基础进行打磨直至平整度满足要求为止，垫铁应设置于设备主要受力点下方。检查时放置标准垫铁，用塞尺测四周，检查接触面情况，用水平尺测量水平度。

4）找正找平及灌浆

（1）设备找正找平。按基础上的安装基准线（纵横基准线、标高基准线）对应设备上的基准点进行调整和测量，基准规定如下：①设备支承的底面标高以基础标高基准线为基准；②设备中心位置以基础上的中心线为基准；③立式设备的方位以基础上距离最近的中心划线为基准；④立式设备的垂直度以设备两端部的测点为基准；⑤卧式设备的水平度以设备中心划线为基准。

（2）地脚螺栓光杆部分的油脂、污物及氧化皮要清理干净，螺纹部分要涂油脂。放置时要垂直无歪斜，与孔壁及孔底的间隙要符合规范要求；设备底座套入地脚螺栓要有调整余地，不允许出现底座螺栓孔与地脚螺栓相互不匹配的情况，螺母、垫圈与设备底座间接触良好。找正找平要在同一平面内两个或两个以上的方向上进行，找平要根据要求用垫铁调整精度，不得用松紧地脚螺栓或其他局部加压的方法调整。垫铁的位置及高度、块数均应符合有关规范要求，垫铁表面污物要清理干净，每一组放置整齐平稳、接触良好。最终找正找平后将地角螺栓拧紧，每组垫铁点焊牢固。

（3）找正找平、隐蔽工程检查合格后进行预留孔灌浆工作，用比基础混凝土标号高一级的细石混凝土浇灌，捣固密实，且不影响地脚螺栓和安装精度。强度达到设计强度的75%以上时，方可进行设备的精平及紧固地脚螺栓工作。拧紧螺栓时应对称均匀，并保持螺栓的外露螺纹2～3扣要求。在隐蔽工程检查合格、最终找正找平检查合格后24小时内进行二次灌浆工作。二次灌浆要敷设外模板，模板拆除后表面要抹面处理。一台设备要一次浇灌完。

5）水泵安装

（1）泵体就位后，首先要通过垫铁调整，整体安装的泵以泵轴中心线为基准找正，以进、出口法兰面为基准找平，保证纵向安装水平偏差不大于0.1‰，横向安装水平偏差不大于0.2‰。组合安装的泵的纵、横向安装水平偏差不应大于0.05‰。水泵与电机采用联轴器连接时，联轴器两轴芯的轴向倾斜不应大于0.2‰，径向位移不应大于0.05mm。整体安装的小型管道水泵目测应水平，不应有偏斜。

（2）泵安装后要注意保护，配管时不允许管道与泵法兰接口强制连接，法兰面要采用盲板进行保护，防止杂物进入泵体内。配管管子内部和管端要清除杂物，并清洗干净，配管中要注意保护密封面，以保证连接处的气密性。管道与泵连接均应有各自的支架，以承受重量，连接后要复查泵的找正精度，发现偏差及时纠正，水泵安装如图 4－2－32 所示。

图 4－2－32　水泵安装图

6. 空调处理机组安装

1）工艺流程（图 4－2－33）

图 4－2－33　工艺流程

2）设备开箱检查

（1）根据随机装箱单和设备清单，逐一核对名称、规格、数量，清点全部随机技术文件、配件、质量检验合格证书。除上述证明文件外还应进行外观检查、无严重损伤及锈蚀等缺陷。

（2）打开设备活动面板，用手盘动风机检查有无叶轮与机壳的异常响声、风机减振是否符合要求。

3）空气处理机组安装

（1）机组安装位置正确，目测水平，凝结水排放畅通。

（2）空气处理机组基础平整度须符合要求。

（3）空气处理机组如需安装减振器、减振胶垫，严格按设计要求的减振器型号、数量和位置进行安装、调平找正。

（4）空气处理室安装就位后，做好外部防护措施，防止杂物落入机组内，空气处理机组安装如图 4－2－34 所示。

图 4－2－34　空气处理机组安装图

7. 冷却塔安装

1）工艺流程（图 4－2－35）

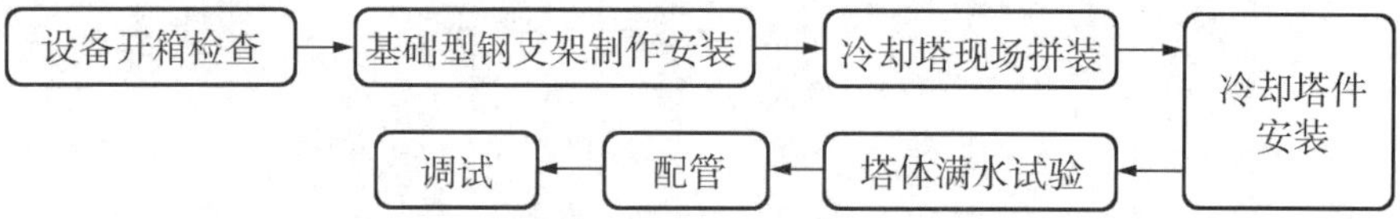

图 4－2－35　工艺流程

2）施工工艺

（1）按照设计施工图要求、厂家提供的技术资料、施工质量验收规范，对冷却塔基础进行检查验收，基础的位置、标高应符合设计要求，允许误差应为 ±20 mm，进风侧距建筑物应大于 1 m。

（2）冷却塔采用现场拼装的方式，塔体支架安装在基础上校正调平，符合要求后与基础预埋件焊牢。

（3）下塔体按编号顺序固定在塔支架上并紧固，再与底座固牢；要求下塔体拼装平整，拼缝处放有胶片或糊制 1 mm 玻璃钢以保证水密封良好。

（4）安装托架及填料支架，并放上点波片，要求双片交叉堆叠，每层表面平整，疏密适中，间距均匀，与塔壁不留空隙。

（5）风机支架安装在风筒上，电机、风机在支架上，风机旋转面应与塔体轴线垂直，叶端与筒壁间隙均匀，紧固件锁紧到位确保无松动，冷却塔风机叶片端部与塔身周边的径向间隙应均匀，可调整角度的叶片角度应一致，并应符合产品技术文件要求。

（6）相邻壳体不漏风，布水管安装面水平，先安装好进水主管再安装各分支配水管，保证进水洁净，严防残渣污垢杂物堵塞管道及布水孔。

（7）冷却塔组装完成后，应进行灌水试验，以检验塔体的密封性能是否符合规范要求。

8. 水处理器安装

(1)根据处理水量、压力、管径等对水处理器进行选型配置交由经设计确认。

(2)电子水处理器应串联在管路中，靠近主要设备(如冷凝器、换热器、冷却塔等)，在循环系统中进入加热部位的水必须流经水处理器，即水处理仪应安装在循环管路上。设备宜安装在水泵出水管道处，尽量避免在吸水管道处安装。

(3)新设备及系统可直接安装水处理器，结垢严重(垢厚≥2.5 mm)的系统，必须在安装水处理仪之前清除积垢以防垢脱落堵塞管道。

(4)常年运行的循环水系统，宜设旁通管道，以便在不停机的情况下检修水处理器。

(5)电子水处理器应安装在室内，如必须在室外安装应加装防雨装置；安装和搬运过程中，避免电控器受力、受潮。

9. 分水器、集水器的制作与安装

(1)分水器和集水器的制作要求和选材。分水器和集水器按照分(集)水器分汽缸05K232标准图集规定制作。选用的管壁和封头板的厚度以及焊缝作法应按耐压要求确定，容量超过0.1 m^3，工作压力超过0.1 MPa时，应由具有资质的厂家进行生产供货。

(2)分、集水器管径的确定原则是使水量通过时的流速控制在0.5～0.8 m/s。

(3)分、集水器按设计大样图或图集规定设置供水、回水、排污、仪器仪表接口。

(4)分水器和集水器的底部应设有排污管接口，分集水器安装如图4-2-36所示。

(5)分集水器与支架或底座接触应紧密，安装应平整牢固。平面位置允许偏差应为15 mm，标高允许偏差应为±5 mm，垂直度允许偏差应为1‰。

图4-2-36　分集水器安装图

10. 膨胀水箱安装

(1)膨胀水箱应安装在水泵的出水端管道上；膨胀水箱支架或底座的尺寸、位置应符合设计要求。水箱与支架或底座接触应紧密，安装应平整牢固。平面位置允许偏差应为15 mm，标高允许偏差应为±5 mm，垂直度允许偏差应为1‰。

(2)膨胀水箱出水管应安装阀门，便于维修。

(3)膨胀水箱与水泵出水止回后的压力管道上，缓冲泵在起、停时的水锤，保护系统管道。

(4)膨胀水箱与水泵之间设有防振软连接。

(5)膨胀水箱的安装位置应便于检修。

11. 定压补水装置安装

(1)定压补水装置基础应平整、高度符合设计要求、位置合理。

(2)安装定压补水装置机组的房间应有良好的通风，且室内温度不低于5 ℃，不高于40 ℃。如需安装在有冻结危险的室外时，应采取防风雨、防冻等措施。

(3)定压补水装置机组与墙面或其他设备之间应留有不小于0.7 m的间距作为检修空间。

(4)定压补水装置采用后置锚栓与基础固定，安装应平整牢固。平面位置允许偏差应为15 mm，标高允许偏差应为±5 mm，垂直度允许偏差应为1‰。

(5)设备调试合格投入运行后可按设定补水参数进行自动补水，运行期间须定期巡检。

4.2.7 空调水系统管道与设备安装

地铁空调水系统管道材质及连接方法：管径≤DN80采用镀锌钢管丝扣连接，管径>DN80采用镀锌钢管或无缝钢管，法兰、沟槽连接或焊接。

1. 工艺流程(图4-2-37)

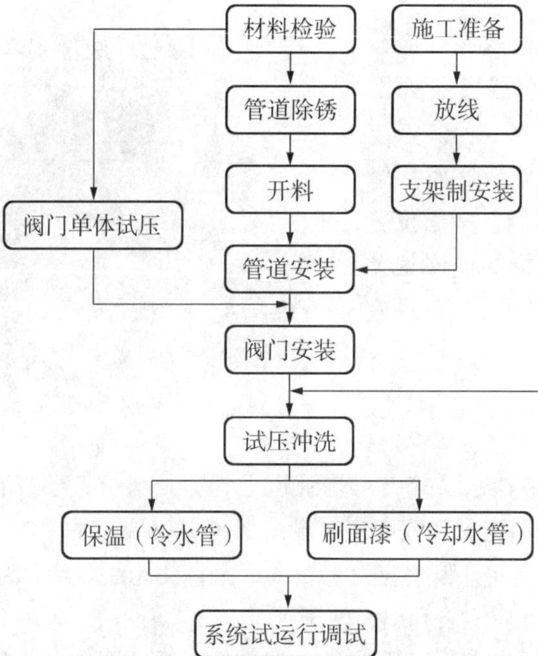

图4-2-37 工艺流程

2. 支架制作及安装

(1)管道支、吊架的间距及形式应满足施工图及相关规范的要求。

(2)管道支、吊架的位置应正确，安装平整牢固，与管道接触应紧密，固定应牢固。

(3)固定在建筑结构上的管道支、吊架，不得影响结构安全。

(4)固定支架设置原则上按设计施工图技术要求或规范要求执行。

(5)管道转弯处的支撑要特别予以重视，自管道转弯的墙角，补偿器拐角各向外量过1m，定位活动支架。

(6)冷冻水管道的支吊架不能与管道直接接触，应加垫木，垫木必须经过沥青防腐，垫木厚度与保温层厚度相同，宽度与支架一致，表面平整。管道与设备连接时必须设支架，管道不能直接作用在设备上。

(7)首先根据图纸确定管道的位置，在墙壁或顶板上标出管道中心线，应严格按图纸标定的位置，并应参照综合管线图中其他专业的管线位置，避免管线交叉打架。支架的安装应位置合理，牢固可靠，间距符合规范及设计要求。

(8)立管或横管的支、吊架间距不应大于表4-2-5中的规定。

表4-2-5 管道支、吊架最大间距表

公称直径	保温/m	不保温/m	公称直径	保温/m	不保温/m
DN15	1.5	2.5	DN65	4	6
DN20	2	3	DN80	4.5	6.5
DN25	2	3.5	DN100	4.5	6.5
DN32	2.5	4	DN125	5	7
DN40	3	4.5	DN150	6	8
DN50	3	5	DN200～DN300	7～7.5	9.5～12

(9)支架型材宜采用机械切割并去除毛刺，不允许采用气焊切割。支架制作完毕后，应除锈并刷两道红丹防锈漆两道中灰色面漆。管道支、吊架的焊接应由合格的持证焊工施焊，并不得有漏焊、欠焊或焊接裂纹等缺陷。支架与管道焊接时，管道侧的咬边量，应不小于管壁厚度的10%。

(10)机房内总、干管的支、吊架，应采用承重防晃管架。当水平支管的管架采用单杆吊架时，在管道起始点、阀门、三通、弯头处及直线长度每隔15m设置固定吊架。

(11)管卡与管道接触紧密，但不得损伤管道表面。金属管卡与管道间采用塑料、橡胶或酚醛等隔垫。

3. 管道安装一般规定

(1)空调水系统管道一般均采用镀锌钢管或无缝钢管，管径≤DN80 mm 时采用螺纹连接，管径 > DN80 mm 时采用卡箍或法兰连接。管道与设备、阀门及软接头等管道附件采用法兰连接。

(2)管道螺纹应规整，如有断丝或缺丝，不得大于螺纹全扣数的 10%。安装螺纹零件时，应按旋紧方向一次装好，不得倒回，不得将填料挤入管内。安装后露出 2 ～ 3 牙螺纹，并清除剩余填料、刷防锈漆。

(3)卡箍连接的管道，使用管道厂家提供的压槽机，严格按照厂家提供的压槽参数，调整好槽口的深度，保证槽口的深度一致；连接时管道两端口应平整无缝隙，沟槽应均匀，卡紧螺栓后管道应平直，卡箍安装方向应一致。

(4)管道安装前要将管子及管件内部的杂物清理干净。安装要横平竖直，出现局部的最高点和最低点时，应在相应的地点分别设置排气阀和泄水阀。

(5)从系统管道干管引出支管时，应从干管底部或侧面接出；有两根以上的支管与干管相连的，连接间距应相互错开。

(6)管道穿过墙或楼板应设钢制套管，套管壁厚为 1.6 mm，管道接口不得置于套管内，钢制套管应与墙面或楼板底面平齐，但应比地面高 20 ～ 50 mm，套管不得作为管道的支承，管道与套管的间隙应用 A 级不燃材料岩棉填充密实，套管两端部采用膨胀型防火密封胶密封。冷凝水管的坡度应符合设计要求，严防倒坡，就近接入地漏或明沟。

4. 阀门及部件安装

(1)阀门、阀件安装前必须进行外观检查，其铭牌标注要符合国家规定，阀门开启灵活，关闭严密，填料密封完好无渗漏，手轮完好无损坏，阀门安装位置、方向、高度应符合设计要求，不得反装，连接紧密、牢固。

(2)橡胶软接头两端的法兰中轴线应在同一直线上，不得强行拉接。冷冻水供回水长直管段每隔 50m 设置波纹补偿器，并设置固定支架，以固定管道位移。水管穿变形缝处设置金属软管。补偿器的安装、固定支架和导向支架设置安装参照《14K206 金属管道补偿设计与选用》。

(3)机房内的阀门安装在成排的设备时，其安装高度、方向要整齐一致，如空调机房、水泵房等处的阀门在安装时要考虑阀门横、竖向的排列；在分、集水器上应把其阀门手轮的中心或阀门下口装在一条水平线上，如图 4 - 2 - 38 所示。

图 4 - 2 - 38　机房阀门及部件安装图

5. 管道试压及冲洗

(1)管道试压前，先对系统进行检查。检查泄水阀、排气阀、支架安装是否到位，检查无误后，再进行系统灌水。根据现场实际情况进行分段试压。当工作压力≤1.0 MPa时，试验压力应为工作压力的1.5倍，最低不应0.6 MPa；当工作压力>1.0 MPa时，应为工作压力加0.5 MPa。

系统最低点压力升至试验压力后，稳压10 min，压力下降不大于0.02 MPa，然后将系统压力将至工作压力，外观检查无渗漏为合格。

(2)站内冷冻水供、回水作为一个环路来进行冲洗，冲洗点选在冷冻水管主管处，灌水点设置在各站环控机房内，冲洗废水排入区间，通过区间废水泵房排出地面。末端设备开启供、回水连通阀，没连通阀的采用连接旁通管以避免管内脏物进入设备。

管网冲洗前准备：

①管道的冲洗应在管道压力试验合格后进行。

②将需要冲洗的管网设备的阀门关闭，用旁通管将设备及管道末端旁通。

③将补水管接入冲洗泵的位置，以便管网的补水，补水管径需与用水量相配套。

④将冲洗水泵所需的电源接入到位。

⑤冲洗泵的选择：根据《工业金属管道工程施工及验收规范》的规定，冲洗时宜采用最大流量，流速不得低于1.5 m/s，故选择冷冻水管的冲洗流速为1.5 m/s。

管网冲洗：

系统注满水后，将水泵运行2小时后再将水放干，打开Y形过滤器，将碎屑清除干净，如此反复多次，直至水质符合规范要求(目测：以排出口的水色和透明度与入水口对比相近，无可见杂物)，管道冲洗合格后，经监理检查验收。

将临时管道拆除，将管道接入其他末端设备。

4.2.8 管道防腐与绝热施工

1. 管道防腐

(1)油漆喷涂前，需对管道表面的污垢、锈层、灰尘等杂物应彻底清除，清理方法一般采用手工除锈和喷砂除锈。

(2)涂漆遍数应按照规范或设计要求，涂漆的方法有手工涂刷和机械喷涂。涂刷底漆要遵守以下要求：

①配制好的涂料要求小于4 h内使用完毕。

②每层漆膜厚度需达到规定要求，并用测厚仪检查。

③涂层表面应平整，颜色一致，无针孔、气泡、流淌、渗色和破损等缺陷。

④为确保前道涂层溶济的充分发挥，后道涂层又能充分遮盖前道涂层的微小气

孔，要求每道涂层的间隔放工时间为24 h，视天气的具体情况而定。

⑤最佳施工温度10℃～25 ℃，相对湿度≤85 ℃。

⑥禁止在潮湿表面进行涂刷作业，如遇大雾、下雨、结露等天气时应停止施工，待表面干燥后方可施工。

⑦作业环境内，严禁吸烟及其他明火作业，避免与其他高温热源接触。

⑧保证作业环境通风良好，确保施工作业人员安全。

⑨管道表面有结露时不得进行涂层施工作业。

2. 风管保温工艺

(1)地下车站设备和管理用房空调送、回风管保温采用A级不燃玻璃棉板保温材料。空调房间内保温层厚度、非空调房间内保温层厚度按设计要求选用。接口采用专用保温胶带粘接，在粘封前应先将接口处的油污或灰尘除净，以免脱落失效。保温板采用保温钉固定，固定钉密度按规范要求进行。

(2)设备用房内主风管顶部和顶板距离较小的，吊装前先将单节风管保温完成，然后再进行吊装固定，风管安装后有足够操作空间的按照先吊装后保温的顺序进行。

(3)保温采用计算放样，手工下料。现场条件变化较大的部位，根据现场实测放样下料，将下好的保温材料运输到风管吊装处(不可折叠)，安装在贴好保温胶钉的风管上。法兰处严格按照规范规定实施，厚度不低于风管保温厚度层的80%，保证中间无空腔的同时保证法兰处保温层强度和厚度。

(4)一般保温钉长度为70 mm，在法兰部位保温钉长度应为120 mm。法兰处保温棉断开，并在法兰部位设置宽度为120 mm的保温棉(端面露出保温棉部分采用白色加筋铝箔粘贴密封好)，120 mm长的保温钉穿过该保温棉。保温材料安装时应采用与贴面颜色配套的专用密封胶带，风管法兰处保温如4－2－39所示。

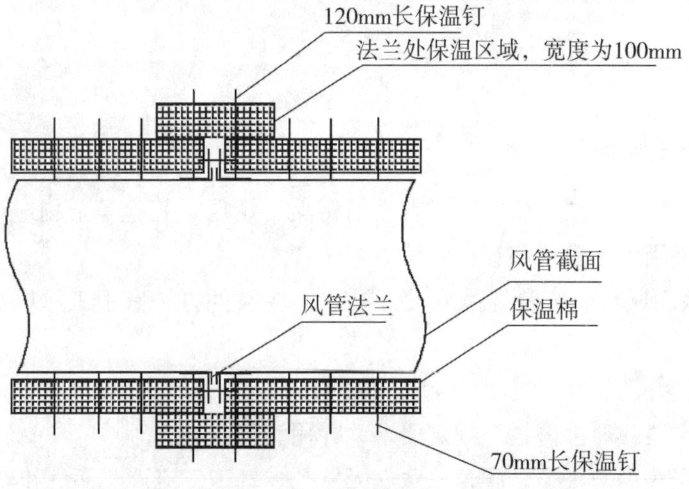

图4－2－39　风管法兰处保温做法

(5)保温前应清除表面油渍，以免保温钉在风管保温棉施工完毕后脱落，无法起到应有的作用。在干燥环境下保温钉粘贴后最少在24h后再上保温棉，在潮湿环境必须48h后方可上保温棉。粘保温钉前先在风管表面画方格线，定位保温胶钉粘接点位，保证保温钉粘贴后横平竖直。

(6)风管穿墙体或者和结构风道连接时套管内用保温棉塞填满，不留空腔，以防冷凝水产生。穿过防火墙的保温风管，先用保温棉填实套管内部，然后用防火胶泥将套管表面抹平，保证防火效果，同时防止冷凝水产生。

(7)保温层应平整密实，厚度均匀，不得有裂缝空隙，风管与保温棉接触面不可有空隙，保温材料纵向接缝不要设在风管和设备底面。

(8)矩形风管保温钉的分布应均匀，其数量在底面不应少于每平方16个，侧面不应少于10个，顶面不应少于8个。首行保温钉至风管或保温棉的距离应小于120 mm。轨行区的保温钉数量增加1倍。保温材料表面防腐防潮贴面不可破坏，以防止玻璃棉使用过程中，湿空气进入产生冷凝水腐蚀保温棉，降低使用寿命，如图4-2-40所示。

(9)保温风管设置于风室或风道内时，保温层外表面采用0.5 mm厚铝板保护。

图4-2-40　风管保温钉布置图

3. 空调水系统管道保温

(1)空调冷冻供、回水管，空调凝结水管，膨胀水箱均采用离心玻璃棉管壳保温。保温材料的强度、密度、导热系数、耐热性能、吸水率及品种、规格均应符合设计要求，并且应根据制造商提供的产品合格证书或分析检验报告，对进场的产品进行检验，检查合格后方可使用。

(2)管道保温工作，应在管道试压验收合格后进行。

(3)在支架处应采用经防腐处理的硬木，其厚度与保温层厚度相同，硬木与水管间的空隙应填实。

(4)安装保温管壳时，核对管壳的规格与需保温的管道规格是否一致，严禁采用与管道规格不相符的管壳进行保温。对较大管径管道及阀门、三通、弯头等复杂形状的管件保温采用板材保温。

(5)管壳纵向切割采用保温管壳专用切割刀，以保证纵向切口平直，保证接缝粘接质量，同时避免刀口伤及管壳内壁。

(6)阀门、过滤器及法兰处保温应能单独拆卸。阀门及法兰采用板材保温，所有接缝处必须涂抹胶水，阀门及法兰保温如图4－2－41所示。

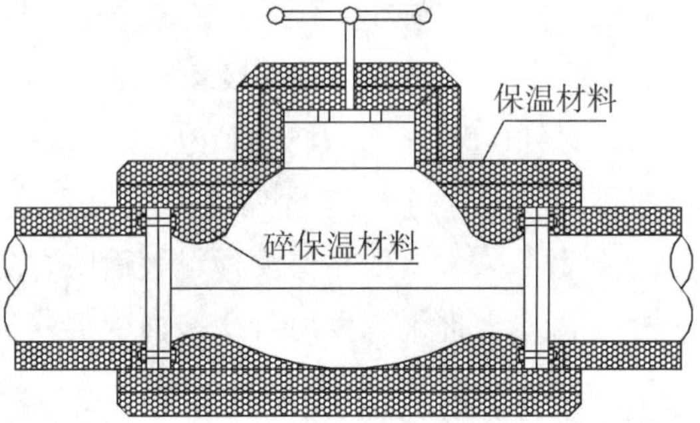

图4－2－41　阀门及法兰保温做法

(7)水管与空调设备的接头处易产生凝结水的部位必须保温良好，严密无缝隙。

(8)保温层搭接：顺水流方向，宽度适宜且均匀、接口平整、固定牢靠、外形美观、纵向缝应错开。

(9)管道保温过程中要注意弯头位保温，一般一个弯头要开7～8块虾节弯，以保证弯头保温密实、美观、平缓。

(10)管道穿墙、穿楼板套管处的绝热，应用柔性不燃材料填充密实，套管两端部采用膨胀型防火密封胶填充密封。

(11)保温后的阀门启闭标记明确，清晰、美观且操作方便。

(12)夏季保温施工，橡塑保温材料不能拉得过紧，以防冬季温度降低时，保温层收缩开胶。

4. 管道保护层安装

(1)冷水机房、空调机房及风道内的冷冻水管保温外一般采用0.5 mm厚铝板保护。保护层必须为易装拆设计以便进行维护工作。铝板材料表面应平整、光滑、厚度均匀，板面不得有划痕、创伤、锈蚀等缺陷。

(2)管道弯头保护壳的加工必须采用虾米弯的施工工艺，如图4－2－42所示。

(3)水平安装的壳体，其横搭接口如图4－2－42所示，以防止水渗入，同时搭接口在中轴线以下。

图 4－2－42　弯头壳体安装图

(4)垂直安装的壳体，其安装顺序为由下向上，以防止水从沟槽渗入。

(5)两壳体连接时，其横搭接口应分别在管道的两侧；如安装条件不允许，其搭接口也应尽可能错开。

4.2.9　系统调试

系统调试是对工程质量进行体验的过程，也是使系统功能正常发挥的调整过程。主要包括：设备单机调试、系统调试、系统综合联调、综合效能测定和调整。

1. 施工准备

1)通风空调系统的准备

(1)通风机试运转前，设备内、风管管道应保持干净、无杂物。

(2)检查通风空调设备的外观和构造有无异常。

(3)检查消声器、检查风量调节阀、防火阀的开关动作是否灵活。

(4)检查和调整送风口和回风口(或排风口)内的风阀、叶片的开度和角度。

(5)检查空调器、风机的安装、接线是否正确，内部杂物是否清理干净。

2)电气控制系统的准备

(1)配电箱及风机等设备接线正确并试验完毕，性能符合规定的要求。

(2)电气设备与元器件的性能应符合技术规定要求并已全部通电，满足空调设备投入运行的条件。

(3)继电保护装置应安装正确。

(4)电气保护和控制系统模拟试验符合要求，绝缘摇测等各类保护值符合要求。

(5)自控系统的敏感元件、调节器以及执行机构等的安装位置准确，动作灵活，其性能达到标准的规定。

(6)各种仪表和配管，配线安装齐全，位置符合要求，灵敏度准确。

3）管道系统的准备

（1）管道压力试验合格。

（2）管道上的阀门的方向和位置安装正确，阀门启闭灵活。

（3）排水管道畅通无阻，管道系统冲洗合格。

2. 单机试运转

地铁通风与空调系统单机试运转主要有：风机、空调机组、风机盘管、多联机系统、阀门、制冷机组、水泵、冷却塔、水处理器、膨胀水箱等。

1）风机试运转

（1）先进行点动，检查风机叶轮与机壳是否有摩擦和不正常的声响，如有异常现象，应查明原因立即消除；确认正常后进行连续运转。

（2）风机叶轮的旋转方向应与机壳上箭头所示方向一致，进出风向与设计一致。

（3）风机启动时，用钳型电流表测量电机的启动电流，待风机正常运转后再测量电机的运转电流。

（4）风机连续试运转时间 2h 后，测定轴承温度：滑动轴承最高温度不得超过 70℃；滚动轴承最高温度不得超过 80℃，做好测试记录。

（5）停机后检查风机是否正常，同时做好数据记录。

（6）风机试运转后，检查风机支架螺栓有无松动现象，如有，应及时拧紧。

2）电动风阀（电动调节阀）调试

（1）检查风阀接线是否正确，摇测电机绝缘是否符合要求。

（2）启动电源，检查风阀是否关闭灵活、严密，关闭、打开状态是否与控制箱上显示一致。

（3）对数据进行分析，做好调试纪录。

3）防火阀（70℃、280℃）调试

（1）检查防火阀安装方向、位置是否正确，熔断器（易熔片）应位于叶片的迎风侧。

（2）手动测试防火阀开关是否灵活。

（3）阀体内清扫干净，外层应无锈蚀、无变形。

（4）利用手拉钢索，操作阀门关闭（开启）若干次，确认叶片无刮壳，关闭严密，开启顺利，微动开关的联锁信号正常。

（5）检查接线是否正常，检测无误后可进行通电测试。进行数据分析，做好调试记录。

4）风机盘管试运转

（1）先进行点动，检查风机盘管风机叶轮与机壳是否有摩擦和不正常的声响，如有异常，查明原因立即消除。

（2）风机盘管及新风机组的进出风方向应与设计方向一致。

(3)启动时，应用钳型电流表测量电动机的启动电流，待风机正常运转后再测量电动机的运转电流。

(4)试运转检查正常后，再进行连续运转，时间不小于2h，同时做好数据记录。

5)水泵试运转

(1)检查水泵和其附属系统的部件应齐全，各紧固连接部位不得松动。

(2)采用专用工具盘动联动轴时应轻便、灵活、无异响，不得有卡、碰现象及异常的振动和声响。

(3)水泵与附属管路系统上的阀门启闭状态要符合调试要求。

(4)启动水泵，用钳形电流表测量电动机的启动电流，待水泵正常运转后，再测量电动机的运转电流，检查其电机运行功率值，应符合设备技术文件的规定。

(5)水泵在连续运行2h后，应用数字温度计测量其轴承的温度，滑动轴承外壳最高温度不得超过70℃，滚动轴承不得超过75℃。

6)制冷机组试运转

制冷机组一般有厂家负责调试，应符合设备技术文件和现行国家标准的有关规定，正常运转不应少于8h。

7)冷却塔试运转

(1)清扫冷却塔内的杂物及尘垢，防止冷却水管路或冷凝器等堵塞。

(2)冷却水管路应清洗完毕。

(3)检查自动补水阀的动作状态是否灵活可靠，冷却塔内补给水、溢水水位应进行校验，同时调整进塔水量，使喷水量和吸水量达到平衡。

(4)确认冷却塔风机转向正确。

(5)冷却塔运转时，应检查风机的运转状态和冷却水循环系统的工作状态，并记录运转中的情况及有关数据(风机的启动电流、运转电流、风机的轴承温度、冷却水进出口水温、喷水吸水平衡)，如无异常状态，应连续运转2h以上。

3. 系统设计负荷试运转的测试

1)系统设计负荷联合试运转的条件要求

系统设计负荷联合试运转应在达到或接近设计负荷的条件下进行。

2)系统设计负荷联合试运转的测试项目

①室外新风的干、湿球温度；

②送风干、湿球温度；

③回风干、湿球温度；

④混合风干、湿球温度；

⑤室内各控制点干、湿球温度；

⑥室内正压值；

⑦冷媒送、回水温度、流量；

⑧室内气流组织的测定、调整；

⑨送风量的测定；

⑩室内噪声测定；

⑪自动调节系统的参数整定和联合调试；

⑫编制系统测试记录和联调记录。

3）操作流程

（1）检查送风、回/排风管路上所有风口、风阀、防火阀是否已全部打开，并将其调整到最大开度。

（2）逐台启动送风机、空调器、回/排风机，并检查其启动、运行状态是否正常，应达到设备技术文件的规定。

（3）逐个系统检查每个风口风量，进行风量的测定和调整。

（4）测定、调整通风系统各参数。

（5）系统风量测定与调整，干管和支管的风量可用皮托管、微压计仪器进行测试。对送（回）风系统调整常用"流量等比分配法"或"基准风口调整法"等，从系统最远最不利的环路开始，逐步向最近有利的环路调整。

（6）风口风量测试可用热电风速仪、叶轮风速仪或转杯风速仪，用定点法扩匀速移动法撤出平均风速，计算出风量。

（7）系统风量调整平衡后，应达到：风口的风量、新风量、排风量、回风量的实测值与设计风量的允许偏差应为 -5%～10%。新风量与回风量之和应近似等于总的送风量，或各个送风量之和。总的送风量应略大于回风量与排风量之和。

（8）先启动冷冻水泵，然后启动冷却塔。检查设备运行是否正常，水压、水温、流量是否达到设计要求，通过设备监控反馈信号调节冷水机进出口电动阀门的开启度调节水压及流量，通过水温反馈信号自动调整水温。检查压力传感器、温度传感器工作是否正常，反馈信号是否准确，连锁动作是否与要求相符。

（9）冷却水循环正常并达到设计要求后，启动冷冻水泵，检查水压及流量并通过反馈信号调节冷水机组进出口电动蝶阀的开启度，使水压及流量正常。然后启动水冷机组，运行平稳并达到设备技术文件要求的时间后，检测冷冻水的水温是否达到设计要求。此时的进水温度应为约 12℃、出水温度约为 7℃，温差应保证 5℃以内，并且组合式空调器、柜式空调器、盘管等都投入负荷运行。冷冻水温的控制和调节通过机组的运行状态自动调节。

4. 车站设备联调前应具备的条件

（1）车站联动调试必须在各系统单元件、分部、分系统单体试验正常后进行，并由 BAS、FAS 专业主责实施。

（2）电气装置的校验调试已符合设计部门对电网和回路的各种参数和保护特性的要求，控制回路及继电保护装置，系统整组试验符合设计要求实际整定值，有关元件完整无损，所有测量表计检验合格。

(3)配电装置、照明回路、电缆母线槽绝缘试验合格，各电机已检查并以受电运行。

(4)各柜盘、电源箱、控制二次回路已作模拟动作试验，受电试运行正常。

(5)事故照明电源成套设备的受电调试，包括正常供电、充电(均充电、浮充电)停电、来电自动切换投入等已进行模拟调试。

(6)各种防火阀、电动蝶阀、电动风量调节阀已调试完毕，校验及通电试运已正常。

(7)冷冻循环系统水泵、空气处理机组及风机盘管等设备单机运转正常。

(8)消防水泵、潜污泵、主废水泵单体设备试运转正常。

(9)消防自动报警系统，气体灭火系统已单系统调试正常。

(10)车站电力监控设备安装完毕，各类元器件调试正常。

(11)系统无负荷联合试运转：竣工验收阶段季节气温满足带负荷的运行条件时，空调系统应做带冷源的联合试运转。

(12)系统设计负荷联合试运转应在地下铁道试运期间达到或接近设计负荷的条件下进行。

4.2.10 通风空调工程常见问题及解决办法

1. 质量通病及措施

(1)各类风机风阀检修空间不足。

在地铁施工的狭小区域里，所需要安装的设备种类非常多，往往在设备区走廊地带，各类管线错综复杂，设备安装空间狭窄。在通风专业中各类风机风阀的检修空间往往不够，运营维护人员难以在狭小的检修空间里动手操作，给运营检修带来诸多不便。

应对措施：在施工准备时期内，技术人员仔细审核图纸，检查管线密集区域的各类风机及风阀的检修空间，当遇到检修空间不足的问题时，及时与设计沟通，请求设计做变更。在技术交底及施工交底中，加入各类风机风阀检修空间的要求，并在施工图纸上检修空间的大小、方式等。

(2)空调箱的过滤网无法抽出。

通风空调专业中，环控机房内的管线都是比较复杂和紧凑的，其中有各类风机、各类空调箱以及空调水系统的各种设备。其中空调箱内都有过滤网，目的是净化外来空气。

应对措施：在空调水系统安装之前，要充分考虑空调箱过滤网抽出的空间。严禁在空调箱检修口前横向安装空调水管，可以高于或低于空调箱检修口安装。在空调水系统施工过程中，对此类问题做一个专项检查，防止有此类情况发生。施工单位将此项内容作为施工交底的一项，提早告知作业人员，以免返工造成不必要的损失。

(3)风管保温层容易脱落。

通风空调风管中为了防止风管外表面结露，保证空调风的温度，风管外面一般都设置保温层。保温层一般采用绝热性能较好的离心玻璃丝棉板作为主要绝热材料。但是因为玻璃丝棉板的柔韧性差，容易与风管底部连接的保温钉分离，造成保温层的脱落。

应对措施：选取高性能金属粘合剂，在粘贴保温钉之前，把风管擦拭干净，防止灰尘影响保温钉和风管的粘合强度。在规范基础上再增加保温钉的密度，然后开始安装玻璃丝棉板。玻璃丝绵板粘贴安装完毕，用铝箔胶带把保温板连接处缝隙缠绕三层，并控制好力度，既不要把玻璃丝绵板压扁，还要保证铝箔胶带的紧绷程度。然后，在保温层外部包覆0.5 mm 的铝板，把风管丝绵缠绕一圈。最后用铆钉把连接处铆合结实。这种做法可大大提高保温钉的防脱落性能，即使保温钉有脱落，保温层也不会随之脱落。

(4)风管吊丝长短不齐，风管内有灰尘。

每个房间内风管吊丝参差不齐，尤其是没有吊顶的房间，影响了整个通风系统的观感质量。风管盲端没有做封闭，风管内有许多灰尘，风机试机时，房间内灰尘都从风口处飞出，影响车站的卫生和通风系统的观感。

应对措施：加强施工人员的管理，在技术交底中明确提出风管吊丝不能长于横担的下边缘，在现场检查过程中，专项列出影响观感质量的情况，严格控制吊丝长度。在施工过程中，在系统形成之前，风管安装完毕，要把连接风管产生的盲端用塑料布包裹严实，把风口用透明塑料布密封起来，严格控制站内空气中的粉尘含量。

(5)风管系统采用组合式法兰连接时不严密，且安装后不按规定做漏风试验。

风管不按规定做漏风试验检查，如风管安装连接不严密，会造成整个系统风量损失过大，无法满足风量要求，使整个系统和项目工程达不到使用要求，会增加不必要的返工和浪费。风管漏风试验不合格主要是风管法兰垫片材质选用不符合规范要求，法兰垫片厚度不够，影响弹性及紧固程度；咬口缝和法兰插条接缝处及孔洞缝隙处未用密封胶封严。

应对措施：风管安装后应按规范要求进行漏风量试验，针对不同漏风部位采取不同措施，法兰垫片必须选用不透气、弹性好、不易老化的材料，厚度3～5 mm，宽度不小于10 mm；风管咬口缝、法兰插条接缝处及孔洞缝隙处采用密封胶封严，且不得漏风。

(6)空调机组冷凝水管未按要求设置水封。空调机组冷凝水管未按照要求设置水封，积水盘内负压会导致冷凝水无法正常排出，夏季温热潮湿，冷凝水过多，会积聚箱体内造成局部渗漏。

应对措施：按规定要求设置水封，且水封高度大于风压，便于凝结水排放，同时避免机房内脏空气进入机组内。

(7)针对顶部预留空间狭窄，防火板包覆的风管距离近，防火板顶部无法安装固定。

对于局部空间狭窄，如机房、走廊灯管线密集的部位，多层风管或管线安装完后无其他操作空间，防火板无法安装固定。

应对措施：在吊装风管时，提前在地面把防火板的龙骨架和岩棉包覆在风管表面，防火板用自攻螺钉固定在龙骨架上，风管和防火板整体吊装上去。连接处用 100 mm 的防火板条加固固定。

2. 常见施工问题及解决方法

1)镀锌钢板采购及施工工艺

镀锌钢板作为常用通风管道的材质选择，由于其良好的防腐性能而适用于地铁工程中的潮湿环境，国内地铁一般送排风系统及空调风系统的管道材质采用镀锌薄钢板，厚度采用通风与空调施工质量验收规范(GB 50243—2016)中规定；排烟风管材质一般选择 1.5 mm 或者 2.0 mm 的冷轧钢板作。镀锌钢板在地下铁道工程施工及验收规范第 18.2.3 条，采用镀锌钢板厚度 1.2 mm 及以下时，镀锌层质量为 235 ～ 385 g/m^2，根据锌的密度 7.14 g/cm^3，换算得出锌层厚度为 32.9 ～ 53.92 μm。施工单位在物资选择时需注意以下几点：①根据物质厂家提供的产品质量证明书上的相关数据，选择所用镀锌钢板；②市场上往往存在小钢厂采用伪造产品质量证明书销售层次不齐产品的情况，在物资到货时务必采用测厚仪对其镀锌层厚度进行实测实量，确保锌层厚度达到要求。

某地铁通风与空调采用如下施工工艺，此做法不妥。通风与空调施工蓝图设计说明中要求：风管材料采用镀锌钢板，符合 GB 50243—2016 的有关规定；薄钢板风管外表面涂防锈漆两遍，防锈漆面采用带油带水带锈防腐底漆。理由如下：①镀锌层本身具有很好的防腐效果，在镀锌板运输加工时，对镀锌层局部有划伤、破损的情况，采用环氧树脂漆进行补强，再次涂刷防锈底漆无必要，而且增加造价成本。②带水、带锈、带油防锈底漆适用于外表面有水、锈、油的钢结构工程，用于镀锌钢板很显然不合适。

2)风口短管与风管主干管连接方式

地铁通风空调施工过程中，施工单位风管安装过程中，风口短管与主/支风管连接方式采用四角开口折边，用铆钉连接的方式与主/支管连接，而不采用联合咬口的安装方式。采用铆钉连接的方式不能很好地解决漏风问题，并且在开孔时，施工质量控制不严格，风口短管与开孔大小不一致，导致局部阻力增大，影响正常的通风工艺。施工单位在施工过程中，宜采用较为先进的工艺，严格控制施工质量，在保证施工工艺的前提下，提高工作效率。

3）站台两端（面向轨行区）设备区走廊上端管道保温

因站台两端设备区走廊与轨行区未隔离，在车辆行驶过程中，会产生较大的活塞风，对走廊上端的管道保温会产生损坏，长时间会造成保温棉脱落，因此需要在保温管壳或离心玻璃棉板的外面增加 1.5 mm 铝皮保护壳或防火板。施工时特别注意要预留阀门检修口，确保后期运营检修方便。

4）双面彩钢复合风管道系统中风阀单独保温

城市轨道交通施工中，大系统送风管道大多数设计采用双面彩钢复合风管，因管道自带保温，不需要再对管道单独进行保温，在保温施工过程中，容易将此系统管道中的风阀保温遗漏，导致风阀表面冷凝水较多，固定配件生锈。

5）风管穿墙套管位置偏斜，管道不能居中放置

所有的管道穿过墙体都必须设置套管，风管穿墙套管一般采用 2 mm 厚的碳素钢板加工制作，为了使管道居中放置，一般可以先吊装风管，将套管穿到管道上，在圈梁以上砌体施工时随墙体同时砌筑，确保位置居中美观。

6）空调水系统管道未正确使用大小头

空调水泵水平吸入管变径应采用顶平偏心变径，压出管应采用底平偏心或同心变径，避免气堵、气蚀并影响水流量。顺水方向水平管大变小应采用顶平偏心变径，水平管小变大采用底平偏心或同心变径。

7）防火阀两侧各 2m 范围内风管外包防火板长度不足

普遍存在防火阀处防火板不足，一是施工交底不透彻，防火阀两侧各 2m 范围误以为距墙 2m；二是在环控机房、设备区走廊处，各类管线错综复杂，变径、三通、多层风管等这些部位的防火阀两侧防火板安装距离不足 2m。这些问题往往影响消防验收，应及时和设计沟通，按照消防验收要求施工，加强施工交底，多层风管施工时外包防火板应从上往下与风管同步分层进行。

8）风口的安装位置

公共区所有风口的开孔位置按照装修排版图施工，确保送风口不开到设备的正上方，所有的风口确保不与灯具及其它管线“打架”；所有机房内的送风口不可以安装到电气设备的正上方，防止冷凝水损坏设备。

9）施工过程中注意成品及半成品保护

（1）风管材料要放在宽敞干燥的隔潮木头垫架上，叠放整齐，半成品风管应按系统编号分别码放在平整处，搬运装卸时应轻拿轻放。

（2）在未安装完的风管开口处，应封闭，以防杂物进入。刷油漆和涂料时，对风管用塑料布遮盖保护，防止污染风管，尤其不得污染螺栓的螺纹，以免影响拆卸。

（3）多叶调节阀注意调整连杆的保护，保持螺母在拧紧状态。交叉作业较多的场所，严禁以安装完的风管作为支、吊架。风机在吊装时，吊点设在底座框架上，不能将绳索捆绑在机壳和轴承盖的吊环上，如吊绳与风机有接触，应在棱角处垫放橡胶板等柔软材料。风机在未接管时，进出口用盖板盖住。

（4）堆放保温材料的场地要采取可靠的防水措施，管道试压时防止漏水浸泡保温；对已保温好的管道做一定的防护处理以防保温棉损坏，风管上严禁人走动。大型落地式设备安装完成后对设备区增加临时门或周围采用落地架杆围护措施；对于易拆卸的仪表备品备件采取收库的方法。

（5）对安装好的制冷机组、各种水泵等设备用薄膜塑料盖住，以防止其他作业对设备的污染。进出口在配管前一定要堵好，防止异物进入，地脚螺栓上的油污清理干净，螺纹部分应少涂油脂。

（6）风管组装后不得受力、受压，防止其粘合密封处开裂。成品、半成品材料应做好标识，做好材料进场后的成品保护；风管安装后应有明显提示标志：不许人员攀登、碰撞。

4.3 通风空调工程施工典型施工方法

（1）两端排热风道卧式风阀需加底座，采用8号槽钢加工制作；TVF风机天圆地方使用2.5 mm镀锌钢板制作，预留600×600 mm检修口，如图4－3－1所示。

图4－3－1 天圆地方安装图

图4－3－2 片式消声器顶部封堵做法

（2）风道片式消声器周边缝隙>200 mm时需进行封堵，采用2.0 mm镀锌钢板封堵，固定件及龙骨采用50×5角钢，封堵后形成封堵空腔，如图4－3－2所示。

（3）通风空调机房内2.5m以下风管离心玻璃棉保温层外增加0.5 mm镀锌铁皮保护壳，有效防止碰撞引起保温棉破损。

（4）空调机组底座槽钢与混凝土基础之间需用膨胀螺栓固定，每台机组膨胀螺栓不少于12个；所有固定设备明露的螺栓头外需安装不锈钢保护壳，如图4－3－3所示。

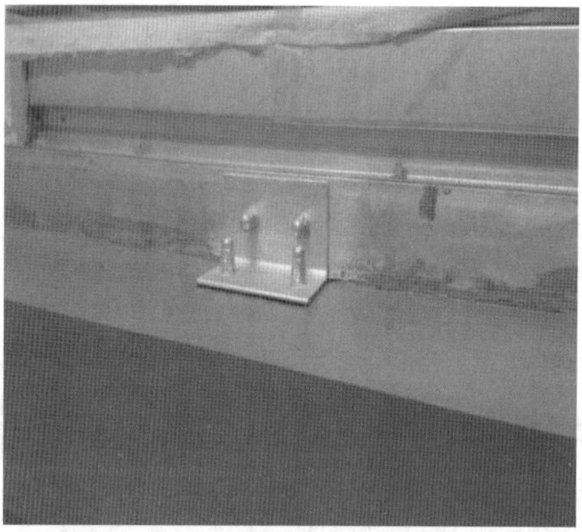

图 4－3－3　空调机组底座固定做法

(5)风管防火垫木厚度≥40 mm，宽度与横担宽度一致，端头必须进行防腐防火处理，垫木需拉通垫，支吊架采用双螺母。

(6)所有风管吊装前需与保温队伍协，吊装后空间不够的需提前做好保温，遵循先保温、后吊装的原则。粘保温钉前先弹线，采用梅花桩方式，保证保温钉粘贴后横平竖直。小系统风管大边长≤500 mm，法兰处直接拉通包，不需要单独保温，小系统风管大边长 >500 mm 的保温做法如图 4－3－4 所示。

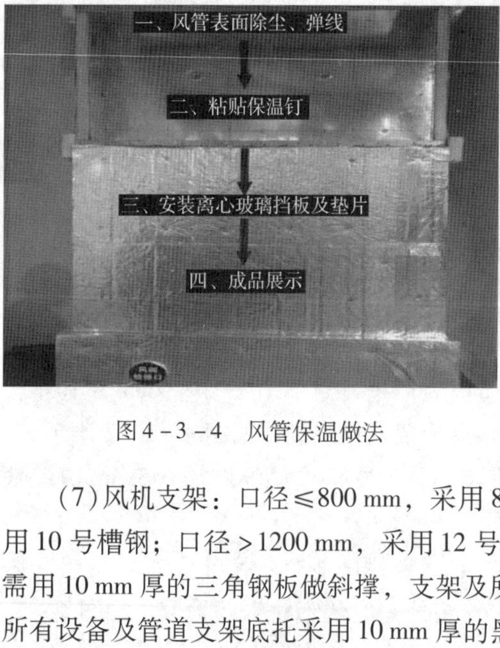

图 4－3－4　风管保温做法

图 4－3－5　风机支架安装图

(7)风机支架：口径≤800 mm，采用 8 号槽钢；口径在 800 mm ～ 1200 mm，采用 10 号槽钢；口径 >1200 mm，采用 12 号槽钢。所有风机支吊架采用龙门式，两侧需用 10 mm 厚的三角钢板做斜撑，支架及所有焊缝处须做好防锈防腐处理。机房内所有设备及管道支架底托采用 10 mm 厚的黑钢板，风机支架底角加装肋板，增加支架负荷，如图 4－3－5 所示。

(8)所有风管与风口下挂连接处及三通处的风管外贴镀锌铁皮时，90°拐弯处应有弧度，做成 45°斜角。所有风阀必须单独保温，在风阀检修口处的保温做成活页，并在铝箔层外粘贴检修口明显标识，如图4－3－6所示。

图4－3－6 风阀检修口做法

(9)镀锌钢板风管大边长≥630 mm时，可采用丝杆或角钢进行加固。风管大边长≤1200 mm时，采用10号镀锌丝杆或30×3角钢；风管大边长>1200 mm时，采用12号镀锌丝杆或40×4角钢。

(10)所有风管吊装完成后，末端需用彩条布进行封堵，防止灰尘进入污染管道，堵头处需平整美观。

(11)公共区风管采用黑色离心玻璃棉进行保温，水管采用黑色离心玻璃棉管壳，保证与装修颜色保持一致，外贴标识。

(12)所有设备固定不能直接在基础上打膨胀螺栓，做基础时采用PVC管进行预埋，待混凝土凝固之前将其取出，后再采用螺栓固定，表面用水泥抹平。

(13)吊装的管道风机、单体空调器及消声器。宜在预埋钢板上焊接吊杆。如采用膨胀螺栓固定时，每根吊杆顶端应设型钢，并用两个膨胀螺栓固定型。

(14)穿墙水管套管与水管同心设置安装，外侧安装装饰胶圈，并用防火泥进行封堵，较美观，如图4－3－7所示。

图4－3－7 水管穿墙防火封堵做法

图4－3－8 风管法兰垫片做法

(15)风管与风管法兰间的垫片不应含有石棉及其他有害成分，排烟风管法兰垫片的工作温度不小于280℃，风管法兰垫片采用楔形倒角，防止漏风，如图4－3－8所示。

(16)风管穿楼板周边封堵，基础边收口，外边粘贴反光带，并采用灰泥抹平，美观实用，如图4－3－9所示。

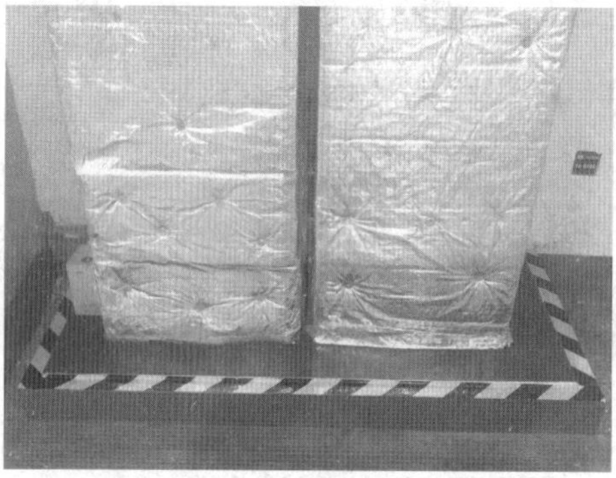

图4－3－9　风管穿楼板防火封堵做法

图4－3－10　角钢法兰软接做法

(17)风管或风机软接采用角钢法兰软接，先采用法兰与软接固定组件，再进行风管与风机安装，连接严密可靠，安装后无扭曲现象，确保整体美观，如图4－3－10所示。

(18)冷水机组安装固定完毕后，四边采用型钢作限位装置，如图4－3－11所示。

图4－3－11　冷水机组限位做法

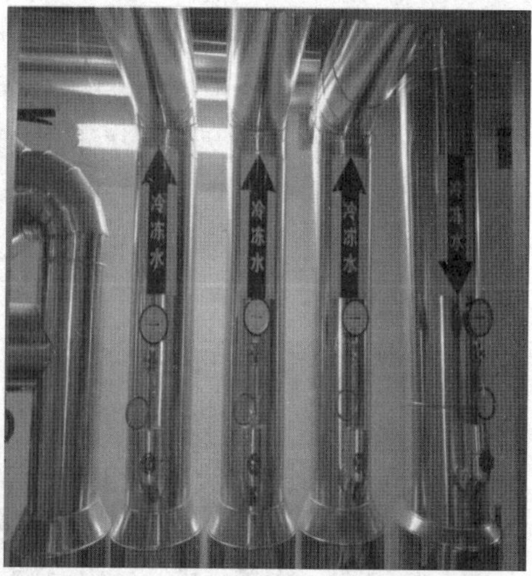

图4－3－12　机房水管铝板保护层做法

(19)空调水管保温层外采用0.5 mm铝板保护层，采用粘贴标识，整体美观，如图4－3－12所示。

(20)外包防火板风管穿越防火墙时采用宽150 mm的防火板进行四边收口，采用L形龙骨压边，如图4－3－13所示。

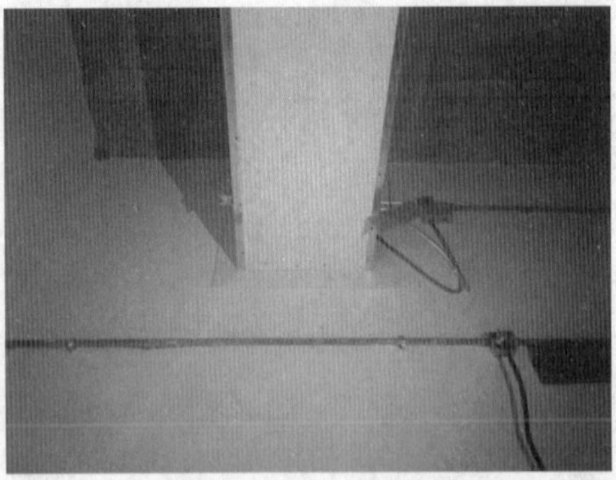

图4－3－13　外包防火板风管穿墙封堵做法

图4－3－14　预埋套管做法

(21)设备区过墙管道采用BIM技术进行精准定位预埋套管，减少后期人工开孔，如图4－3－14所示。

5 给排水及消防系统

5.1 系统概述及组成

5.1.1 给排水及消防系统概述

城市轨道交通(俗称“地铁”)给排水系统主要由车站给排水系统和消防给水系统组成。给水系统包括车站室内给水系统、室外给水系统，管网系统在车站成枝状网布设；排水系统包括卫生间排放的粪便污水系统、车站渗漏等的废水系统和风亭、出入口的雨水系统；消防给水系统包含消防栓系统和水喷淋给水系统。地下区间主要由消火栓给水和区间及旁道废水排水系统组成，包括消火栓给水系统、区间及旁通道废水排水系统。

5.1.2 给排水及消防系统组成

给排水系统及消防系统主要由给水系统、排水系统和消防水系统组成。

1. 给水系统

给水系统包括车站室内给水系统、室外给水系统，管网系统在车站成枝状网布设。给水系统的工程内容主要包括：管道安装、阀门及配件安装、卫生器具给水配件安装、管道水压试验、通水试验、管道消毒冲洗、系统调试等。

2. 排水系统

排水系统包括室内排水系统、室外排水系统，根据管道是否承压还可分为重力排水系统和压力排水系统。

地下车站的排水分污水和废水系统。废水系统主要组成分为①主废水泵房：车站主要的废水泵房设置在车站两端的最低处，通常位于端头井处。个别较大的车站中，在两端分别设置废水泵房。废水泵房内设置二台潜水泵，平时一用一备，消防时同时使用。②局部集水井排水：在车站局部低洼的地方，如自动扶梯基坑旁、敞口式风道等，通常设置一座废水集水井，井内设置二台小泵，一用一备，以排局部地方的积水。③废水汇集：车站内的废水在站厅层主要通过站厅两侧地漏及各出入口伸缩缝横截沟内地漏收集后，汇流至轨道两侧明沟。各类废水通过废水泵的提升，排至地面压力释放井。

污水系统主要组成分为①污水泵房：泵房内设置一套污水提升装置，用于收集及提升污水至地面压力释放井。②污水汇集：厕所污水通过重力流管道直接排至污水提升装置储水罐中，冷却塔污水一般直接排入污水井内。

排水系统的工程内容主要包括有：管道安装、阀门及配件安装、水泵设备安装、卫生器具及排水管道安装、管道水压试验、通球试验、满水试验、管道冲洗、设备及系统调试等。

3. 消防水系统

消防水系统包括消火栓系统、水喷淋系统。消火栓系统从消防泵房或车站两端各引入一根给水管在站厅层、站台层及相邻区间连通，管网系统成环状网布设。消防水系统的工程内容主要包括：管道安装、阀门及配件安装、消防泵及稳压设备安装、消防器材安装、室外水泵接合器及室外消火栓安装、管道冲洗、管道水压试验、系统及设备调试。

5.2 施工方法

5.2.1 给水系统

城市轨道交通给水系统一般包括车站卫生间、茶水间、车站冲洗等生活用水、空调水系统补水及消火栓的总进水等。

1. 施工工艺流程

给水系统施工工艺流程，如图 5 –2 –1 所示。

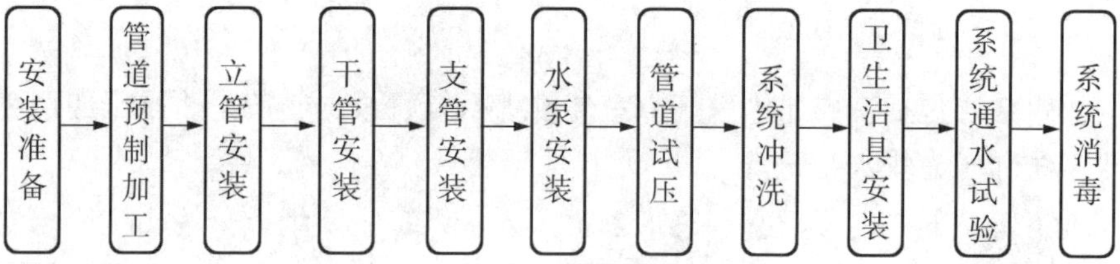

图 5 –2 –1　给水系统施工工艺流程图

安装准备主要包括以下内容。

(1)技术准备。施工图纸及其他技术文件齐全，经过图纸会审，且已进行图纸技术交底，满足施工要求根据施工图结合现场实际情况，与其他专业平衡管线走向；根据深化图纸及施工技术要求编制施工方案保证施工科学、合理进行。

(2)材料准备。所使用管道、管道配件、管件、镀锌型钢等材料应具有产品合格证明书或质量鉴定文件，材料品种、规格、性能与厚度等应符合设计和现行国家产品标准的规定。并满足用户需求书中关于相应材料的技术性能要求。

(3)施工机具、设备、人员准备。现场施工所需的机具、设备需满足施工现场施工安全管理细则的要求，设备、机具具有产品合格证明资料。焊工、电工等特殊工种需经相应政府职能部门考核合格后持证上岗。

2. 给水管道安装

1)工艺流程

施工准备→支吊架制作安装→管道预制加工→干管安装→支管及配件安装→管道试压→管道防腐和保温→管道消毒、冲洗。

2)控制要点

(1) 生活给水系统所涉及的材料必须达到饮用水卫生标准。

(2) 支吊架预制加工形式正确，支吊架设置位置合理，间距符合规范要求。

(3) 管道安装完成应当进行强度和严密性试验。

3)质量要求

明装管道成排安装时，直线部分应互相平行。曲线部分，当管道水平或垂直并行时，应与直线部分保持等距；管道水平上下并行时，弯管部分的曲率半径应一致。给水水平管道应有2‰～5‰的坡度坡向泄水装置。

管道接口应符合下列规定：

(1)管道支、吊架安装应平整牢固。支架型钢下料、加工应采用机械方式切割钻孔，禁止采用气(电)割。钢管管道支架的最大间距应满足表5－2－1所示的要求。

表5－2－1　钢管管道支架的最大间距

公称直径/mm		15	20	25	32	40	50	65	80	100	125	150	200	250	300
支吊架的最大间距/m	保温管	2	2.5	2.5	2.5	3	3	4	4	4.5	6	7	7	8	8.5
	不保温管	2.5	3	3.5	4	4.5	5	6	6	6.5	7	8	9.5	11	12

(2) 卡箍(套)式连接两管口应平整、无缝隙，沟槽应均匀，卡紧螺栓后管道应平直，卡箍(套)安装方向应一致。

(3) 螺纹连接管道安装后的管螺纹根部应有2～3扣的外露螺纹，多余的麻丝应清理干净并做防腐处理。

(4) 法兰连接时衬垫不得伸入管内，其外边缘接近螺栓孔为宜。连接法兰的螺栓，直径和长度应符合标准，拧紧后，突出螺母的长度不应大于螺杆直径的1/2。

(5)采用橡胶圈接口的管道，允许沿曲线敷设，每个接口的最大偏转角不得超过2°。

(6) 当采用塑料、不锈钢、铜等材质的管道时，其与金属支、吊架间应加衬非金属垫。

(7) 当阀门与管道连接时不能使阀体承担管道的重力，应在阀门两侧的管道上设置支吊架，且以不影响阀门开闭和拆装为宜。

4)管道安装

管道穿过墙壁和楼板，应设置金属套管。安装在楼板内的套管，其顶部应高出装饰地面 20 mm；安装在卫生间内的套管，其顶部应高出装饰地面 50 mm，底部持平；安装在墙壁内的套管其两端与饰面相平。穿过楼板的套管与管道之间缝隙应用阻燃密实材料和防水油膏填实，端面光滑。穿墙套管与管道之间缝隙宜用阻燃密实材料填实，且端面应光滑。管道的接口不得设在套管内。

5)阀门及配件安装

阀门安装前，应做强度和严密性试验。试验应在每批(同牌号、同型号、同规格)数量中抽查 10%，且不少于一个。对于安装在主干管上起切断作用的闭路阀门，应逐个作强度和严密性试验。

阀门的强度和严密性试验，应符合以下规定：阀门的强度试验压力为公称压力的 1.5 倍；严密性试验压力为公称压力的 1.1 倍；试验压力在试验持续时间内应保持不变，且壳体填料及阀瓣密封面无渗漏。

6)水泵安装

机房应当进行综合排布，将设备位置、尺寸、标高等资料提交给土建专业。基础施工完成后对强度、位置、标高、尺寸、螺栓孔位置进行验收。水泵机组基础的减振形式正确，减振装置合格。水泵吸水管和出水管上应设置减振装置，柔性连接位置正确，支架设置位置合理。给水设备安装允许偏差如表 5-2-2 所示。

表 5-2-2　给水设备安装允许偏差表

序号	项　目		允许偏差/mm
1	静止设备	标高	±5
		垂直度(每米)	5
2	水泵	立式泵体垂直度(每米)	0.1
		卧式泵体水平度(每米)	0.1

水泵与建筑本体墙面的净距离应满足检修的需要，无管道的侧面宜≥800 mm，管道外壁与墙面的距离宜≥600 mm。

当水泵吸入管道需变径连接时，应采用偏心异径管件并采用管顶平接。立式水泵的减振装置不应采用弹簧减振器。

水泵的平面位置和标高允许偏差为 ±10 mm，安装的地脚螺栓应垂直、拧紧，且与设备底座接触紧密。

整体安装的泵，纵向水平偏差不应大于 0.1/1000，横向水平偏差不应大于 0.20/1000；解体安装的泵纵、横向安装水平偏差均不应大于 0.05/1000；水泵与电机采用联轴器连接时，应进行对中找正，轴向倾斜不应大于 0.2/1000，径向位移不应大于 0.05 mm；小型整体安装的管道水泵不应有明显偏斜。减振器与水泵基础连接牢固、平稳、接触紧密。

在水泵基础上划定水泵中心线的位置，水泵中心线找正时以泵轴中心线为准；横向中心线找正时以水泵出口中心线为准。水泵标高找正时利用水泵底座底面与基础表面之间加垫铁来调整，垫铁厚薄要合适，以免影响安装的正确性和稳定性。

7)压力试验

(1) 给水管道的水压试验必须符合设计要求。

(2) 当设计未注明时，各种材质的给水管道系统试验压力均为工作压力的1.5倍，但不得小于0.6MPa。金属及复合管给水管道系统在试验压力下观测10min，压力降低不应大于0.02MPa，然后降到工作压力进行检查，应不渗不漏。

(3)给水管道在竣工后，必须对管道进行冲洗，饮用水管道还要在冲洗后进行消毒，满足饮用水卫生要求。

8)冲洗消毒

(1)给水管道在水压试验后，应进行冲洗和消毒。冲洗时应用流速不小于1.5m/s的水流连续冲洗，直至出水口处浊度、色度与入口处冲洗水浊度、色度相同为止。

(2)冲洗后还要用每升水含20～30mg游离氯的水灌管道进行消毒，含氯水在管道中应留置24h以上。

(3)消毒完后，再用饮用水冲洗，并经有关部门取样检验，符合国家《生活饮用水标准》方可使用。

9)系统通水

(1)在各系统安装完毕，试压清洗与系统开通交验后，为了确保给水系统的设计要求与功能的完善体现，使系统能投入正常运行，还应做好各系统负荷运行的系统调试工作。

(2)对管道系统的阀门、附件、自控元件、泵类设备进行检查(调试)，并配合做好给水系统的联合调试工作，使给水系统处于正常运转状态，符合设计与负荷调试验收要求。

5.2.2 排水系统

排水系统包括雨废水系统、污水系统，其中污水系统包括生活污水和冷却塔排污水，废水包括车站冲洗水、消防废水、结构渗漏水、空调冷凝水、雨水等。

1. 施工工艺流程

排水系统施工工艺流程，如图5-2-2所示。

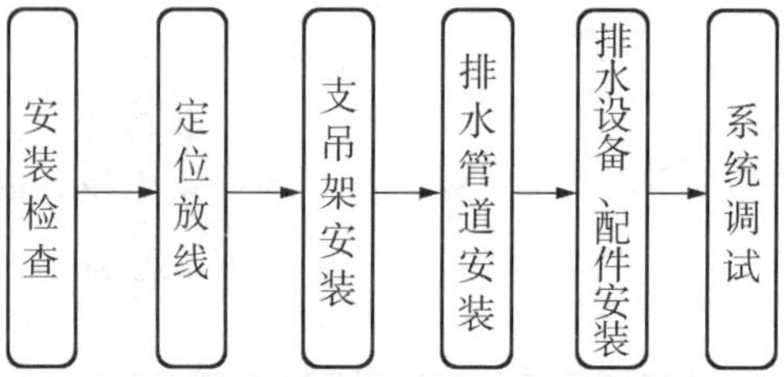

图 5-2-2　排水系统施工工艺流程

2. 安装检查

(1)排水工程所使用的主要材料、成品、半成品、配件、器具和设备必须具有中文质量合格证明文件，规格、型号及性能检测报告应符合国家技术标准及设计要求。

(2)所有材料进场时包装应完好，表面无划痕及外力冲击破损。

(3)排水所有管节、半成品、构配件等在运输和保管、施工过程中必须采取有效措施防止其损坏、锈蚀或变质。

3. 支吊架安装

(1)支吊架安装各种直径的管道都必须按设计、规范相应的要求。

(2)排水系统的镀锌管道及 PVC 管道立管支架安装应符合下列规定：楼层高度 ≤ 5 m，每层必须安装 1 个；楼层高度 >5 m，每层不得少于 2 个。

(3)支架安装高度，距地面应为 1.5 ～ 1.8 m，2 个以上支架应均匀安装，同一房间支架应安装在同一高度上。

4. UPVC 排水管道安装

1)工艺流程

施工准备→预制加工→支架安装→干管安装→立管安装→支管安装→封堵洞口→灌水试验→通球试验。

2)控制要点

(1)支、吊架的设置应满足设计或规范要求，排水立管根部、超高层排水立管应设承重支架，横管转弯处及管件集中处应增设支吊架。

(2)管道坡度及伸缩节安装应满足设计或规范要求。

(3)清扫口、检查口、伸缩节和通气管的设置及安装应满足设计及规范要求。

(4)排水管道灌水试验及通球试验应满足设计或规范要求，通球球径不小于排水管管径的 2/3，通球率必须达到 100%。

3)质量要求

(1)适用于室内 UPVC 排水管的安装。

(2)检查口中心高度距操作地面一般为1m，允许偏差±20 mm，朝向应便于检修。

(3)排水塑料管道应按要求设置阻火圈。

5. 小便器的安装

1)工艺流程

安装准备→小便器及配件检验→现场测量放线定位→小便器洁具安装→排水管安装→给水管安装→通水试验。

2)控制要点

(1)立式小便器给水点中心预埋距离完成地面1130 mm，挂式小便器给水点中心预埋距离完成地面1050 mm。

(2)安装小便器镀铬配件时不得使用管子钳，以免镀铬表面遭破坏而影响美观。

(3)小便器与台面、墙面、地面等接触部位均应采用硅酮胶或防水密封条密封。

(4)与小便器连接的管道其试压、灌水、通球试验已完毕，隐蔽部分已作记录，并办理预验手续，小便器交工前应做满水和通水试验。

3)质量要求

(1)设计无要求时，居住和公共建筑的挂式小便器安装高度为600 mm。

(2)自带水封小便器，其排水管不再安装S形或P形存水弯，以免影响排水效果。

(3)小便器排水管最小坡度为20‰，管径宜选40～50 mm。

6. 大便器的安装

1)工艺流程

安装准备→大便器及配件检验→现场测量放线定位→大便器洁具安装→排水管安装→给水管安装→通水试验。

2)控制要点

(1)坐便器低水箱角阀给水点中心预埋距离完成地面高度为150 mm，蹲便器低水箱角阀给水点中心预埋距离完成地面高度为250 mm，手动式自闭冲洗阀给水点中心预埋距离完成地面高度为600 mm，脚踏式给水点中心预埋距离完成地面高度为150 mm。

(2)安装大便器镀铬配件时不得使用管子钳，以免镀铬表面遭破坏而影响美观。

(3)与大便器连接的管道其试压、灌水通球试验已完毕，隐蔽部分已作记录，并办理预验手续，大便器交工前应做通水试验。

3)质量要求

(1)自带水封式大便器，排水管不再安装S形或P形存水弯，以免影响排水效果。

(2)大便器排水管最小坡度为12‰，管径宜选100 mm。

(3)设计无要求时，居住及公共建筑的坐便器低位水箱安装高度为470 mm(自完成地面至低水箱底)，蹲便器低水箱安装高度为900 mm(自完成地面至低水箱底)。

7. 洗脸盆的安装

1)工艺流程

安装准备→洗脸盆及配件检验→现场测量放线定位→洗脸盆洁具安装→排水管安装→给水管安装→满水试验→通水试验

2)控制要点

(1)洗脸盆给水管道预埋及安装时，必须遵循左热右冷、上热下冷原则。

(2)洗脸盆给水点中心预埋高度距离完成地面高度为450 mm。

(3)洗脸盆交工前应做满水和通水试验。

3)质量要求

洗脸盆安装高度距离完成地面800 mm，供儿童使用的洗脸盆安装高度为500 mm(均为完成地面至器具上边缘)。洗脸盆排水管最小坡度20‰，管径宜选32 ~50 mm。冷热水龙头距离为150 mm。台下盆支架安装应符合规范要求，应有完整的洗脸盆满水及通水试验资料。

卫生器具的支、托架必须防腐良好，安装平整、牢固，与器具接触紧密、平稳。卫生器具给水配件应完好无损，接口严密，启闭部分灵活。连接卫生器具的排水管道接口应紧密下漏，其固定支架、管卡等支撑位置应正确、牢固，与管道的接触应平整。

8. 排水泵的调试

(1)启动排水泵，检查转向是否正常；记录空载启动电流、空载运行电流、负载启动电流、运行电流。

(2)测试集水井的高水位报警，并调校过载保护设定值。

9. 系统调试

(1)排水系统调试主要内容为排水管道系统的灌水、通球、通水试验。排水管道的灌水试验在施工过程中需按照规范要求进行。

(2)通球试验：通球的直径不小于排水管道管径的2/3，通球率必须达到100%。

(3)检查各排水系统，均应与室外排水系统接通，并可以向室外排水。

5.2.3 消防水系统

城市轨道交通消防水系统主要包括有消火栓系统和自动喷淋灭火系统。城市轨道交通地下车站和区间隧道消火栓系统一般是环状管网设计，自动喷淋灭火系统一般为支状网。

消火栓系统管网与城市自来水管道连接，采用临时高压供水，车站内设置消防泵房，泵房主要有消火栓主泵和消火栓系统稳压泵设备。消火栓合理设置在车站的大厅、人行通道、站台、设备房、管理房和区间隧道处，设计的基本要求是必须保证整个车站任意位置必须有两股以上可靠水源的水柱注入。在消火栓箱内设置报警按钮和自救用的水枪。地下区间隧道内，每隔50m设置一个单口消火栓，不再设置其他。而且，每个车站均设有消防水泵接合器。

自动喷淋灭火系统由喷淋头、水流报警装置(水流指示器、压力开关)、报警阀组等组件，以及管道、供水设施组成。火灾发生的初期，环境温度不断上升，当温度上升到以喷头温感元件爆破或熔化脱落时，喷头即自动喷水灭火。

1. 消火栓系统

1)消火栓系统施工流程(图5－2－3)

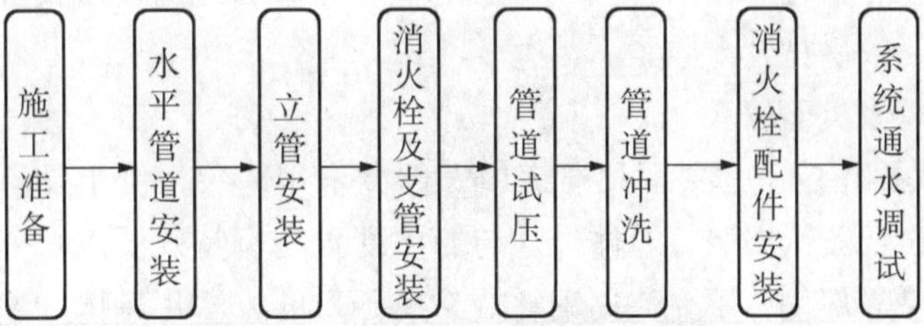

图5－2－3　消火栓系统施工工艺流程图

2)施工准备

(1)认真熟悉施工图纸，根据施工方案确定的施工方法和技术交底的具体措施，做好准备工作。

(2)参考有关专业设备图和装饰施工图，核对各种管道的坐标、标高；管道排列是否合理，后期检修空间是否预留。

(3)材料准备，材料符合设计及相关规范要求，施工工器具准备，施工人员准备。

3)水平管道安装

(1)水平管是架空式水平管，分布地下站厅层、站台层板下，安装时首先确定水平管的位置、标高、管径等，确定支架的安装位置，然后按：现场放线→支架制作→支架安装→量裁管道→沟槽加工→管道安装→自检、找正的程序进行。

(2)天花内敷设管道要满足设计的天花高度。首先安装大直径管道，其后紧凑布设小管，使管道安装尽量做到合理、美观、符合工艺流程。

(3)在安装前必须明确管道上的蝶阀和支管布置位置，以保证以后能顺利连接。

(4)架空横管安装标高线，用水准仪量出各段管道标高线及支架标高，再用卷尺量出支架安装点，并在墙面或顶部出标高线和支架安装点，然后根据标高线或安装点安装支架和管道。

(5)安装完毕后要进行水平度、垂直度的复检，保证水平度和离墙距离使其正直美观，最后上紧管卡。

(6)管道穿越伸缩缝、沉降缝、变形缝时，应在穿越两侧采取柔性连接，柔性软接应为金属软接，不应为波纹补偿器。金属软接一端设置活动吊架，另外一端设置防晃吊架。

4)立管安装

在安装前必须先明确立管上的阀门布置形式，以保证以后能顺利连接；另外在安装前应明确知道每层装修完成面的高度，以便准确安装标高。

根据高度在墙面上画出横线，再用线坠吊在立管的位置上，在墙上弹出或画出垂直线，并根据立管卡的高度在垂直线上确定出立管卡的位置并画好横线，然后再根据所画横线和垂直线的交点安装支架。

上好的立管要进行最后检查，保证垂直度和离墙距离，使其正面和侧面都在同一垂直线上，最后把管卡收紧。

5)消火栓及支管安装

(1)消火栓箱位于公共区和通道内大部分采用暗装，位于设备区至少采用半暗装，应按照设计图纸安装，箱体尺寸与箱内配置均有特殊要求。安装时应取下其内的水栓、水带等部件，不允许用钢纤撬、锤子敲的方法将箱体硬塞入预留孔内。消火栓出口应朝外，栓口中心距地面高度应符合设计要求。消火栓箱安装应在系统试压后进行，安装前按规范要求集中进行试压抽验，并核对位置、标高、产品是否符合设计要求。

(2)消火栓安装前应做耐压强度试验。试验应以每批(同牌号、同规格、同型号)数量中抽查10%，且不少于一个，如有漏、裂等不合格现象应再抽查20%，仍有不合格的则须逐个试验。强度和严密性试验压力应为消火栓出厂规定的压力。同时应有试验记录备查。

(3)消火栓安装，首先要以栓阀位置和标高定出消火栓支管甩口位置，经核定消火栓栓口(注意不是栓阀中心)距地面装修完成高度为1.1m或满足设计要求，然后稳固消火栓箱。箱体找正稳固后再把栓阀安装好，栓口应朝外或朝下。栓阀侧装在箱内时应安装在箱门开启的一侧，箱门开启应灵活。

(4)消火栓箱体安装在轻度隔墙上应有加固措施(如在隔墙两面贴钢板并用螺栓固定)，安装后的箱体上下角的水平位移不得超过2mm。

(5)箱体在安装过程中应与装修紧密配合，不得损坏装修面，与装修面的接缝应整齐美观。

(6)箱体内的配件安装，应在交工前进行。消防水龙带应采用内衬胶麻带或锦纶带，折好放在挂架上，或卷实或盘紧放在箱内；消防水枪竖放在箱体内侧，自救式水枪和软管应盘卷在卷盘上。消防水龙带与水枪和快速接头的连接，一般用14#钢丝绑扎两道，每道不少于两圈；使用卡箍时，在里侧加一道钢丝。设有电控按钮时，应注意与电气专业配合施工。

(7)消火栓安装完毕，应消除箱内的杂物，箱体内外局部刷漆有损坏的要补刷，安装在墙内的消火栓箱体周围不应出现空鼓现象，管道穿过箱体处的空隙用水泥砂浆或密封膏封严。箱门上应标出“消火栓”三个红色大字。

(8)消火栓箱门的开启角度不应小于120°。箱门开启应轻便灵活，无卡阻现象。开启拉力不得大于50N。

(9)消火栓系统安装完成后，应做试验消火栓和底层取两处消火栓做试射试验，其水枪充实水柱高度达到设计要求时为合格。

(10)箱式消火栓的安装应符合下列规定：

①栓口应朝外或朝下，并不应安装在门轴侧；

②栓口中心距地面为1.1m，允许偏差±20.0mm；

③阀门中心距侧面为140mm，距箱后内表面为100mm，允许偏差±5mm；

④消火栓箱体安装的垂直度允许偏差为3mm。

6)管道试压

(1)首先检查整个管道中的所有控制阀门是否打开，与其他管网以及不能参与试压的设备是否隔开。

(2)将试压泵、阀门、压力表、进水管接在管路上并灌水，待满水后将管道系统内的空气排净(放气阀流水为止)，关闭放气阀。待灌满后关紧水阀。

(3)用手动试压泵或电动试压泵加压，压力应逐渐升高，一般分2～3次升到试验压力。当压力达到试验压力时停止加压。管道在试验压力下保持10min，如管道未发现泄漏现象，压力表指针下降不超过0.05MPa，且目测管道无变形即认为强度试验合格。

(4)把压力降至工作压力进行严密性试验。在工作压力下对管道进行全面检查，稳压24h后，如压力表指针无下降，管道的焊缝及法兰连接处未发现渗漏现象，即可认为严密性试验合格。水压严密性试验应在水压强度试验和冲洗合格后进行。

(5)试验过程中如发生泄漏，不得带压修理；缺陷消除后，应重新试验。

(6)系统试验合格后，试验介质宜在室外合适地点排放，并注意安全。

(7)系统试验完毕，应及时核对记录，并填写《管道系统试验记录》。

(8)试压合格，将管网中的水排尽，并卸下临时封堵，装上配件。

7)管道冲洗

(1)管道系统强度和严密性试验合格后，应分段进行冲洗。对于管道内杂物较多的管道系统，可在试压前进行。

(2)冲洗顺序一般应按主管、支管、疏排管依次进行。冲洗时采取先站内、后轨行区附件，进行分段冲洗。站内冲洗时，先将轨行区附件隔离开，直至站内管道冲洗合格后再将轨行区附件管道连起来冲洗，轨行区附件管道采取两头进水的方式冲洗。

(3)冲洗前，应先保护好系统内的仪表，并将流量孔板、滤网、温度计及止回阀阀芯等部件拆除，妥善保管，待冲洗后再冲洗装上。

(4)不允许冲洗的设备及管道应与冲洗系统隔离。

(5)生产、生活给水管道在系统运行前须用水冲洗和消毒。

(6)消火栓给水系统在与室外给水管连接前，必须将室外给水管冲洗干净。

(7)对未能冲洗或冲洗后可能留存杂物的管道，应用其他方法补充清理。

(8)冲洗时，管道内的脏物不得进入设备，设备吹出的脏物不得进入管道。

(9)如管道分支较多，末端截面积较小时，可将干管中的阀门拆掉1～2个，分段进行冲洗。

(10)冲洗时，应用锤(适当力度)敲打管子，对焊缝、死角和管底部重点敲打，但不得损伤管子。

(11)冲洗前应考虑管道支、吊架的牢固程度，必要时应予加固。

(12)管道排水管应接至排水井或排水沟，并保证排泄顺畅和安全。冲洗时，以系统内可能达到的最大压力和流量进行，冲洗流量不应小于设计流量或不小于1.5m/s流速。冲洗合格后，应填写《管道系统冲洗记录》。

8)消火栓配件安装

消火栓配件安装应在交工前进行。消防水带应折放在挂架上或卷实、盘紧放在箱内，消防水枪要竖放在箱体内侧，自救式水枪和软管应放在挂卡上或放在箱底部。消防水龙带与水枪快速接头的连接，应使用配套卡箍锁紧。

9)系统通水调试

消火栓系统安装及水压试验后需要对系统进行通水测试，把系统所有阀门打开，选择最不利点的消火栓，地下车站一般选择离出入口最远的出入口进行消火栓试射测试，测试水柱应满足不小于10 m。

2. 消防水泵安装

(1)安装前应核对基础定位尺寸及标高，其允许偏差应符合规范要求。水泵型号应与设计相符，动力机械与水泵功率应匹配；产品合格证、产品说明书及随机配件应齐全。

(2)水泵安装前应对其外表及组装件进行一次外观质量检查；如发现有质量问题，不得安装。

(3)安装后，水泵泵体的底座应水平，且与基座接触严密，定位基准线应符合设计要求，设备的平面位置及允许偏差应符合相关规范的规定。

(4)水泵的管口与管道连接应严密，无渗漏水现象。

(5)电机的绝缘电阻应符合相关规范的规定。

(6)所有泵类设备，在泵进出口未与管道连接前，泵进出口均应使用钢板封堵。

(7)消防泵及稳压装置安装。

①消防泵及稳压泵的安装应符合现行国家标准《机械设备安装工程施工及验收规范》的有关规定。

②消防泵及稳压泵的规格、型号应符合设计要求，并应有产品合格证和安装使用说明。

③消防泵的出水管上应安装静音止回阀(消声)和压力表，并安装试水用的放水阀门。消防水泵泵组的总出水管上还应安装压力表和泄压阀。安装压力表时，应加缓冲装置。压力表和缓冲装置之间应安装旋塞，压力表量程应为工作压力的2～2.5倍。

④吸水管及其附件的安装应符合下列要求：吸水管上的阀门应在消防水泵固定于基础之后再进行安装，其直径不小于消防水泵吸水口直径，采用闸阀。

⑤吸水管水平管段上不应有气囊和漏气现象。

⑥消防气压给水设备的气压罐，其容积气压、水位及工作压力应符合设计要求。

⑦消防气压给水设备上的安全阀、压力表、水流指示器等的安装应符合产品使用说明书的要求。

⑧消防气压给水设备的安装位置，进水管及出水管方向应符合设计要求，安装时其四周应有检修通道，其宽度不小于0.7m，消防气压给水设备顶部至楼板或梁底的距离不宜小于1.0m。

⑨气压罐的出水管上应安装远传压力表(参考型号：YT2-150)，压力表的量程为工作压力的1.5～2倍。

⑩消防泵的稳压装置安装完毕后，应进行运行试验，试验压力及泵的启、停压力，应符合设计要求。

3. 区间消火栓系统

区间消火栓系统是从相邻两个车站的环状消防给水管网上分别接出两条DN150消防管进入左右区间，沿行车方向右侧布置，在联络通道处消防水管断开过轨分别成环，使车站和区间形成环状消防供水系统。

区间设置消火栓口，不设消火栓箱，为施工方便，消火栓间距按不大于50m控制。车站站台进入区间隧道处设置两具消防器材箱供区间消防使用。消防器材箱内设水龙带2套、多功能水枪2个。

地下区间消防管沿行车方向右侧布置，水管底标高一般距离轨面450mm，消火栓口的安装高度为距道床面1100mm。每不多于5个消火栓布置一个检修蝶阀，在左右线区间消防给水干管的最低点设一个DN50泄水阀，在管网最高点处设DN25截止阀与自动排气阀。在车站进入区间的消防管道前安装手动蝶阀和电动蝶阀，蝶阀安装在站厅层通站台立管上，在距离站厅层立管处完成面上1.2m处，且为工作人员容易操作的地方。区间发生爆管等事故时，关闭车站进入区间消防管道的电动蝶阀；区间火灾时，通过设于消防水泵超越管上的流量开关自动启泵或车控室远程启泵进行灭火。

1）支架制作及安装

区间管道支架制作一般选用镀锌钢板和镀锌角钢的组合件。考虑到隧道墙壁中存在较多的钢筋，为避免因碰到钢筋而无法安装支架，对钢板进行了优化，把钢板上的锚栓孔由原设计的圆形改为长孔形。而区间隧道的墙壁为弧形，所以在大批量制作支架前先做好样品，根据墙壁的弧度进行相应的调整，确保支架安装的水平度。支架焊接后，需进行二次镀锌。曲线段单根管道长度按 3m 敷设，管道支架安装根据直线段管道支架设置适当调整，管段内设置两处导向支架，间距为 1750 mm，导向支架到法兰的距离为 625 mm。现场施工困难时可适当减少单根管道长度、增设垫片以处理曲线段法兰连接，必要时可设置金属软接。

支架固定采用后扩底机械锚栓，该锚栓具有性能稳定、施工便捷、强度高及使用寿命长的特点，有良好的抗腐蚀性能，比化学锚栓更耐高温；且后扩底机械锚栓应锚固无膨胀应力，适用于间距小的场所。具体施工时，先根据锚栓规格相对应的钻头进行钻孔，再用专用气筒进行清孔后插入锚栓，通过拧紧螺帽达到紧固的效果。

2）管道安装

区间管道采用内外涂塑钢管沟槽式连接，为防止现场滚槽对涂塑层造成破坏，可要求厂家在厂里完成滚槽后再进行涂塑。钢管一般为 6 m，现场尽量不要切断，如果必须要切断或者进行开孔造成涂塑层的破坏，需厂家到现场提供修补方案及修补材料立即修补，以免造成后期涂塑层脱落而堵塞管道。管道每隔 200 m 设置一个波纹管补偿器。

3）消火栓安装

消火栓接口采用 DN65 三通与主管道连接，消火栓安装时要保证方向的一致性和准确性，消火栓需设置独立支架。

4）阀门及配件安装

压力排管道上的阀门采用铜芯暗杆闸阀，公称压力为 1.0 MPa；消防给管道道上阀门采用双向密封蝶阀，公称压力为 1.6 MPa；所有穿越人防墙的管道在人防结构内侧设置公称压力 1.6 MPa 的铜芯闸阀作为防护阀门。管道在穿过工法不同的区间隧道或变形缝（视现场施工而定）时应加设金属软管，并应在软管两端安装固定式支架。

5）试压、冲洗

消火栓管道试验压力为 1.6 MPa。

6）安全注意事项

区间内作业必须服从轨行区属地管理单位的管理，做好请销点工作。在区间施工时配备对讲机、荧光服、红闪灯，按照要求放置红闪灯，设置专人看护。

4. 自动喷水灭火系统

自动喷淋灭火系统由喷淋头、水流报警装置(水流指示器、压力开关、流量开关)、报警阀组等组件，以及管道、供水设施组成，是扑救、控制建筑初期火灾最有效的设施之一。火灾发生初期，环境温度不断上升，当温度上升到喷头温感元件爆破或熔化脱落时，喷头即自动喷水灭火。

1)自动喷水灭火系统施工工艺流程(图5-2-4)

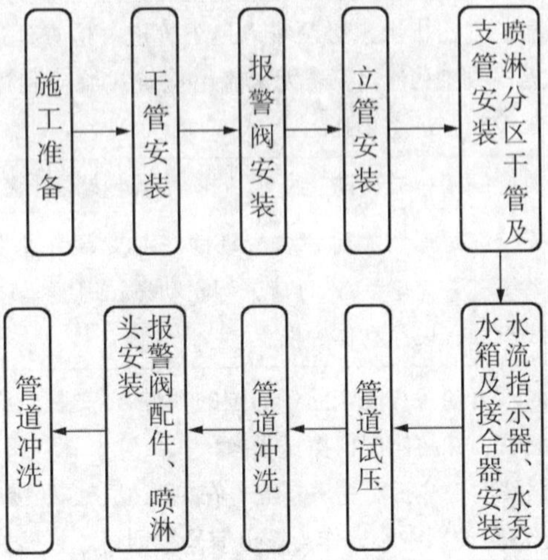

图5-2-4　自动喷水灭火系统施工工艺流程

2)报警阀组、水流指示器安装

(1)报警阀除应有商标、型号、规格等标志外，还应有水流方向的永久性标志。报警阀和控制阀的阀瓣及操作机构应动作灵活，无卡涩现象。

(2)报警阀安装位置应依据施工图纸选择，如设计未作要求，一般应安装在明显易于操作的地方：距地1.2m，两侧空间不小于0.5m，正面空间不小于1.2m。安装时应先装水源控制阀，然后安装报警阀及辅助管道，安装方法应按施工图册及使用说明书进行。报警阀工作环境不应低于+5℃，地面必须设排水设施。报警阀组相关组件的具体安装要求如表5-2-3所示。

表5-2-3　报警阀组组件具体安装要求

组件名称	安装要求
报警阀	安装于便于操作的明显位置，距室内地面高度宜为1.2m，与配水干管连接，和水流方向一致；报警阀组的排水口接至排水管排放
水流指示器	管道试压和冲洗合格后，与信号蝶阀一并安装在水平管段，前后均有0.5m直管段，动作方向与水流方向一致。安装后水流指示器桨片、膜片动作灵活，不与管壁碰撞

续表 5－2－3

组件名称	安装要求
压力表	报警阀上便于观测的位置
试验阀	报警阀上便于操作与维护的位置
水源控制阀	安装于便于维护的位置。与配水干管连接，和水流方向一致，具有明显的开闭标志和可靠的锁定设备
过滤器	延迟器前，便于检修操作的位置
延迟器	延迟器溢流孔排出水必须排入地下管道。检查延迟器，可打开试验阀，水立即从延迟器溢流孔流出，若无水流出检查过滤器和进水口有无脏物，或再进一步查看报警阀座进水小孔
水力警铃	安装时螺纹接口处要防止漏水，排水口处接入排水管道
压力开关	垂直安装在延迟器之后和水力警铃之前支管旁通管道上，它作为水电转换装置应在系统安装完毕后，对其进行联动调试开通。安装中壳体应保持干燥、清洁，接线牢固，以免动作失误
信号蝶阀	安装时不可随意拧动产品各部位的零件。安装前应首先确认本产品性能与运行工况相符，并将阀门内擦拭干净 接信号线时，先拆下塑料罩壳，在接线板红线处接 DC24V 电源。将黄线（或白线）接至消防控制中心，作为输出信号线即可。接线完毕，可旋转手轮检查有无启闭信号输出 安装后，管道进行强度试验前，应将管道内腔冲洗干净，并将阀门蝶板打开

(3)水力警铃和报警阀的连接应采用镀锌钢管。当镀锌钢管的公称直径为 15 mm 时，其长度不应大于 6 m；当镀锌钢管的公称直径为 20 mm 时，其长度不应大于 20 m；安装后的水力警铃起动压力不应小于 0.05 MPa。水流指示器的安装应在管道试压和冲洗合格后进行，水流指示器的规格、型号应符合设计要求。安装位置前后应有 5 倍管径长度的直管段，管道水流方向应与指示箭头方向一致。安装后的水流指示器桨片、膜片应动作灵活，不应与管壁发生碰擦。

水泵结合器的型号及规格应按设计要求确定，其组装应按接口、本体、连接管、止回阀、安全阀、放空管、控制阀的顺序进行。止回阀的安装方向应使消防用水进入管网系统，安装方法应严格按施工图册要求进行，其安全阀应按系统工作压力定压。

(4)报警阀组的安装应先安装水源控制阀、报警阀，然后再进行报警阀辅助管道的连接。水源控制阀、报警阀与配水干管的连接，应使水流方向一致。

(5)报警阀组安装的位置应符合设计要求，设在明显、易于操作的位置，距地高度宜为 1.2 m 左右。报警阀处地面应有排水措施，环境温度不应低于 5 ℃。并在安装报警阀组的室内地面安装排水设施。

(6)应使报警阀前后的管道中能顺利充满水，压力波动时，水力警铃不应发生误报警。

(7)报警水流通路上的过滤器应安装在延迟器前，便于清洗操作的位置。

(8)报警阀配件安装应在交工前进行，延迟器安装在闭式喷头自动喷水灭火系统上，按说明书及组装图安装，应装在报警阀与水力警铃之间的信号管道上。

3)其他组件安装

(1)水流指示器一般安装在每层的水平分支干管或某区域的分支干管上。应水平立装，倾斜度不宜过大，保证叶片活动灵敏。

(2)水流指示器前后应保持有5倍安装管径长度的直管段。安装时注意水流方向与指示器的箭头一致。水流指示器适用于直径为50～150 mm的管道上安装。

(3)信号阀安装在水流指示器前的管道上，与水流指示器之间的距离不应小于300 mm。

(4)排气阀的安装应在系统管网试压和冲洗合格后进行，排气阀应安装配水干管顶部、配水管的末端，且应确保无渗漏。

(5)压力开关应竖直安装在通往水力警铃的管道上，且不应在安装中拆装改动。

(6)末端试水装置安装在系统管网末端或分区管网末端。

4)水泵接合器安装

(1)消防水泵接合器的组装应按接口、本体、连接管、止回阀、安全阀、放空阀、控制阀的顺序进行。止回阀的安装方向应使消防用水从消防水泵接合器进入系统。

(2)消防水泵接合器应安装在便于消防车接近的人行道或非机动车行驶地段。

(3)地上式消防水泵接合器应设置与消火栓区别的固定标志。

5)喷头安装

(1)喷淋头的几种主要安装形式如表5－2－4所示 。当喷头位置下方有空调通风管时，且宽度直径≥1.2m时，应加设下喷喷头。

表5－2－4　喷头位置下方有风管时安装形式

喷头位置下方有风管时安装形式	安装要求
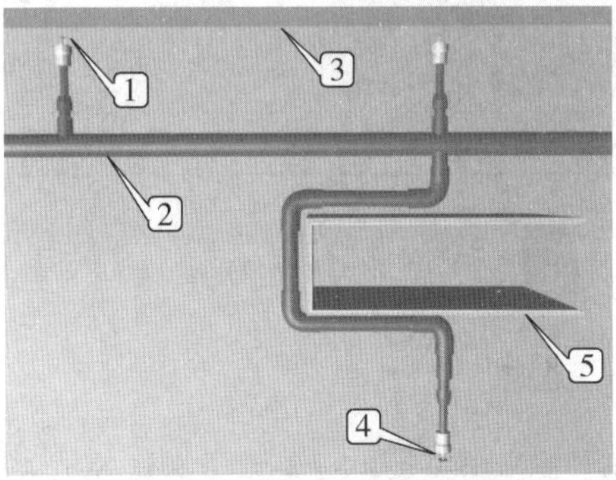	1. 溅水盘距楼板底 75 mm≤H≤150 mm； 2. 当喷头位置下方有空调通风管

说明：溅水盘距楼板底75 mm≤H≤150 mm。

1—直立型喷头；2—供水干管；3—楼面；4—下垂型喷头；5—风管

(2)有吊顶处采用装饰性喷头，当吊顶高度超过800 mm，吊顶内有可燃物时喷头，如表5－2－5所示。

表5－2－5　喷头位置下方有吊顶时安装形式(一)

有吊顶的喷头安装形式(一)	安装要求
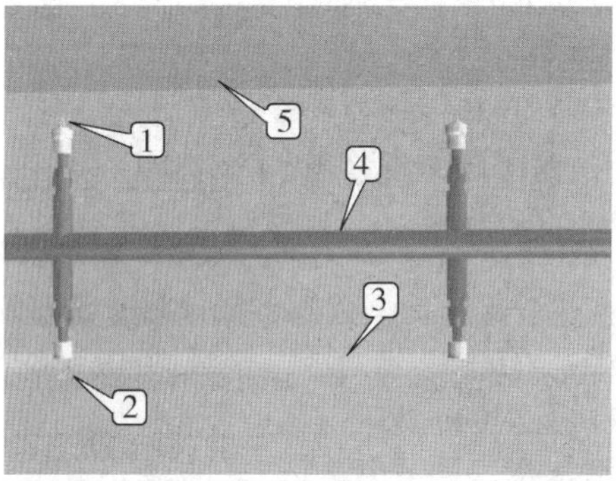	1. 溅水盘距楼板底75 mm≤H≤150 mm； 2. 当吊顶高度超过800 mm，吊顶内有可燃物时，应安装上下双排喷头，均采用动作温度为68℃快速反应闭式喷头装
1—直立型喷头；2—下垂型喷头；3—吊顶；4—供水干管楼面；5—楼面	

(3)有吊顶处采用装饰性喷头，当吊顶高度不超过800 mm，吊顶内无可燃物时喷头如表5－2－6所示。

表5－2－6　有吊顶的喷头安装形式(二)

有吊顶的喷头安装形式(二)	安装要求
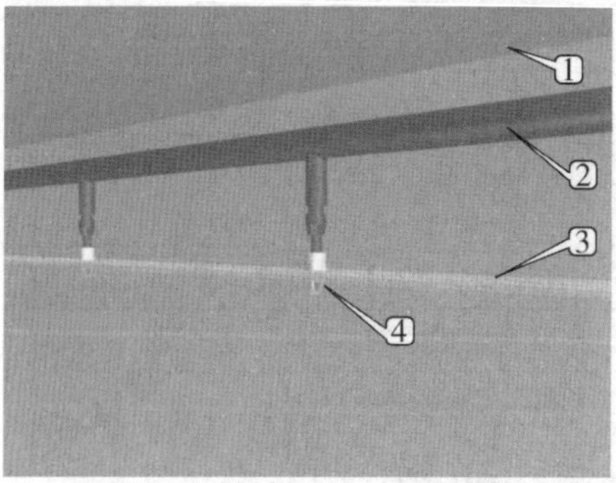	有吊顶处采用装饰性喷头，均采用动作温度为68℃快速反应闭式喷头
1—楼面；2—供水干管；3—吊顶支管；4—下垂型喷头	

5.2.4　给排水及消防系统单系统调试

在给排水、消防系统管网压力试验结束，主设备单机调试完成并经验收合格后，方可申请进行给排水及消防系统调试。

1. 车站排水系统调试流程

车站排水系统调试流程如图 5－2－5 所示。

图 5－2－5 车站排水系统调试流程图

(1)检查各地漏灌水试验记录，对局部怀疑有可能造成施工堵塞地漏，通过引水灌水的方法检查其是否畅通。

(2)室内排水系统，按给水系统的配水点同时开放，检查各排水点是否畅通，接口处有无渗漏。

(3)通过给潜污泵集水池灌水，检查水泵的自动启停是否符合设计要求；水泵运行是否平稳、无异常声音；电动机的功率和电流，在额定负荷下不应超过额定值；各仪表指示和声光报警是否正确可靠。

2. 车站给水系统调试流程

车站给水系统调试流程如图 5－2－6 所示。

图 5－2－6 车站给水系统调试流程

给水系统同时开启卫生间放水阀及冲洗栓看是否达到额定流量；同时检查每个配水点是否畅通，接口处有无渗漏。

3. 车站水消防系统调试流程

车站水消防系统调试流程如图 5－2－7 所示。

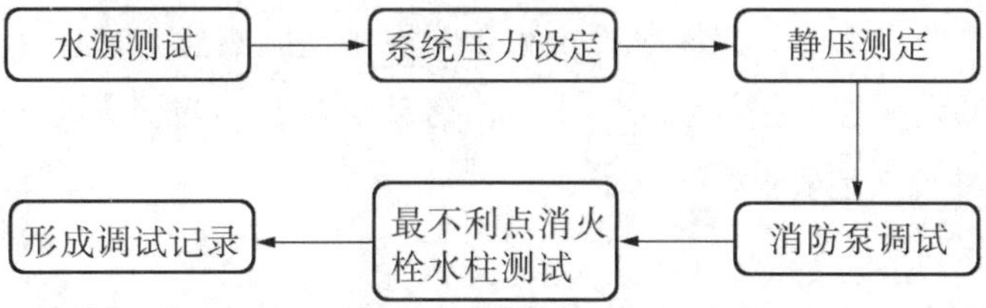

图 5－2－7 车站水消防系统调试流程

1）水源测试

按设计要求核实消防水泵接合器的数量和供水能力，并通过移动式消防水泵做供水试验进行验证。

2）消火栓系统调试

（1）系统工作压力设定。消火栓系统在系统水压和严密性试验结束后，进行稳压设施的压力设定，稳压设施的稳压值应保证最不利点消火栓的静压力值满足设计要求。当设计无要求时最不利点消火栓的静压力应不小于0.2 MPa。

（2）静压测量。当系统工作压力设定后，下一步是对室内消火栓系统内的消火栓栓口静水压力和消火栓栓口的出水压力进行测量。静水压力不应大于0.80 MPa，出水压力不应大于0.50MPa。当测量结果大于以上数值时，应采用分区供水或增设减压装置（如减压阀等），使静水压力和出水压力满足要求。

（3）消防泵的调试。上述调试工作结束后开始进行消防泵的调试。在消防泵房内通过开闭有关阀门将消防泵出水和回水构成循环回路，保证试验时启动消防泵不会对消防管网造成超压。

以上工作完成后，将消防泵控制装置转入手动状态，通过消防泵控制装置的手动按钮启动主泵，用钳型电流表测量启动电流，用秒表记录水泵从启动到正常出水运行的时间，该时间不应大于5 min，如果启动时间过长，应调节启动装置内的时间继电器，减少降压过程的时间。

主泵运行后观察主泵控制装置上的启动信号灯是否正常，水泵运行时是否有周期性噪声发出，水泵基础连接是否牢固，通过转速仪测量实际转速是否与水泵额定转速一致，通过消防泵控制装置上的停止按钮停止消防泵。

以上工作完成后，将消防泵控制装置转入自动状态，利用短路线短接消防泵控制装置远程自动启动端子，启动消防泵，并用万能表测量消防泵控制装置消防泵运行信号远程输出端子是否有信号输出。

对双电源自动切换装置实施自动切换，测量备用电源相序是否与主电源相序相同。利用备用电源切换时，消防泵应在1.5 min 内投入正常运行。

（4）最不利点消火栓充实水柱的测量。当消火栓系统的静压值经调整测量符合要求后，下一步就是进行最不利点消火栓充实水柱的测量。

打开试验消火栓，接好水带、水枪，启动消防泵。当消火栓出水稳定后测量充实水柱长度是否满足要求。

5.3 给排水及消防系统常见问题处理措施与典型施工方法

1. 管道穿越伸缩缝、沉降缝时未采取措施

1) 现象

管道受力，弯曲变形，管道破裂损坏，如图 5-3-1 所示。

2) 防治措施

穿越时，应在伸缩缝和沉降处设置金属软接，如图 5-3-2 所示。

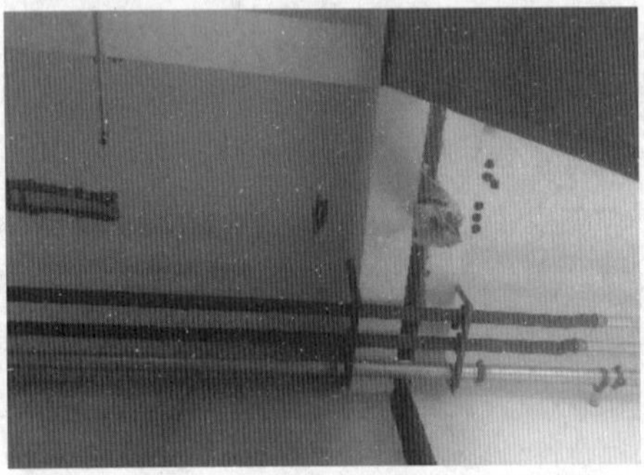

图 5-3-1 变形缝未设置金属软接

图 5-3-2 变形缝设置金属软接

2. 阀门安装位置不符合要求

1) 现象

阀门安装位置和标高不便操作和维修，影响使用；阀门方向装反、倒装、手轮朝下，如图 5-3-3 所示。

图 5-3-3 阀门手轮朝下

2) 防治措施

(1) 止回阀、减压阀等均有方向性，若装反，拆下后按阀体箭头所示方向与介质流向一致重新安装。

(2) 在走道上和靠墙、靠设备安装的阀门，不得碰头、踢脚或妨碍搬运工作；阀门安装过高，需经常启闭时，应设操作平台(梯)；安装时阀门手轮要朝上或侧向安装，手轮不得朝下。

(3) 明杆阀门不得直接安装在地下；升降式止回阀应水平安装；旋启式止回阀要保证摇板的旋转枢轴呈水平；减压阀要直立地安装在水平管上，不得倾斜。

(4)立管上阀门安装高度，当设计未明确时，可安装成阀门中心与胸口齐平，距地面1.2 m为宜，如图5－3－4所示。

图5－3－4　阀门、过滤器、水表安装高度便于检修

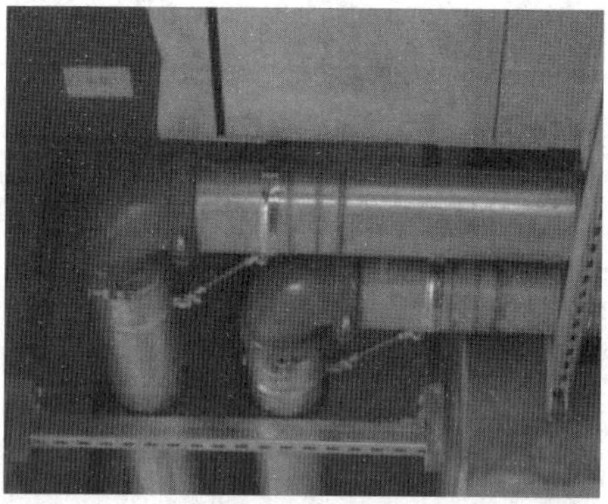

图5－3－5　弯头处设置加强支架

3. 管道弯头处未设置支架

1)现象

成排管道弯头处未正确设置支架及未安装施工标准设置支架，如图5－3－5所示。

2)防治措施

成排管道弯头处需按要求设置支架，卡箍连接处支架离卡箍接头的距离应小于500 mm，当达不到要求时，可采取弯头加强连接拉杆进行处理。

4. 卫生器具安装不规范

1)现象

卫生器具安装后，不平正、尺寸位置不准确、不稳固，影响使用。

2)原因分析

墙体施工时，未预埋木砖，或预埋不牢固；在预埋木砖和固定卫生器具时，未划出安装器具的水平线和中心线；螺栓规格小，钻孔深度浅，墙面不平正，卫生器具与墙面接触不严实，与轻质隔墙固定未采用锚固措施，安装不牢；支架结构尺寸偏心，与卫生器具接触不良。

3)防治措施：

(1)固定用的螺栓或木砖必须刷好防腐油，在墙上按核对好的位置预埋平整、牢固。严禁采用后凿墙洞再埋螺栓或填木砖、木塞法固定。

(2)卫生器具安装前，应把该部分墙、地面找平，并在墙体划出该器具的上沿水平线和十字交叉中心线，再将卫生器具用水平尺找平后安装；固定用的膨胀螺栓、六角螺栓规格应符合国家标准图的规定，并垫上铅垫或橡胶垫，用螺母拧紧牢固。

(3)安装卫生器具的支托架结构，尺寸应符合国家标准图集要求，有足够刚度和稳定性；器具与支托架间空隙用白水泥砂浆填补饱满、牢固，并抹平正。

(4)在轻质墙上安装固定卫生器具时，尽量采用落地式支架安装，必须在墙上固定时，应用铁件固定或用锚固，如图5－3－6、图5－3－7所示。

图5－3－6　成排洗手盆安装

图5－3－7　成排小便斗安装

5. 水泵设备安装不规范

1)现象

水泵安装坐标位置不对，安装高度过高或过低影响管道安装，底座安装未采取减振措施。

2)防治措施

水泵设备安装严格按照安装图纸坐标位置及标高施工，水泵底座应设置减振垫或减振器，如图5－3－8所示。

图5－3－8　水泵底座减振垫安装

6. 消防水管安装问题

1)现象

消防水管安装在线缆桥架或电气设备上方。

2)防治措施

(1)施工前做好管线碰撞检查，提前做好碰撞方案。

(2)加强对现场工人的技术交底，并做好问题的排查及整改。

7. 消火栓、箱安装质量问题

1)现象

消火栓、箱安装位置不当，配置不全，影响使用。

2)原因分析

(1)施工技术交底不详细或执行不到位。

(2)作业人员未熟悉图纸。

3)防治措施

(1)选用消防部门批准使用的合格消防产品。

(2)严格按国家标准图集施工，保证栓、阀位置安装正确，消防产品配置齐全。

(3)加强消火栓、箱的成品保护，防止器材损坏和丢失，如图5-3-9所示。

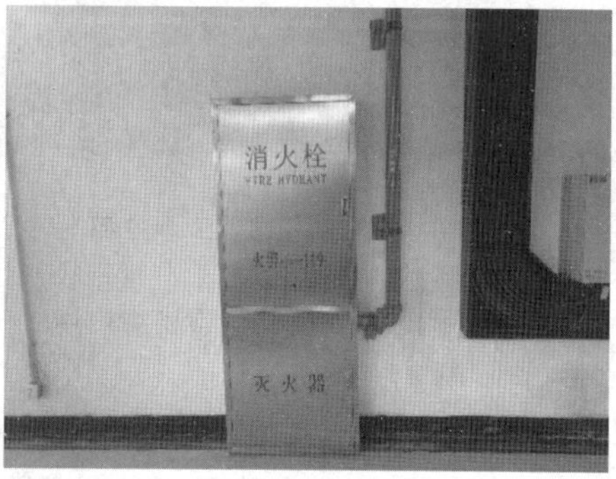

图5-3-9　消防箱安装

8. 排水管安装质量问题

1)现象

排水管道穿越楼层未设置阻火圈，排水主干管处弯头处无检修口，如图5-3-10所示。

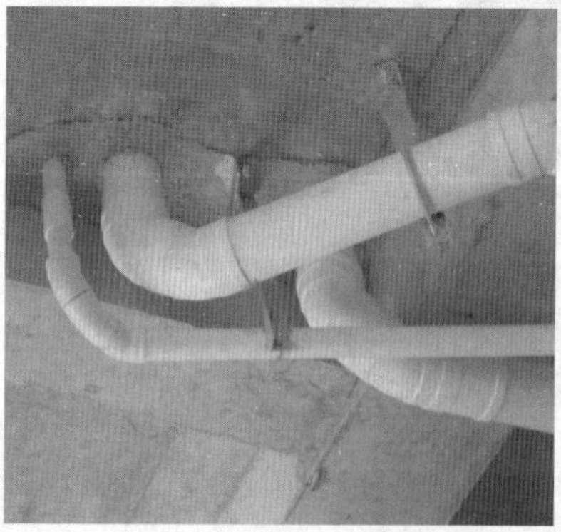

图5-3-10　排水管安装未设置阻火圈

图5-3-11　穿越楼板排水立管安装

2)原因分析

(1)施工技术交底不详细或执行不到位。

(2)作业人员未熟悉图纸。

3）防治措施

（1）对施工人员进行详细的技术交底。

（2）对施工现场穿越楼板的排水管道设置安装阻火圈，如图5－3－11所示。

5.4 给排水的典型做法

1. 套管的预留

管道穿过墙壁和楼板，应设置金属或塑料套管。安装在楼板内的套管，其顶部应高出装饰地面20 mm；安装在卫生间及厨房内的套管，其顶部应高出装饰50 mm，底部应与楼板底面相平；安装在墙壁内的套管其两端与饰面相平。穿过楼板的套管与管道之间缝隙应用阻燃密实材料和防水油膏填实，端面光滑。穿墙套管与管道之间缝隙宜用阻燃密实材料填实，且端面应光滑。管道的接口不得设在套管内。

卫生间排水立管穿楼板时应设止水环；明装消火栓管道穿楼板处设国标镀锌钢套管，套管高出地面50 mm；管道井内所有给排水管道穿楼板处设PVC－U套管，套管高出地面50 mm；所有伸屋面管道均需预埋防水套管，套管材料采用焊接钢管，翼环厚5 mm。

注意事项：

（1）标高严格按照设计图纸的要求安装；水平度、垂直度达到规范要求。

（2）掌握套管预留预埋时机。土建制模完毕后，或二次结构砌体砌筑时，安装专业需配合土建进行套管预留预埋；套管安装尽量避免损坏或切断钢筋。

（3）套管埋设时要固定牢固，防止浇筑混凝土时套管发生移位。楼板套管可用铁丝、铁钉固定；穿墙、梁套管须增加负筋绑扎固定。

（4）土建基础结构承台下的埋地管道安装完毕后要复查试水，隐蔽后如果出现问题将无法整改。

（5）排水管道套管要注意预埋坡度方向，不得使安装后的排水管出现倒坡。

（6）预留预埋完毕后注意成品保护，套管端口必须封堵好，防止浇筑混凝土时，混凝土堵塞套管。

（7）浇筑混凝土前，对预留预埋进行复检；浇筑过程中派人跟进检查。

管道穿越后砌墙体时，根据穿越处墙体饰面两边界限在地面上划线定位，通过红外线水平仪器把墙体界限在穿越管道上精确定位，保证套管安装后与后砌墙体饰面平齐。同时在套管内部设置支撑，使得套管中心与管道中心保持一致，保证套管完美居中，确保完工后整体美观，如图5－4－1所示。

图 5-4-1　后砌墙套管安装

2. 支架的制作及安装

管道支、吊、托架的安装，应符合下列规定：位置正确，埋设应平整牢固。固定在建筑结构上的管道支、吊架不得影响结构安全。

采用金属制作的管道支架，应在管道与支架间加衬非金属垫或套管。

金属排水管道上的吊钩或卡箍应固定在承重结构上，固定件间距应满足横管不大于 2m；立管不大于 3m。楼层高度小于或等于 4m，立管可安装 1 个固定件。立管底部的弯管处应设支墩或采取固定措施。

注意事项：

(1) 管道支架离墙、柱的距离及管道与管道中心距离应满足图纸设计要求。支架间距符合规范要求。支架尖角处可打磨圆角，如图 5-4-2 所示。

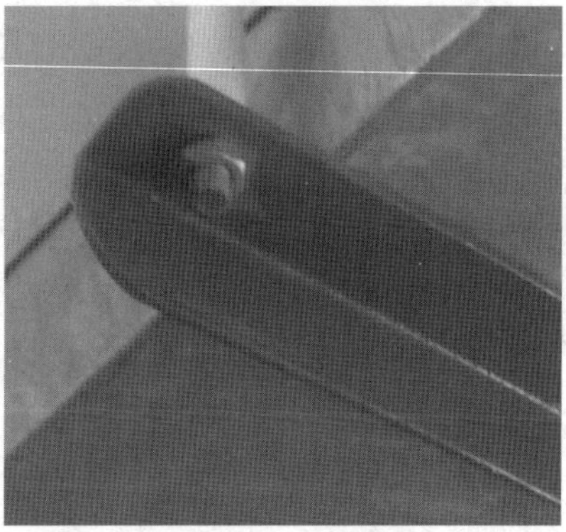

图 5-4-2　支架圆角

(2) 固定在建筑结构上的管道支、吊架不得影响结构安全。

(3) 针对不同管线，按照设计和规范要求，设置固定支架、导向支架或滑动支架。

(4) 支架的间距及密度按照设计及规范要求进行设置。支架尽量安在梁、剪力墙等承重结构上。

(5) 管件、阀门集中处要加支架，特别是大阀门及附件两侧须加设支架，防止应力过大。

(6) 不锈钢管、铜管与支架，管卡应垫胶垫绝缘，以防止电化学腐蚀。

3. 螺纹连接处防腐处理

螺纹连接的镀锌钢管连接处应有2～3扣的外露螺纹，经清除多余的麻丝填料后对外露螺纹做防腐处理，如图5－4－3所示。

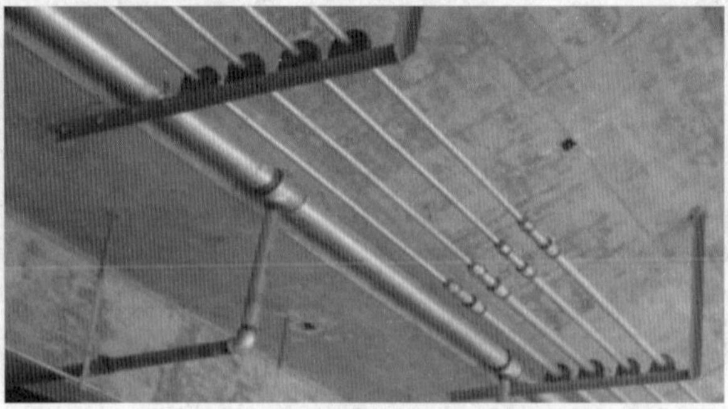

图5－4－3　螺纹连接管道及防腐处理

4. 水管防火封堵

排水塑料管道应按要求设阻火圈或防火套管，管道穿墙处用防火泥封堵，如图5－4－4、图5－4－5所示。

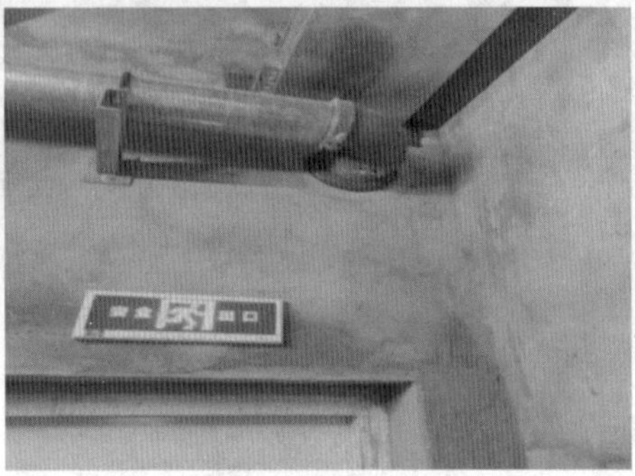

图5－4－4　塑料管设置阻火圈

图5－4－5　管道穿墙防火封堵

5. 水泵接地

将水泵的金属外壳用导线与地相连，避免表面带电危害人体，如图5－4－6所示。

图5－4－6　水泵外壳接地

6. 设备阀门安装

设备出口管道处，立管上阀门标高统一，方向一致，操作方便，如图5－4－7、

图 5－4－8 所示。

图 5－4－7　集水井排水泵阀门

图 5－4－8　机组阀门

7. 卡箍连接管道支架的设置

沟槽式(卡箍、卡套式)连接的给水钢管在相邻两个接口间必须设置管架，避免沟槽式配件卡箍连接处受力。

为保证沟槽弯头处连接牢固稳定，可采用对拉支架加强固定，避免水流冲力可能造成管件的松动与脱落。标准化安装示例图如图 5－4－9 所示。

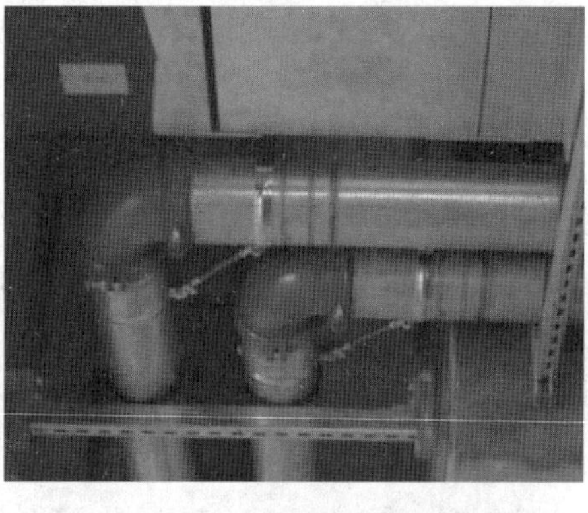

图 5－4－9　管道对拉支架

8. 管道金属保护壳

金属保护壳应紧贴绝热层，不得有脱壳、褶皱、强行接口等现象。接口的搭接应顺水，并有凸筋加强，搭接尺寸为 20～25 mm。采用自攻螺丝固定时，螺钉间距应匀称，并不得刺破防潮层，如图 5－4－10、图 5－4－11 所示。

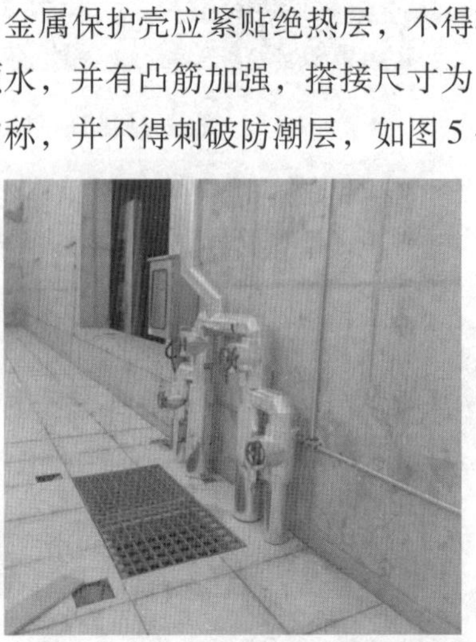

图 5－4－10　风井集水井管道保温

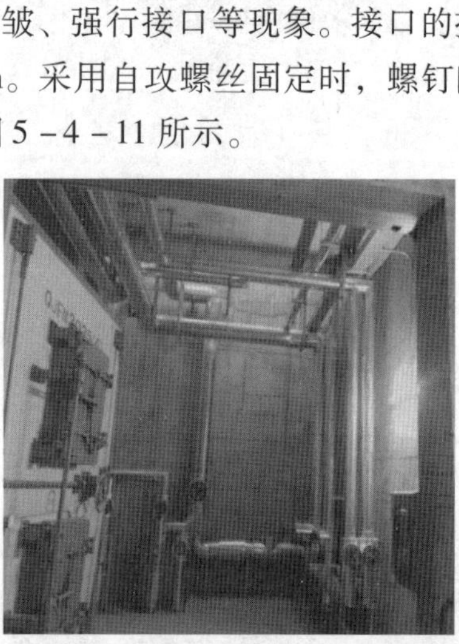

图 5－4－11　风井进水总管保温

户外金属保护壳的纵、横向接缝，应顺水；其纵向接缝应位于管道的侧面。金属保护壳与外墙面或屋顶的交接处应加设泛水。

9. 区间废水泵房

区间废水泵房管道，应做好防腐工作，避免潮气对管道的腐蚀。

10. 卫生间洁具安装

卫生间洁具安装应在给水、排水管道点位定位时与装修专业相互沟通确认，使洁具、地漏、龙头等均“局部”居中，与地砖对缝，保证美观，如图5-4-12、图5-4-13所示。

图5-4-12 洁具间距一致

图5-4-13 地漏居中布置

11. 管道标识、阀门挂牌

清晰的标注管道的介质及流向，可以减少运营维护时的操作错误，如图5-4-14、图5-4-15所示。

图5-4-14 阀门及管道回路挂牌

图5-4-15 管道标识

12. 弯头托架

根据弯头外形加工制作曲面支撑钢板，托架管中心应与支撑板中心一致；将法兰安装在托管高度中间位置，法兰螺栓向下，外露长度为螺杆长度的1/2且长度一致；托架顶部焊接曲面支承钢板，钢板与管道之间设橡胶垫，与弯头底部焊接牢固，防锈漆及面漆涂刷均匀、无污染，如图5－4－16所示。

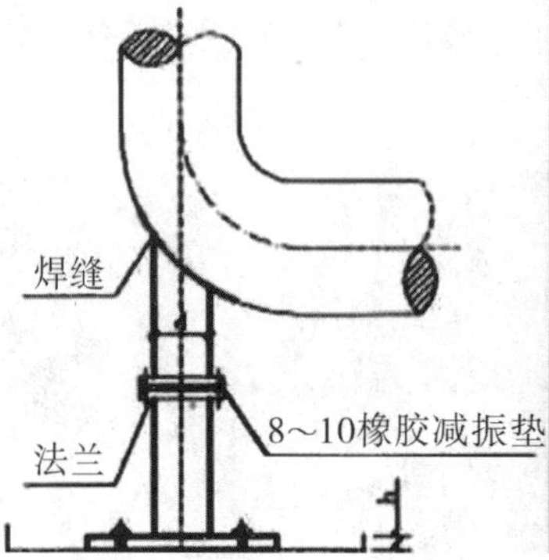

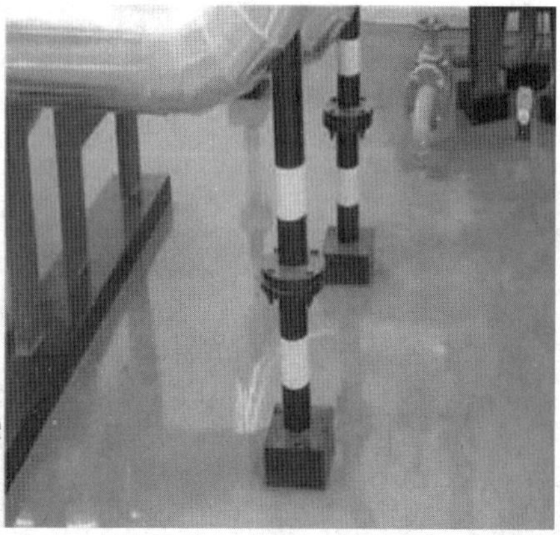

图5－4－16　弯头托架

6 低压配电与照明系统

6.1 系统概述

1. 低压配电与照明系统系统

车站、区间的低压配电系统安装工程的内容主要包括：低压开关柜；应急照明电源装置(EPS)安装、调试；照明配电箱、动力配电箱、双电源切换箱、控制箱及维修电源箱安装、调试；密集型母线槽安装、调试；公共区和出入口应急照明灯具、设备区所有灯具、疏散指示牌、区间所有灯具安装、调试；公共区和出入口LED灯具安装、调试；电缆敷设、测试；电缆桥架安装；设备接地安装、测试等。

低压配电系统及配电方式通常为变电所0.4 kV低压侧采用单母线分段接线方式，用电负荷按负荷性质接在不同的母线段上，通信、信号、车控室、疏散时要求开启的自动扶梯等一级负荷由0.4 kV开关柜不同母线段各出一路电源到供电末端自动切换后供电，二级负荷采用从0.4 kV开关柜一、二级负荷母线段出一路电源直供，三级负荷从0.4 kV开关柜三级负荷母线出一路电源配到照明配电室三级负荷小动力配电箱后，采用放射式供电至各用电设备。车站设备的控制分车控室控制、低压配电室集中控制、就地控制三级负荷。

环控设备包括隧道风机的风机及风阀、车站大小系统的送排风机及风阀、冷水系统设备、变频多联空调等。

2. 照明系统及配电方式

地铁站的照明通常包括安全电压、广告、导向、正常照明、应急照明等方式。供电方式采用放射式和树干式相结合。应急照明则通过专门的应急照明系统配电。车站的站厅站台两端设备区分别设置照明配电室控制相关区域的照明。

地铁站的应急照明系统是由应急照明电源装置(简称“EPS”)组成的系统，正常情况下，应急照明电源装装置由降压变电所的两段交流低压母线各供一路三相电源(手动选择任一路电源为主用电源)，当主用电源故障时，由进线电源自动投切装置进行控制，备用电源自动投入，保证一路电源的正常工作，蓄电池处于浮充状态，应急照明负荷和疏散标志照明由交流低压母线供电。应急照明电源系统容量应能保证应急照明和疏散标志照明负荷运行90min的用电需求。

3. 接地防雷系统

车站结构设综合接地网，分别是强电接地端口、弱电接地端口、车站金属管线接地端口。供电房、照明配电间、通风空调电控室、污水泵房、冷冻机房、消防泵房、废水泵房及有洗浴设备的卫生间、淋浴间均设置局部电位箱，弱电接地箱及弱电接地端子排，应与房间内预留接地预埋件连接，形成一个环形接地网。

6.2 施工方法

6.2.1 低压配电及照明系统施工流程(图6－2－1)

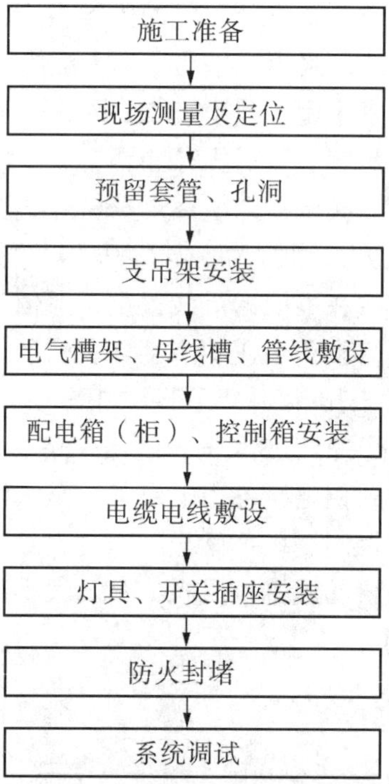

图6－2－1 低压配电及照明系统施工流程

6.2.2 施工准备

准备工作	工作内容
BIM专业建模、模型调整、施工技术准备	根据施工图纸，由项目总工牵头，BIM建模负责人，车站站长以及专业主管对本专业施工模型进行校对
	施工前的技术准备： (1)在对车站BIM模型深化、设计图纸研读后组织进行专业管线碰撞检查、设计图纸会审； (2)由专业模型技术员和专业工程师负责，对施工班组进行施工计划、施工规范及标准图集的施工技术、工艺交底； (3)由专业工程师、专职安全员负责，对施工班组进行安全交底； (4)由专业工程师利用project或P6编制的施工计划，进行计划准备、质

续表

准备工作	工作内容
BIM专业建模、模型调整、施工技术准备	量计划准备、施工现场和施工方案准备、施工前技术交底准备，拆分专业施工过程，形成有效可行的施工计划； (5)专业BIM建模技术员对模型进行分解，导出本专业所有材料设备清单
劳动力准备 教育培训计划	(1)可视化施工交底：利用BIM模型的漫游功能，对施工班组进行安装技术交底、安全交底； (2)组织劳动力进场：在工程施工前，由项目部根据工程需要制定劳动力进场计划，呈送工程部审核后，由人力资源部进行人员调度； (3)劳动力的培训：劳动力进场前必须进行必要的培训，培训包括下列内容：工程相关情况介绍、安全技能培训和生产技能培训。各进场人员能充分认识本工程的重要性，增强参建本工程的荣誉感，提高参建人员的积极性，以建设好本工程
施工机具和 检测用具准备	在施工中将用到的施工机具和检测用具，由工程部制定《施工机具进场计划表》，经项目经理审批后送材料设备部调拨或购买。施工机具上粘贴标识二维码方便机具管理及维护
施工材料、设备准备	施工材料设备的准备包括材料的选型、审批、订购及报验，由项目材料设备部负责 由BIM工程师对专业模型进行拆分，通过BIM模型导出材料清单，本专业使用的所有设备基础、桥架、线槽全部进行预制加工，实现工厂化生产、现场拼装 所有主材进场前必须标记二维码标识
交通和吊装运输设备准备	利用三维模型，通过漫游方式对设备运输路径对装修专业以及相关施工班组进行设备运输交底 设备材料进场前要充分考虑材料设备的运输路线、二次搬运路线、设备吊装的方法，同时要准备好材料设备运输、二次搬运、设备吊装的工具 本专业设备主要是低压柜和环控柜，虽然以上设备质量不是很大，但体积较大，并且受现场条件的限制，材料设备的运输通道必须提前进行考察和相关单位协调，设备材料的运输通道从排风口等位置进入站厅层现场后进行二次搬运

6.2.3 电气槽架安装

1. 工艺流程(图6－2－2)

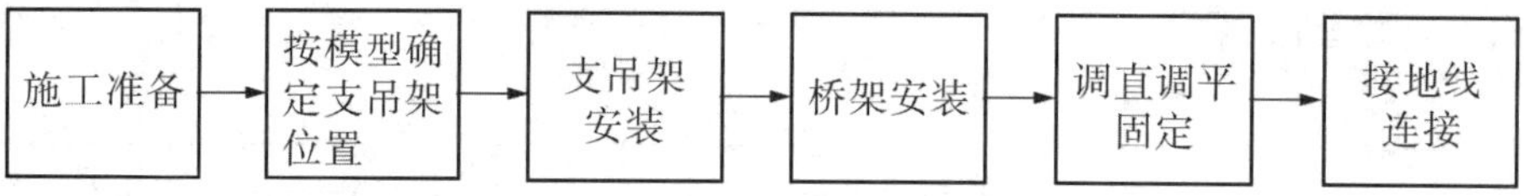

图6－2－2 槽架安装流程

2. 施工工艺及方法

1)施工准备

根据施工图纸，结合BIM模型及管线综合排布方案，确定好槽架的走向、标高规格型号及安装工艺。按照槽架布置做好支吊架设置方案，规划各部位的支吊架材质、选型，位置及施工方法等，完善好BIM模型的管线走向及支吊架设置。通常车站电气槽架支吊架设置方式如表6－2－1所示。

表6－2－1 车站电气槽架支吊架安装方式

序号	位 置	支吊架采用方式
1	设备区走廊	综合支吊架
2	公共区	综合支吊架或通丝吊杆＋型钢托架
3	低压配电房、环控电控室	型钢支吊架
4	垂直管井	角钢支吊架

2)支吊架定位及安装

(1)依据BIM模型支吊架设置相关信息，进行现场定位，有条件的项目可结合放线机器人进行放线定位工作，依照测量尺寸完善支吊架制作参数。桥架材质、型号、厚度及附件必须满足设计及施工规范。

(2)支架必须安装牢固，保证横平竖直，桥架水平支撑的跨距一般为1.5～3m，垂直敷设的固定点一般不大于2m。

(3)采用通丝吊杆＋型钢托架方式的水平桥架，应在槽架的首/末端、转角/三通分支处、直线段每30m处设置刚性支架。垂直桥架每段中间采固定支撑，以防摇晃、下垂、振动和共振，槽架悬吊式安装工艺大样图参照图6－2－3所示。

(4)低压配电房和环控电控室的槽架电缆集中，载荷大，应采用型钢支吊架。

设备区走廊通常采用综合支吊架，应与其他专业协调好施工工序。公共区支吊架布置时考虑公共区装修及其他专业的吊架位置，避免碰撞。

3)槽架安装可采用悬吊式安装

(1)通过 BIM 模型进行全专业(含通号专业等)合模、间隙碰撞和综合调整，然后按调整后的深化图定位施工，导出材料清单，交给材料组与工厂协调进行线槽预制加工。

(2)槽架通常采用悬吊式安装方式(图 6-2-3)或沿墙安装方式(图 6-2-4)。

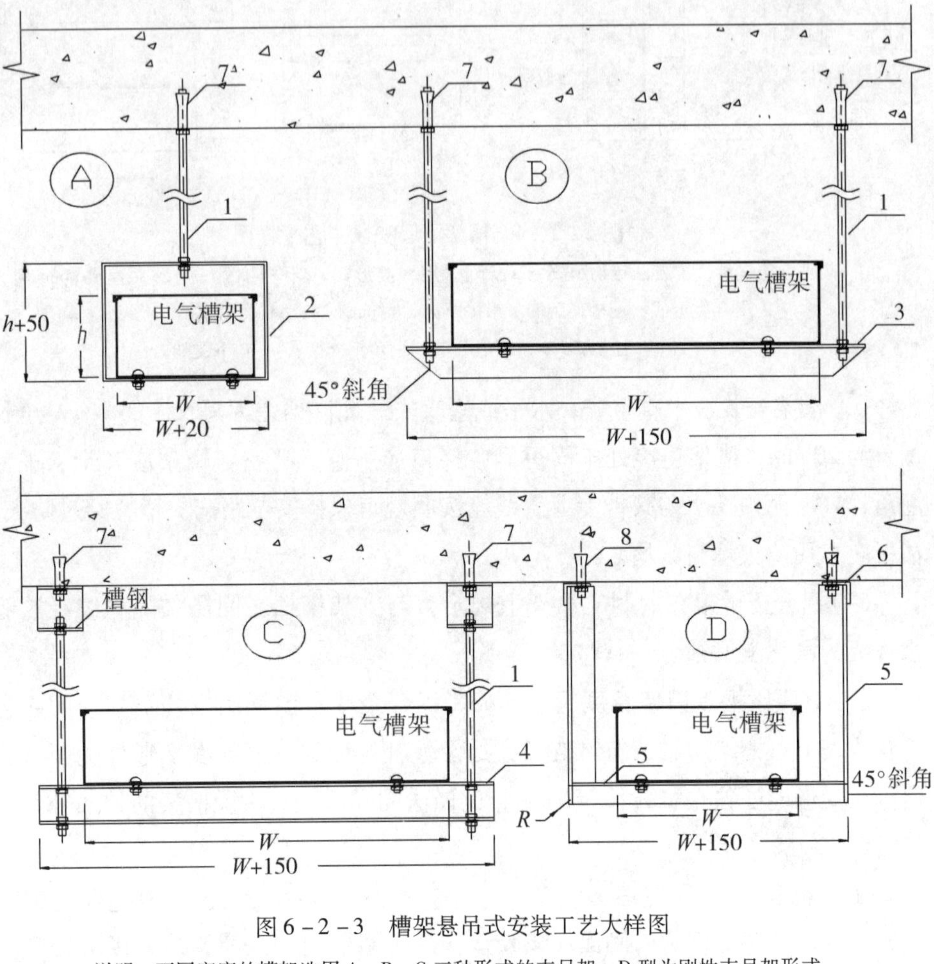

图 6-2-3　槽架悬吊式安装工艺大样图

说明：不同宽度的槽架选用 A、B、C 三种形式的支吊架，D 型为刚性支吊架形式。

1—镀锌丝杆；2—镀锌扁钢吊框；3—角钢托架；4—槽钢托架；5—型钢支架；6—支架脚撑；7—顶爆螺栓；8—拉爆螺栓

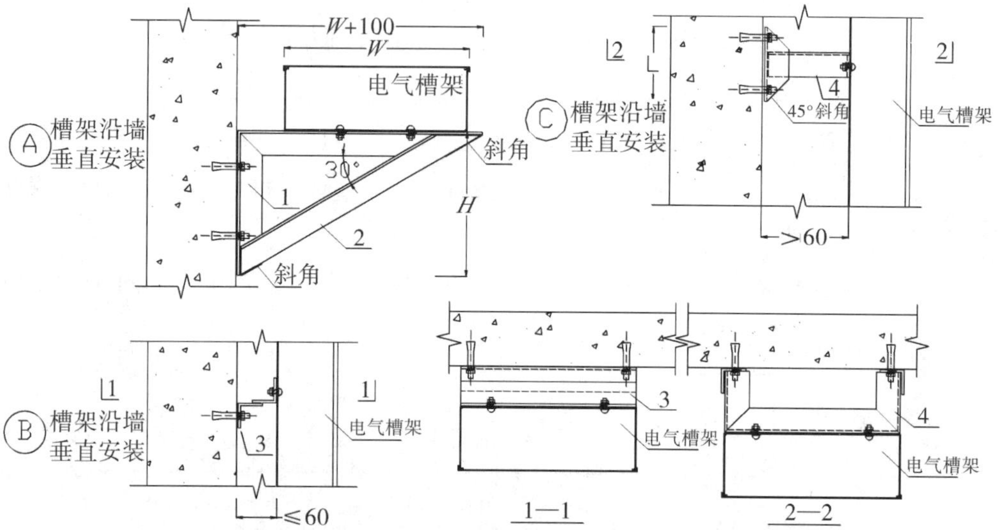

图 6－2－4　槽架沿墙安装工艺大样图

说明：当槽架离上方固定物距离≥2m，可采用 A 类形式；当槽架距墙身水平距离≤60mm 时，采用 B 类形式；当槽架距墙身水平距离＞60 mm 时采用 C 类形式。

1—角钢支架；2—支架斜撑；3—角钢支架；4—角钢支架

(3)槽架安装应平直整齐，水平或垂直安装允许偏差为其长度的 2‰，全长允许偏差为 20 mm；槽架连接处牢固可靠，接口应平直、严密，桥架应齐全、平整、无翘角、外层无损伤。与其他专业管线应按照规范保持安全距离。槽架穿过防火分区、楼板应采用防火填料封堵。

(4)铝合金桥架在钢制支吊架上规定，与支架横档之间需加隔离绝缘胶垫，防止桥架的电化学腐蚀。

(5)直线段钢制槽架长度超过 30m、铝合金或玻璃钢制电缆桥架长度超过 15m 设有伸缩节；槽架跨越建筑物变形缝处设置补偿装置。槽架在变形缝处断开，槽架覆盖在变形缝处独立安装长 300 mm，此做法同样适合直线段槽架的伸缩补偿，做法如图 6－2－5 所示。

(6)桥架在转弯、三通等位置，为避免敷设电缆时弯头、三通配件刮破或损伤电缆外层，可在配件的内侧面加垫胶垫。由桥架引出的金属管线，接头处应用锁母固定。在电线或电缆引出的管口部位应安装塑料护口，避免出线口的电线或电缆遭受损伤。

(7)竖井内桥架的垂直安装，固定支架间距不大于 2 m。同一垂直管井内槽架安装形式应一致，参照图 6－2－5 所示沿墙安装方式。

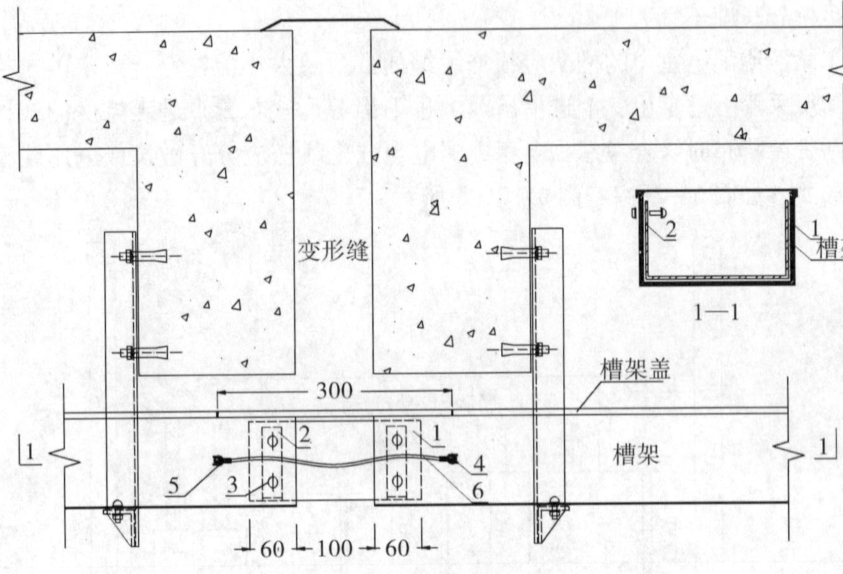

图 6－2－5 槽架过变形缝处施工工艺大样

说明：1—防火帆布；2—U 形压条；3—圆头螺栓；4—开口压线线耳；5—镀锌螺栓；6—多股铜芯软线

3. 常见问题及解决方法

1）线槽与配电箱连接常见问题及解决方法

桥架与挂壁配电箱的连接明装配电箱出线回路较多者，从配电箱至上部水平桥架垂直敷设一条带盖板槽式电缆桥架，且此桥架同水平敷设的电缆桥架相连接。挂墙式配电箱的垂直引出桥架宽度在 150 ～ 300 mm；落地式配电箱的垂直引出桥架宽度在 400 ～ 600 mm，或根据出线数量现场调整。线槽进入电箱的入口，应加装绝缘板，绝缘板上开比电箱进线口小的孔，并在孔的四周安置绝缘胶，保证电线避免割伤。并保证线槽与电箱的接触位无缝隙。如图 6－2－6 所示。

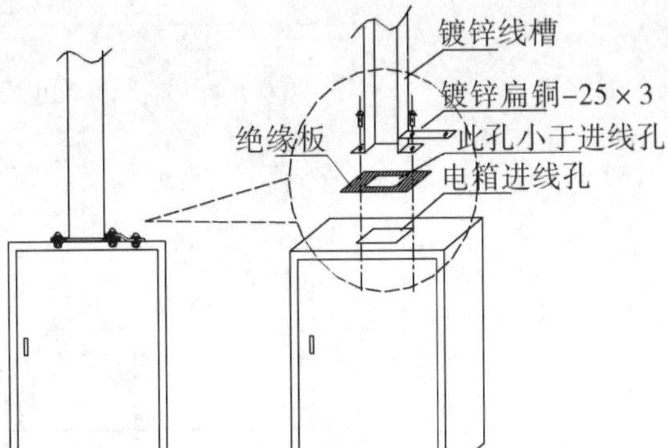

图 6－2－6 线槽与配电箱连接方式大样图

2）槽架布置常见问题及解决方法

槽架在车站管线综合时，应充分考虑槽架的标高及走向，并预留一定的敷设电缆施工空间，特别是注意电缆集中的设备区走廊进入配电房的主槽架，以便电缆敷设。要求距上部管线净空为 200 mm 以上，如局部不能满足时，局部不少于 150 mm。

不满足桥架长度不宜大于2 m。

车站照明配电室内的槽架应根据线缆的数量及大小配置符合要求的规格，根据实际情况采用下进下出、上进上出及上进下出等形式布置。进出电房的线槽位置应与车站管综排布时综合考虑。电房内弱电与强电线槽应分开敷设或采用线槽内设隔板的形式，如图6-2-7、图6-2-8所示。

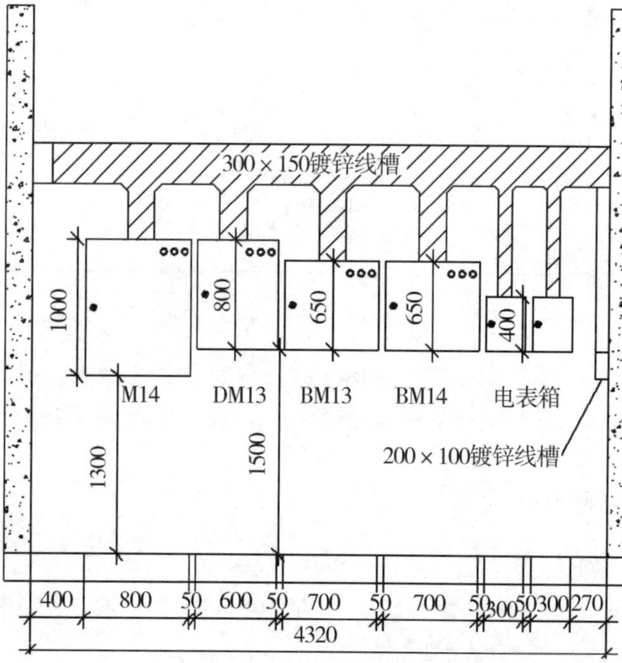

图6-2-7　照明配电室电箱排布（上进上出）

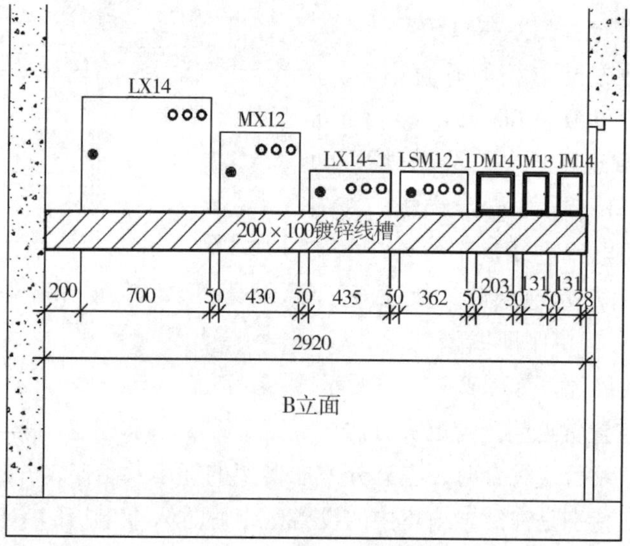

图6-2-8　照明配电室电箱排布（下进下出）

6.2.4　母线槽安装

1. 工艺流程(图6－2－9)

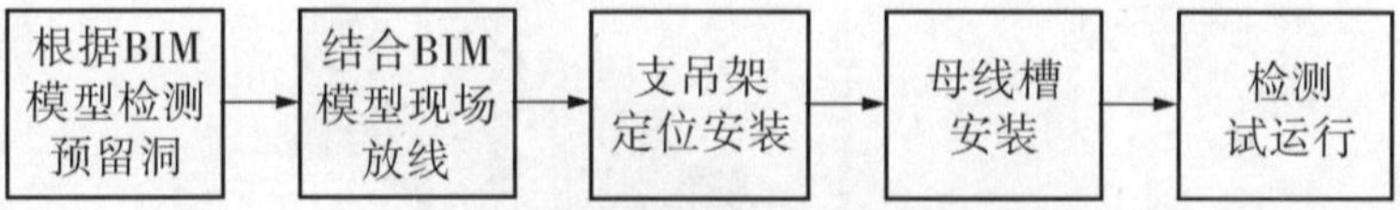

图6－2－9　母线槽安装工艺流程

2. 施工工艺及方法

1)现场测量放线

封闭式插接母线的每节封闭式插接母线都是定型产品，故定货前必须到敷设现场实地进行精确测量，协调、绘制出各专业管道、风管等综合布置模型，确定母线敷设位置尺寸，确定各种形式规格母线的数量和长度，才可与生产厂方成套订货。

2)支吊架安装

(1)支吊架采用角钢或槽钢制作，其形式有“一”字形、“L”形、“└┘”形、“T”形4种。

(2)插接母线固定支架间距不得超过3m，支架采用膨胀螺栓固定建筑物。

(3)封闭母线在拐弯处及与箱(盘)连接处必须加支架，直线段支架距离不宜大于2m。

(4)支架安装位置正确，牢固，成排安装时应排列整齐，间距均匀。

3)母线槽的安装

(1)封闭母线安装之前，应核对其规格、数量、配件等，对母线及附件进行外观检查，成套供应的封闭式母线应标志清晰，母线搭接面应平整，封闭式插接母线安装前必须检查其外观，必须无损伤、变形，实测每节封闭母线的相对相、相对地的绝缘电阻不得低于20 MΩ。

(2)封闭母线连接采用高强螺栓连接，力矩扳手拧紧，连接处牢固无缝隙。当母线段与段连接时，两相邻段母线及外壳对准，连接后不使母线及外壳受额外应力，外螺母拧断为止。

(3)母线宜在每节设一处吊架，母线的固定点，每段设置1个，设置于全长或两母线伸缩节的中点。

(4)封闭、插座式母线组装和固定位置应正确，外壳与底座间、外壳各连接部位和母线的连接螺栓应按产品技术文件要求选择正确，连接紧固。

(5)封闭母线水平安装如图6－2－10所示。

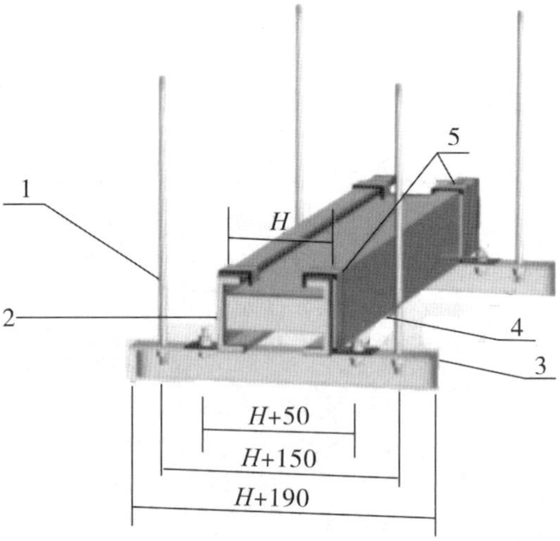

图 6-2-10　母线槽水平安装示意图

1—支架吊杆；2—压板；3—支架横担；4—压板；5—母线

(6)母线绝缘摇测及交流工频耐压试验。

母线支架和封闭、插接式母线的外壳接地(PE)或零(PEN)连接完成，母线绝缘电阻测试和交流工频耐压试验合格，才能通电。

母线安装完后，需对母线进行绝缘摇测及交流工频耐压试验。母线的交流耐压试验符合规范要求，低压母线的交流耐压试验电压为 1 kV，当绝缘电阻值大于 10 MΩ时，可采用2500 V 兆欧表摇测代替，试验持续时间 1 min，无击穿现象。

(7)母线通电试验。

母线支架和母线外壳接地完成，母线绝缘电阻测试和工频交流耐压试验合格，进行通电试运行。

6.2.5　低压配电柜、箱安装

1. 配电柜安装

1)工艺流程(图 6-2-11)

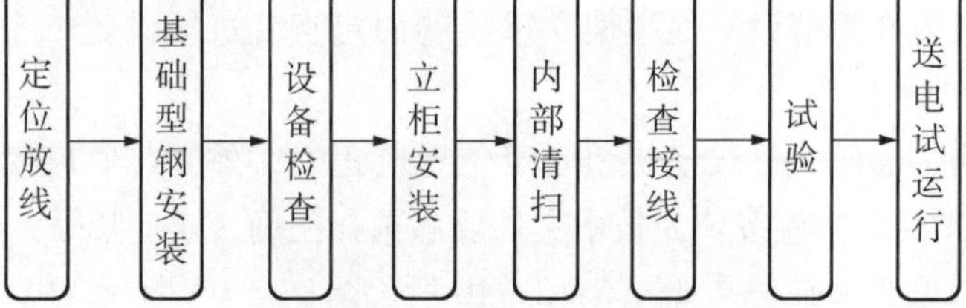

图 6-2-11　配电柜安装流程

2)施工方法

(1)配电柜的吊装、水平转运任务量很大，在实施前要进行合理的计划。

(2)配电柜安装在整体槽钢基础上，安装前要进行整体槽钢焊接制作、防腐及安装调整。柜、箱相互间或与基础型钢应用镀锌螺栓连接，且防松零件齐全，柜体与槽钢需加接接地跨接线。实体完成效果如图6－2－12所示。

图6－2－12　配电柜安装

(3)配电柜安装完成后，安装变电所内的桥架和母线。配电柜进出电缆开孔使用线锯或开孔钻。电缆敷设完成后封闭。母线金属外壳、桥架与柜内接地母排用专用接地线可靠接地。桥架与配电箱(柜)连接处采用橡胶板连接，以保护导线和电缆。配电柜进线连接、胶板封闭完成后，再用防火泥封堵剩余缝隙，如图6－2－13所示。

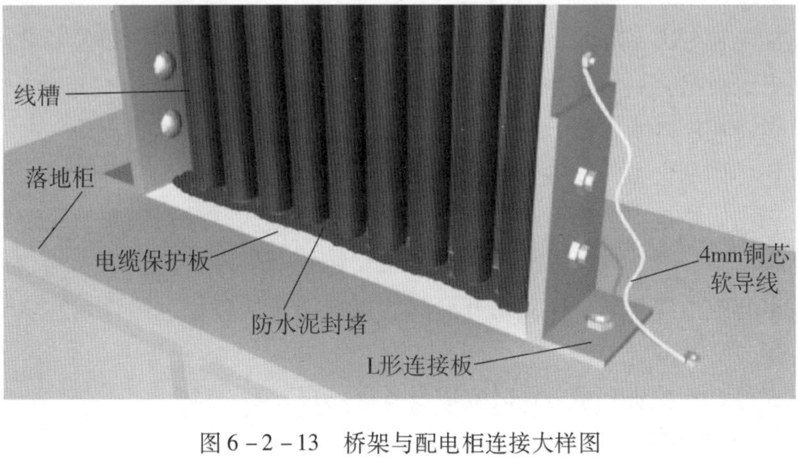

图6－2－13　桥架与配电柜连接大样图

2. 配电箱安装

1)工艺流程(图6－2－14)

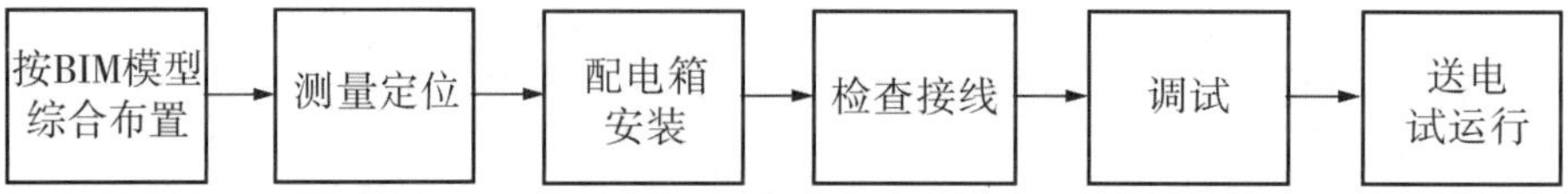

图6－2－14　配电箱安装流程

2)施工方法

(1)配电箱安装方式，如表6－2－2所示。

表6－2－2　配电箱安装方式

序号	项　目	安装场所	安装方式	安装高度
1	照明、动力配电箱、控制箱	设备区和管理用房、照明配电室	挂墙明装	距地1.3 m，大箱体可适当降低，同一配电室统一底标高≥0.9 m
2	电源切换箱	公共区、有装修要求的房屋	挂墙明装	
3	照明配电箱	照明配电室	挂墙明装	
4	维修箱电源箱	车站、区间	挂墙明装	区间维修箱安装高度底边距区间轨面0.75 m
5	电源切换箱	出入口	挂墙暗装	按照土建预留位置安装
6	落地式安装的配电箱	设备区	落地式	做10#槽钢底座

(2)配电箱进场验收。

①配电箱(柜)到场后，要按设计图纸检查其箱号、箱内回路号，并对照安装设计说明书进行检查，均应满足设计要求和规范要求。

②设备箱体外观检查，应无损伤及变形，油漆完整，色泽一致。

③箱体内部电器元配件齐全，操作部分动作灵活。

④箱内线路走向合理，色标齐全；二次接线正确，排列整齐，固定牢固，回路编号清晰。

⑤电柜或电箱金属框架和可开启门的接地端子用黄绿色绝缘铜芯软导线连接且进行标识。

⑥做好开箱检查记录，及时完成设备进场报验等手续。

(3)配电箱安装。

①根据设计要求确定配电箱(柜)位置，并按照箱(柜)的外形尺寸进行弹线定位。复核预埋件及预留孔位置是否正确，标高尺寸是否符合要求。

②根据进出电缆电线的方向及桥架的规格，在配电箱的顶部或底部开孔。配电箱的所有开孔处的边缘须用橡胶板保护孔，以防止损坏电线电缆。

③挂墙明装配电箱应根据弹线定位的要求找出准确的固定点位置，用冲击钻在固定点位置钻孔，孔径应刚好将金属膨胀螺栓的胀管部分埋入墙内，且孔洞平直不得歪斜。线槽接入电箱要求线槽水平、垂直，主线槽与分支线槽连接口转角平顺，如图6－2－15所示。

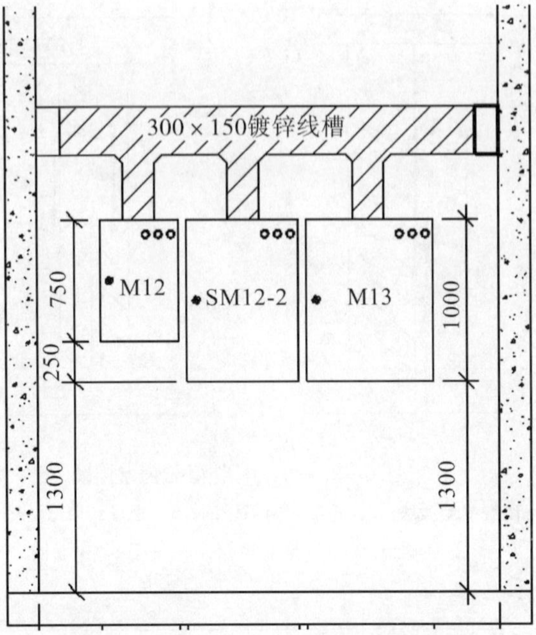

图6－2－15　线槽接配电箱安装示意

④配电箱安装应注意复核结构的预留洞，安装箱体时根据墙面具体做法，给箱体预留出墙距离，稳住箱体后用水泥砂浆填实周边缝隙，标高应符合设计要求，完成后确保配电箱箱盖紧贴墙面。

⑤部分尺寸较大的配电箱采用落地式，安装在基础槽钢上，具体做法可参考配电柜做法。

⑥在配电房内的配电箱整体布置要求：综合考虑配电箱属性及各电箱之间的关联性，合理布置配电箱的位置，做到既美观又操作方便。根据实际情况采用下进下出或上进下出等形式布置。电房内弱电与强电线槽应分开敷设或采用线槽内设隔板的形式。

⑦区间每隔100m设一区间维修插座箱，区间插座箱采用离墙安装、下进下出布线方式，安装高度为底边距区间轨面0.75m。

3. 常见问题及解决方法

1)电气管槽与配电箱(柜)连接常见问题及解决方法

地铁电气管槽与配电箱、配电柜连接施工中，做法不统一、不规范会导致施工质量参差不齐，通过统一施工工艺解决问题。施工工艺可采用以下的方法：

(1)配电箱配管施工方法(图6-2-16、图6-2-17)。

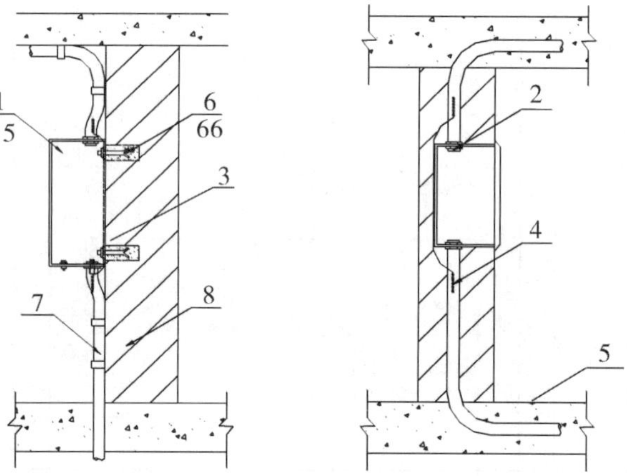

图6-2-16　配电箱配管大样图

1—配管明箱做法；2—暗配管暗箱做法；3—根母、锁母；4—接地线；5—配电箱；6—膨胀螺栓；7—钢管；8—墙体

图6-2-17　配电箱安装实例

1. 配电箱面盖突出墙面0.5mm；2. 与墙身接缝处连接紧密；3. 配电箱底边齐平

(2)配电柜桥槽架施工方法。

配电柜进出电缆开孔使用开孔钻或手持电动切割机，电缆敷设完成后封闭，做好防火封堵，桥架与柜内接地母线排用专用接地线可靠接地，如图6-2-18所示。

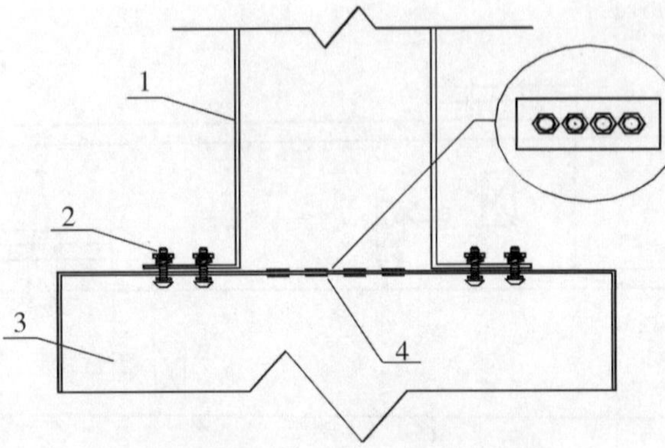

图 6－2－18　桥架接电箱大样图

1—桥架；2—螺母螺栓弹平垫；3—配电柜；4—锁母、根母

(3)配电柜配母线槽施工方法。

配电柜进出孔使用开孔钻或手持电动切割机开孔，母线槽连接完成后封闭。做好防火封堵，母线金属外壳与柜内接地母线排用专用接地线可靠接地。母线与配电柜连接，如图 6－2－19 所示。

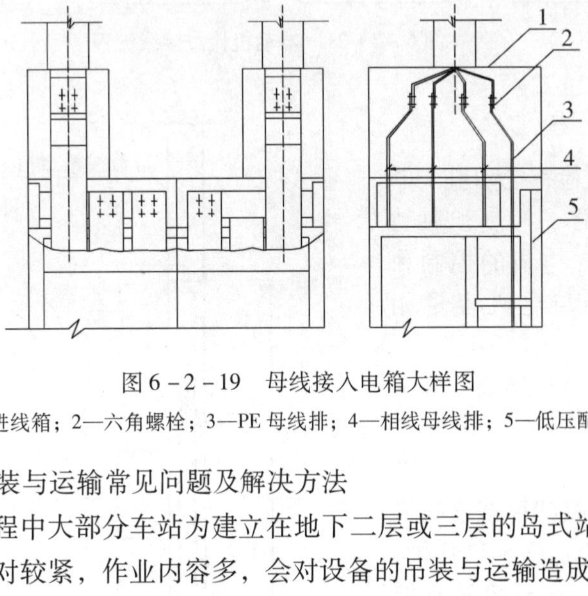

图 6－2－19　母线接入电箱大样图

1—进线箱；2—六角螺栓；3—PE 母线排；4—相线母线排；5—低压配电箱

2)配电柜吊装与运输常见问题及解决方法

轨道交通工程中大部分车站为建立在地下二层或三层的岛式站台车站，空间相对狭小，工期相对较紧，作业内容多，会对设备的吊装与运输造成较大的影响。

动力照明系统主要设备(环控电控柜、低压柜等设备)的吊装及运输，要根据现场施工调查的情况，利用吊装口将电柜吊到站厅层。如果低压配电柜等设备位于站台层，需在站厅进行二次运输后再通过站厅层楼板预留的风井转吊至站台，采用垂直吊装的方法进行吊装。与房建专业协调主要运输设备通道空间相对狭小的问题，预留足够的空调运输设备。然后用手动叉车将设备运到设备基础附近，再人工将设备抬到设备基础就位，如图 6－2－20 所示。

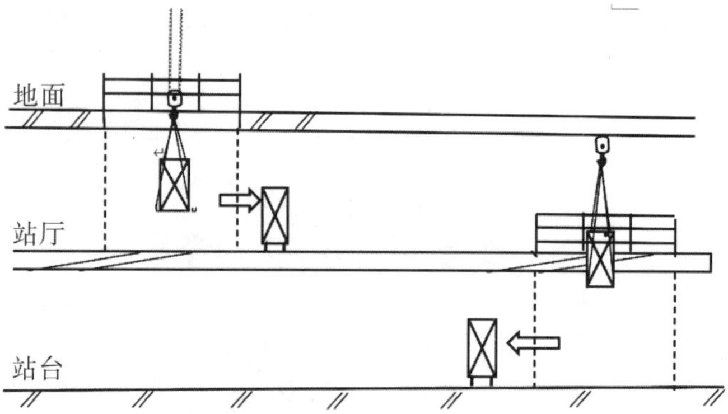

图 6－2－20　配电柜吊装与运输示意

6.2.6　电动机接线

1. 工艺流程图(图 6－2－21)

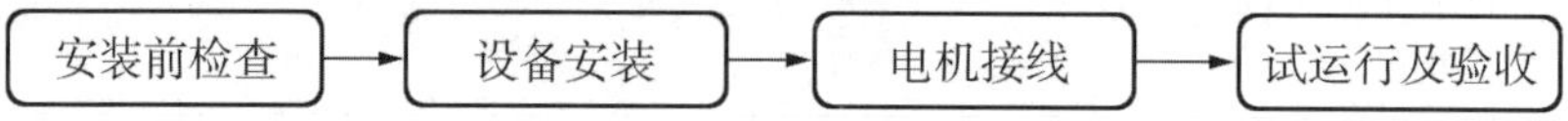

图 6－2－21　电动机检查接线流程

2. 施工方法

(1)安装前检查电动机、电动执行机构本体、控制和启动设备是否完好，电机的控制和保护设备是否与电机容量相符等。

(2)电缆与电机接线安装工艺大样图，如图 6－2－22 所示。

(3)电动机接线引至电动机接线盒的导线应加强绝缘保护，套金属保护管。电动机及其控制设备引出线压接应牢固，且编号齐全，接线前应对电机绕组进行绝缘测试。电动机三相定子绕组按电源电压的不同和电动机铭牌的要求，可接成星形(Y)或三角形（△）两种形式。

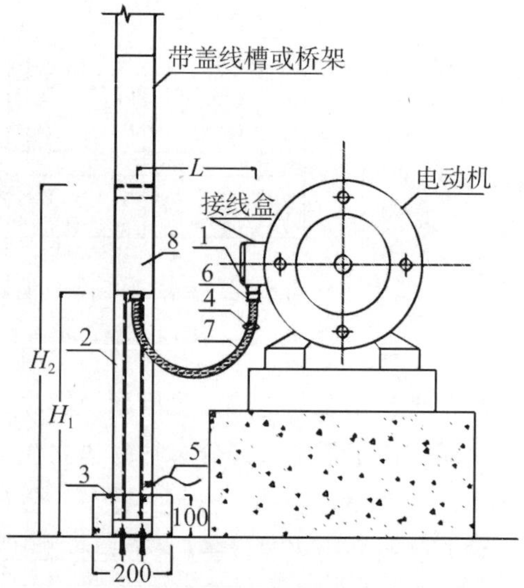

图 6－2－22　电缆与电机接线安装工艺大样图

说明：尺寸标准 $L=30D$，D 为电缆外径；H_2(支架高度)＝H_1+300 mm；H_1＝电机接线盒离地面高度。

1—成套电缆固定头；2—角钢支架；3—水泥墩；4—电缆标识牌；5—多股铜芯软线；6—软管接头；7—金属软管；8—线槽盖

6.2.7 电力电缆及控制电缆敷设

1. 电缆安装施工工艺流程(图6－2－23)

图6－2－23 电缆安装流程

2. 施工方法

1)施工前准备

(1)电缆及电缆盘运输到现场装卸时，不应受到损伤。电缆在现场短距离搬运，一般采用滚动电缆轴的方法，滚动时应按电缆轴上箭头指示方向滚动，如无箭头时，可按电缆缠绕方向滚动，切不可反缠绕方向滚动，以免电缆松弛。

(2)采用兆欧表测量电缆线间及线对地的绝缘电阻是否符合技术要求，测量后电缆头应用橡皮包布密封。

(3)提前规划电缆敷设顺序、线路和敷设辅助工具，一般采用人工牵引的方式放电缆。

2)电缆沿桥架敷设

(1)水平敷设应分不同等级将电压电缆分层敷设。控制电缆与电力电缆分开排列，当它们敷设在同一支架上时，控制电缆应放在电力电缆的下面，1 kV 及以下的电力电缆放在 1kV 以上电力电缆的下面。

(2)电缆敷设应避免交叉重叠，达到整齐美观，引出方向弯度、角度相互间距都应一致，并应在电缆首端、尾端、转弯及每隔 50m 处设有编号、型号及起止点等标志。标志清晰齐全，挂装整齐，无遗漏。拐弯处应以最大截面电缆允许弯曲半径为准。电缆终端头与接头附近宜留有备用长度，电缆终端上应有明显的相色标志，如图6－2－24、图6－2－25所示。

图6－2－24 电缆敷设效果

图6－2－25　区间电缆敷设效果

(3)垂直敷设最好是采取自上而下的方式。敷设时在电缆轴附近和电缆井附近采取防滑措施。垂直敷设时，每敷设一根，应立即固定一根。固定间距为2m。

(4)电缆进入电缆沟、隧道、竖井、建筑物、盘(柜)以及穿入管子时，应封闭出入口应封闭。

3)电缆固定及挂标识牌

(1)各处电缆放完后，要统一整理，排列整齐，并在水平敷设电缆的首末端、转弯处、电缆接头两端、垂直敷设或超过45°倾斜敷设电缆的每一支架上，用电缆扎带或卡子加以固定。

(2)电缆进出建筑物、电缆井的两端要挂标志牌。沿桥架敷设的电缆在其两端、拐弯处、交叉处应挂标志牌。

(3)标志牌应注明电缆编号、规格、型号及电压等级等。标志牌规格要一致，挂装要牢固。

3. 常见问题及解决方法

地铁的区间隧道电气施工中，电缆敷设是重要的施工内容。由于进入区间施工有严格的安全和时间要求，因此，如何高效地完成区间长距离电缆敷设是区间施工重点需要解决的问题。采用以下的区间隧道长距离电缆敷设施工方法，可以有效地解决问题。

1)施工方法

(1)可使用牵引机车协助的方式。机车应缓慢启动，避免因突然启动对放缆架造成大的冲击。机车启动后车速应控制在5km/h以下。

(2)电缆首先敷设在道床上，然后再人工敷设到电缆托架上。

(3)放缆轨道车上的联络员应随时注意电缆的放缆情况，发现异常及时通过对讲机与牵引机车上的联络员联系，以便机车司机及时调整机车速度或刹车进行故障排除。

(4)当机车运行至区间拐弯倾斜处时，需停车通过调整电缆盘下的千斤顶的高度确保电缆盘在拐弯处仍保持水平，避免电缆盘向一侧倾斜。

(5)当电缆敷设至剩下最后5圈时，应及时通知机车司机停车，改用人手放缆，避免电缆端头由于惯性作用甩下放缆车，导致发生安全事故。

2)施工示意图(图6-2-26)

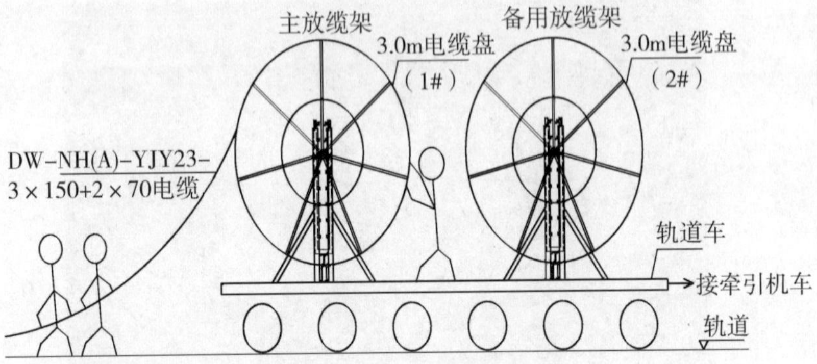

图6-2-26　区间电缆敷设示意

1—主放缆架；2—备用放缆架；3—1#电缆盘；4—2#电缆盘；5—轨道车；6—牵引机车

6.2.8　电缆头制作安装

1. 电缆头制作安装施工流程(图6-2-27)

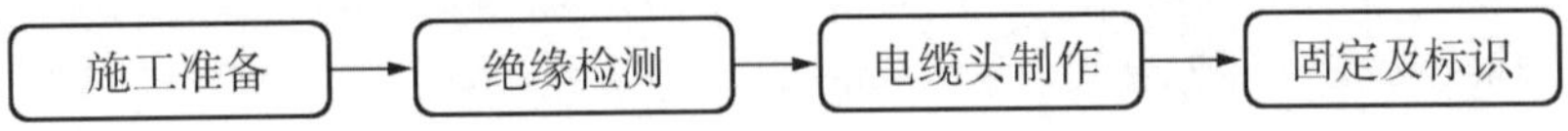

图6-2-27　电缆头制作安装流程图

2. 施工方法

(1)电缆头制作前应根据电缆头大小、采用的制作方式准备相关的工具及配件。一般电缆头50 mm以下采用普通干包封加塑料护套，50 mm以上采用热缩型电缆头制作控制电缆终端可采用一般干封包扎接头，应有防潮措施。

(2)电缆终端头的制作，应严格遵守制作工艺规程。制作电缆头前应做好检查工作，并符合以下要求：电缆线芯绝缘良好，所用绝缘包扎符合质量要求，制作电缆头的配件齐全并符合设计要求。

(3)制作电缆终端头时，要小心切割电缆，不能损坏绝缘，保证三叉口绝缘包扎良好；包缠绝缘时，绝缘带的搭盖应均匀，层间无空隙及折皱，注意清洁，防止污秽与潮气侵入绝缘层。

(4)电缆线芯连接时，铜线耳的规格应与线芯相符，采用机械压接，压模的尺寸应与导线的规格相符，确保铜线耳压接牢固。

(5)电缆终端头固定、牢固。与电气装置连接时，不应受到额外应力；必须相位正确的电缆引出线应用塑料相色带表明相色，相位标志清淅，并按图编号(要求挂电脑打印硬塑料标牌)。电力电缆施工完毕后，必须再做一次绝缘检查，并做好记录，安装效果如图 6-2-28 所示。

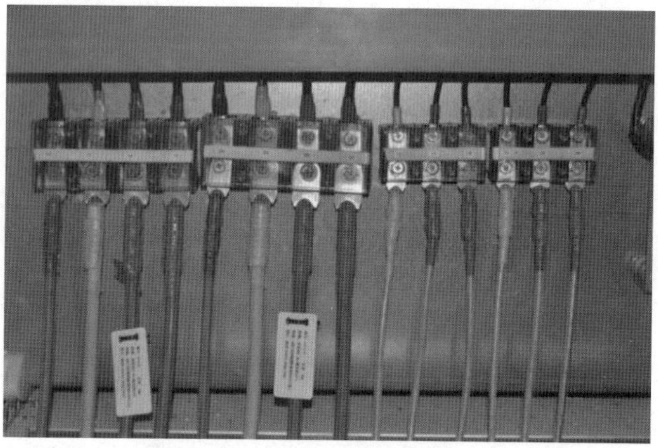

图 6-2-28　电缆头制作安装效果

6.2.9　电气线管敷设施工工艺

1. 线管敷设的安装工艺流程

1)暗配管安装工艺流程(图 6-2-29)

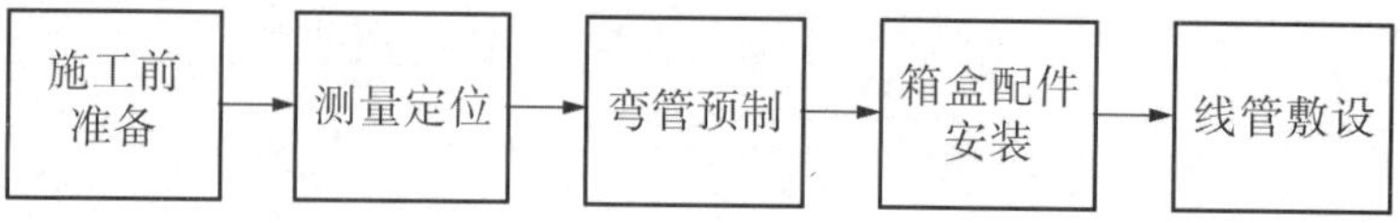

图 6-2-29　暗配管敷设流程

2)明配管安装工艺流程(图 6-2-30)

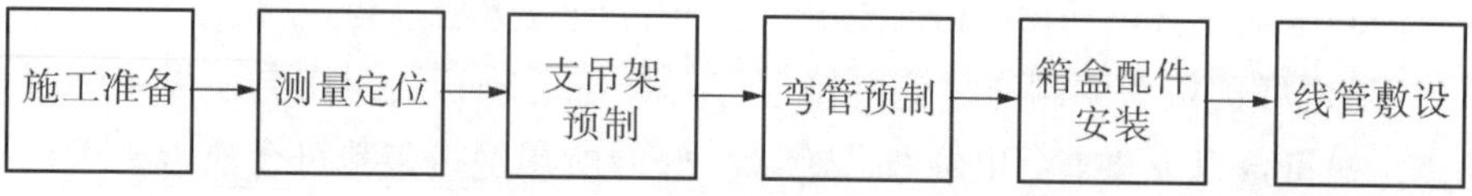

图 6-2-30　明配管敷设流程

2. 施工方法

1）暗配管

（1）电气管线预埋施工。导线穿管暗敷时，应尽量减少转弯，不宜穿过设备基础；穿过建筑物基础时应加保护。预埋电线管要留出丝扣，并套上管接头保护，埋在混凝土楼板内管线，接口可采用套管，严禁采用对口焊接。穿过建筑物伸缩缝时，应按规范要求加补偿装置。

（2）电线管预埋，直线长度超过 40m 时，30m 以上有 1 个弯，20m 以上有 2 个弯，12m 以上有 3 个弯的必须加拉线盒。

（3）室内进入落地式柜、台、箱内的导管管口应高出柜、台、箱盘的基础面 50～80 mm。

（4）暗配的导管埋设深度与建构筑物表面距离不应小于 15 mm。

（5）所有预埋管线必须位置正确：经核对，与其他管线不应有碰头现象，特别要复核土建结构，了解砖墙厚度，以免露出墙外。管线预埋在墙、混凝土内的钢管离表面净距不少于 15 mm，混凝土内平行电线管间距大于 25 mm。已预埋电线管的设备、基础、柱、模板上应设标志，并有基准线，方便折模后清理检查。对所有灯具、开关箱、插座预埋高度必须符合设计图纸的统一规定。

（6）预埋电线管应连接紧密，无渗水现象。所有管口、线盒应采取妥当的密封措施，防止水泥浆渗入造成堵塞。

（7）所有金属管线采用手动弯管机煨弯，弯曲半径不小于管外径的 6～7 倍、电缆管的 10 倍。沉降缝补偿装置能活动自如。金属线管切割后管口必须打磨，并涂防腐油。

2）明配管

（1）明敷管线安装排列要整齐，金属管壁光滑、完整、清洁，在管接头两端应焊接跨接地线，吊架及沿墙敷设的电线管码固定牢固，间距均匀。电气管路与水管交叉敷设时，应在水管上面确保净距不小于 0. 2 m，管路通过伸缩缝或沉降缝时应加补偿装置。

（2）天花棚内布线必须采用金属管敷设，引至灯具部分需用金属软管，接头与线盒固定，软管长度垂直不超过 0. 8 m，水平敷设不超过 1 m，装在天花板内的筒灯，引出线接头不得外露，必须在筒灯上部的线盒内密封，不得在天花内装设开关镇流器。

（3）金属配线工程管子接入线盒必须采用锁紧螺母，管线直线长度 30 m 或 20 m 有一个 90°弯，15 m 有两个弯位曲折，8 m 有三个曲折，中间应设分线盒或拉线盒。电气管线弯曲半径不应小于管外径的 6 倍，电缆管不小于 10 倍。管口要打成喇叭形，管口边缘锉光滑。电缆穿管完毕后，管口采用防火填料密封处理。

（4）管内敷设的导线一般不超过 8 根，不大于管内孔面积的 40%。同一路径无防干扰要求的线路，可敷设于同一线槽内。电线或电缆在线槽内不宜有接头，强电、弱电线路不应敷于同一线槽内。

(5)金属导管接地跨接安装工艺大样图，如图 6-2-31 所示。

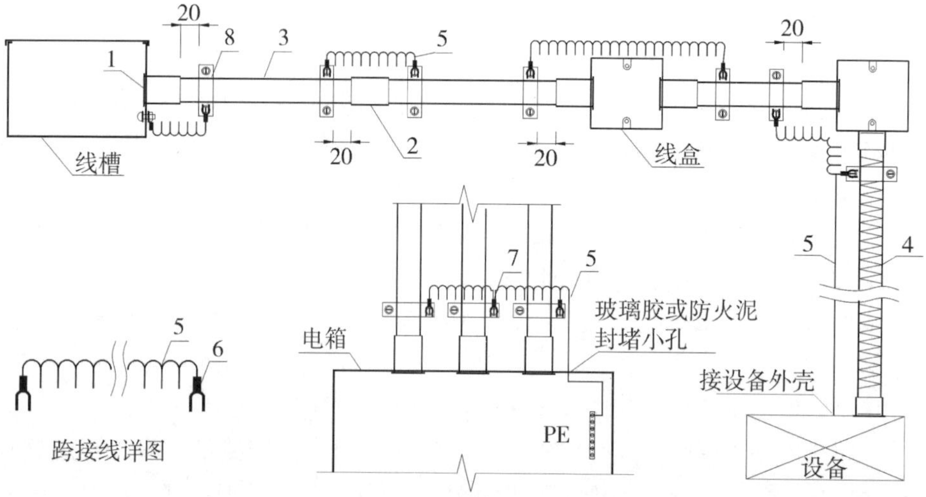

图 6-2-31　金属导管接地跨接安装工艺大样

1—金属导管接头；2—直通；3—电气金属导管；4—金属软管；5—多股铜芯导线；6—压接开口线耳；7—压接开口线耳；8—接地卡码

说明：

使用套接紧定式钢导管快速接头装配的金属导管不需要另外增加接地跨接线。两路跨接线使用一只线耳压接，保证地线永久连接，而不是串接，见图 6-2-31 中“7”处。

当使用金属软管时，始端用接地码固定与接地线连接。包塑金属软管不需用接地码固定与接地线连接。

软管两端的金属导管与设备外壳应跨接地线，地线应使用扎带固定在软管上。

(6)电气导管固定码布置工艺大样图，如图 6-2-32 所示。

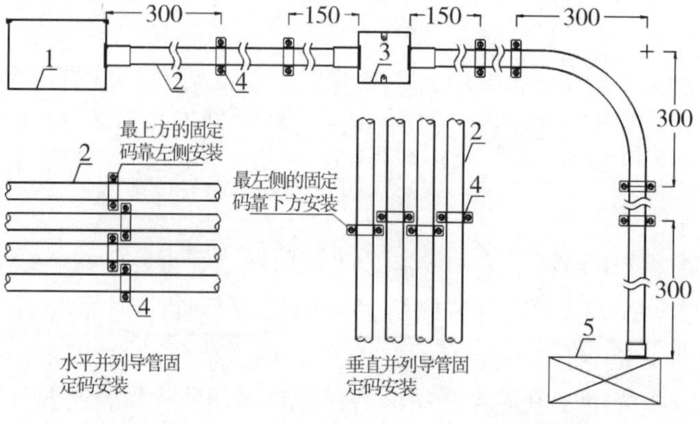

图 6-2-32　电气导管固定码布置工艺大样

1—线槽；2—电气导管；3—过线盒；4—固定码；5—末端设备

说明：明配导管在终端、弯头中点，或柜、台、箱、盘等边缘的150～500 mm范围内设置固定码。现场条件允许的情况下，按本工艺标准所设定的距离设置固定码。

中间直线段固定码的距离按规范、设计要求。

并列明配的导管固定码按“左右左”或“下上下”的品字方式布置。

尺寸标准：距离为固定码中线至线槽、线盒、弯头、箱柜等边缘的距离，如图6-2-33所示。

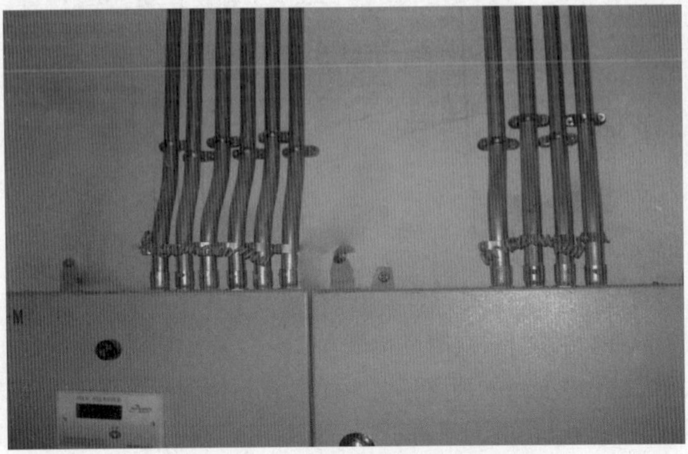

图6-2-33 明装线管接入配电箱安装

7）电气导管过变形缝安装工艺大样图，如图6-2-34所示。

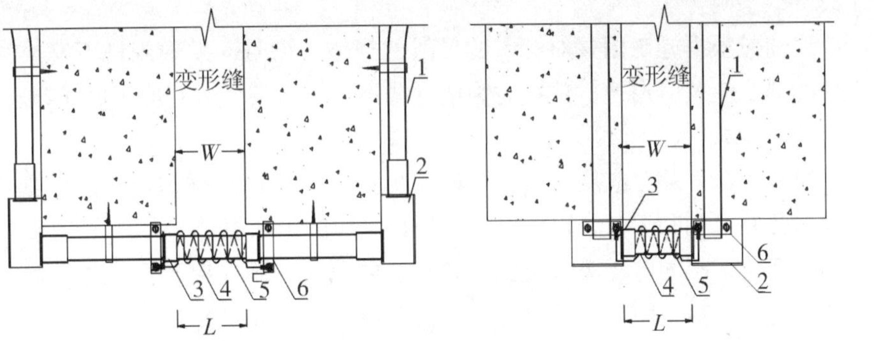

(a) A形式——明配导管过变形缝安装方法　(b) B形式——暗配导管过变形缝安装方法

图6-2-34 电气导管过变形缝安装工艺大样

1—电气导管；2—过线盒；3—软管接头；4—多股铜芯导线；5—金属软管；6—地线码

说明：明配导管过变形缝采用A形式安装方法，暗配导管采用B形式安装方法。过线盒(2)的选择：可视区域应采用明装线盒，不可视区域可采用带敲落孔的镀锌线盒。

接地跨接软线(4)的两端应压接带护套开口线耳，护套为黄色。

尺寸标准：金属软管长度 $L = W$(变形缝宽度) +50 mm。

6.2.10 管内穿线施工工艺

1. 管内穿线安装工艺流程(图6-2-35)

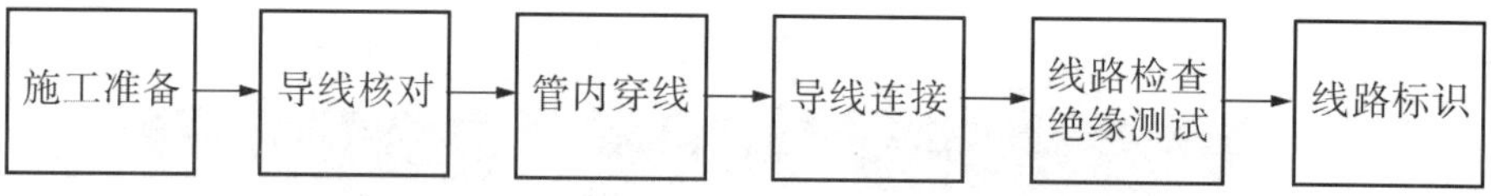

图6-2-35 管内穿线安装流程

2. 施工方法

1)施工准备

施工前应准备引线，引线一般采用 ϕ1.2～2.0 mm 的铁线，在管路的两端应留有100～150 mm 的余量。放线时，接线盒、开关盒、灯头盒内导线的预留长度应为15cm 以上，配电箱内导线的预留长度为配电箱箱体周长的1/2。在管路较长或弯头较多时，可以在敷设管路的同时将引线一并穿好，也可选用小型穿线辅助工具进行施工。

穿管前，应清除管内杂物和积水。管口应有保护措施，不进入接线盒(箱)的垂直管口穿入电线、电缆后，管口应密封。

2)导线核对

放线前应根据施工图核对穿入的导线的规格、型号，发现规格不符或绝缘层质量不好的导线应及时退换；放线时为使导线不发生扭结，最好使用放线架。

3)管内穿线

导线穿入钢管前，应给管口戴塑料护线套。穿入PVC 硬塑制管前，应先检查并清除管口留有毛刺和刃口，以防穿线时损坏导线的绝缘层。

不同回路、不同电压等级与交流和直流的电线，不应穿于同一导管内，同一交流回路的电线应穿于同一金属导管内，且管内电线不得有接头。

导线在变形缝处，补偿装置应活动自如，导线应留有一定的余量。

4)导线连接

单股电线利用安全型压线帽进行压接，截面超过2.5 mm^2 的多股铜芯线的终端应搪锡焊接或压接端了后再与电器的端子连接(设备自带插接式的端子除外)。使用锡焊法连接导线与设备端子的铜导线时，焊锡应灌得饱满。铜导线的直接连接与分支连接可采用闭压端子连接。

5)线路检测绝缘检测

在线路接、焊、包全部完成后，应进行自检和互检，检查无误后再进行绝缘检测。

6.2.11　灯具安装

1. 灯具安装施工流程(图6－2－36)

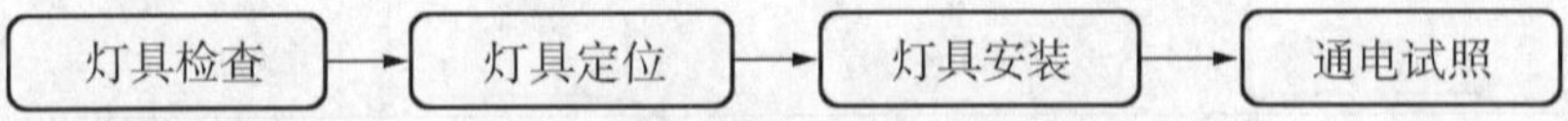

图6－2－36　灯具安装流程

2. 施工方法

1)灯具检查

核查灯具型号规格是否与设计图纸相符，灯具配件应齐全，灯内配线严禁外露。

2)灯具定位

放线定位灯具的安装位置，与其他专业末端设备安装位置有冲突的要提前协调好进行位置调整，并确保照明效果。

3)灯具安装

(1)吸顶式日光灯安装根据图纸确定安装位置，将灯具底座贴紧建筑物表面，灯具底座应完全遮盖接线盒，对着接线盒的位置开好进线孔。按照灯具底座安装孔大小用铅笔画好安装孔的位置，用冲击钻打孔，装入膨胀胶塞(如为吊顶可在吊顶板上背木龙骨或轻钢龙骨采用自攻螺丝固定)；将电源线穿出后用螺钉将灯具固定并调整位置直至满足要求，用安全型压接帽将电源线与灯内电线可靠连接，装上启辉器等附件，盖上底座盖板，装上日光灯管。

(2)吸顶安装的筒灯应根据装修吊顶平面图中灯具分布的位置及不同的吊顶形式，确定灯具外型与吊顶板的接口样式。在装修安装吊顶龙骨的同时安装灯具的支吊架；在安装吊顶天花板的同时安装灯具。需单独在吊顶板几何中心开孔安装的灯具，应提前向装修专业提供不同区域灯具的开孔尺寸，并安排专人配合。待吊顶天花板及其他器具初步安装完毕后，配合装修调整灯具，达到整体美观的效果。

(3)有吊顶天花内灯具安装要配合装修按照装修图安装，成排或对称及按几何图形安装灯具时，需精确测量放线定位，保证灯具安装整齐、美观。

(4)无吊顶(天花)安装灯具及钢结构下的灯具安装，因其大面积照明特点，要特别注意定位正确、安装牢靠、灯具排列整齐和线性(直线或曲线)达到设计要求、确保其整体图形和视觉美观，做到一次施工完成。

(5)一些特殊大功率的灯具如金卤灯，应按产品的技术要求，特别注意吊杆或吊链的承重和耐振强度，确保安装牢靠。

(6)安装时应保持灯具表面干净明亮，并保持周边饰面洁净。

(7)嵌入式灯盘安装工艺大样图，如图6－2－37所示。

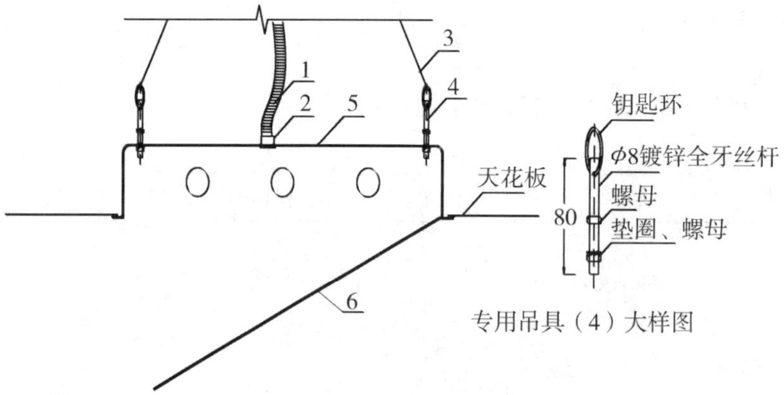

图6－2－37　嵌入式灯盘安装工艺大样

1—金属软管；2—金属软管接头；3—吊链；4—专用吊具；5—灯盘；6—灯盘透光罩

6.2.12　开关插座安装

1. 开关插座安装施工流程(图6－2－38)

图6－2－38　开关、插座安装施工流程

2. 施工方法

1)线盒预埋

开关、插座的安装高度：面板开关底边距离地面1.3 m，距门框0.2 m；烘手器电源插座底边距地1.2 m；一般插座底边距离地面0.3 m，特殊用途插座安装高度按设计图纸要求。预埋开关、插座盒的高度应为开关、插座的安装高度加上地面装饰面层的厚度。相同型号并列安装及同一室内开关安装高度一致，且控制有序、不错位。安装前先将预埋的底盒内残存的灰块剔掉，同时将其他杂物清出盒外。

2)开关、插座接线

按照开关、插座的接线示意图进行接线。盒内电线应留有维修长度，剥线不要损伤线芯，线芯固定后不得外露。单相两孔插座，面对插座的右孔或上孔与相线连接，左孔或下孔与零线连接；单相三孔插座，面对插座的右孔与相线连接，左孔与零线连接。单相三孔、三相四孔及三相五孔插座的接地(PE)或接零(PEN)线接在上孔。插座的接地端子不与零线端子连接。同一场所的三相插座，接线的相序一致。

接地(PE)或接零(PEN)线在插座间不串联连接，必须使用压线帽并联连接。

插座地线接线安装工艺大样图，如图6－2－39所示。

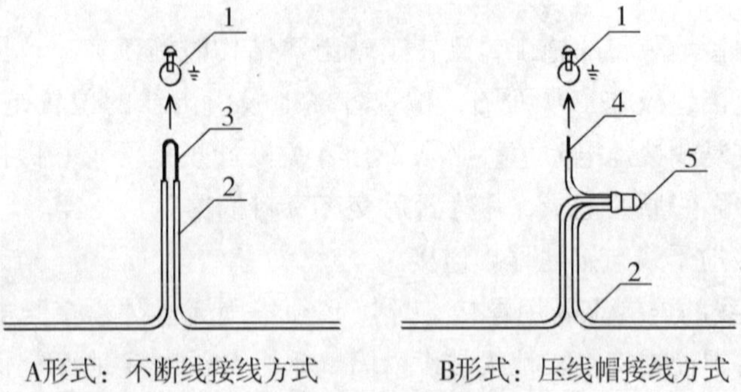

图6－2－39 插座地线接线安装工艺大样

1—插座地线端子；2—导线(地线)；3—线芯；4—线芯；5—安全型压线帽

说明：根据现场情况选用A形式或B形式接线方式，推荐A形式接线方式。

A形式：地线导线不剪断，仅剥去需要与端子连接部分长度导线的护套，再将芯线捻紧，插入端子接线。

B形式：用安全型压线帽将断开的地线导线(≥2条)与一小段导线可靠压接，一小段导线的另一端插入端子接线。

特殊情况下插座安装应符合下列规定：

(1)当接插有触电危险电器的电源时，选用能断开电源的带开关插座，开关断开相线。

(2)潮湿场所采用密封并带保护地线触头的保护型插座，安装高度不低于1.5m。

3)开关、插座安装

(1)开关、插座的规格型号及安装必须符合设计要求。

(2)暗装的开关、插座面板紧贴墙面，四周无缝隙，安装牢固，表面光滑整洁、无碎裂、划伤，装饰帽齐全。

(3)暗装开关的面板应端正严密并与墙面平齐，同一室内安装插座高低差不应大于5 mm，成排插座高低差不应大于2 mm。

(4)当交流、直流或不同电压等级的插座安装在同一场所时，应有明显的区别，且必须选择不同结构、不同规格和不能互换的插座；配套的插头应按交流、直流或不同电压等级区别使用。

(5)安装时应保持开关、插座表面干净明亮，并应保持周边饰面洁净。

6.2.13 接地系统安装

1. 电气设备接地

地铁站内接地装置的施工，已在车站土建结构时施工完毕。因此在与土建移交时，必须结合接地极施工平面图，检查各接地极引出线的位置是否与施工图相符、有无遗漏，并复测接地电阻值，必须符合有关设计规范要求。做接地极测试点的交接验收，必须做好原始记录，作为日后交工资料依据。

1)车站接地干线与接地母排连接

(1)接地线的连接应采用焊接，焊接必须牢固无虚焊，接至电气设备上的接地线应采用镀锌螺栓连接。接地线敷设沿墙壁水平敷设时离地面应保持250～300 mm的距离，离墙面应有10～15 mm的间隙，接地线的支持件的距离，水平直线部分不应大于1.5 m，垂直部分不应大于2 m，转弯部分不大于0.5 m，穿墙壁时应有钢管或其他管保护。

(2)变压器室，高低压开关室内的接地干线应有不少于2处与接地装置引出干线连接，干线上应设置不少于2个供临时接地用的接地线柱或接地螺栓。

(3)明敷在变电所内的接地线，沿长度方向每15～100 mm的表面分别涂以黄色和绿色相间的条纹。

(4)车站电气设备零线与接地线分开设置，从变电所接地排引出接地线(PE线)进行保护接地。

(5)电缆桥架在每层端部用16 mm^2多股导线并联起来与PE线可靠连接，长距离的桥架，每隔30～40 m做重复接地一次。

(6)低压柜、电源柜的基础型钢施工时，应注意与结构钢筋进行电气隔离。所有控制柜、屏、电箱、金属管线、灯具外壳必须与PE线可靠连接。可开启的柜门、电箱门用黄绿色绝缘铜芯软导线连接。电线管接头及线盒连接处，必须加焊跨接地线，当接地线跨越伸缩缝时，可用接地线本身弯成弧状代替补偿装置。

(7)各段插接母线槽的外壳、法兰盘及过渡箱必须保证外壳与PE干线可靠连接，成为完整的电气通路。

2)等电位连接

(1)等电位连接措施可以减少设备外壳可能出现的危险电位。

(2)当利用金属构件、金属管道做接地线时，应在构件或管道与接地干线间焊接金属跨接线。

(3)给排水的进出水总管、空调机房的冷冻水管、变配电房的金属门窗、沟盖板、金属构件采用接地电缆与供配电系统最近处的保护干线(PE)连通。

(4)防静电接地：车控室等设备房内防静电地板必须按有关规范采取防静电接地措施。

3. 常见问题及解决方法

地铁车站的设备房接地系统涉及设备房的接地干线、设备等电位跨接等，常见的接地干线标识不清、搭接长度或面数不够等施工工艺问题，可采用以下施工方法解决。

1)设备房接地干线施工工艺

接地干线在设备房墙身上敷设一周，并与接地引下线有两处以上的可靠连接，应采用三边焊接连接方式，搭接长度为100 mm。扁钢平面变向处煨弯，弯曲半径为150 mm。颜色为地线银漆、色标为黄绿色相间标记，色标尺寸标准总宽度100 mm。接地干线安装高度250 mm，接地支线伸出设备基础100 mm。不间断电源输出端的中性线需与接地干线可靠连接，做重复接地，如图6－2－40所示。

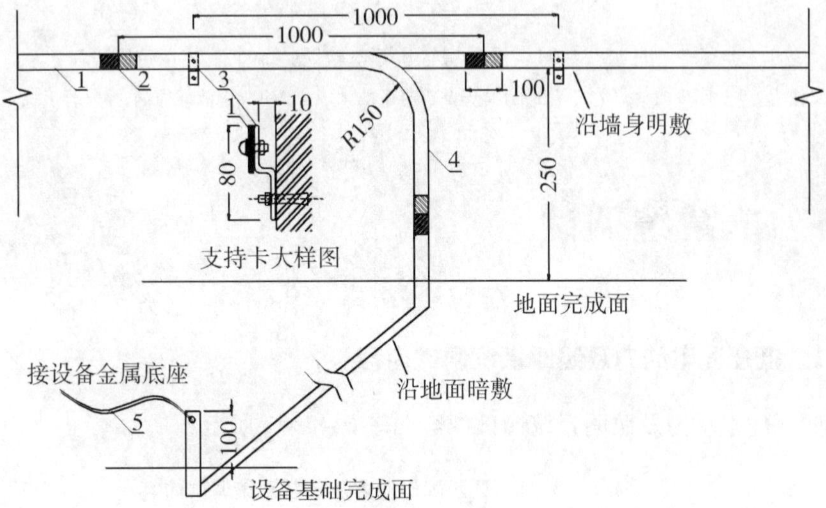

图6－2－40　设备房接地干线安装工艺大样

1—接地干线：－40×4 镀锌扁钢；2—黄绿双色相间色标；3—接地支线：－25×3 镀锌扁钢；4—支持码：－25×4 镀锌扁钢、M6×20 螺栓、M6×65 螺栓；5—25mm² 裸编织铜线

2)设备房管道等电位跨接施工工艺

(1)各系统金属管道由室外进入室内处，应通过与附近的接地引出点或设备房内的接地干线联结实现等电位连接。

(2)金属管道通过抱箍在管道上的卡码与连接线的焊接实现等电位连接，电气金属槽架和金属风管通过末端支架与连接线的焊接实现等电位连接。

(3)设备房内的设备金属底座(或金属外壳)应与接地干线连接。与设备连接处的管道应与设备跨接连接。管道与卡码接触的部位不得有油漆。卡码油漆颜色：银漆，如图6－2－41所示。

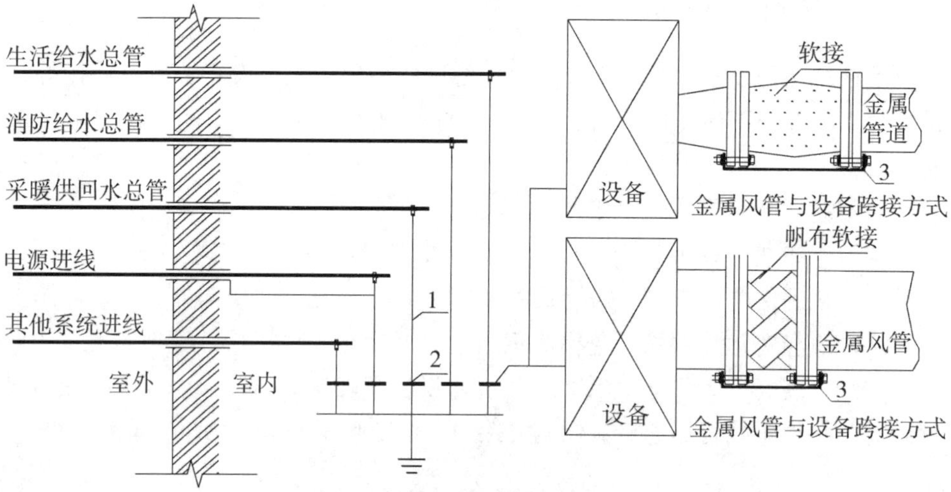

图6-2-41　设备房管道等电位跨接施工工艺示意图

1—连接线：ϕ10 镀锌圆钢；2—设备房接地干线：-40×4 镀锌扁钢；3—跨接线

6.3　单系统调试

6.3.1　低压配电动力及照明系统调试内容

低压配电动力及照明系统调试内容如表6-3-1所示。

表6-3-1　低压配电动力及照明系统调试内容

序号	系统调试内容		
	通风空调系统	给排水与消防系统	低压配电与照明系统
1	电动阀门调试	潜污泵调试	低压柜及环控柜调试
2	隧道风机及风机调试	电动阀门调试	事故照明电源调试
3	空调水泵调试	消防泵调试	动力照明配电箱调试
4	空调机组调试	污水密闭提升装置调试	灯具、开关插座调试
5	冷水机组调试		
6	风量平衡校对		
7	制冷效果测量校对		

6.3.2　低压配电与照明系统调试方法

低压配电与照明系统调试方法如表6-3-2所示。

表6－3－2 低压配电与照明系统调试方法

<table>
<tr><th rowspan="2">序号</th><th colspan="4">系统调试方法</th></tr>
<tr><th>单体实验</th><th>模拟实验</th><th>空载试验</th><th>负荷运行试验</th></tr>
<tr><td>1</td><td>绝缘实验：测量绝缘电阻</td><td>目的：检查控制装置能否实现其设计功能</td><td>目的：检查电机的旋转方向、起动电流、温升、电流表电压表的指示情况</td><td rowspan="3">运行时主要检测运行电流、温升。电机负荷电流不超过额定电流的80%，温升不超过60℃。同时检查电气联锁、互锁等控制情况</td></tr>
<tr><td>2</td><td>特性实验：对电气仪表、元件进行测量校对</td><td rowspan="2">通电后仔细检查起动、停止、切换、正反转等操作的相关接触器、继电器、指示灯的动作或指示是否正确可靠，出现问题要查明原因，及时解决</td><td>送电前先盘动电动机，应转动灵活，无卡碰跳动现象</td></tr>
<tr><td>3</td><td>回路检查</td><td></td></tr>
</table>

设备在首次送电前，必须注意以下事项：

(1)应对开关设备的内外进行清理/清洁工作。

(2)应对指示仪表进行校零。

(3)应对所有保护装置(出厂时均调最小值)的参数按总体设计提供的保护值进行校调(如：开关的过载脱扣、短路脱扣、接地保护；软启动器及电动机保护模块参数值等)。开关校调方法见“元器件使用说明书”(随发货资料)。

(4)应对所有的开关/控制设备进行必要的绝缘、安全距离、连接扭矩的检查。

(5)应切断所有进/出线开关。

(6)将开关设备的门、侧板、盖板及底板等依次就位。

(7)用测量仪检测电路的耦合相位。

(8)应吩咐所有与设备无关的人员离开现场。

步骤：确认变压器低压侧送电后。

(1)由许可人员接通设备的进线开关。

(2)逐个接通待运行设备的馈电开关(接通前须对馈电接线状况进行检查)。

(3)检查相序的正确性。

(4)检验紧急停止装置和安全(保险)转换电路。

6.3.3 低压配电与照明系统调试流程及要求

1. 单系统调试项目

(1)插接母线槽的调试。

(2)电缆的测试及回路受电。

(3)照明配电箱的调试。

(4)普通照明灯具、开关、插座的检查及回路受电。

(5)电动机及设备控制箱的调试。

2. 插接母线槽的测试

1)准备好记录表格

2)调试步骤

(1)外观检查，检查母线的接地是否良好，清除母线上的所有杂质。

(2)尽管在安装过程中已测量了铜母排相间绝缘电阻，但在母线送电前，应再次检查母线的相间绝缘电阻和各母排对地绝缘电阻。

(3)使用临时电源(临时电源配上较小的保险丝，并有多级保护)试送电。

(4)通电后，用相序表检查母线的相序。挂上警示牌，并做好保护工作。

3)测试项目

(1)相位的核对。使用相序表测试相位，先测试始端箱上装进线的相位是否符合系统使用要求，然后在不带负荷的条件下打上主开关，抽检开关下装出线的相位是否与进线一致。若相反则立即检查改正。

(2)封闭式母线槽接头螺栓压力测试。

铜母排接口压力的测试使用力矩扳手，根据厂家规定之数值，检查铜母线的螺丝连接。母排接口压力应等于厂家规定之数值，将力矩扳手的挠力设置好，固定母线连接螺丝。

3. 电缆的测试及回路受电

(1)准备好记录表格。

(2)电缆到货时的检测：测量绝缘电阻合格后方可使用。

(3)电缆线路送电前的测试：

①绝缘电阻的测试。解开电缆首端和终端的电缆头线耳的螺栓，单独测量电缆的绝缘电阻。测试绝缘电阻使用1000 V摇表，确保电缆绝缘电阻不小于2 mΩ。

②其他测试。

a. 断开配电箱/柜之二次回路的保险，单独检查配电箱/柜的一次回路的绝缘阻值。

b. 重新接回电缆头，使用力矩扳手测试螺栓扭矩。

c. 再次测试回路的绝缘电阻(保持二次回路保险丝断开状态)。

d. 绝缘电阻测试合格后，经首尾监护人经对讲机联系同意送电后，方可送电，严禁约时送电。

e. 盘柜做冲击合闸试验。注意观察各部位不应有冒烟、火花和非正常性声响。

f. 送电时应经过连续合断3次测试后正常，方可正式送电。

(4)电缆回路送电后的测试。

①相位核对。相位的核对分两次进行：接线时，按照统一原则，所有电缆按照颜色一致连接；送电后，再用相位表进行测试，若发现不正确，立即调整。

②运行测试。合闸送电后，空载观察24 h，检查运行情况；有条件时应安排负载运行24 h，全面检查电缆/配电箱的运行情况是否正常；使用红外线测温仪检查配电箱总开关接头和电缆温升。

4. 照明配电箱的测试

(1)准备好记录表格。

(2)调试内容：①线路绝缘电阻的测量；②试动作。

(3)配电箱绝缘电阻的测试：①配电箱的绝缘电阻测试仅测试进、出线；②测试电箱的进线绝缘电阻前，要断开上级配电箱的出线开关或断开线路，使用500V摇表，确保进线电缆绝缘电阻不小于2mΩ；③测试电箱的出线绝缘电阻前，要断开下级开关或断开线路，使用500V摇表，确保出线电缆绝缘电阻不小于2mΩ。

(4)相位核对。相位的测试使用相序表，先检查电缆接线是否颜色统一；送电后，再用相序表测试进线端的相位，若发现不正确，立即调整；出线端的相位亦按照以上方法进行，不正确之处做相应调整。

(5)漏电断路器的测试。漏电保护的测试采用单相对地短路进行，测试线路前先安装10A保险丝。测试次数不少于2次，并且动作要全部正确。

(6)常见问题：

①空气开关跳闸。

a. 原因分析：该输出线路出现对地故障；该输出线路出现短路故障；线路的输出电流长时间超过额定电流。

b. 排除方法：把后一级的主开关断开，用万用表量度断路器的下桩和后一级开关上桩的电压是否为零；检查该线路两端的接触是否良好，断开线路两端的端子，用摇表对线路进行测试；如线路出现断路或短路的现象，则应更换线路或对该线路进行维修，线路正常后，再进行送电；用电流钳表量度输出电流的情况，如输出电流大于断路器的额定电流，则应检查再后一级的线路，检查断路器的型号是否符合要求或者更换断路器。

②继电器易脱扣。

a. 原因分析：接触器本身线圈中的磁铁的磁力不稳定；接触器整体结构松动。

b. 排除方法：检查接触器本身的整体构造是否稳固，各部件之间的连接有无松动现象，如无上述问题，则是线圈中的磁铁磁力不稳定，需更换磁铁或更换整个接触器。

5. 普通照明灯具、开关、插座的检查及回路受电

(1)使用临时用电，分别检查各灯具回路，确保回路符合设计。

(2)测量回路电流，确保回路电流负荷符合设计。

(3)使用临时用电，分别检查各插座回路，确保回路符合设计。

(4)使用测试插座，检查每个插座是否存在断路、缺相、零相错位、对地短路等不正常情况，确保接地良好。

(5)灯位及插座的相位检查采用对单相供电的方法，检查每个回路是否正确。

6. 电动机及设备控制箱的测试

(1)准备好记录表格。

(2)调试步骤：以下步骤适合 100 kW 以下的电机调试。

①检查电机控制箱内的线路；检查“星－三角”启动线路的正确性；检查接触器辅助接点的良好性；检查线路的编号是否与设计图纸一致；检查二次回路接线是否正确，指示灯是否完好。

②电缆的绝缘检查：检查电缆相间和相对地的绝缘电阻，电阻值不能小于 2mΩ。

③电动机的检查：检查电机内线圈相间绝缘电阻，电阻值大于 10mΩ；检查电机转动部分的平滑性。

④接线的检查：接线端的间距不能太小。若由于接线空间的限制，接线端要采用绝缘保护措施。

⑤点动启动，先点动启动电动机，看控制箱和电动机是否能正确动作。

⑥负荷运行：启动电动机，带负荷运行，检查其能否正常运行。

⑦保护系统测试：核对检查保护元件的参数、确认其保护范围；当电动机运行时按下热继电器按钮，接触器跳闸，电动机停止。

(3)相位测试：使用相序表，检查控制箱进线端的相位，并按照接线颜色统一原则，检查控制箱出线电缆是否按照颜色一致连接；送电后，检查电机的转向是否正确。

(4)功能测试。

①电机控制箱的功能测试：检查电源指示、电压/电流指示功能；检查空气开关的功能，对带漏电型开关可按试验按钮进行漏电保护测试；检查起动/停止/主、副

电机转换功能。

②检查电机的启动：检查电机转动方向是否正确；检查电机转动时是否有噪声；检查电机运转时的启动时间和启动电流值及运行时的电流值。

(5)温升的检测：对电机的温升测试分为空载时和负载运行时，测试步骤：

①开机前，记录温度；②开启电机，检查启动时间和启动电流及运行时的电流是否正常，记录电机在启动阶段的温度变化；③若一切正常，运行风机，并每隔10 min测试一次电机外壳温度，直至温度变化在 ±2℃，温差可认为电机运行后的温升。测定温升应符合产品技术要求。

(6)调试过程中可能出现的问题及解决方法：

①电动机的转向为反转。

a. 原因分析：电动机的相序与电压输出相序不一致。

b. 排除方法：在电动机的接线端子上进行调整；在控制柜上把其中的二相调换。

②运转中的电动机突然停止。

a. 原因分析：电动机长时间过负荷运行；控制柜中二次回路出现故障；电动机接线端子松动，或线路出现故障，造成三相电流不平衡。

b. 排除方法：断开电动机主电源，检查电动机接线端子是否有松动现象；用摇表对控制柜至电动机的线路进行测试；用万用表量度电动机中各组线圈电阻值是否基本一致；上述问题确认无误后，再通电进行调试。如还出现突然停止现象，则继续检查控制柜中的二次回路，对照二次接线图，检查有无继电器线圈动作不灵敏或整个二次线路电流过大的情况，找出问题后，再进行电动机的调试，用万用表测试输出的电流值是否超过主开关的额定电流，如果超过，则应更换主开关。

6.4 低压配电及照明系统典型施工方法

6.4.1 低压配电及照明系统重点设备房实施方法

1. 车站照明配电房综合布置典型做法

地铁车站照明配电房施工如果按照施工图布置，由于配电箱的尺寸大小不清晰，现场到货箱体的厚度、长度、宽度都不一样，线槽敷设布置做不到简洁美观，配房内的空间得不到充分利用，会产生不良的视觉效果，为工程的观感留下弊端。

以某地铁站的照明配电室的布置为例，阐述布置的典型做法：

(1)照明配电箱的布置，结合配电室的结构进行布置，首先要罗列配电箱的编号、数量、规格大小。根据配电箱的规格大小进行布置，在符合规范要求的情况下确保布置的美观性。根据配电箱的布置绘制照明配电室的综合管线布置图或者采用BIM为照明配电房建模，相关尺寸可参考图6－4－1。配电箱根据实际情况可以采用上进上出或上进下出的形式安排线槽，如图6－4－1所示为上进上出的形式。

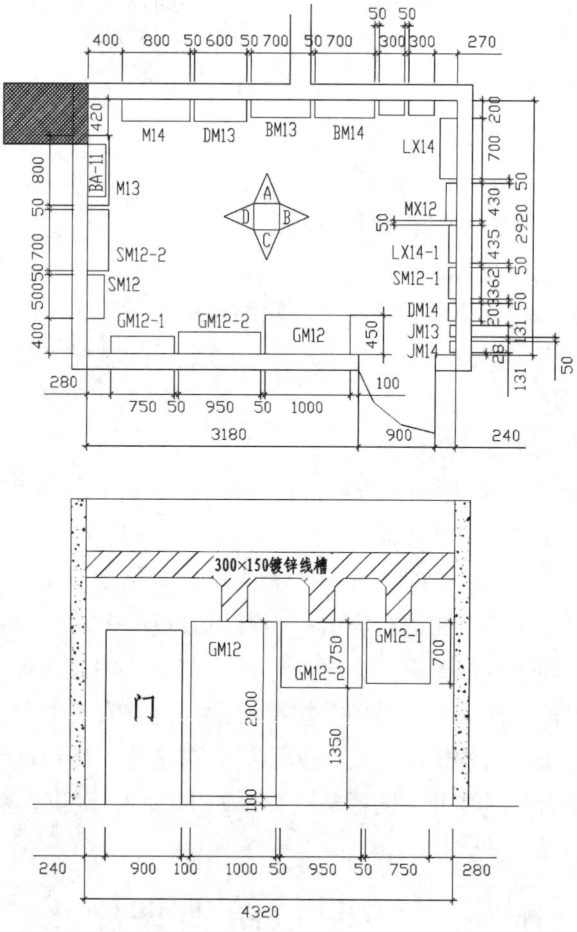

C立面

图6－4－1　照明配电室电箱布置图

(2)布置要确保预留工作空间，以便维护和检修设备。

(3)在配电室比较狭小的情况，考虑配电箱采用双层布置。

(4)线槽的走向要综合考虑配电室的管槽进出的位置，弱电与强电线槽要分开敷设或采用线槽内设隔板的形式，如图6－4－2所示。

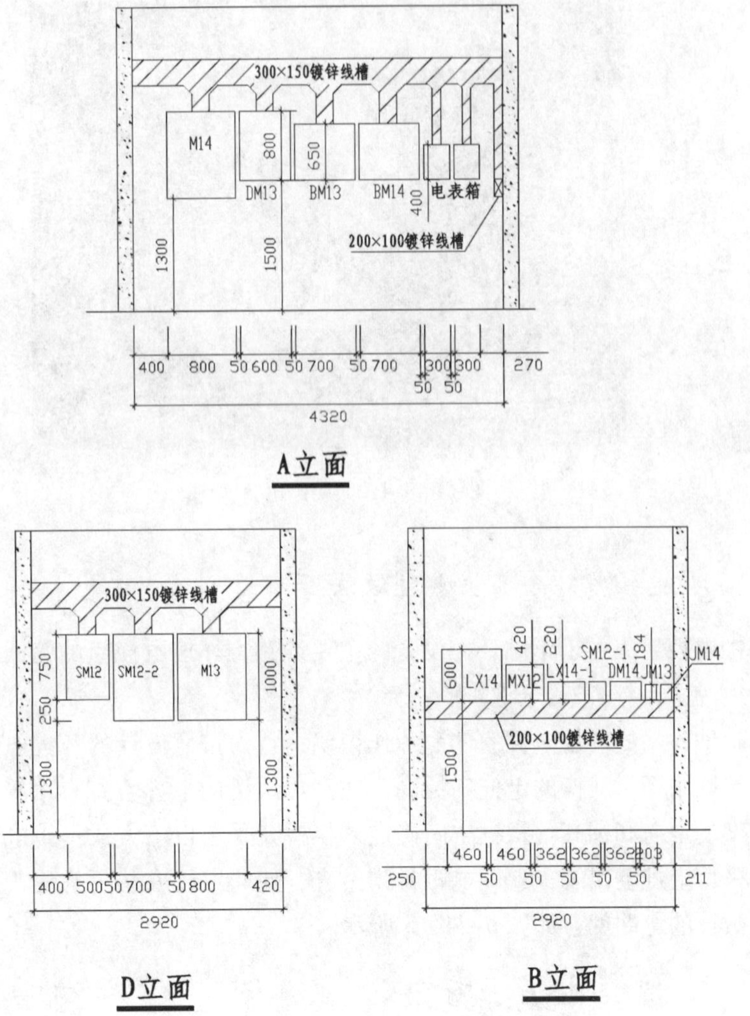

图6－4－2 照明配电室电箱布置图

实例效果展示如图6－4－3、图6－4－4所示。

图6－4－3 照明配电室实例一

图6-4-4　照明配电室实例二

2. 环控电控室综合布置典型做法

环控电控室集中了车站环控设备的主要线路，环控电控室的管线综合布置以电气的管线为主，有桥架、母线槽等管线。

以某地铁站的环控电控室的照片作说明，首先按照设计的环控电控柜的安装位置，布置联络柜母线槽的走向和标高，注意母线槽的上方不宜有水管道，再安排主干线桥架的走向和标高。根据空间确定入柜桥架采用以下方式：①电柜采用槽钢基础，②采用上进上出线，③配电柜排列整齐，使联络柜安装更为美观，并且可以保证电缆敷设的弯曲度，如图6-4-5所示。

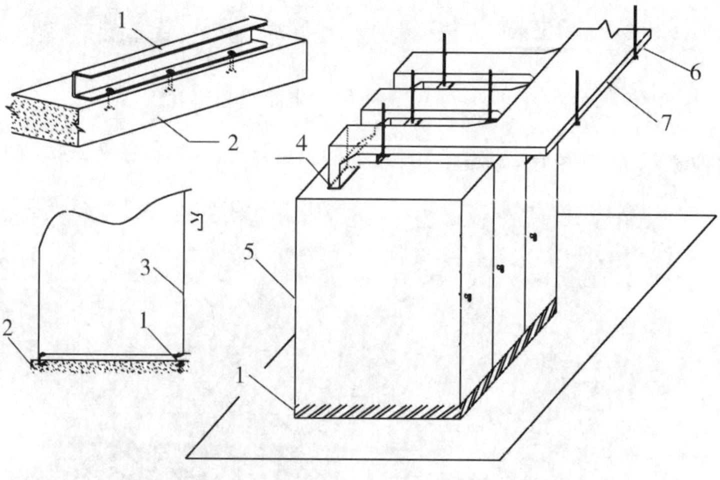

图6-4-5　配电柜安装大样图

1—槽钢基础；2—混凝土楼面；3—配电柜；4—配电柜开孔；
5—成排配电柜；6—支吊架；7—电缆桥架

环控电控室有主风管经过，尽量靠顶靠墙安装风管，为主桥架留出工作空间，因为主桥架有很多电缆的敷设工作。

环控电控室设置气体灭火管道要根据桥架、风管的走向在规范允许的条件下调整管道的敷设位置和标高。

环控电控室的弱电末端管线的敷设采用贴顶敷设，注意避开其他管线的支架位置。

以上的综合布置要点适合低压开关柜室的综合布置。

实例效果展示如图 6－4－6、图 6－4－7 所示。

图 6－4－6　环控电控室

图 6－4－7　低压开关柜室

3. 车控室综合布置典型做法

车控室是车站控制中心，主要设备包括监控操作台、火灾报警主机、消防联动控制盘、车控室双电源箱、AFC 紧急按钮、扶梯紧急按钮、行车紧急按钮等，因此车控室内的设备布置是否合理，直接影响到车站管理人员的操作和管理。

(1)以图6－4－8为例，规划车控室应根据设备进行布置，布置时要着重考虑操作人员的操作空间和操作习惯，画出布置图，再根据设备的位置综合布置好管线的走向。

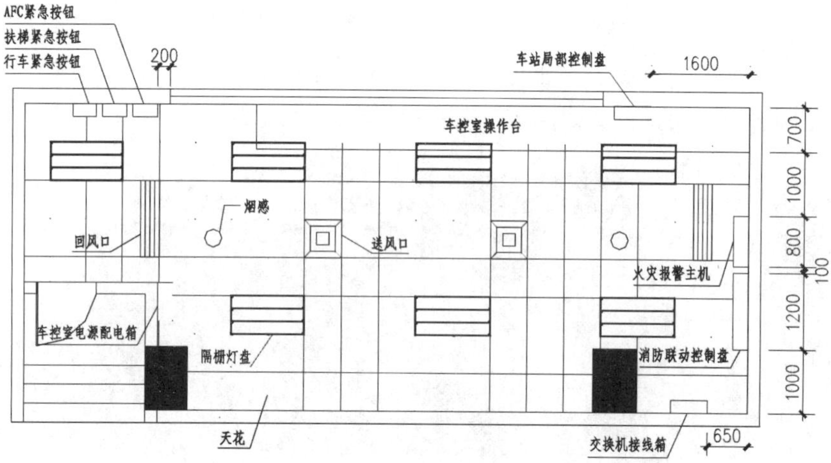

图6－4－8　车控末端综合布置平面图

(2)由于车控室的设备末端多，因此天花上的末端管线多，要合理安排好施工工序和施工方法。注意车控室内插座要充分，位置要合理，通常在车控室的使用中会出现插座不够或位置不合理的情况。实例效果展示如图6－4－9所示。

图6－4－9　车控室布置实例

6.4.2 管槽敷设典型实施方法

1. 设备区走廊管线实施方法

1)墙壁管线及箱盒典型做法

地铁设备区走廊管线密集，走廊空间小，可在设备区走廊区域安装的管线及箱盒采用沿墙敷设的安装方式，一方面能使走廊空间得到最大的利用，便于其他专业管线的布置。走廊墙壁的管线及箱盒安装应在符合设计规范的前提下综合布置、合理转换，确保管线及箱盒敷设间隔尺寸统一、美观，观感良好，如图6－4－10所示。

图6－4－10　走廊墙壁管线及箱盒安装样板

图6－4－11　设备区走廊管线布置效果

2)设备区走廊管线布置及安全距离控制

由于设备房及走廊区域管线多，空间有限，综合布置难度大，解决方案可采用以下方法：

(1)在安装之前应对走廊处及机房处的管线进行优化考虑，进行管线综合布置时不可避免会对一些管线作微小移位(施工现场需要并在允许范围内的)，但必须忠于原设计意图。图纸优化时特别应和空调及给排水专业的管线核对清理，以保证管线能够敷设，同时需要注意安装后的管线是否能够满足下道工序的作业空间。设备区走廊管线布置效果如图6－4－11所示。

(2)电气照明综合管线的布置应首先考虑设备区走廊照明管线的敷设。因为设备区管线多、空间小，所以照明管线的敷设位置首先要有足够的空间，便于日后维修检查。设备房的管线应避开风管、水管过墙的走向，减少返工问题出现。

(3)管线的布置还需要预留一定的安全距离，如电缆桥架与水质的管道之间的距离应符合相互之间的安全距离，以免由于管道漏水而影响电缆的安全运行；强电桥架、线槽应与弱电(带电信号)分别设置，以免相互干扰；电缆与人行通道尽可能隔离并留有检修空间。

(4)管线交叉的布置原则：小管让大管，软管让硬管，有压管让无压管，局部困难部位的线槽交叉，可以断开线槽，采用明线(管)的敷设。

(5)电力电缆及弱电电缆不能同槽敷设，因此在设备区的管线要单独或隔开敷设，避免弱电系统的线路受干扰。

(6)地铁的设备区装修及管线安装一般都是在同个时间段进行，因此对墙体附近的管线应考虑成品保护问题，避免出现安装后的管线受装修施工污染而造成返工。

6.4.3 区间低压配电及照明系统典型实施方法

区间低压配电系统的施工内容包括区间动力维修箱安装及其电缆敷设，区间照明及其管线敷设，区间疏散指示及其管线敷设，相关支架安装等。根据地铁区间环境及施工的特点，区间低压配电系统施工采用材料模块化预制加工、单元标准化配置、装配化施工等。

1. BIM 模块化预制技术应用

根据区间隧道情况，每隔 10 m 设置照明灯具，每隔 100 m 设置疏散指示灯和设置区间维修箱，每隔 1 m 设置电缆支架的施工内容。结合现场的勘测和 BIM 模型，以 100 m 为一单元模块，各施工材料拆分成特定的长度管段和配件配置进行预制，减少材料损耗。按照施工内容分成支架配置模块、管线配置模块、末端设备配置模块。预制好的材料以 100 m 为单元标准配置，运输至施工位置进行装配施工，大大提高施工效率和质量，减少材料浪费，施工进度可控，达到经济、安全、高效的目的。

2. 施工关键控制点及方法

1)区间管线施工

(1)结合 BIM 模型调整管路走向及标高，避免与其他系统的管线碰撞，路径满足安装和穿线要求。

(2)区间线管的安装方式为离壁安装，所采用的离壁安装材质统一为热镀锌构件，采用不锈钢膨胀螺栓固定，热镀锌构件采用成品热镀锌 C 型钢及配套管材紧固件。C 型钢支架安装如图 6－4－12 所示。

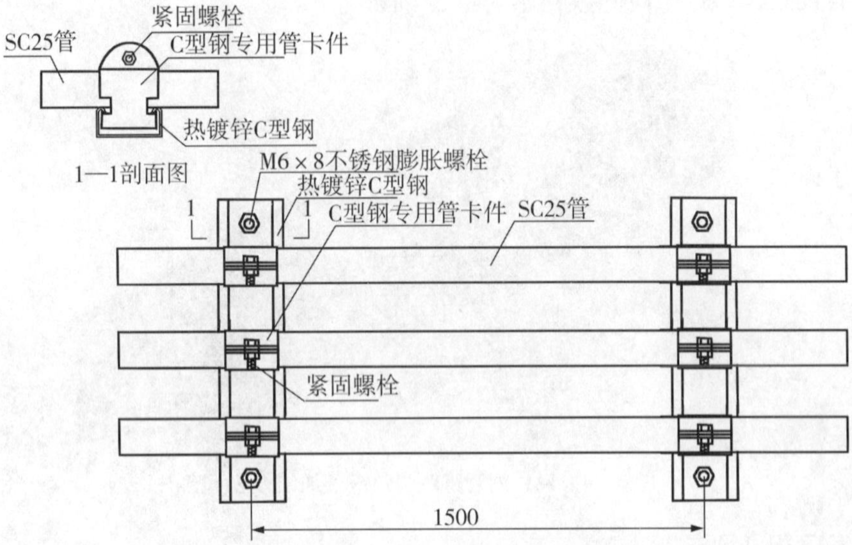

图 6-4-12　C 型钢支架安装示意

(3)成品 C 型钢一般为 4 m 一根，制作支架前可根据现场情况及回路数量确定每个支架的长度。由于隧道断面是弧形而非直线段，故一般长度不超过 40 cm。截断后 C 型钢两端的断面必须进行防锈处理，步骤是将截面的毛刺打磨后先刷 2 遍防锈漆，待防锈漆干燥后再刷一遍银粉漆。区间 C 型钢支架间距不得大于 1.5 m，采用 M6×8 不锈钢膨胀螺栓按图 6-4-12 所示的方式固定。

(4)管与灯具连接或管与管连接时，不能直接进入，应采用加装防爆三通接线盒(IP54)方式，如图 6-4-13 所示，每个支架的长度不大于 40 cm。

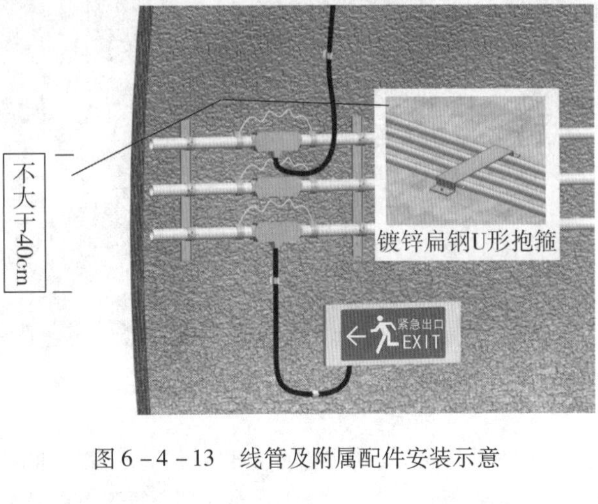

图 6-4-13　线管及附属配件安装示意

(5)钢管在跨越轨行区明配时，为防止风力过大或振动等原因引起脱落，每隔 3～4 m 必须采用 U 形抱箍加固。U 形抱箍用 30×3 的镀锌扁钢制作，抱箍用 ϕ6 膨胀螺栓固定，如图 6－4－14 所示。

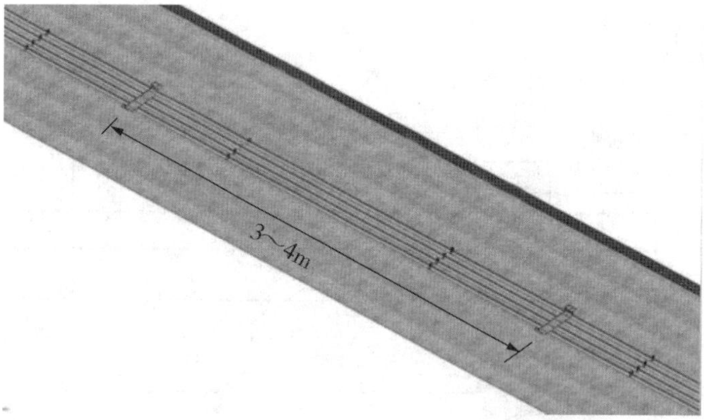

图 6－4－14　钢管跨轨明敷抱箍加固方法示意图

2）区间灯具安装

（1）区间隧道每隔 10 m 设置一支照明灯具，每隔 100m 设置一支疏散指示灯。灯具采用三防（防水、防潮、防振）灯具，外壳防护等级应达到 IP54。

（2）施工关键操作及优化。

区间灯具与管连接时，不能直接进入，应在钢管出口处加装防爆三通接线盒（IP54），防爆接线盒接保护软管后引入设备；保护软管长度不宜超过 1. 2m；区间内灯具（包括疏散指示灯）均采用下进线方式，禁止上进线接入，避免区间湿度大产生水珠沿着电线进入设备引起安全事故，如图 6－4－15 所示。

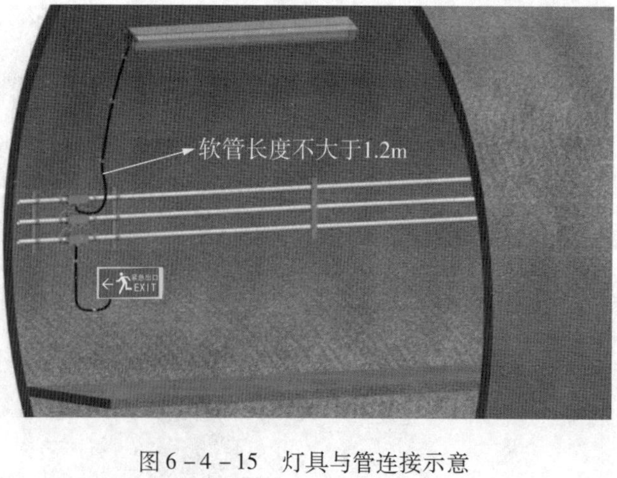

图 6－4－15　灯具与管连接示意

区间内由于轨道列车快速行驶产生较大的风速，因此区间内灯具的安装应采用加固装置，本项目针对疏散指示灯的特点，特定制作了疏散指示灯的加固装置，如图 6－4－16 所示。疏散指示灯支架采用 304 不锈钢制作，厚度为 1. 5 mm。

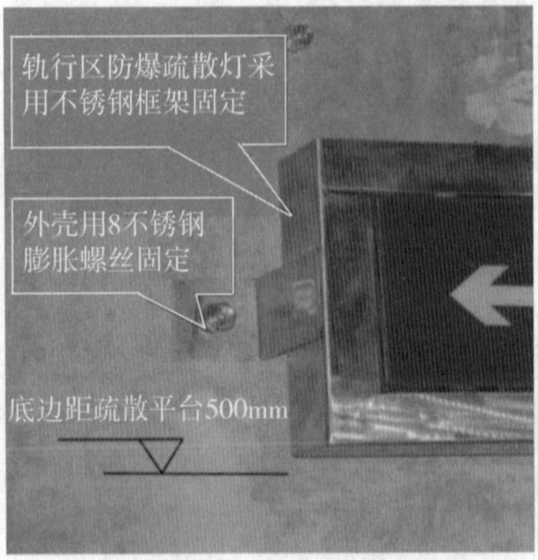

图 6-4-16 疏散指示灯加固装置安装示意

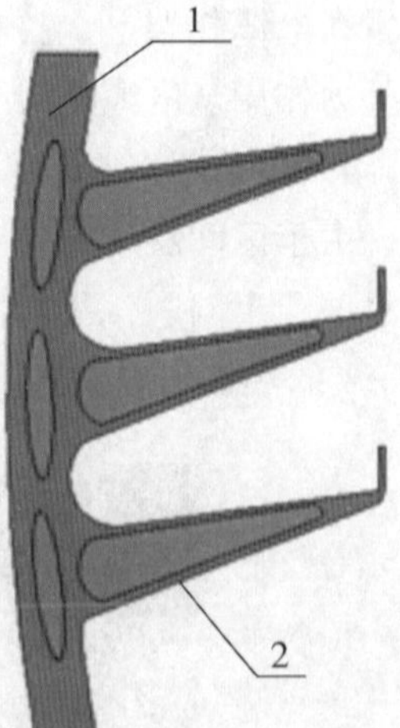

图 6-4-17 区间电缆托架模型

1—立柱；2—托臂

3) 区间电缆支架安装

(1) 路径复测主要是实地测量隧道区间的长度；调查土建专业隧道施工的进展情况；确认电缆支架的安装位置。

(2) 电缆支架安装。沿隧道内安装的桥架采用托臂式桥架，在预制托臂桥架时应注意桥架的立柱弯曲弧度要与隧道壁的弯曲弧度相一致。通过 BIM 调整及优化后的电缆桥架模型如图 6-4-17 所示。托臂桥架采用镀锌膨胀螺栓固定，每隔 1m 处安装一个电缆桥架，电缆桥架安装位置正确，并固定牢固，安装水平与垂直允许偏差范围位 ±5mm，电缆支架的同层托臂应在同一水平面上。

(3) 接地扁钢安装。电缆支架上的接地扁钢（L50×5）设置在托架立柱电缆支架底端，镀锌扁钢与每个支架间采用锚栓可靠连接，镀锌扁钢间采用焊接的方式进行搭接，其搭接长度为扁钢宽度的 2 倍以上，镀锌扁钢连接要求正确、牢固和美观，接地扁钢要与接地母排可靠连接。

4) 区间电缆敷设

(1) 提前熟悉电缆敷设区域现场条件，根据设计图纸确定电缆路径、走向及电缆头的位置，确认设备进线及出现位置，并安排好电缆敷设顺序。

(2) 利用人力缓慢推动电缆敷设及运输装置，车速尽量保持均匀，并控制在 20m/min 以下。通过区间拐弯处时，需停车检查电缆盘的水平状态，避免出现倾斜而产生一侧受力过大及电缆盘横向移位。推动电缆装置的人员应时刻注意各种情况，发现异常要及时刹车，停车进行故障排除。把电缆运输装置推动到在电缆敷设起点停车，通过转动滚动装置使电缆从电缆盘引出，使用牵引网套与电缆端头连接，人工牵引并临时固定在敷设起点处。人力推动电缆运输装置，配合放线架的滚动装置，保持电缆盘在放线架上平稳转动，使电缆落至道床上。再通过人力把道床上的电缆放置在电缆托架上，放置在电缆托架上的电缆应及时采用扎带固定好，避免电缆受到外力作用从电缆托架上坠落，造成意外事故发生。

5）区间维修箱安装

由于区间隧道墙壁潮湿严重，维修箱24小时运行工作，存在有一定的发热量。针对这两个问题，我们特定制作了电箱支架，如图6－4－18所示。该电箱支架采用40×4的热镀锌扁钢制作，利用M8的不锈钢膨胀螺丝进行固定。

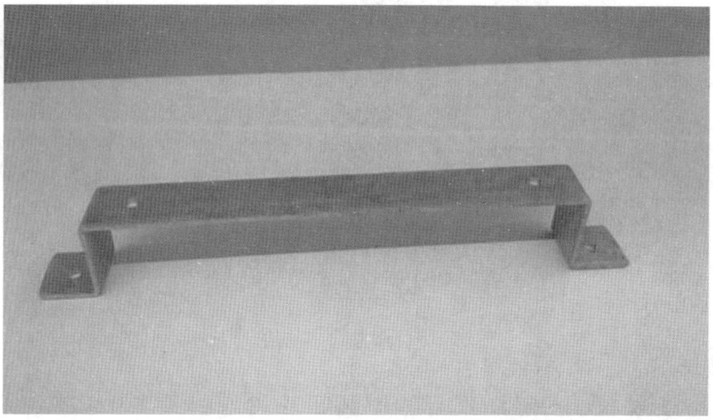

图6－4－18　区间维修箱安装支架

区间维修箱离墙安装，电缆采用下进下出的布线方式，区间隧道内每隔100 m设置一面区间维修电源箱，外壳防护等级应为IP54，挂墙明装，维修箱安装高度底边距区间轨面0.75 m，如图6－4－19所示。

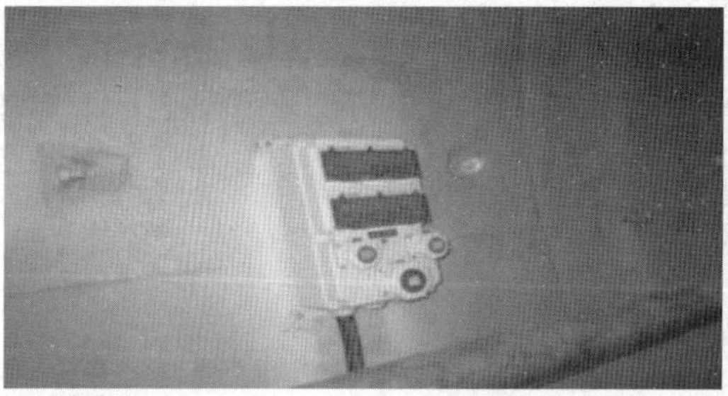

(a) 离墙安装，采用下进下出的布线方式

(b) 区间每隔100 m左右设一维修箱

图6－4－19　区间维修箱安装示意图

3. 安全高效的施工工具

结合区间施工的需求，通过发明及使用专用的区间运输工具，区间登高作业移动架及区间电缆运输敷设装置，不仅保证了施工安全和质量，并且提高了施工效率，节省了项目成本。

7 火灾自动报警系统

城市轨道交通工程为市民出行提供了方便，但一旦发生火灾将造成难以估计的财产损失，甚至威胁生命安全。城市轨道交通的消防系统直接关系着是否能有效控制火灾的发生及蔓延。本章详细介绍火灾自动报警系统的施工工艺及典型做法。

7.1 火灾自动报警系统组成

地铁车站火灾自动报警系统工程施工包括各车站及相应区间的火灾自动报警系统设备、管线的安装，并进行车站级功能调试和中央级功能调试。

1. 系统简介

火灾自动报警系统在各车站控制室设一台火灾报警控制器(FACP)，监视车站内FAS系统所有设备状态和部分消防设备状态，接收车站内现场设备火灾报警信号，并显示报警部位。通过FACP的RS485接口直接向BAS发送火灾模式指令，由BAS执行车站消防救灾模式，同时由FAS将火灾信息传给控制中心，实现消防联动控制。

火灾自动报警系统设备包括：火灾报警控制盘、工业计算机、消防立柜、消防电话主机、24V操作电源、感烟探测器、手动报警按钮、输入模块、输出模块、模块箱、继电器、消防壁挂电话、插孔电话、感温电缆控制器、感温电缆等。

2. 系统接口

1)与公共区建筑装修承包商的接口

公共区建筑装修承包商应负责公共区内火灾报警设备孔洞的施工，由本系统提出开孔位置和尺寸。

2)与综合监控系统的接口

(1)接口按钮位于车站控制室内的IBP盘上。当出现紧急情况时，值班人员可直接按下此紧急按钮实现相应功能。

(2)通信接口位置在综合监控系统接线箱配线架上(位于综合监控设备室)。火灾自动报警系统将约定的信息上传给综合监控系统。

3)与自动售检票系统的接口

(1)接口位置。

FAS与自动售检票系统的接口在车控室IBP盘AFC闸机手动开关的接线端子上。

(2)接口说明。

FAS与自动售检票系统的接口为硬线接口。

FAS通过输出模块控制自动售检票系统的开启，通过输入模块监视手/自动转换状态。

4)与环境与设备监控系统的接口

(1)接口位置：在车站控制室的火灾报警控制盘的接线端子上。

(2)接口说明：火灾时，火灾报警控制盘根据预先设定的程序向环境与设备监控系统发出火灾模式指令，由环境与设备监控系统按照相应的火灾模式启动风机风阀等消防联动设备进行救灾。

5)与自动灭火系统的接口

(1)接口位置：火灾报警系统在自动灭火系统主机通信接口处，或自动灭火系统控制盘的输出端子排上，FAS 接收自动灭火系统的火灾预报警信号、火灾确认信号、系统故障信号、手动/自动状态信号和气体释放信号、探测器故障等信息。

(2)接口说明：采用通信接口或硬线接口。

6)与低压配电系统的接口

接口位置：电源接口位置在车站控制室的双电源切换箱的馈线端子上，双电源切换箱及端子由低压配电系统提供；接地接口位置在车控室的接地(端子箱)端子排上，接地端子箱由低压配电与照明系统提供。

7)与通风空调系统的接口

(1)接口位置：在通风空调系统的防火阀的执行器上。

(2)接口说明：火灾自动报警系统监视车站内所有防火阀的状态，与防火阀采用硬线连接的方式，防火阀提供独立的、不带电、不接地的干接点。

8)与消火栓泵的接口

(1)接口位置：FAS 与消火栓泵的接口在消火栓泵控制箱的接线端子上。

(2)接口说明：FAS 与消火栓泵的接口为硬线接口，FAS 通过控制模块和设置在 IBP 盘上的手动按钮来分别控制消火栓泵的启/停，通过监视模块和设置在 IBP 盘上的指示灯来监视消火栓泵的运行及故障状态，消火栓泵提供独立的不带电、不接地的触点(故障为常闭接点、其他为常开接点)。

9)与消防稳压泵的接口

(1)接口位置：FAS 与消防稳压泵的接口在消防稳压泵控制箱的接线端子上。

(2)接口说明：FAS 与消防稳压泵的接口为硬线接口，FAS 通过监视模块和设置在 IBP 盘上的指示灯来监视每台消防稳压泵运行及故障状态，消防稳压泵提供独立的不带电、不接地的触点(故障为常闭接点、其他为常开接点)。

10)防火卷帘的接口

(1)接口位置：在防火卷帘控制箱的接线端子上。

(2)接口说明：FAS 与防火卷帘的接口为硬线接口。FAS 通过两个输出模块来控制防火卷帘的下降(半降和全降)，通过输入模块来监视防火卷帘的运行状态(半降到位和全降到位状态）及故障状态。防火卷帘向 FAS 提供无源常开干接点。

11）与门禁系统的接口

门禁系统接收来自 FAS 的火灾信息，可对本站门禁的磁力锁实现释放功能。

7.2　施工方法

7.2.1　系统施工工艺流程

火灾自动报警系统施工流程如图 7－2－1 所示。

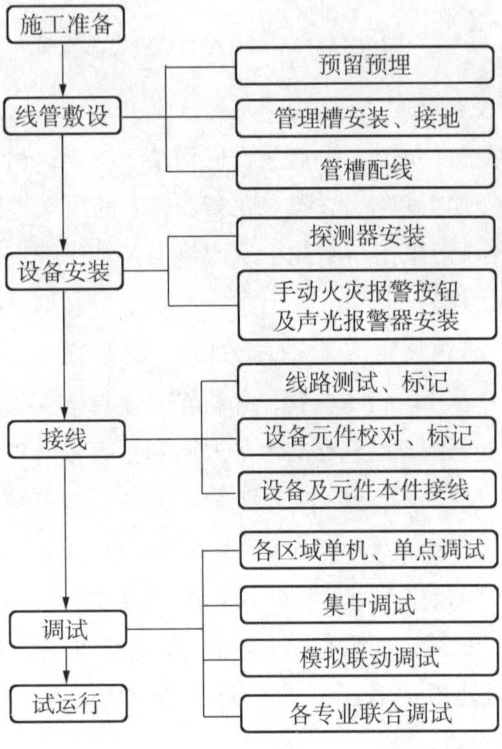

图 7－2－1　火灾自动报警系统施工流程

7.2.2　线管敷设

1. 线管明装敷设

1）施工工艺流程图

线管明装敷设施工工艺流程图如图 7－2－2 所示。

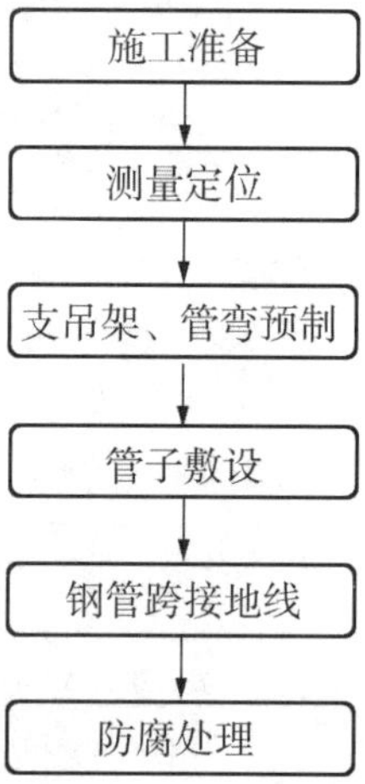

图 7－2－2　线管明装敷设施工流程

2)线管明装敷设要点

(1)明配管路的施工方法，一般为配管沿墙、支架、吊架敷设。在敷设前应按设计图纸或标准图，加工好各种支架、吊架和钢管的预弯制。

(2)支架、吊架一般采用角钢或小型槽钢加工制作，下料应用钢锯和切割机切割，严禁用电气焊切割。

(3)明配管应在建筑物装饰面完成后进行。在配管前应按设计图纸确定配电设备位置，各种箱、盒及用电设备位置，并将箱、盒与建筑物固定牢固，然后根据明配管线应横平竖直的原则，顺线路的水平方向和垂直方向进行弹线定位，测量出支吊架的间距和固定点的具体位置。支吊架固定点的距离应均匀，管卡与终端、转弯中点、电气器具或接线盒边缘距离为 150 ～ 500 mm。

(4)明配管弯曲半径应不小于管外径 6 倍，同时不应小于所穿入电缆的最小允许弯曲半径。当两个接线盒间只有一个弯曲时，其弯曲半径不宜小于管外径的 4 倍。电线保护管的弯曲处不应有折皱、凹陷和裂缝，且弯扁程度不应大于管外径的 10% 。

(5)配管时要注意每根电缆管弯头不宜超过 3 个，直角弯不宜超过 2 个。

(6)管路超过一定长度，应加装接线盒，其位置便于穿线。明配管在通过建筑物伸缩缝各沉降缝应采取补偿措施，线缆跨越变形缝的两侧应固定，并且留有适当余量。

(7)明敷线管过结构梁敷设采用图 7－2－3 所示的方式。

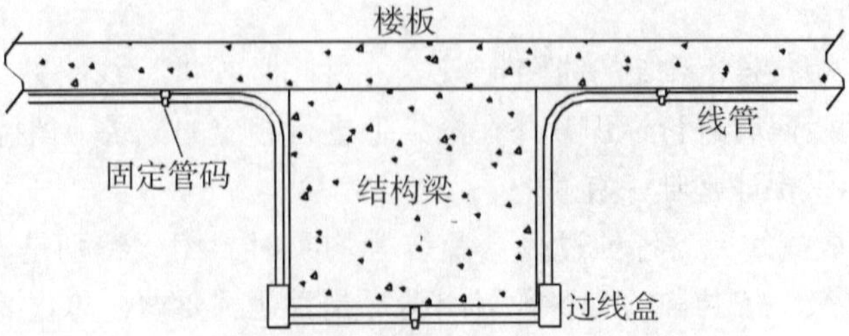

图 7－2－3　明敷线管过结构梁敷设示意

2. 线管暗装敷设

1)施工工艺流程图(图 7－2－4)

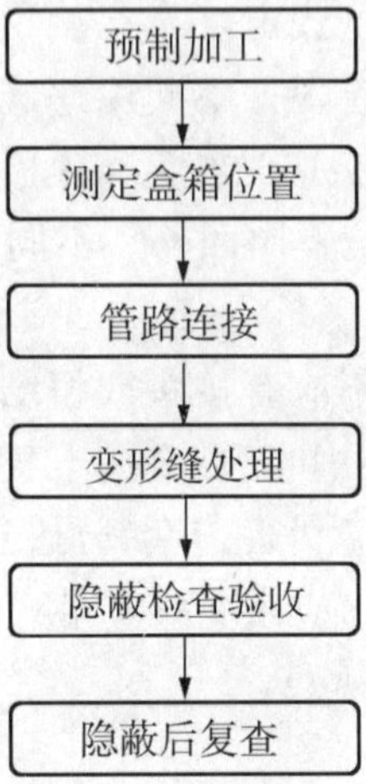

图 7－2－4　电线管明敷设施工流程

2)线管暗装敷设要点

(1)配管要尽量沿最短路径减少转弯。经综合考虑确定合理管路敷设部位和走向，确定正确盒箱的正确位置。

(2)管、盒、箱之间的连接与明装管相同。

(3)管路应用卡具固定，盒、箱表面与建筑物、构筑物表面的距离一般不小于15mm，盒、箱中要加填满塑料泡沫或其他填充物，防止水泥落入。盒、箱要求放置平整牢固，坐标正确。

(4)电线管暗敷设在墙砖内时，保护层厚度不应小于 30 mm，管口应密封处理，管内不应有积水及杂物。

(5)在完成电线管敷设及办理好隐蔽验收后，由专人对实际施工图进行描绘，用于日后的竣工图绘制以及找盒时参考，同时方便业主维修管理。

(6)配管完成后要对盒、箱位置和管道是否通畅进行复查，可在穿引线、钢丝绳过程时检查管路是否通畅。

3）系统布线

（1）由于消防报警系统的线路比较多，因此必须进行线路的标识。在布线时就要对各回路用号码管进行标识，并在图纸上进行相应的记录，留待系统结线时使用。所有的号码标识保证是唯一有效的。

（2）在完成配线后，各种过线盒及线槽均及时封闭，特别是安装在天花内的线盒、线槽，在天花安装前检查各种封闭情况是否达到要求，防止漏封而导致鼠患。

（3）敷线完成后对竖井内的楼层预留孔进行防火封闭，使用防火泥或其他不燃材料。

（4）对于由走廊引入弱电管井、机房等重要位置的线槽等，必须在隔墙处的槽内用防火泥进行封堵严密，防止鼠患或火灾蔓延。

（5）导线的种类、电压等级应符合设计文件和先行国家标准《火灾自动报警系统设计规范》（GB 50116—2013）的规定。

（6）同一工程中的导线，应根据不同用途选择不同的颜色加以区分，相同用途的导线颜色应一致。电源线正极应为红色，负极应为蓝色或黑色。

（7）系统应单独布线，系统不同回路、不同电压等级和交流与直流的线路，不应布在同一管内。

（8）线缆在管内或槽盒内不应有接头或扭结。从接线盒、槽盒等处引到探测器底座、控制设备等线路，当采用可弯曲金属电气导管保护时，其长度不应大于 2 m。可弯曲金属电气导管应入盒，盒外侧应套锁母，内侧应装护口。

（9）系统导线敷设结束后，应用 500 V 兆欧表测量每个回路导线对地的绝缘电阻，且绝缘电阻值不应小于 20 MΩ。

7.2.3 探测器安装

1. 探测器安装

（1）探测器定位：按平面图确定探测器的安装位置时，应按现场的实际情况，适当调整探测器的位置和数量。

（2）在吊顶上安装时，要注意纵横成排对称，内部接线要紧密、牢固、美观。现场施工时，将充分考虑各种管线、风口、灯具等综合因素来确定探测器安装位置。

（3）探测器到墙或间壁的最小距离不应小于 0.5 m；探测区域内的每个房间或隔离区域至少设置一只火灾探测器。

（4）探测器至空调送风口边的距离不应小于 1.5 m，到多孔送风口的水平距离不小于 0.5 m。

（5）探测器周围 0.5 m 内，不得有遮挡物。探测器宜水平安装，当必须倾斜安装时，倾斜角不应大于 45°。

（6）在宽度小于 3 m 的内走道顶棚上设置探测器时，宜居中布置。感温探测器的安装间距，不应超过 10 m；烟感探测器的安装间距，不应超过 15 m。探测器距端墙的距离，不应大于探测器安装间距的一半。

(7)根据业主的要求，进行探测器的编号标识。

(8)探测器由底座和探头两部分组成，探测器旋转卡固在底座上。鉴于探测器属精密电子仪器部件，为了保护好探测器，在施工现场安装探测器时先安装其底座，待整个火灾报警系统全部安装完毕时，再安装探险头并进行必要的调试工作。

2. 探测器接线

(1)探测器的接线，实质上是探测器底座的接线。施工时，底座的安装与接线应同时进行，探测器的底座在安装时，先将预留在盒内的导线用剥线钳剥去绝缘层，露出线芯 10～15 mm，剥线时，注意不要碰掉编号套管，将剥好的线芯顺时针连接在与探测器底座相对应的各级接线端子上。

(2)探测器的底座应固定牢靠，其导线连接必须可靠压接或焊接。当采用焊接时，不得使用带腐蚀性的助焊剂。

(3)探测器的“+”线应为红色，“-”线应为蓝色，其余线应根据不同用途采用其他颜色区分。但同一工程中相同用途的导线颜色应一致。

(4)探测器底座的外接导线，应留有不小于 15 cm 的余量，入端处应有明显标志。

(5)探测器安装后，先盖上保护罩，以防止污染，在系统调试开通时，方取下保护罩。

7.2.4 手动火灾报警按钮及声光报警器安装

(1)手动火灾报警按钮，应暗装在墙上距地(楼)面高度 1.3 m 处。

(2)手动火灾报警按钮，应安装牢固，并不得倾斜。

(3)手动火灾报警按钮的外接导线，应留有不小于 10 cm 的余量，且在其端部应有明显标志。

(4)声光报警器安装时应安装牢固，并不得倾斜，以距天花顶棚 0.2 m 处安装为宜，外壳不能与楼顶、墙梁等异物相碰。安装好后进行调试，必须做声光试验，并确保各层及防火区域范围内的每一处都能达到规范和设计要求。

7.2.5 火灾报警控制盘的安装接线

(1)先对火灾报警控制盘进行检查，在现场拆除包装时，应小心谨慎，移动轻起轻落。在搬运过程中，绑扎牢固，以免倾倒损坏内部器件。

(2)火灾报警控制盘应挂在结构墙或砖墙上，而不能挂在装修用的离壁墙上，靠近门轴的侧面距离不小于 500 mm，正面操作距离不小于 1200 mm。

(3)清扫。报警控制设备固定好后，应进行清扫，用抹布将各种设备擦干净，柜内不应有杂物，同时应检查机械活动部分是否灵活，导线连接是否紧固。

(4)控制盘(柜)配接线应符合下列要求：

①导线配线整齐、绑扎成束，避免交叉，接线牢固；

②电缆芯线和所配导线的端部均标明编号、并与图纸一致，字迹清晰不易褪色；

③端子板的每个接线端，接线不超过两根；

④电缆芯和导线留有不小于 20 cm 的余量；

⑤导线引入线管穿线后，在进线管处封堵；

⑥控制器的主电源引入线直接与消防电源连接，不得使用电源插头，主电源应有明显的标志；

⑦控制器的接地牢固，并有明显的标志，如图 7－2－5 所示。

(a) 把箱体放在墙上，箱底距离完成面1300mm，确定四个角的点

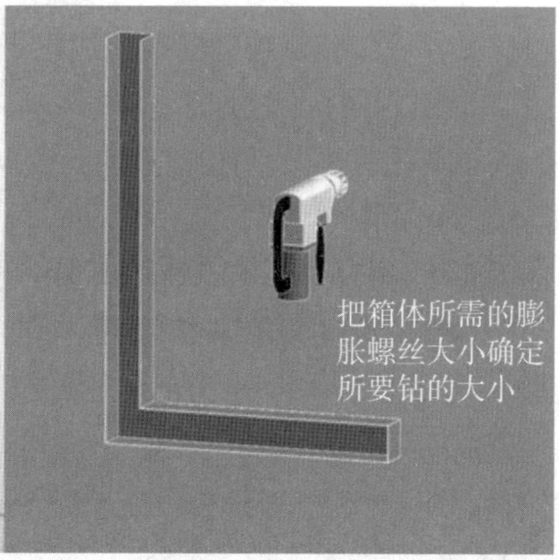

(b) 确定四个点后，用冲击钻打孔

(c) 打膨胀螺丝

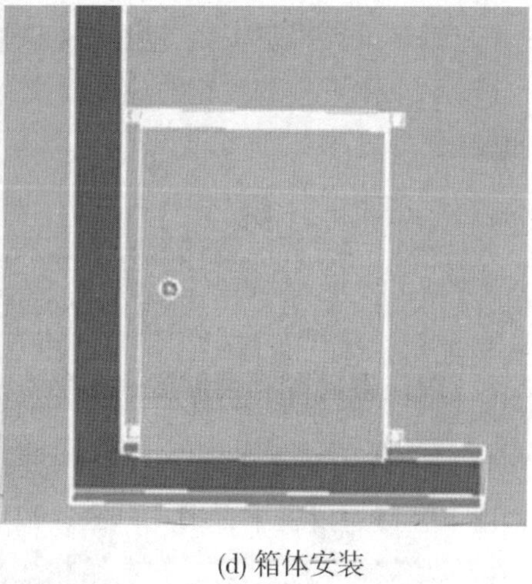

(d) 箱体安装

图 7－2－5　制盘安装示意图

7.2.6 火灾报警控制器安装

(1)基础型钢埋设。采用10号槽钢作基础，配合静电地板收口。

(2)设备的搬运。应先对设备进行检查，在现场拆除包装时，应小心谨慎，移动轻起轻落。在设备的搬运过程中，设备应绑扎牢固，以免倾倒损坏内部器件。

(3)底座安装。在槽钢底座制作好后，先进行表面除锈，再刷两遍油红丹、两遍灰油进行防腐，然后根据图纸设计要求的位置，参考控制柜的外形尺寸，将底座槽钢用膨胀螺丝固定。

(4)设备安装。先将报警控制柜按图纸规定的顺序作上标记，然后将其搬放在安装位置，精确地调整第一个柜，再以第一个柜为基准将其它柜逐次调整。具体安装方法如图7－2－6、图7－2－7所示。

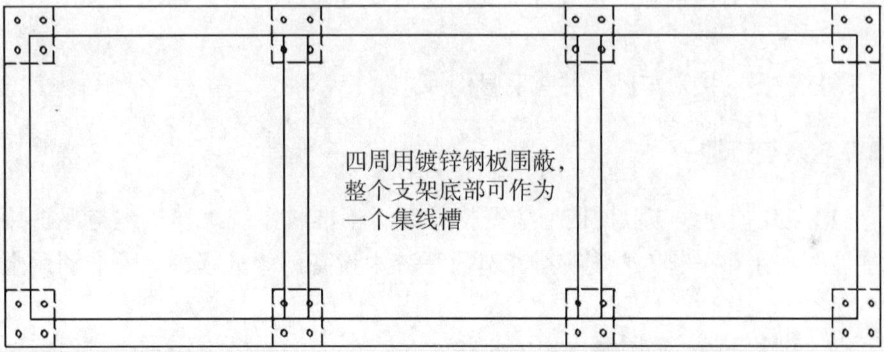

图7－2－6　消防主机控制柜支架安装平面图

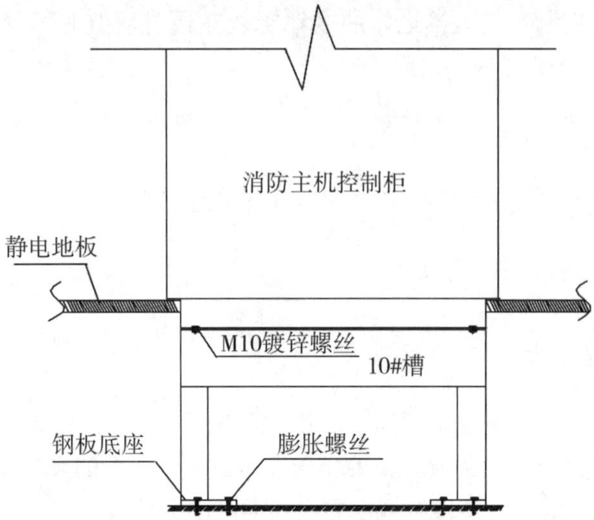

图7－2－7　消防主机控制柜安装示意图

(5)报警控制柜的调整可用水平尺和磁力线锤，要求将柜调整平直，柜与柜之间的间隙不能过大。调整完毕再检查一遍，是否都合乎质量要求，然后用连接螺栓将报警控制柜固定在槽钢底座上。

(6)清扫。报警控制设备固定好后，应进行清扫，用抹布将各种设备擦干净，柜内不应有杂物，同时应检查机械活动部分是否灵活，导线连接是否紧固。

(7)控制器(柜)配接线应符合下列要求：

①导线配线整齐、绑扎成束，避免交叉，接线牢固；

②电缆芯线和所配导线的端部均标明编号、并与图纸一致，字迹清晰不易褪色；

③端子板的每个接线端，接线不超过两根；

④电缆芯和导线留有不小于20cm的余量；

⑤导线引入线管穿线后，在进线管处封堵；

⑥控制器的主电源引入线直接与消防电源连接，不使用电源插头，主电源应有明显的标志；

⑦控制器的接地牢固，并有明显的标志。

7.2.7 系统接地

(1)工作接地线与保护接地应严格分开，不准将系统工作接地与保护接地或电源中性线连接在一起，否则有可能造成系统中设备的永久损坏。不准利用金属软管作为保护接地导体。

(2)工作接地线采用截面积不小于4 mm^2 的铜芯绝缘导线，接至车控室专用接地汇流排，接地电阻小于1Ω，并将各回路穿线钢管焊为一体与站台板下接地母排连接。

(3)由消防控制室引至接地体的接地干线在通过墙壁时，穿入钢管或其他坚固的保护管，确保接地装置的可靠性。

(4)系统地与动力地、工作接地与保护接地都应严格分开，不得利用金属软管作为保护接地导体。

(5)接地装置施工完毕后，应及时作隐蔽工程验收。

7.2.8 火灾自动报警系统调试

1. 调试前必须具备的条件

(1)FAS的全部设备包括现场级的各种末端设备(如温感探头、烟感探头、模块箱)等全部安装完毕，线路敷设和接线全部符合设计图纸的要求。

(2)FAS的FACP报警控制盘及其相关的回路通信线不仅敷设、安装完毕，而且要有以连续正常调试用的AC220V供应电源。

(3)检查FAS与各系统的接口联动、信息传输和线路敷设等必须满足设计要求。

2. 调试内容、步骤

1)火灾报警控制盘常规检查

(1)检查控制盘与外部设备连线是否正确，220VAC、24VDC电源线连接是否到位，整齐、规范。检查控制盘上的回路卡对应的B+B−和A+A−接线是否到位，相对应的端子排接线是否到位；在220 V和24 V充电的接点上分别接入220 V交流电和24 V直流电池电源，此时控制盘应显示正常。

(2)控制盘须用中文标识，接线箱内的电线应有标识号码(且不得用手写体，应用印刷体打印标识)，箱内端子排列顺序及端子接线图应结合本工程实际进行设计，以便于现场施工。

(3)在控制盘正常工作的情况下，AUX POWER上的二对24 V直流电压输出触点应有常规24 V直流电压输出。

2)火灾报警控制盘故障测试

(1)开路故障：断开回路控制卡上的A+A−(相对应的端子排号为1，2)输出触点，控制盘上应有故障显示，接通1，2输出触点，控制盘显示正常；断开回路控制卡上的B+B−(相对应的端子排号为3，4)输出触点，控制盘上应有故障显示，接通输出触点，控制盘显示正常。对其他回路控制卡触点做相同的测试。

(2)短路故障：对回路控制卡上的A+A−(相对应的端子排1，2)回路进行短路，控制盘应显示故障；对回路控制卡上的B+B−(相对应的端子排号为3，4)回路进行短路，控制盘应显示故障。排除短路，控制盘显示正常。对剩余的其他回路控制器回路做同样的测试。

(3)电池故障：将电池电压降低到12V时，控制盘报警，显示电池故障，提高电池电压，控制盘显示正常。

(4)电源故障(无电池电源、无交流电)：移开交流电，控制盘显示电源故障；电池电压低于20 V或移开电池电源，控制盘显示电源故障。重新接入交流电并接入24 V电池电源，控制盘重新显示正常。

3)火灾报警控制盘按钮测试

(1)消音按钮：当控制盘发出警报或故障显示时，按下消音按钮，控制盘的鸣叫声停止(此时并不消除警报或故障状态)。

(2)火警按钮：当控制盘发出报警信息时，按此按钮进行火警查看和确认(只是信息确认，现场逻辑程序不启动)。

(3)联动按钮：当控制盘进行预订的逻辑控制，对应的外围设备动作后，给报警控制器联动反馈信息，按此按钮进行联动信息查看。

(4)其他按钮：当控制盘有故障或者其他信息出现时，按此按钮可以进行查看相对应的信息。

(5)屏蔽按钮：当系统有设备需要进行屏蔽操作，进行屏蔽后，按此按钮可以查看相对应的屏蔽设备信息。

(6)复位：按下复位按钮，将清除任何已经启动的输出回路信号(包括报警、电流输出)，控制盘恢复至正常状态。

(7)自检：按下自检按钮，将点亮控制盘上所有指示灯，巡查 LCD 显示屏明暗度，发出蜂鸣器的讯响。

(8)详细信息：当查看控制器某一事件时，默认为缩略信息，需要查看更多信息时，按此按钮可查看诸如地址码等详细信息。

(9)信息查询上下翻页：按此按钮可以对需查看信息进行上下翻页。

4)火灾报警控制盘报警测试

(1)对主机上任意探测器报警(烟感或温感)，控制盘上报警显示相对应的探测器报警信息。

(2)对主机上任意手动报警按钮进行碎玻报警，控制盘上报警显示相对应的手动报警按钮报警信息；对主机上任意某报警模块进行短接报警，控制盘上报警显示对应的模块报警信息。

5)火灾报警控制盘手自动状态

(1)自动状态：控制盘在自动状态时，接收到两个报警信息(2 个探测器，或 2 个手报，或 1 个手报 1 个探测器)后，控制盘输出火灾模式信号，并依照工程要求控制警铃等模块动作。

(2)手动状态：控制盘在手动状态时，接收到两个报警信息(2 个探测器，或 2 个手报，或 1 个手报 1 个探测器)后，不发出火灾模式信号。在设定时间内确认火警或转为自动状态，手动转为自动状态后，逻辑输出按照自动模式输出；经过设定时间没有复位火警信息的，其输出模式按照自动模式输出。

6)联动电源盘测试

(1)检查联动电源盘与外部设备连线是否正确，220 V 交流、24 V 直流电源线连接是否到位、整齐、规范。在 220 V 和 24 V 的接点上分别接入 220 V 交流电和 24 V 直流电池电源，此时控制盘应显示正常。

(2)联动电源盘需用中文标识，接线箱内的电线应有标识号码(且不得用手写体，应用印刷体打印标识)，箱内端子排列顺序及端子接线图应结合本工程实际进行设计，以便于现场施工。

(3)在电源盘正常工作的情况下 TB2 1～6 号端子 24 V 直流电压输出触点应有常规 24 V 直流电压输出。

(4)电池故障：将电池电压降低到 12 V 时，控制盘报警，显示电池故障，提高电池电压，控制盘显示正常。

7)消防电话测试

(1)检查消防电话控制盘与外部设备连线是否正确，24 V 直流电源线连接是否到位、整齐、规范。在 24 V 的接点上接入 24 V 电源，此时控制盘应显示正常。

(2)消防电话需用中文标识，接线箱内的电线应有标识号码(且不得用手写体，应用印刷体打印标识)，箱内端子排列顺序及端子接线图应结合本工程实际进行设计，以便于现场施工。

(3)在消防电话控制盘正常工作的情况下，24 V 直流电压输出触点应有常规24 V直流信号电压输出。

(4)电话插孔或者固定电话接入并进行地址设定后，移动手柄插入电话或者固定电话听筒拿起后，消防电话控制盘发出鸣响，并显示需接听呼入的电话地址，拿起控制盘听筒，可进行通话。

8)智能特征烟感探测器报警测试

(1)火警测试：通过火警报警盘模拟施工方配合使用烟雾报警器对烟感探测器进行报警测试，达到报警浓度后，探测器报警灯常亮报警。

(2)故障测试：通过火警报警盘模拟故障或摘取探测器，探测器应在火灾报警控制盘上显示故障。

9)智能特征温感探测器报警测试

(1)火警测试：通过火灾报警控制盘或施工方配合使用温度报警器对烟温感探测器进行报警测试，达到报警温度后，探测器报警灯常亮报警。

(2)故障测试：通过火警报警控制盘模拟故障或摘取探测器，探测器应在火灾报警控制盘上显示故障。

10)智能手动报警按钮报警测试

(1)通过火灾报警控制盘或测试钥匙对手动报警按钮进行火警测试，玻璃片正确落至报警位置后手报报警灯常亮报警。

(2)通过火灾报警控制盘或摘取手动报警按钮，手动报警按钮应该在火灾报警控制盘上显示故障。

11)感温电缆测试

(1)火警测试：施工方配合使用感温电缆测试温度仪器对感温电缆进行报警测试，达到报警温度后，感温电缆控制器输出火警继电器常闭点，相对应接口火警接口模块在火灾报警控制盘上显示报警。

(2)故障测试：通过对感温电缆控制器进行故障模拟，感温电缆控制器输出故障继电器常闭点，相对应接口故障接口模块在火灾报警控制盘上显示故障。

12. 控制模块测试

(1)联动测试：通过火灾报警控制盘手动启动控制模块或通过模拟火警联动控制模块，联动成功后火灾报警控制盘上显示相对应模块名称。

(2)故障测试：通过火灾报警控制盘模拟或现场摘取模块，联动模块应在火灾报警控制盘上显示故障。

13)输入模块测试

(1)输入测试：通过火灾报警控制盘模拟输入模块动作或通过现场短接输入模

块，输入模块应在火灾报警控制盘显示联动反馈或者状态。

(2)故障测试：通过火灾报警控制盘模拟或者现场摘取模块，输入模块应在火灾报警控制盘上显示故障。

14)隔离模块测试

(1)动作测试：通过模拟回路信号线短路故障，短路隔离模块应动作，隔离模块后面设备应在火灾报警控制盘显示通信故障。

(2)故障测试：通过火灾报警控制盘模拟或现场摘取模块，隔离模块应在火灾报警控制盘上显示故障。

15)警铃测试

鸣响测试：通过直接加 24 V 或联动控制模块，警铃应发出鸣响。

16)图形工作站测试

(1)显示功能：图形工作站和火灾报警控制盘正确连接后，图形工作站应能显示报文信息；火灾报警控制盘发生火警后，应能正确显示其报文信息，并在图形上显示其位置(与现场核实是否一致)。

(2)故障功能：图形工作站和火灾报警控制盘失去连接后，火灾报警控制盘上显示连接故障。

7.3 火灾自动报警系统典型施工做法

1. 车站设备区走廊感烟探测器的典型安装做法

车站设备区走廊感烟探测器在楼板底明装，但由于设备区走廊综合管线密集，直接在楼板底明装会影响感烟探测器的功能以及车站管理人员的日常维修与管理。

按平面图确定探测器的安装位置时，应按现场的实际情况，适当调整探测器的位置。为了实现感烟探测器的正常功能，车站设备区走廊感烟探测器宜在综合管线下方居中布置，并设置聚烟板。标准化安装示例如图 7 - 3 - 1 所示。

图 7 - 3 - 1　车站设备区走廊感烟探测器标准化安装图

2. 模块箱布置的典型安装做法

由于现场环境潮湿，为了保护设备和便于日后维护，将模块按照不同的区域集中放置在模块箱内，模块箱防护等级应≥IP54。模块箱挂墙明装，底边距地 1.2 m，采用下进下出的形式布置线槽。为了避免影响箱门的开启，各模块箱之间预留 2 cm 的空隙。标准化安装示例如图 7－3－2 所示。

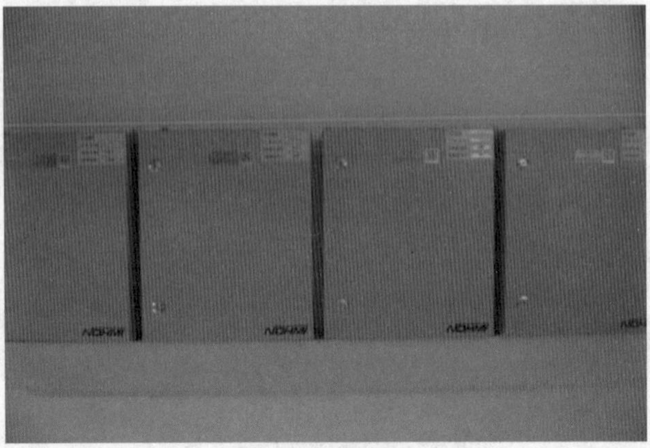

图 7－3－2 模块箱标准化安装图

3. 手动报警按钮及插孔电话布置典型做法

手动报警按钮及插孔电话安装前，根据平面图核实现场安装位置，对车站公共区内手动报警按钮及插孔电话安装前还需与装修专业核对位置。并根据手动报警按钮及插孔电话的尺寸大小，由搪瓷钢板厂家预留安装孔洞，保证开孔的准确性，从而保证手动报警按钮及插孔电话安装的美观。标准化安装示例如图 7－4－3 所示。

图 7－4－3　手动报警按钮及插孔电话安装图

8 综合监控系统

8.1　综合监控系统概况

地铁综合监控系统是一个智能化的综合监控系统，为地铁车站提供一个集中操作、运维管理的平台。主要集成地铁的弱电系统，包括电力监控系统(SCADA)、环境与设备监控(BAS)、火灾自动报警(FAS)、屏蔽门(PSD)、门禁系统等，并与信号系统(SIG)、售票系统(AFC)、闭路电视系统(CCTV)等系统互联。综合监控采用中央、车站两级管理，正常情况下由中央控制中心对全线设备进行统一监控和控制，紧急情况下通过中央控制中心授权车站对车站设备进行监控。本章对弱电系统中的环境与设备监控系统与门禁系统进行阐述。

车站环境与设备监控系统对车站的通风空调系统设备、给排水设备、自动扶梯、自动人行道、电梯车站公共区照明、广告照明、车站事故照明电源等机电设备进行全面、有效的监控和管理，并在火灾或列车阻塞事故状态下，指挥控制车站设备进入救灾模式，保证乘客的安全和设备的正常运行。系统采用开放式系统结构和通用工业标准、高速局域网技术和标准的通信接口、可靠的操作系统、可靠的PLC控制器硬件系统和HMI软件系统，组成中央、车站、就地三级控制系统。

门禁系统在各车站主要设备和管理用房设置门禁，在门套门的设备管理用房可设一套门禁。门禁系统分为中央和车站两个管理级及现场控制级，是实现员工进出管理的自动化系统，通过门禁系统可实现自动识别员工身份；自动根据系统设定开启门锁；自动记录交易；自动采集数据，自动统计、产生报表；并可通过系统设定实现人员权限、区域管理和时间控制等功能。

8.2　环境与设备监控系统施工流程、工艺及方法

8.2.1　系统施工流程(图8-2-1)

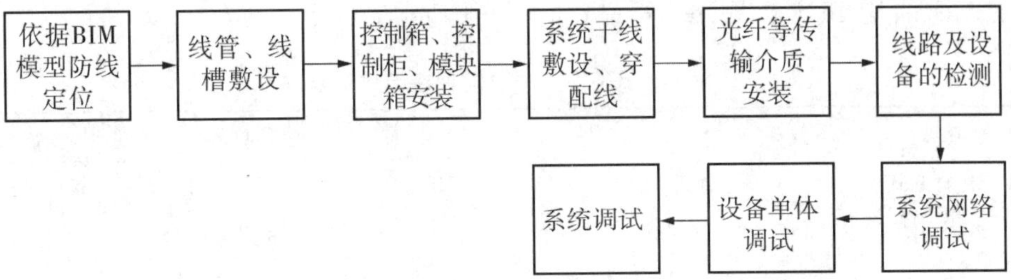

图8-1-1　系统施工流程

8.2.2 施工方法和工艺

1. 站内管道明敷

1)工艺流程(图 8-2-2)

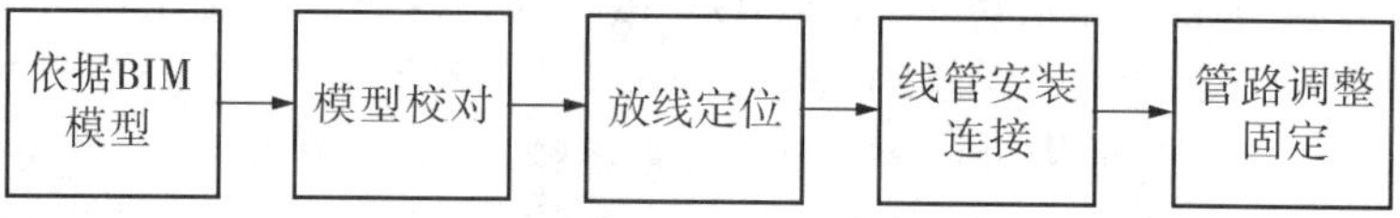

图 8-2-2 站内管道明敷工艺流程

2)操作要点

(1)施工前，熟悉图纸及 BIM 模型，进行图纸会审和现场测量复核 BIM 模型，审核系统路径是否正确，有无与其他专业矛盾和相碰之处。

(2)结合建筑施工图，进行深化设计，与其他专业如火灾自动报警系统、门禁系统等配合协调，合理排布各专业线管，避免各种管线密集错杂在一起。

(3)线管加工。

①配管前根据图纸要求的实际尺寸将管线切断，钢管使用切割机切断，操作时用力要均匀平稳，以免用力过猛导致过载或砂轮崩裂。钢管切断后，断口处截面要与管轴线垂直，管口锉平、刮光，使管口整齐光滑，严禁用电气焊切割钢管。

②钢管弯曲：用钢管本身进行煨制，严禁在管路弯曲处采用冲压弯头连接管路，以防穿线时卡阻和损坏导线绝缘层。钢管的弯曲采用手动型弯管器冷煨，大于 DN32 的镀锌钢管为了避免内弯褶皱，采用液压冷弯。钢管的弯曲半径，不应小于管外径的 6 倍。

(4)放线标识：按施工图利用红外线放线仪放线定位，坐标和标高、走向、确定接线盒的位置，经复核符合设计要求。

(5)管路敷设：明配的导管。应排列整齐，固定点间距均匀。安装牢固，在终端、弯头中点或柜、台、箱、盘等边缘的距离 150～500mm 范围内设置管卡，中间直线段管卡间的最大距离应符合表 8-2-1 所示的规定。

表 8-1-1 导管规格参数及要求

敷设方式	导管种类	导管直径/mm				
		15～20	25～32	32～40	50～65	65 以上
		管卡间最大距离/m				
支架或沿墙明敷	壁厚 >2mm 刚性钢导管	1.5	2.0	2.5	2.5	3.5
	壁厚≤2mm 刚性钢导管	1.0	1.5	2.0	—	—
	刚性绝缘导管	1.0	1.5	1.5	2.0	2.0

吊顶内单根明配电线管采用圆钢吊杆及线管卡固定，或直接固定在楼板顶部或墙体上。成排明配电线管采用圆钢作吊杆，C 型钢作横担固定，如图 8－2－3 所示。

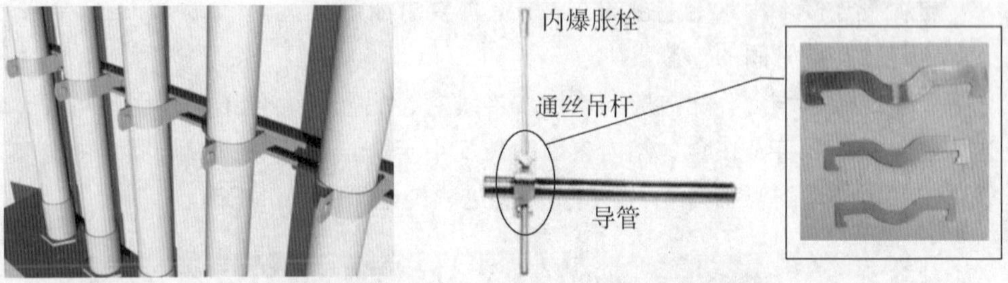

(a) 成排管沿墙安装时采用角钢固定

(b) 单根管明装或吊顶内安装时采用φ8通丝圆钢固定

图 8－1－3　明配管支吊架

(6)变形缝处理。经过建筑物的伸缩缝处，局部要采用金属软管连接，如图 8－2－4 所示，以保护建筑在伸缩缝处发生伸缩变化时电气管线的安全。

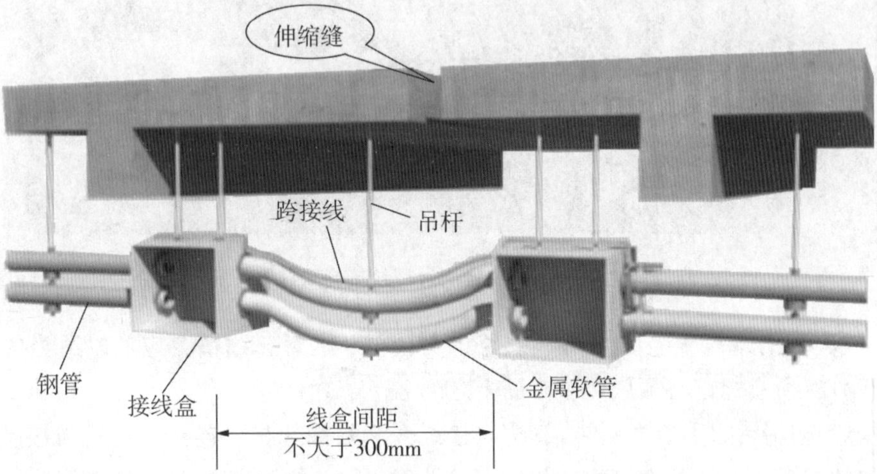

图 8－2－4　伸缩缝处金属软管安装示意

(7)管与管、盒、箱连接：本工程的刚性电气导管采用镀锌钢管或电线管镀锌钢管镀锌钢管的连接采用套丝连接。套丝连接施工要点如下：

①套丝：配管前使用套丝板对线管进行套丝，进入盒、箱的管子其套丝长度不宜小于管外径的 1.5 倍，管路间连接时，套丝长度一般为管箍长度的 1/2 加 2～4 扣，需要退丝连接的丝扣长度为管箍的长度加 2～4 扣。

②在配管施工中，管与盒、箱一般采用螺母连接。

③管与管的采用丝接方式：丝接的两根管应分别拧进管箍长度的 1/2，并在管

箍内吻合好，连接好的管子外露丝扣应为 2 ～ 3 扣，不应过长。需退丝连接的管线，其外露丝扣可相应增多，但也应在 5 ～ 6 扣。丝扣连接的管线应顺直，丝扣连接紧密，不能脱扣。

电线管连接采用紧定连接的方式，具体要求如下：

①导管与导管间的连接。

②紧定管与线盒、配电屏的连接。接线盒、配电屏设置正确，固定可靠，钢管进入盒、箱处顺直，在盒、箱内露出的长度小于 5mm；用锁紧螺母固定的管口、钢管露出锁紧螺母的螺纹为 2 ～ 4 扣。线路进入配电箱的管口正确。

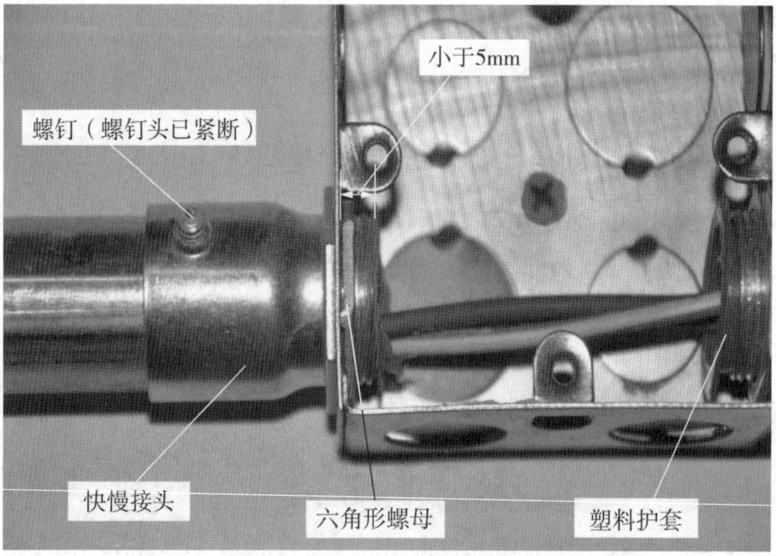

图 8－2－5　JDG 管通过螺纹接头与线盒紧密连接

(8) 所有现场安装之设备、线路、交接位、喉管、线槽，应加以适当的标记以便识别，所有标记必须依照施工图上之列名。

管道连接采用螺纹连接，管道与接线盒必须加丝扣套连接。线槽与控制盘、模块箱连接后必须用防火堵料做相应密封处理。所有的管道必须采用厚度不少于 2 mm 的镀锌钢管（部分位置采用线槽，详见设计施工图纸），管道的敷设方式大部分采用明敷，并应在其表面涂上防火漆，防火漆均匀涂抹两遍，且不应被其他涂料所覆盖。若管道需要经过一些易爆或易受腐蚀的区域时，必须采取相应的防爆防腐保护措施。管线过轨必须通过轨道下的过轨预埋管、槽。

(9) 环境与设备监控系统布线时应根据现行国家标准的规定，对导线的种类、电压等级进行检查。

(10) 管道或线槽的穿线前应将管内或线槽内的积水及杂物清除干净。在穿线前，应将管内的锋利边缘清除干净，避免线路受损。

(11) 在室外敷设管道与设备时，应做出适当的防水、防潮及防雷方面的保护。

(12)所有管道安装必须保持整齐，在一个相同的基准内施工，应与墙身及相邻的管道保持平行或垂直。在同一平面之相同区间内，所有管道必须保持高度一致。

(13)敷设管路超过下列长度时，应在便于接线处装设接线盒：

①管子长度每超过30 m，无弯曲时；

②管子长度每超过20 m，有一弯曲时；

③管子长度每超过10 m，有二弯曲时；

④管子长度每超过8 m，有三弯曲时。

(14)管子入盒时，盒外侧应套锁母，内侧必须装护口；在吊顶内敷设时，盒的内外侧均应套锁母。

3)质量检查

(1)检查材料是否符合招标文件及设计要求，监理及施工管理人员现场采用游标卡尺测量管材厚度。

(2)现场管理人员查看钢管切断后，断口处截面是否与管轴线垂直，管口锉平、刮光，使管口整齐光滑。

(3)利用钢卷尺测量管线的标高、走向是否满足设计要求，同时确定接线盒的位置是否符合施工规范要求。

2. 站内管道暗敷

1)工艺流程(图8－2－6)

图8－2－6　站内管道暗敷工艺流程

2)操作要点

(1)施工前，熟悉图纸，进行图纸会审，审核系统路径是否正确，并建立BIM模型，核对有无与其他专业矛盾和相碰之处。

(2)根据施工蓝图及BIM模型，在施工现场进行测量放线工作，确定管路敷设走向。

(3)管线预制加工。

①钢管煨弯：管径为20 mm及以下时，用手板煨弯器；管径为25 mm及其以上时，使用液压煨弯器或使用定型弯钢管。

②管子切断：用钢锯、割管器、砂轮锯进行切管，量好需要切断的管子尺寸，放在钳口内卡牢固进行切割。切割断口处应平齐不歪斜，管口刮锉光滑、无毛刺，管内铁屑除净。

③管子套丝：采用电动套丝机。应注意及时浇冷却液，丝扣不乱不过长，消除渣屑，丝扣干净清晰。

(4)管线安装。

随装饰装修施工进度，完成盒、箱的固定，然后将管道暗埋于墙体内，在进盒箱处做好封堵工作。

暗配导管的埋设深度与建、构筑物表面的距离不应小于15mm，如图8－2－7所示。

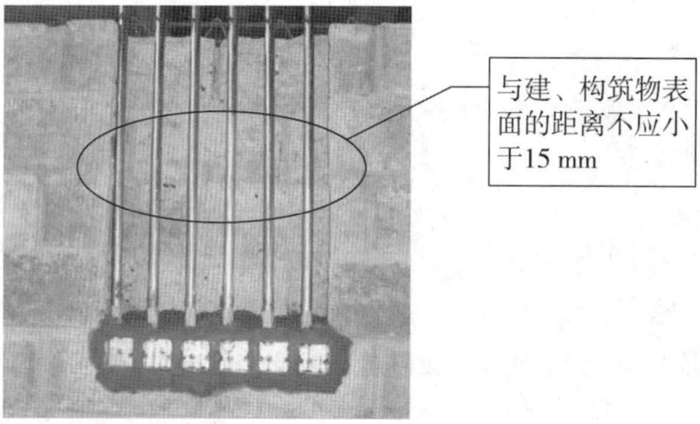

图8－2－7　暗配导管的要求

3)质量检查

(1)检查材料是否符合招标文件及设计要求，监理及施工管理人员现场采用游标卡尺测量管材厚度。

(2)现场管理人员查看钢管切断后，断口处截面是否与管轴线垂直，管口锉平、刮光，使管口整齐光滑。

(3)利用钢卷尺测量管线的标高、走向是否满足设计要求，同时确定接线盒的位置是否符合施工规范要求。

3. 电缆敷设

1)工艺流程(图－2－8)

图8－2－8　电缆敷设工艺流程

2)操作要点(图8－2－9)

(1)电缆从电缆盘上切下后立即将两端予以密封，以避免湿气侵入。

(2)敷设电缆时利用人力将电缆自电缆盘上放出，根据计量好的回路长度截断电缆，整段电缆放置在滚动电缆滑轮，再用手拉使之通过。

(3)本项目电缆除穿镀锌钢管敷设外，其余均敷设在桥架上。电缆敷设完毕，须绑扎固定，垂直方向应每米绑扎一道。

(4)电缆识别标志：在电缆两端、转角处、交叉处及其他需要识别电缆路径之处设置电缆识别标志，电缆挂牌应采用热转印方式，材料为硬质PVC，穿尼龙扎带组成。

(a) 桥架内电缆敷设排列整齐、绑扎牢靠　　(b) 强电井桥架内挂牌电缆标志采用白色方形PC板

图8－2－9　电缆敷设要点

(5)电缆绝缘检测

电缆敷设完毕即进行绝缘测试。柜、屏、台、箱、盘间线路的线间和线对地间绝缘电阻值，馈电线路必须大于0.5MΩ，二次回路必须大于1MΩ。

3)质量检查

(1)检查电缆预留长度是否符合要求。

(2)检查电缆绑扎距离是否符合要求。

(3)检查电缆标识牌是否挂上，电缆排布是否整齐。

(4)检查电缆绝缘电阻是否符合要求。

4. 电线敷设

1)工艺流程(图8－2－10)

依据BIM模型 → 模型校核 → 选择电线 → 穿管敷设 → 接头包扎

图8－2－10　电线敷设工艺流程

2)操作要点

根据设计图纸要求，正确选择导线规格、型号。相线、中性线及保护线的颜色应加以区分：黄、绿、红导线为L1、L2、L3相线，淡蓝色导线为零线，黄绿相间导线为保护接地线，控制线统一白色导线。

带线用ϕ1.2～2.0 mm的铁丝，头部弯成不封口的圆圈，以防止在管内遇到管接头时被卡住，将带线穿入管路内，在管路的两端均应留有10～15 cm的余量。

当穿带线受阻时，采用两端同时穿带线的办法，将两根带线的头部弯成半圆的形状，使两根带线同时搅动，使两端头相互钩绞在一起，然后将带线拉出。

清扫管路：将布条的两端牢固地绑扎在带线上，两人来回拉动带线，将管内的浮锈、灰尘、泥水等杂物清除干净。

放线前应根据图纸对导线的品种、规格、质量进行核对。

对整盘导线放线时，将导线置于放线架或放线车上，放线避免出现死扣和背花。

剪断导线时，盒内导线的预留长度为15 cm，箱内导线的预留长度为箱体周长的1/2。

3)质量检查

(1)施工中是否存在护口遗漏、脱落、破损及管径不符等现象。因操作不慎而使护口遗漏或脱落者应及时补齐，护口破损与管径不符应及时更换。

(2)导线连接处的焊锡是否存在不饱满，出现虚焊、夹渣等现象。

(3)导线线芯是否受损。

(4)接头部分包扎是否平整、严密。

(5)线路的绝缘电阻值是否存在偏低现象。管路内可能进水或绝缘层受损都将造成线路的绝缘值偏低，应将管路中的泥水及时清净或更换导线。

5. 温湿度传感器安装

1)工艺流程(图8-2-11)

图8-1-11　温湿度传感器安装工艺流程

2)操作要点

(1)结合环境与设备监控系统施工蓝图设计要求及施工平面布置图，建立BIM模型，核对温湿度传感器安装位置是否满足设计要求，仔细核对图纸及每个探测器的所检测的防火区域是否合理，然后根据模型到现场确定探测器的安装位置。

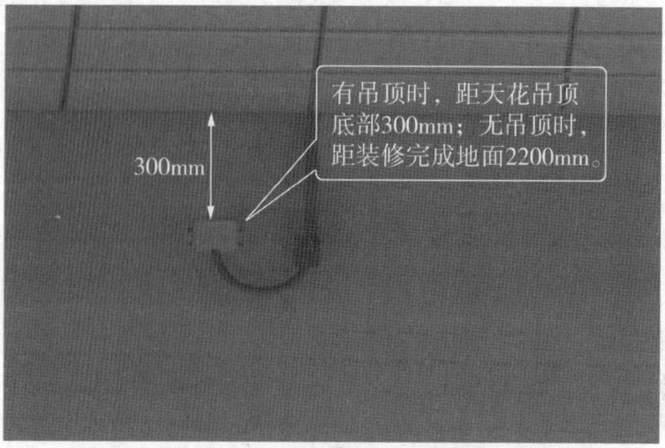

图8-1-12　温湿度传感器操作要点

(2) 房间、站厅和站台温湿度变送器的安装位置要求设在回风口附近，且不能在出入口和送风口附近。房间内温湿度变送器安装在墙上，安装高度为：有吊顶时，距天花吊顶底部 300 mm；无吊顶时，距装修完成地面 2200 mm。设在站厅和站台公共区的变送器可以通过支架安装在站厅、站台的吊顶缝隙中，与吊顶平齐，要求与装修专业施工配合，以保证整体的美观。以上传感器安装的位置要求为温湿度敏感点，同时必须是检修和更换方便的位置。

风室温湿度变送器的安装位置要求设在相关风室的出口风道上，离出风口的距离大于600mm。如果出口风道的位置不利于安装和检修，要求安装在相关的风室内，利用支架固定，要求测量点的位置必须为本风道温湿度敏感点，同时必须是检修和更换方便的位置。

3) 质量检查

(1) 施工管理人员现场检查温湿度传感器是否符合施工合同文件及设计要求，有无在运输过程中损坏现场，是否被碰破等现象。同时查看产品合格证书及检测报告等。

(2) 利用钢卷尺测量温湿度传感器的安装高度是否满足设计要求，同时确定安装是否牢固。

(3) 检查温湿度传感器位置周边有无障碍物会影响后期检修与更换。

6. 流量传感器安装

1) 工艺流程(图 8－2－13)

图 8－1－13　流量传感器安装工艺流程

2) 操作要点

(1) 结合环境与设备监控系统施工蓝图设计要求及施工平面布置图，建立 BIM 模型，核对流量传感器安装位置是否满足设计要求，仔细核对图纸及每个流量传感器的所检测的区域是否合理，然后根据模型中传感器位置到现场确定传感器的安装位置。

(2) 一般要求：

流量传感器应安装于所检测位置的敏感点。

流量传感器和工艺管道垂直安装时，其轴线应与管道轴线垂直相交。

流量传感器的信号线在高电磁干扰区采用屏蔽线，与 220 V 交流电源线之间至少保持 15 cm 的距离。

安装位置和地点按需要选择，但 2 只电极的轴线必须大致在同一水平方向上。

测量管内保证充满被测介质，介质流动方向按传感器上所指方向为正方向。

传感器外壳、内部接地端子必须有可靠的接地。

(3)施工方法

与环控专业主管工程师一起按照技术要求共同确定流量传感器安装位置。

流量传感器与异径管道间法兰连接，具体安装要求参见随设备配套的相关技术要求。

电磁流量计应安装在避免有较强交直流磁场或有剧烈振动的场所。流量计金属部分、被测介质及工艺管道三者之间应该连成等电位，并应接地。电磁流量计应设置在流量调节阀的上游，流量计的上游应有一定的直管段，长度为 $L=10D$(D 为管径)，下游段应有 $L=(4-5)D$ 的直管段。在垂直的工艺管道安装时，液体流向自下而上，以保证导管内充满被测液体或不致产生气泡，水平安装时必须使电极处在水平方向，保证测量精度。

涡轮式流量变送器应安装在便于维修并避免管道振动，避免强磁场及热辐射的场所。涡轮式流量传感器安装时要水平，流体的流动方向必须与传感器壳体上所示的流向标志一致。如果没有标志可按下列方向判断流向；流体的进口端导流器比较尖，中间有圆孔；流体的出口端导流器不尖，中间没有圆孔。

3)质量检查

(1)施工管理人员现场检查流量传感器是否符合施工合同文件及设计要求，是否存在在运输过程中损坏现场、被碰破等现象。同时查看产品合格证书以及检测报告等。

(2)利用钢卷尺测量流量传感器的安装位置是否满足设计要求，同时确定安装是否牢固。

(3)流量传感器位置周边有无障碍物影响后期检修与更换。

(4)检查流量传感器与管道之间连接处是否完全密封。

7. 控制箱安装

1)工艺流程(图 8－2－14)

图 8－2－14　控制箱安装工艺流程

2)操作要点

1)结合环境与设备监控系统施工蓝图设计要求及施工平面布置图，建立 BIM 模型，核对箱体安装高度及进线方式，确定箱体的安装方式与位置，如图 8－2－15 所示。

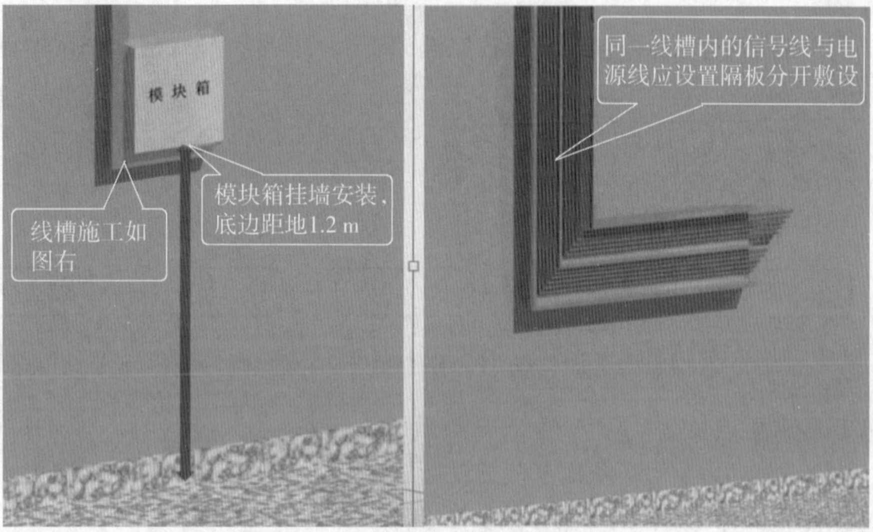

图 8－2－15　控制箱安装操作要点

(2)安装要求。

安装的位置不影响装修美观和消防安全。如果有两个以上控制箱在同一地方安装，要求并排安装，并且箱开门自由。

控制箱采用膨胀螺丝固定在墙上，控制箱安装牢固端正，箱子的垂直度偏差不应大于 2 mm。

进入控制箱的线缆保护管入箱时，箱外侧应套锁母，内侧应装护口，箱内导线穿软管保护。

(3)施工方法。

根据施工图纸确定控制箱的悬挂位置，按照控制箱的实际尺寸在墙上划出十字中心线和按设计要求底边距地距离水平线。

在控制箱背面划出十字中心线，并在高、宽四周边沿做出刻度标记。

将控制箱进行试挂，使两个十字线重合后划出箱子定位螺栓孔。

用冲击电钻钻出 10 mm 孔后将 M8 膨胀螺栓装进孔里，测量 4 个螺栓的对角尺寸找正后紧固。

将控制箱挂上后用磁力线坠和角尺进行垂直度测量，垂直度达不到时采用螺栓上垫薄垫片调整，直至满足误差在 2 mm 范围以内。

进入箱内的钢管在固定前进行套丝，并清除管口内壁毛刺，丝长按进入箱内锁紧后露出 2～3 丝扣为准。管子在控制箱内固定好后及时将管子护口装上。

3)质量检查

(1)检查模块箱是否符合施工合同文件及设计要求，施工管理人员现场检查箱体内元器件有无缺失及损坏现象，查看产品合格证书及检测报告等。

(2)利用钢卷尺测量箱体的安装标高是否满足设计要求，同时确定箱体安装是否牢固。

(3)现场查看箱体内接线是否按照设计要求去接线，确保后期调试过程能够顺利进行。

8. 控制柜安装

1)工艺流程(图 8 - 2 - 16)

图 8 - 2 - 16　控制柜安装工艺流程

2)操作要点

(1)结合动力照明系统施工蓝图设计要求及环控电控室施工平面布置图，建立 BIM 模型，核对控制柜的安装方式及位置，如图 8 - 2 - 17 所示。

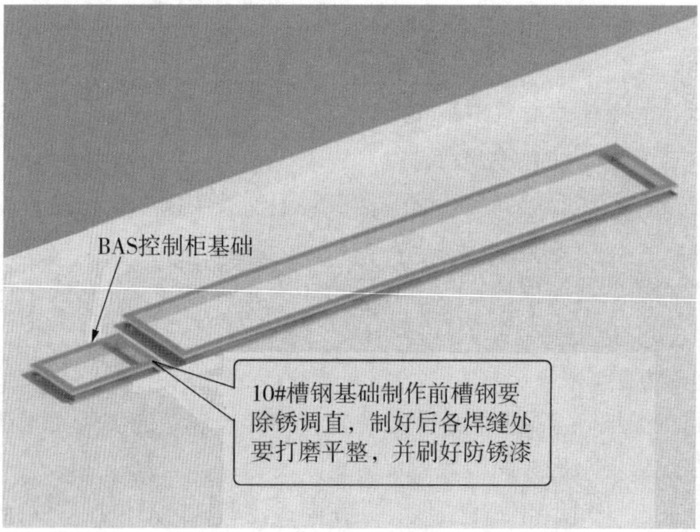

图 8 - 2 - 17　控制柜安装操作要点

控制柜出库之前先检查车控室、设备监控室土建、装饰是否完工并清理干净；控制柜出库运输到地铁站后通过风亭口，运到站厅层再通过运进控制室。

盘柜外包装箱宜在控制室内打开，设备开箱后检查外观是否良好，盘柜有无掉漆、变形等情况，柜内器件有无损坏；PLC 控制器在柜内安装是否牢固，有无接线脱落，插接件松脱；仪表规格、型号是否符合设计要求，各种附件是否齐全。开箱时各种资料，如合格证、使用说明书、出厂校验单等必须收集好，统一保管并及时填写开箱记录。

施工材料领取后检验外观是否良好，有无合格证、质保书。仪表及施工材料领取后要分类别摆放好，并做好标志，做到清晰明了，以便于施工时取用方便。

(2)控制柜安装。

①安装要求。

控制柜安装牢固，高度尽量与低压控制柜一致，柜子垂直偏差应不大于3 mm。

控制柜进行可靠接地，柜门应该以软导线与接地的金属构架可靠连接。

控制柜门开启灵活，操作方便。

基础槽钢的水平度偏差不大于1 mm/m，基础槽钢应进行可靠接地。

②施工方法。

盘柜基础槽钢制作，根据设计图纸确定控制柜具体位置并用墨线放出基础线，基础采用10#槽钢并按照柜子实际尺寸进行下料；制作前槽钢要除锈调直，制好后各焊缝处要打磨平整，并刷好防锈漆。槽钢框架就位后，用水平仪检测；采用垫铁方法进行反复调整直至其水平度偏差在1 mm/m以内。调整好的基础槽钢与垫铁、土建予埋件点焊固定，并用扁钢与接地干线焊接可靠；刷上面漆。

用与基础槽钢等高的滚杠进行控制柜移动就位。移动时要做到慢、稳，避免碰撞。就位后的盘柜用磁力线坠和角尺进行垂直度测量，用薄垫铁进行找平找正，使柜子的垂直度不大于3 mm。

控制柜找正后，用点焊将柜体与槽钢焊接，然后做防腐处理。

3)质量检查

(1)检查控制柜是否符合施工合同文件及设计要求，施工管理人员现场检查控制柜内元器件有无损坏现象，同时查看产品合格证书及检测报告等。

(2)利用钢卷尺测量控制柜的安装标高是否满足设计要求，箱体内接线是否整齐，同时电缆线和导线是否留有不少于20 cm的余量。

(3)施工管理人员现场查看控制柜内的接线是否按照设计要求接线，同时箱体的进出线是否有防火封堵处理。

9. 管道穿墙防火封堵

1)工艺流程(图8－2－18)

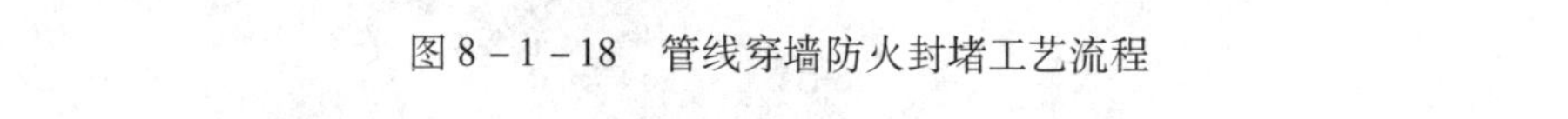

图8－1－18　管线穿墙防火封堵工艺流程

2)操作要点

结合环境与设备监控系统施工蓝图设计要求及施工平面布置图，建立BIM模型，模拟穿墙管道确定防火封堵效果图，如图8－2－19所示。

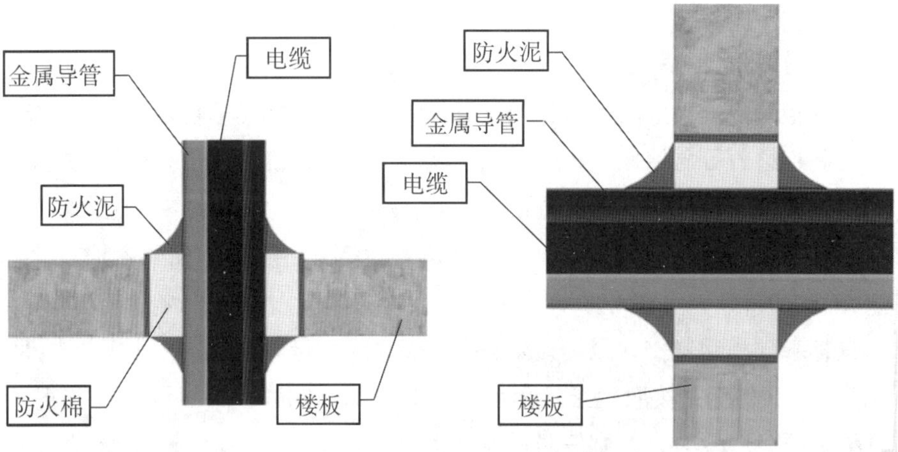

图 8－2－19　管道穿墙防火土封堵操作要点

3）质量检查

（1）检查防火材料必须通过国家相关机构检测合格产品，满足相应施工验收规范并达到消防验收标准。

（2）现场查看防火封堵效果，防火泥是否有脱落等现象。

10. 线槽穿墙防火封堵

1）工艺流程（图 8－2－20）

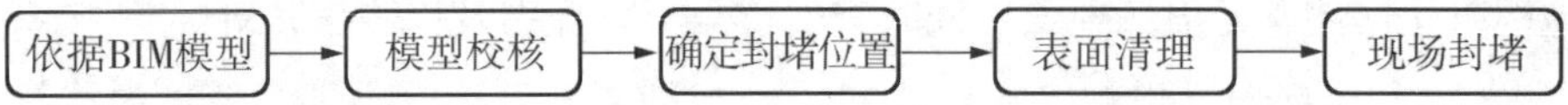

图 8－2－20　线槽穿墙防火封堵工艺流程

2）操作要点

（1）结合环境与设备监控系统施工蓝图设计要求及施工平面布置图，建立 BIM 模型，确定防火封堵位置，如图 8－2－21 所示。

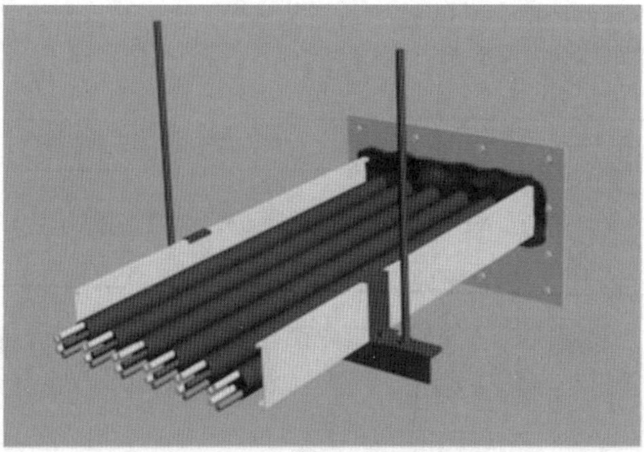

图 8－2－21　线槽防火封堵示意

(2)线槽穿越墙体时，穿墙洞用防火堵料封堵，线槽穿越防烟分区隔墙时，穿墙洞亦需封堵，防止火灾沿线路延燃。防火隔离段施工中，应配合装修施工预留洞口，在洞口处预埋好护边角钢。施工时根据电缆敷设的根数和层数用 50×50×5 角钢制作固定框，同时将固定框焊在护边角钢上。

3)质量检查

(1)检查防火材料必须通过国家相关机构检测合格产品，满足相应施工验收规范并达到消防验收标准。

(2)现场查看防火封堵效果，防火泥是否有脱落等现象。

11. 箱/柜防火封堵

1)工艺流程(图 8－2－22)

图 8－2－22　箱、柜防火封堵工艺流程

2)操作要点

(1)当电缆进入配电柜底部的孔洞时，用无机防隔板在底部铺垫封堵，再用有机防火泥对进入的电缆进行包裹封堵，并高出配电柜底部 50 mm 做成规则状。

(2)清理干净电缆穿管孔口的污渍杂物。

(3)用有机防火泥对电缆穿管孔口进行填充封堵，并做成规则形状。

(4)要求封堵密实，外表平整光洁。

3)质量检查

(1)检查防火材料是否通过国家相关机构检测合格产品，满足相应施工验收规范并达到消防验收标准。

(2)现场查看防火封堵效果，防火泥是否有脱落等现象。

12. 线缆及其他材料保护

(1)根据施工图纸以及施工现场实际情况，建立 BIM 模型，合理规划线缆及其他材料的成品保护。在施工过程中，合理安排施工顺序，按照正确的施工流程组织施工。制定详细合理的工序交接制度，加强工序间的验收，上道工序相对下一道工序都是成品，下一道工序的施工人员对上一道工序完好有保护责任。

(2)对于现场电缆等重要物质在进场后交工验收前设专人看护，防止丢失和损坏。

(3)线缆敷设完毕及时盖上槽盖，防止交叉作业损坏电缆，穿墙处用密封胶泥封墙，并现场张贴成品保护标识牌，如图 8－2－23 所示。

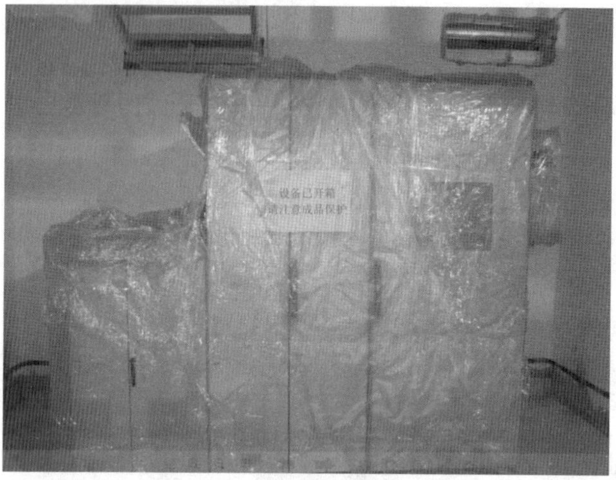

图 8－2－23　线缆及其他材料保护

(4)质量检查。

①现场检查线缆及其他材料是否符合设计及施工合同要求。

②线缆及其他材料表面要清理干净，塑料薄膜包裹要严密，同时要有醒目的成品保护标识牌。

13. 箱、柜保护

(1)根据施工图纸及施工现场实际情况，建立 BIM 模型，合理规划线缆及其他材料的成品保护。在施工过程中，合理安排施工顺序，按照正确的施工流程组织施工。制定详细合理的工序交接制度，加强工序间的验收，上道工序相对下一道工序都是成品，下一道工序的施工人员对上一道工序完好有保护责任。

(2)对于现场电缆等重要物品在进场后交工验收前设专人看护，防止丢失和损坏。

(3)现场箱、柜安装完成后采用彩条布完整覆盖，防止水汽和灰尘进入设备内部并现场张贴成品保护标识牌，如图 8－2－24 所示。

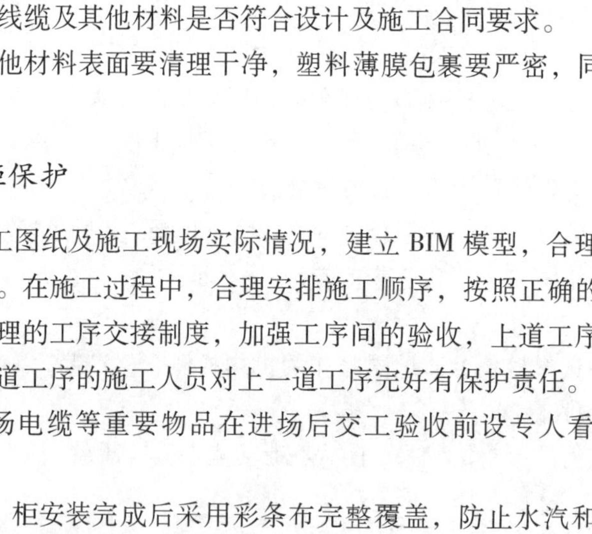

图 8－2－24　箱、柜保护

(4)质量检查：①现场检查线缆及其他材料是否符合设计及施工合同要求；②线缆及其他材料表面要清理干净，塑料薄膜包裹要严密，同时要有醒目的成品保护标识牌。

8.3 门禁系统施工方法及工艺

1. 系统施工流程

门禁系统施工流程如图 8－3－1 所示。

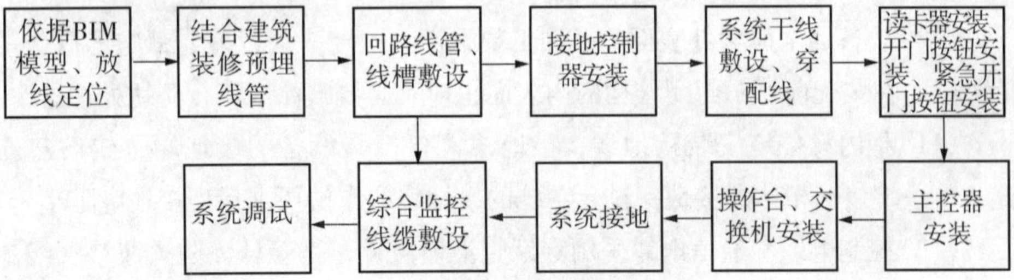

图 8－3－1　门禁系统施工流程

2. 施工方法及工艺

(1)门禁系统 BIM 校模时注意与装修专业门洞的碰撞、劈开门洞周边照明开关的管线。门禁系统的读卡器(房间外)、开门按钮及紧急破玻按钮(房间内)距门扇墙面 300 mm，安装底盒为 86 mm × 86 mm，安装高度为底边距装修完成面 1500 mm；对 AFC 票务管理室的双向读卡器(房间内、外)、紧急破玻按钮(房间内)距门扇墙面 300 mm，不安装开门按钮。

(2)门禁系统就地控制器安装：门禁系统的就地控制箱安装在有门禁系统的房间内或通道内，安装高度为箱底边距地面 2400 mm。车站付费区栏杆处门禁就地控制器安装在临近的票务处，安装高度为箱底边距地面 300 mm。出入口卷帘门就地控制器安装在出入口通道距卷帘门 300 mm 处，安装高度为箱底边距地面 2400 mm。

(3)门禁系统干线明敷，其标高距地面 2500 ~ 2600 mm。若有吊顶，则沿吊顶内敷设。明敷钢管采用丝扣连接，连接处做接地跨接线。明敷钢管排列整齐，固定点的距离应均匀；管卡与终端、转弯中点、弱点设备或接线盒边缘的距离为 150 ~ 500 mm。监控电缆、通信电缆必须与电源电缆(220V 以上)分别独立穿管，同一线槽内不同电压等级的线缆须穿钢管分开敷设。

(4)门禁通信线缆敷应从就地控制箱穿入房间内埋墙敷设，敷设顺序先经开门按钮后连接至门禁读卡器。

(5)门禁主控制器及门禁车站数据库安装在车站弱电系统设备室的门禁系统机柜内。

(6)门禁系统的就地控制箱的安装高度为箱底边距地面2400 mm。

(7)门禁系统的管线保证可靠接地，低压专业提供的配电箱的接地箱及相关的要求，参见低压专业的相关图纸。

(8)进入门禁机柜的控制电缆和通信电缆要求采用穿线管或线槽防护，同时要求采用密封防火材料，保证控制柜达到IP30。

(9)所有穿线及防护的金属钢管，内部要求光滑，表面要求涂防火漆。接地线和通信电缆在一条穿线管内敷设。

(10)设备的金属构件表面除了加工装配面和电镀表面以外，都应进行防锈和喷涂处理。在装配前，对封闭结构的内表面也应有必要喷涂或进行防锈处理。

(11)柜内设备应安装接地线，接地线设备端与设备的接地端子或设备外壳相连，另一端接到柜体的接地铜排。系统的接地线的末端要求保证接地电阻小于1Ω。

(12)控制电缆和通信电缆采用穿钢管沿墙敷设，钢管外涂防火漆。管线、电缆穿越墙洞时要求加钢管护套，同时孔洞必须采用防火密封材料进行封堵。金属管线采用金属码固定在墙上或隧道内，金属码的间距小于1.5 m，同时要求避开高低压的电缆敷设，在公共区不允许裸露在装修层外，敷设的高度与通信线齐平。

(13)柜体内接线应保证横平竖直，长度应适当，不可因过长在线槽内堆积过短造成导线受力。活动门上转动部分的导线线束应有外套塑料管，同时在可动部分两端用卡子固定。

8.4 单系统调试

8.4.1 环境与设备监控系统（BAS）单调试

1. 测试内容及步骤

由BAS系统平台供货商牵头，施工单位配合，完成所有BAS自身设备的上电，网络调试，并对所有传感器进行电气部分的测试。BAS系统其实是车站及电设备的控制集成系统，如图8-4-1所示。

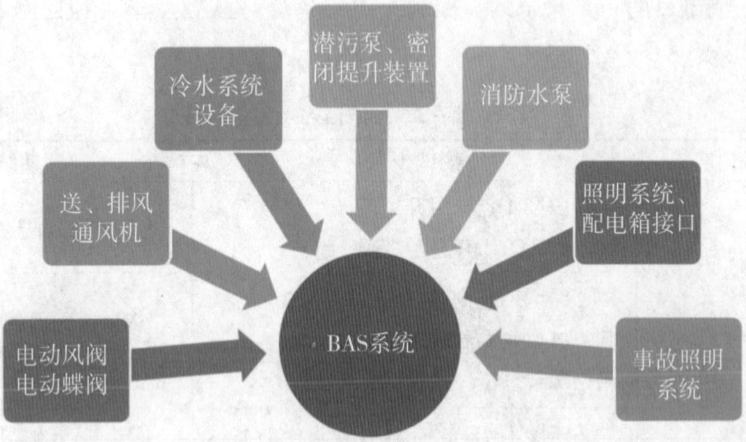

图 8－4－1 BAS 系统

(1)测试目的：检测现场总线故障状态下的冗余切换。测试步骤如表 8－4－1 所示。

表 8－4－1 测试现场总线冗余

测试内容	测试步骤	预期结果
现场总线冗余	1. 在任一处拔掉 A 网，保持 B 网连接	在该处自动切换到 B 网通信
	2. 在任一处拔掉 B 网，保持 A 网连接	在该处自动切换到 A 网通信
	3. 在任一处同时拔掉 A、B 网	在测试平台中扫描不到该节点

(2)测试目的：PLC 冗余切换，检测车站硬冗余 PLC 在故障状态下的冗余切换。测试步骤如表 8－4－2 所示。

表 8－4－2 测试冗余 PLC 切换

测试内容	测试步骤	预期结果
冗余 PLC 的切换	关闭主 CPU 所在机架的电源	从 CPU 成为主 CPU，ENIU 通信正常，与另一端 PLC 通信正常
	(2)打开被关闭的机架电源	两 CPU 经同步后，新通电的 CPU 成为从 CPU，主 CPU 不变，ENIU 通信正常，与另一端 PLC 通信正常
	(3)关闭主 CPU 所在机架的电源	从 CPU 成为主 CPU，ENIU 通信正常，与另一端 PLC 通信正常
	(4)打开被关闭的机架电源	两 CPU 经同步后，新通电的 CPU 成为从 CPU，主 CPU 不变，ENIU 通信正常，与另一端 PLC 通信正常
	(5)闭从机架电源	主 CPU 正常工作，从机架关闭，ENIU 通信正常，与另一端 PLC 通信正常

(3) 测试目的：数量采集与控制，检测系统对监控点采集和控制的正确性。测试步骤如表8－4－3所示。

表8－4－3 测试监控点采集和控制

测试内容	测试步骤	预期结果
监控点采集和控制	(1)对DI点，用开关端子短接改变其状态，观察HMI显示是否一致	HMI能正确显示现场的状态
	(2)对DO点，在HMI中控制其状态，观察PLC或控制箱I/O模块输出显示是否一致	HMI能正确控制现场设备，PLC或I/O模块输出正确
	(3)对AI点，检查HMI模拟量的显示值判断是否正确	HMI能正确显示模拟量输入值

2. PLC冗余切换测试记录(表8－4－4)

表8－4－4 PLC冗余切换测试记录

测试内容	测试步骤	测试目标	测试结果	备注
A端冗余PLC的切换	(1)关闭主CPU所在机架的电源	从CPU成为主CPU，ENIU通信正常，与另一端PLC通信正常		
	(2)打开被关闭的机架电源	两CPU经同步后，新通电的CPU成为从CPU，主CPU不变，ENIU通信正常，与另一端PLC通信正常		
	(3)关闭主CPU所在机架的电源	从CPU成为主CPU，ENIU通信正常，ENIU通信正常，与另一端PLC通信正常		
	(4)打开被关闭的机架电源	两CPU经同步后，新通电的CPU成为从CPU，主CPU不变，ENIU通信正常，与另一端PLC通信正常		
B端冗余PLC的切换	(1)关闭主CPU所在机架的电源	从CPU成为主CPU，ENIU通信正常，与另一端PLC通信正常		
	(2)打开被关闭的机架电源	两CPU经同步后，新通电的CPU成为从CPU，主CPU不变，ENIU通信正常，与另一端PLC通信正常		
	(3)关闭主CPU所在机架的电源	从CPU成为主CPU，ENIU通信正常，与另一端PLC通信正常		
	(4)打开被关闭的机架电源	两CPU经同步后，新通电的CPU成为从CPU，主CPU不变，ENIU通信正常，与另一端PLC通信正常		

3. 现场总线冗余切换测试记录表(表8－4－5)

表8－4－5 控制网冗余切换测试记录

测试内容	测试步骤	测试目标	测试结果	备注
现场总线冗余	(1)在任一处拔掉A网，保持B网连接	在该处自动切换到B网通信		
	(2)在任一处拔掉B网，保持A网连接	在该处自动切换到A网通信		
	(3)在任一处同时拔掉A、B网	在测试平台中扫描不到该节点		

4. 数据采集与控制表记录表(表8－4－6)

表8－4－6 数据采集与控制记录表

类别	设备名称	箱/柜号	设备编号	信号名称				上位机显示	上位机下发的控制命令执行是否成功	备注
				DI	AI	DO	AO			
UPS	UPS故障自动旁路状态			1						
	UPS手动旁路状态			1						
	UPS故障			1						
	电池故障			1						
	过载			1						
	市电供电模式			1						
	电池供电模式			1						
	电池容量				1					
	UPS内部温度				1					
	实际输出电压				1					
	视在功率				1					
	UPS输出负荷百分比				1					
	市电输入电压				1					
	电池电压				1					
	负载电流				1					
	市电输入频率				1					
	剩余时间				1					
水温传感器	水温				1					

续表 8－4－6

类别	设备名称	箱/柜号	设备编号	信号名称				上位机显示	上位机下发的控制命令执行是否成功	备注
				DI	AI	DO	AO			
压力传感器	压力				1					
压差传感器	压差				1					
电磁流量计	流量				1					
风道温湿度传感器	温度				1					
	湿度				1					
房间温湿度传感器	温度				1					
	湿度				1					
房间温度传感器	温度				1					
液位传感器	液位				1					
二通阀	开度反馈				1					

调试结论：

参与人员签名：

设计院：　　设备集成服务：　　BAS 供应商：

现场监理：　　车站承包商：

年　月　日

8.4.2　门禁系统调试大纲

1. 调试内容(图 8－4－2)

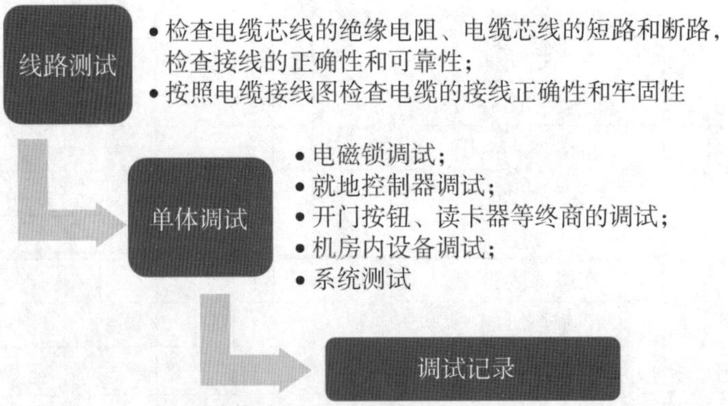

图 8－4－2　门禁系统调试内容

2. 调试步骤

调试的步骤主要如下：检查技术资料完整性检查—施工质量检查—检查线缆、磁力锁、控制机箱、其他开关的安装—检查门禁软件—确认网络控制器、就地控制器、工控机—上电测试网络控制器、就地控制器、工控机无故障—安装门禁软件—进行单站调试，并做好调试记录，如表8-4-7所示。

表8-4-7 调试记录表格

站点：		日期：
项　目	测试内容	
	测试项目	测试结果
功能测试	线缆检测	
	磁力锁检测	
	控制机箱检测	
	新建站点	
	开门方式检查功能	
	电脑编程功能	
	报警功能	
	指示/显示功能	
	主控IC自检功能	
	网络自检功能	
	应急开门检查	
	公司码开门功能	
	出入授权功能	
	报表功能	
	卡状态功能	
	删除卡号功能	
	电子地图功能	
	火灾联系功能	
	新建用户功能	
调试结论：		
参与人员签名： 现场监理：　　　　车站承包商： 供货商： 年　月　日		

8.5 综合监控系统典型施工做法

1. 车控室综合监控布置典型做法

车控室是车站控制中心，主要设备包括监控操作台、火灾报警主机、消防联动控制盘、车控室双电源箱、AFC 紧急按钮、扶梯紧急按钮、行车紧急按钮等。因此，车控室内的设备布置是否合理，直接影响到车站管理人员的操作和管理，实例及平面图分别如图8－5－1～图8－5－3 所示。目前地铁都将监控工作台与 IBP 盘结合设计，设置成 L 形方案，监控工作台用于放置各弱电系统值班员工作站、公务电话、广播电话打印机等设备，IBP 盘(综合后备盘)由环境与设备监控系统触摸屏、牵引供电系统按钮、安全门系统、消防水泵控制按钮等组成，并与监控工作台结合布置，当车站各弱电系统出现故障时，可通过 IBP 盘对车站重要设备进行应急操作。

图 8－5－1　车控室监控操作台布置实例

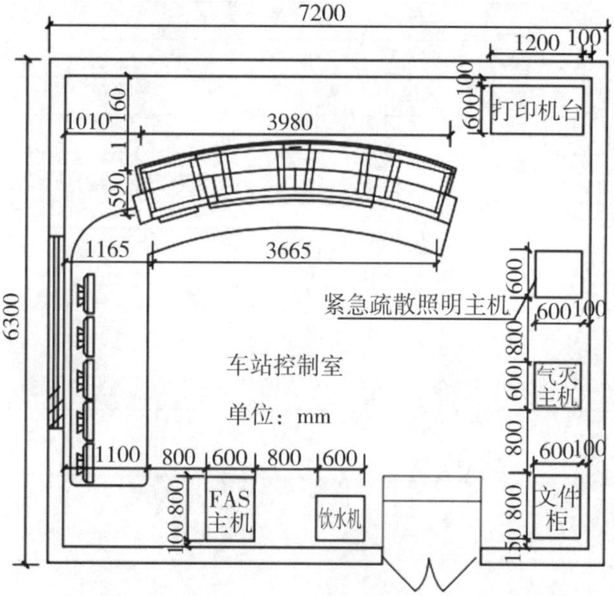

图 8－5－2　车控室平面图

图 8-5-3 车控室监控操作台布置实例

2. 门禁系统布置典型做法

车站的门禁设备主要包括门开启的门禁前端设备，对指定区域内设备控制和采集和统计相应数据的主控制器，对整个网络上的设备进行控制和所有的数据采集、统计功能的中央服务器，以及对员工授权的终端(读卡器)现场级门禁设备(由门禁控制器、读卡器、门锁、紧急开门按钮等设备构成)。

读卡器安装：①预留一个 86 暗盒(距离装修完成地面 1.5 m，尽量安装在门的右手边以符合人的开门习惯)；②将读卡器底座安装到位；③将线缆按照接线图接好；④将读卡器安装在底座上面，固定牢固。

磁力锁安装：磁力锁锁体要牢固安装在门框内，牵引铁块则安装在门上，螺丝不需要上得很紧，要让橡胶胶垫保持适当的弹性，使牵引铁块能够随吸力调整到合适的位置。

就地控制箱安装于设备区通道或者房间内，安装高度为箱底距离完成面 2.4 m，如图 8-5-4 所示。

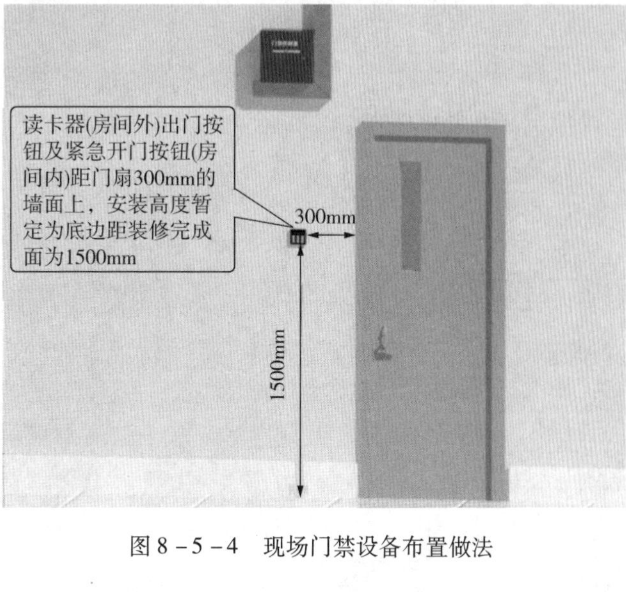

图 8-5-4 现场门禁设备布置做法

9 系统联动调试

系统联动调试(“联调”)是在各个系统单体设备安装调试结束后进行的，是检验整个车站设备系统及各个子系统能否达到所应拥有的功能的必然阶段。这个阶段同时要检验系统功能的完备性、稳定性，需要整个车站设备系统的子系统及各个供货商之间紧密配合，同时还需要施工单位、设计单位、监理单位等相关单位之间紧密配合，关键要做好系统联调方案和计划，确保系统联调能有序顺利地进行。同时对发现的设备问题要及时安排相关供货商予以解决，为大联调做好准备。

9.1 城市轨道交通工程机电设备安装调试概述

设备系统联调包括车站设备系统联调和大联调。车站设备系统联调主要解决车站设备内部各子系统之间的功能配合与协调，以达到预定的功能目标。大联调是车辆、车辆段设备、供电系统(变电所、牵引供电、动力照明等)、接触网、通信系统、信号系统、监控系统(包括主控系统、BAS、SCADA)、防灾报警系统(FAS)、屏蔽门系统(PSD)、环控系统、给排水系统、消防系统(水消防、气体消防、防排烟系统)、电扶梯系统、自动售检票系统(AFC)、乘客资讯系统(PIDS)、门禁系统、乘客导向系统、轨道工程等系统之间的综合联调和模拟地铁行车及其运营演练，其目的是在各设备系统完成设备安装、单系统调试、接口调试、系统联调、系统设备运转正常的前提条件下通过对所有设备系统之间的综合联调，验证各设备系统是否达到合同技术规格要求，是否能形成一个有机的设备体系，是否满足地铁运营的需要，是调试工作的最后一个试验环节。

9.2 城市轨道交通工程机电设备安装调试

9.2.1 系统联动调试流程(图9－2－1)

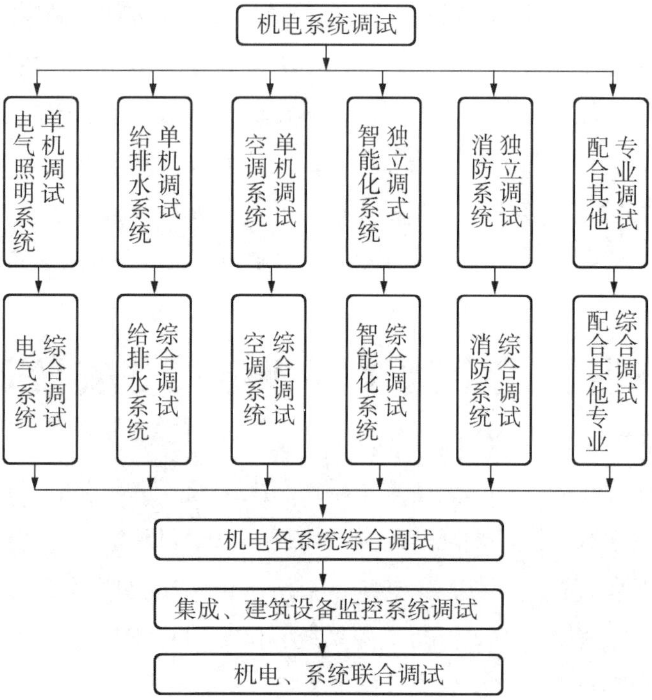

图 9－2－1　机电系统调试流程

9.2.2　联动调试协调管理措施

各专业之间的总体协调与管理先由调试副组长和调试经理负责，各专业调试小组长负责本专业系统与其他相关联系统的调试协调工作，确保各系统调试工作正常进行，确保本系统与其他系统接点连接正确，确保联动调试正常进行。在进行联动调试时，各系统人员要配备到位，各司其职，积极配合。联合调试阶段各专业之间的协调与管理措施如表 9－2－1 所示。

表 9－2－1　联合调试协调与管理系统

序号	分部工程	协调与管理措施
1	通风与空调工程	（1）通风空调工程调试前需与动力照明系统电气工程师负责将电源送到位，检验合格，设备启停由电气工程师负责 （2）空调水供水系统由给排水工程师负责将水源送到位，并保证给水系统自动供水 （3）调试前电气工程师负责将电源送到位，检测合格，水泵启停由电气工程师负责 （4）调试过程中水泵启停水位及异常报警水位由空调工程师和电气工程师共同调试合格 （5）防排烟系统在火灾报警系统联动调试前完成风量测定工作 （6）与自控专业配合变风量风系统的调试，风系统测量参数的修正

续表 9－2－1

序号	分部工程	协调与管理措施
2	多联机空、调器工程	多联机、空调器调试的配电箱供电由动力及照明统电气工程师送到位
3	弱电工程	(1)弱电工程调试前电气工程师负责将各分部工程各系统用电设备电源送到位，检验合格 (2)给排水工程师负责将给排水系统调试完成，给水系统正常运行，并保证给水系统自动供水，处于自动状态 (3)通风空调工程师负责通风空调系统调试完成，参数检测合格，设备运转达正常；电梯工程师负责电梯监视事项
4	动力照明系统工程	属于电气调试系统，动力及照明系统为从变电所出线的所有系统提供电力，需与所有专业配合

9.2.3 系统联调具备的条件

车站联动调试必须在各系统单元件、分部、分系统单体试验正常后进行。

(1)电气装置的校验调试已符合设计部门对电网和回路的各种参数和保护特性要求，控制回路及继电保护装置，系统整组试验符合设计要求实际整定值，有关元件完整无损，所有测量表计检验合格。

(2)配电装置、照明回路、电缆母线槽绝缘试验合格，各电机已检查并以受电运行。

(3)各柜盘、电源箱、控制二次回路已作模拟动作试验，受电试运行正常。

(4)事故照明电源成套设备的受电调试，包括正常供电、充电(均充电、浮充电)停电、来电自动切换投入等已进行模拟调试。

(5)各种防火阀、电动蝶阀、电动风阀已调试，校验及通电试运已正常。

(6)冷冻循环系统机泵、空调柜机及盘管风机、单机运转正常。

(7)各种水泵、污水泵、废水泵单体试运转正常。

(8)消防自动报警系统，气体灭火系统已单系统调试正常。

(9)车站电力监控设备安装完毕，单元件调试正常。

(10)系统无负荷联合试运转：在竣工季节气温符合冷源的运行条件时，空调系统应做带冷源的联合试运转。

(11)系统设计负荷联合试运转应在地下铁道试运期间达到或接近设计负荷的条件下进行。

9.2.4 系统间接口测试及局部联动调试

1. 电气系统本身的联调包括自动投入异地控制转换功能

(1)低压变电所及环控室主开关失压互投试验，先采用正常工作电压，接着用调压器降压，主开关和母联开关应能正常动作。

(2)环控控制室1类、2类负荷双回路自动切换联锁关系，模拟动作试验。模拟进线主开关，低电压跳闸试验。

(3)系统结线回路中，继电器的相互动作检验及动作于开关和信号装置的检验。用一次电流和工作电压检验，继电保护装置及系统自动装置。

(4)继电保护装置及系统自动装置整组检验。利用继电保护装置或系统装置跳开或投入开关的动作试验。

(5)电气回路三地控制的联调。先断开设备监控的接口，进行就地与车控室两地控制试验，再接上设备监控接口进行三地控制联调，如果设备监控线路未接上，可测量接口端的电压显示是否正常及符合要求。

2. 制冷联动控制必须具备的功能

(1)按程序和设定的时间表实现各设备间的联锁控制。

(2)监测运行状态，故障报警各机泵的水流状态信号，在直接数字控制器上控制、记录、报警及显示。

(3)监测冷冻水供水/回水温度、压力冷冻循环水流量及冷却水供水/回水温度，计算冷负荷。

(4)根据冷冻水供水/回水和主管水压力差值，调节旁通阀，保证系统稳定运行。

(5)消防状态下自动关闭冷冻系统，实现消防系统联动控制。

3. 通风防排烟系统与消防(FAS)、BAS联动功能

(1)车站空调通风系统，正常运行时为乘客及营运管理人员提供过渡性舒适环境，在火灾事故下冷冻空调系统停止运行，防排烟通风系统投入运行，排除烟气保证乘客和工作人员和设备的安全。

(2)进入区间隧道的消防管道上的蝶阀平时关闭，当区间发生火灾时，电动蝶阀由设备监控系统开启(手动阀门为常开，值班人员只需进一步确认是否已打开)。

(3)区间隧道排烟系统消防联动控制。①近车站的区间隧道位置发生火灾事故时，活塞通风组合风阀关闭，对应的隧道排烟组合风阀开启，启动隧道风机运行送风状态。②站远的区间隧道位置发生火灾事故时，活塞通风组合风阀关闭，对应的隧道排烟组合风阀开启，启动隧道风机运行排烟状态。

(4)车站隧道排烟系统消防联动控制。当车站隧道发生火灾时，关闭没有火灾的一侧轨顶风管、站台底风道电动风阀，关闭其中一台排烟风机电动风阀，启动另一台排烟风机进行排烟。

(5)站台公共区排烟系统消防联动控制。当站台公共区发生火灾时，停止送风系统，关闭站厅层排风管电动阀门，并关闭回风电动风阀及排风机联动电动风阀，开启排烟风联动电动风阀，启动排烟风机进行排烟(也可以启动隧道排烟系统协助排烟)。

(6)站厅公共区消防联动控制。当站厅公共区发生火灾时，停止送风系统，关闭站台层排风管电动阀门，关闭回风电动风阀及排风机联动电动风阀，开启排烟风机联动电动风阀，启动排烟风机进行排烟。

(7)小系统排烟系统消防联动控制。当没有设气体保护、没有排烟系统的房间、走道发生火灾时，停止送风系统，关闭系统非火灾区域及回风电动阀门，启动双速风机进行高速排烟。

4. 给排水系统、消防给水系统与 BAS 的联动控制及监视

1)排水系统监控联调

(1)池水位高于启泵水位时自动启泵，排水水位低于停泵水位时则自动停泵。

(2)池水位高于启泵水位时，启动备用泵。

设备监控系统可控制消防泵、污水泵、废水泵起停及工开停状态、故障及水位报警等信号。

2)消防给水系统电动蝶阀的联动控制

在进入区间的消防管道上的电动蝶阀平时处于关闭状态，当区间发生火灾时，电动阀门由弱电设备监控系统开启，值班人员(消防员)应检查确认阀门是否在打开状态。

5. 火灾自动报警及消防联动控制功能

(1)对空调系统控制：当火灾报警后，自动停止相应区域的空调机、送风机、排风机。关闭相应区域空调机送回风管的70℃电动防火阀，并接收其反馈信号。

(2)非消防电源及警报装置控制：当确认火灾后，切断非消防电源，并接通相应区域声光讯及事故警报信号，通知人员疏散，并开启相应区域的火灾报警装置。

(3)当发生火警时，主控屏自动切除非消防电源，按通火灾事故照明和疏散指示灯，并将信号反馈至主控屏。

(4)当火灾发生时，紧急广播系统可通过界面单元，消防中心可利用广播信号自动强制切换背景音乐等公共广播，使系统进入紧急广播状态。

(5)接通紧急消防电话，外接119报警，可在界面单元配上紧急电话系统以便消防人员或工作人员利用设于各区域的通话插座与控制主机直接对话。

(6)消火栓系统有下列控制及显示功能：当任何一个消火破碎按钮被触动，动作后即通过系统的界面单元启动电动水阀，并将工作状态反馈至消防中心主控屏。

(7)排烟系统。

①大系统排烟系统：当火警发生时可通过系统界面单元指令回/排风机停止，回/排电动阀门关闭(该系统非火灾区域，电动阀门关闭)，开启排烟电动风阀启动排烟风机进行排烟。

②小系统排烟系统：当火警发生时通过系统界面单元指令回风电动风阀关闭(该系统非火灾区域电动风阀关闭)启动排烟风机高速排烟运行。

(8)送风系统：当火灾发生时，设备房供应新鲜空气的送风系统要马上停止工作以压制火势的迅速蔓延。

(9)关闭有关部位防火门，下降挡烟垂壁。当距出入口疏散通道最近的探测器动作后，主控屏接收其反馈信号，并发出释放挡烟垂壁指令，由控制箱控制挡烟垂壁下降(分两次下降)。

(10)电动蝶阀与设备监控联动控制。区间防灾联络通道内消防管道上的电动蝶阀平时处于关闭状态，当区间发生火灾时，电动蝶阀由弱电设备监控系统开启。

9.2.5 系统联调框图

车站各系统各专业联合调试相互关系如图9－2－3所示。

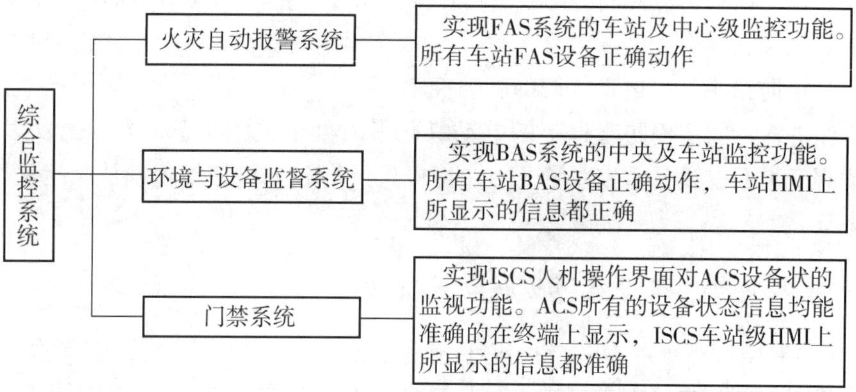

图9－2－3　车站设备联调框图

10 车站设备区及公共区装修工程

10.1 车站设备区及公共区装修工程施工概述

按照各地铁建设的现行模式，有PPP模式、设计施工总承包模式、施工总承包模式及传统的主体结构施工+结合专业承包模式。不管建设方采用何种发包模式，在设备区及公共区装修施工的阶段是贯穿地铁工程从开始建设到开通运行至关重要的阶段。

车站设备区装修及公共区装修工程的施工与其他机电安装专业一样，在土建主体结构施工基本完成后进入机电安装及设备区、公共区装修施工阶段。一般土建施工单位在完成车站顶板结构施工后会将具备条件的站厅、站台层移交给机电安装和设备区装修承包方进行施工。而此时，土建单位往往还有车站的出入口、风亭等未能及时移交给相关承包单位使用，有时甚至会出现连一个出入口和风亭均未施工完成交付，只能借用土建结构施工预留的吊装口、盾构井或轨排井等作为机电安装和设备区装修承包方施工人员、材料出入口的情况，给施工的组织增加了难度和成本。

以常规地铁车站为例，各车站按功能主要划分为设备区、公共区、通道及出入口。

车站设备区一般位于站台层、站厅层的两端，有时称作A、B端，也有称作大、小端。设备区主要包括各种设备用房、风道、员工通道及紧急疏散通道等，是地铁设备运行管理和车站地铁运营员工的办公区域，可称为地铁车站设备区。设备区装修风格相对简单，装修材料一般以铝合金、乳胶漆、水泥砂浆、瓷砖、静电地板为主，装修风格以实用为主、力求简单舒适，其装修定义为设备区装修。

车站站厅、站台、通道、出入口为乘客进出站及候车区域，可称为地铁车站公共区。该区域装修材料一般以铝合金、花岗岩、搪瓷钢板、玻璃、陶瓷墙板、烤漆铝板、不锈钢为主，其装修风格简洁、明亮、大方，给乘客舒适、愉悦的感觉。

10.1.1 车站设备区及公共区装修工程施工装修简介

1. 设备区装修工程装修常规做法

一般建设方和设计方对规地铁车站设备区装修做法的要求略有不同，下面列举一些常用的做法。

(1)墙体：墙体一般采用块料材料，如灰砂砖、轻质砖(加气混凝土砌块、多孔空心砌块)、轻质墙板等砌筑而成，并按砌体规范要求设置构造柱、圈梁。

面向公共区的防火分区隔墙一般采用灰砂砖或水泥砖砌筑，按要求设置构造柱，并注意设置圈梁，以满足防火分隔和公共区墙面龙骨固定、承载力的要求。

与土建结构围蔽墙相接的房间，为阻隔结构合理渗漏而在围蔽的结构墙面一侧设置离壁墙，底部设置离壁沟，及时导排结构渗水，保证设备房内干爽。离壁墙的材料一般采用轻钢龙骨覆盖艾特板或防潮硅钙板，有些采用预制的轻质隔墙板。

有防火要求的墙面设置的门须采用钢质防火门，设备房的房门、设备井的检修门及面向设备区的门均应采用防火门，面向公共区的防火门多采用不锈钢材质的防火门。

(2)墙面装修：采用小型砌块砌筑的墙体一般采用水泥砂浆抹面，面层刮腻子并刷乳胶漆；艾特板离壁墙、轻质隔芯墙板的墙面可直接刮腻子并刷乳胶漆饰面。对于风室、风道和环控机房、冷水机房等原为混凝土结构墙的墙面可不做装修。

(3)地面装修：一般管理用房采用块料铺贴地面(陶瓷面砖、预制水磨石、花岗石、大理石等)；综合监控室、AFC 设备室、通信设备室及电源室、信号设备及电源室、车站控制室、站长室、警务室的地面装修一般均采用架空防静电地板；变压器室、高低压配电室、环控机房、冷水机房等一般采用水泥砂浆抹面，面涂地坪漆的做法；风室、风道、电缆夹层、站台板下风道仅用水泥砂浆抹面处理。

(4)天花装修：一般综合监控室、AFC 设备室、通信设备室及电源室、信号设备及电源室、车站控制室、站长室、警务室、卫生间、更衣室、乘务员休息室、会议室采用铝合金吊顶；其他一般采用在原结构板下刮腻子后涂乳胶漆饰面处理；风室、风道、电缆夹层、站台板下风道不做装修处理。

(5)以上仅列出车站设备区装修的一些常规做法，具体根据实际装修设计要求组织施工。

2. 公共区装修工程装修常规做法

车站公共区装修包括车站站厅层、站台层公共区和公共通道部分的装修工程。站台和站台的设备区装修与公共区装修以设备区面向公共区的防火分区分隔墙的外边线以及屏蔽门的端门为界所围成的区域，是向公众开放的区域，理论上包括出入口及通道，但考虑到由钢结构和玻璃幕墙组成的出入口一般在地面上，因其专业的特殊性且相对独立，因此本节将出入口钢结构和幕墙独立出来另作阐述。

(1)墙面：公共区墙面装修一般采用花岗岩石材、搪瓷钢板、烤漆铝板、夹层玻璃面板等较为常用的方式，一般墙面设置广告灯箱、导向灯箱。

(2)地面：国内地铁站普遍采用花岗岩石材，也有个别采用预制水磨石的情况。地面盲导带多采用成品的无釉浮点陶瓷砖，也有采用花岗石定制的盲道砖，或镶嵌不锈钢条、钉盲导带的形式。

(3)天花板：普遍采用铝合金方通格栅、铝合金垂片、铝合金针孔板、铝合金平板等铝合金吊顶，也有部分采用铝合金造型灯带等各种各样的铝合金吊顶。

(4)不锈钢栏杆：车站公共区不锈钢栏杆包括车站出入口楼梯不锈钢栏杆、站厅到站台楼梯不锈钢栏杆、扶梯井边楼梯不锈钢栏杆及非付费区和付费区的分隔不锈钢栏杆。

(5)车站导向标识：车站导向标识的安装方式一般有吊挂式和嵌墙式等，嵌墙式与墙面装修密切配合安装，吊挂式与吊顶配合协调安装。

3. 出入口钢结构及幕墙工程装修常规做法

虽然各城市对地面的独立出入口的设计造型不同，以体现不同城市的不同风格，但普遍上采用钢结构加玻璃幕墙的形式。

10.1.2　车站设备区及公共区装修工程施工组织策划

1. 车站装修施工进度总控计划

常规车站在施工条件具备的情况下，一般一个车站从开工到完工的合理工期控制在 10～12 个月较为适宜。

表 10－1－1　进度总控计划

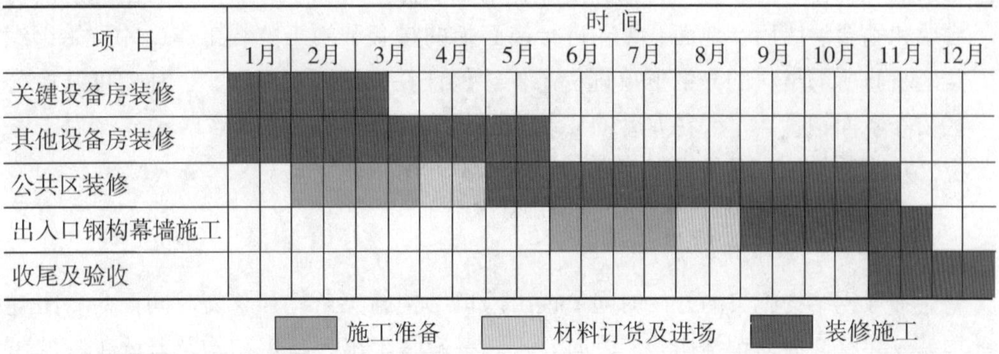

2. 装修施工前的准备

施工前的准备在整个项目的施工中非常重要。在工程进入施工前，有一系列的工作要推进，要与参建各方一一梳理、交接、协调，在此阶段认认真真落实施工前的各项准备工作，对工程顺利开个好头非常重要。

(1)做好测量控制点的交接桩工作，及时复核移交点并提交复测报告，并做好车站内的测量控制点的引测和复核工作。

(2)复核车站结构尺寸、标高。

(3)协调落实临时水电的接口工作。

(4)摸清车站出入口、风亭的土建施工进度及土建的吊装口等情况，落实人员、材料设备进入车站施工的出入口。

(5)做好车站施工场地的交接工作，组织作业队伍、施工设备进场。

(6)开展车站内的临水临电布设工作，并及时做好车站内的临边防护和洞口封堵。

(7)组织设计图纸会审，编制施工组织设计，并报批。

(8)做好工程施工许可、报监工作；协调落实原材料的检测机构。

(9)组织开工所需的原材料进场，材料抽样检验合格后，报监理审批。

施工前的准备工作完成的时间视项目的具体情况而定，一般控制在 15 ～ 30 天完成。必要准备工作完成后，可正式申请开工。

3. 设备区装修施工

工程开工后 2 ～ 2.5 个月完成设备区关键设备房(变压器室、通信设备室、信号设备室)施工，并移交供电、通信信号专业承包商进行施工；其他设备区管理用房一般在工程开工后 4 ～ 5 个月内完成。

4. 公共区装修施工

公共区装修在工程开工后 3 ～ 4 个月内做好装修材料品牌选择、材料样板的报批及确认工作，并签署材料设备采购合同。在整个工程开工 3 个月后组织人员对站台层和站台层墙面、地面、天花进行饰面板的排版和施工放线工作，并开始组织公共区装修所需材料的分批下单订货工作，保证在工程开工 4 ～ 5 个月后可开始公共区装修墙面钢骨架、天花龙骨的安装施工。公共区装修施工期约 4 ～ 6 个月，基本上公共区装修施工在整个车站开工后 8 ～ 10 个月内可完成。

5. 出入口钢结构与幕墙施工

一般钢结构施工的开始时间要视出入口结构施工条件和移交时间而定，土建结构完成并移交后，钢结构施工及时介入。一般每个出入口钢结构及幕墙工程施工期约 3 个月。

6. 装修工程收尾及验收准备

设备区装修及公共区装修完成后，对整个工程进行全面的梳理，对存在的缺陷和不足进行修整直至满足要求，对车站装饰面进行全面的清理与保洁，为工程验收做好准备。

10.2 设备区装修工程施工方法

设备区装修工程是机电设备安装及装修工程的首个施工项目，为以后风、水、电等机电设备安装工程进场施工提供基础。

设备区装修工程的主要工作内容有：砖墙砌筑、墙面抹灰、涂料面层、喷涂工程、地面工程、饰面砖、设备区吊顶、栏杆扶手等工程。

首先进行关键设备房和面向公共区的防火分隔墙的砌筑工作，其余房间可相对延后砌筑，可分区域、分房间进行流水穿插施工，整体有序推进。

目前，地铁工程施工中广泛推广 BIM 技术应用，一般在工程施工前均在项目管理团队中设立一个 BIM 技术小组，全面组织开展 BIM 技术的应用。在工程开工前，BIM 小组全面为车站主体结构、机电专业各系统、装修专业构件及装饰层建立精准的 BIM 三维模型，优化装修专业内和装修与机电管线的排布和接口，使装修饰面的布置与机电系统融为一体，做到管线顺直、位置合理、整体美观大方。并在与机电系统的结合处，如预留套管、管线预埋、空洞预留等，在墙体砌筑前就提前吊装定位，避免或减少事后打凿的情形出现，大幅提高工效和成型质量水平。

10.2.1 墙体砌筑及装修

1. 墙体施工工艺及质量标准

1)进场条件

(1)土建施工场地已移交、土建施工垃圾已清理。

(2)车站测量控制点已移交。

(3)土建结构没有严重尺寸误差。

(4)土建单位负责的结构项目如结构预留筋、挡水槛浇筑等工作已完成整改。

(5)站内临时用水、用电设施已安装完成，洞口、临边的安全防护设施已安装完成。

(6)材料运输进出口已落实，并且材料运输通道已打通，满足人员、材料进场的条件。

2)材料要求

(1)所使用的灰砂砖、轻质混凝土砌块、轻质墙板、钢筋等材料应具有产品合格证明书或质量鉴定文件，并满足招标文件中的材料技术性能的要求。

(2)砌体材料的规格、型号、强度等级和使用的部位应符合设计要求。

(3)构造柱、圈梁的钢筋品种、规格、力学性能应符合设计和施工验收规范的要求。

(4)植筋所采用的植筋胶的品种和力学性能应满足符合设计和施工验收规范的要求。

(5)进场材料均按照施工验收规范的要求抽样送检，并取得合格报告或预通知。

3)施工工艺

(1)砂浆的拌制：砂浆的搅拌应严格执行砂浆配合比，砂浆必须采用机械搅拌，拌和时间不得少于 2 min。

(2)排砖撂底：根据墙体施工平面放线和设计图纸上的门窗位置、尺寸大小，及层高、砌块错缝、搭接的构造要求和灰缝大小，对每片墙进行预排，以供实砌使用。

(3)砌筑：砌筑时应采用满铺满坐的砌法。将砌块按预排图就位，就位后即检查其垂直、平整度，并加以校正，然后进行砌筑。镶砖补缺工作与安装坐砌紧密配合进行，竖向灰缝可用加浆法填塞饱满。

(4)砌块与剪力墙及柱相接：砌块与墙、柱相接位置，应按设计要求预留拉结筋，如土建单位没预留拉结筋，则沿墙体高度方向每500 mm打膨胀螺栓，焊接2根长1000 mm的ϕ6拉结钢筋，或采用植筋，铺浆时应将钢筋理直铺平。

(5)墙体的加固措施：按设计要求设置钢筋混凝土构造柱和圈梁，当设置无具体要求时，砖墙墙高>4 m时，须在墙半高处设钢筋混凝土圈梁一道；墙高>5 m时，设钢筋混凝土构造柱，宽度等于墙厚，竖筋ϕ12，箍筋为6ϕ200。构造柱和圈梁应在砌墙后才进行浇注，以加强墙体的整体稳定性。墙体交叉处如没有构造柱则须沿墙高每500 mm设置2ϕ6钢筋。

(6)砌块与梁、板底的连接：在墙顶与梁底(或板底)间，用粘结砂浆斜砌一层，砌块上下顶紧、灌浆堵实。

(7)要求洞口、管道、沟槽应于砌筑时正确留出或预埋空间，一般砌到2.5 m高度先停下，待设备安装完毕后再继续砌筑。未经设计单位同意，不得打凿墙体和在墙体上开凿水平沟槽。宽度超过300 mm的洞口上部应设置过梁。

(8)墙体施工时要注意结合大型机械的运输要求，在运输路线上的墙体要作为后砌墙，待设备就位后再行砌筑。

4）质量标准

(1)砌块的品种、强度等级、容重等均必须符合设计要求。

(2)砂浆品种符合设计要求、强度符合规范要求。

(3)砌体砂浆必须密实饱满，砌体无通缝。砖砌体的灰缝应横平竖直，厚薄均匀。灰缝款度宜为10 mm，不小于8 mm，也不大于12 mm。竖向灰缝不得出现透明缝、瞎缝和假缝。

(4)拉结筋的数量、长度、间距均要符合设计及施工规范规定。构造柱留置位置正确，马牙搓的留置符合设计规范要求。

(5)砌筑时，对设计的洞口、管道、线盒、预埋件等，应同时进行预留或预埋，尽量减少事后凿打。

2. 钢质防火门安装施工工艺及质量标准

1)进场条件

(1)防火门安装位置的墙体砌筑和墙面抹灰已完成。

(2)门洞的钢筋混凝土抱框施工已完成，或门框连接片所在位置预埋的混凝土实心砌块符合门框安装要求。

2）材料要求

（1）防火门厂家必须提供产品质量合格证以及相应的产品质量检测技术文件，技术指标必须符合设计要求。

（2）复核防火门的类别、防火等级、开启方向、五金组别及是否有门禁、闭门器等情况，确保符合设计和防火技术要求。

（3）门框和门扇按现场条件和施工进度要求分批进场，满足安装条件的，门框先进场安装，门扇待房间内大部分机电和装修工作完成后再进场安装，避免材料设备运输过程中碰撞变形或损坏。

3）施工工艺

（1）安装准备。钢质防火门安装前，必须进行检查，如因运输贮存不慎导致门框、门扇翘曲、变形，修复后方可进行安装。

（2）定位放线。图纸中门的安装位置、尺寸和标高，以门中线为准向两边量出门边线，从室内 +100 cm 水平线量出门窗的水平安装线。依据门窗的边线和水平安装线，做好各楼层门窗的安装标记。

（3）钢门框就位。按图纸中要求的型号、规格及开启方向等，将所需要的钢门搬运到安装地点，并垫靠稳当；将钢门框立于图纸要求的安装位置，用木楔临时固定，将其门框连接件置于预埋混凝土实心砌块处，然后根据门边线、水平线及距墙面的尺寸进行支垫，并用托线板吊垂直，对垂直度、门框对角线、门框平面进行复核并做调整，直至满足要求后方可固定门框。钢门框就位时，应保证钢门上框距过梁有 20 mm 缝隙，框与墙洞边的缝隙宽度应尽量做左右一致，距墙面抹灰宽度尺寸也要一致，并符合图纸要求。

（4）钢门框固定。钢门就位后，校正其水平和正、侧面垂直，然后用膨胀螺栓与过梁、门跺两侧预留混凝土块固定，校正无误后，将预留门洞口清扫干净，浇水湿润，门框填塞水泥砂浆至密实，干硬后四周木楔取出，并补水泥砂浆填塞。

（5）门扇安装。待门框的水泥砂浆干硬后，进行门扇安装，检查门开启是否灵活，关闭是否严实，如有问题必须调整校正好。门扇关闭后，缝隙应均匀，表面应平整。

（6）五金配件的安装。门锁、闭门器、磁力锁等五金配件在开关零件的螺孔处配置合适的螺钉，将螺丝拧紧。当拧不进去时，应检查孔内是否有多余物，若有，将其剔除后再拧紧螺丝。当螺丝与螺孔位置不吻合时，可略挪动位置，重新攻丝后再安装。钢门锁的安装应按说明书及施工图要求进行，安好后门锁应开关灵活。

（7）注意事项。防火门的开启方向必须为疏散方向，若图纸有不相符，向设计反映；对有贴脸的门，在立框时应注意墙面抹灰层及油漆的厚度，门框安装完后应突出抹灰面 2 ～ 3mm；门扇安装完成后，要做好成品保护；防火玻璃安装时，四边的留缝宽度一定要均匀，定位后将四边缝隙用防火棉填实填平，然后再封封边条。

4）质量标准

（1）门框的对角线、门框垂直度、平整度满足规范要求，灌缝填塞密实，收口平整。

（2）出厂外观质量要求焊接牢固，焊点分布均匀，不得出现假焊或烧穿现象，外表面施焊部位应打磨平整。不锈钢表面平滑，纹理清晰，光泽明亮，无变形，无局部光晕等。门框、门扇表面无明显凹凸。

（3）防火门确保五金配件齐全，使用灵活。

（4）所有区间钢质门采用的门轴、逃生装置、闭门器、推/拉手、小五金等材料必须符合设计要求并由制造商整体提供，联络通道门必须使用承重型门轴、重型闭门器、高强度逃生装置、专用门锁。

3. 墙面抹灰施工工艺及质量标准

1）进场条件

（1）砖墙、圈梁、构造柱等已完成，墙体砌筑工程已经验收合格。

（2）墙体不同材质界面处挂网已完成。

（3）墙体预埋管道（包括强电、弱电、通信等专业管线）、线盒已预埋已安装完毕，并经检验合格，并已由相关专业单位确认。

（4）施工场地已清理干净。

2）材料要求

（1）若采用预拌砂浆的，所采用的预拌砂浆品种、强度等级应满足设计要求。

（2）砂浆应按要求留置试块并送检。

3）施工工艺

（1）墙面应用细管自上而下浇水湿润，但是抹灰墙面不得显浮水，以保证抹灰施工质量。

（2）在每个房间的地面上先弹出十字中心线，并根据墙面基层平整度在地面上弹出抹灰面基准线，接着在距墙角 100 mm 处两侧用线锤吊直并弹出垂直线，用托线板及靠尺检查整个墙面的垂直度和平整度，根据检查结果确定抹灰层的平均厚度。

（3）做上部灰饼：在距顶棚 150 ～ 200 mm 处、墙面的两端距阴阳角 150 ～ 200 mm 处各按已确定的抹灰厚度做两块灰饼，并以这两块灰饼为依据拉线，每隔 1.5 m 左右做灰饼，灰饼大小以 50 mm × 50 mm 左右为宜。

（4）做下部灰饼：灰饼离地 200 mm，根据上部灰饼的厚度，用托线板挂垂线做下部灰饼，灰饼间距为 1.5 m 左右，最后以这些灰饼为依据拉线做横向灰饼，灰饼厚度应不超过 25 mm 且大于 7 mm，否则应对基层进行处理。

（5）冲筋：灰饼的砂浆收水后即可冲筋，以垂直方向的灰饼为依据抹一条 30 ～ 50 mm 宽的梯形灰带，略高于灰饼，然后用刮尺将灰带刮平至灰饼的高度，冲筋的两边用刮尺修成斜面。一般冲筋不过夜，灰饼可以隔夜做。

(6)抹底层灰：待标筋有一定强度后，洒水湿润墙面，然后在两筋之间用力抹上底灰，用木抹子压实搓平，底灰要略低于标筋。

(7)抹面层灰：待底层灰干到六七成后，即可抹面层灰，抹灰厚度以略高于标筋为宜，然后用刮尺沿标筋由上至下刮平，不平处补厚度砂浆然后再刮，直至刮平为止，最后用铁抹子压光抹平，使室内四角方正。

4）质量标准

(1)所用材料品种、质量必须符合设计要求。

(2)抹灰应表面平整、阴阳角方正，无空鼓、裂缝等情况。

(3)内墙抹灰允许偏差项目：表面平整，4 mm；阴、阳角垂直，4 mm；立面垂直，5 mm；阴阳角方正，4 mm（用2 m检测尺检查）。

(4)对砌体与剪力墙、圈梁、构造柱等不同材料基体交接处表面的抹灰应挂设钢丝网，搭接宽度从缝边起两侧均不小于100 mm。

4. 涂料面层施工工艺及质量标准

一般地铁车站的车站控制室、站长室、会议室、AFC管理室、通道、通信信号设备室等的墙面刷乳胶漆。

1)进场条件

(1)墙面抹灰完成，墙体表面干燥。

(2)开关、插座面板已安装。

2)材料要求

(1)使用的腻子一定要与基层和涂层相当，不可使用普通低强度不耐水的内墙腻子，须使用水性弹性抗裂墙体装修腻子。

(2)乳胶漆应具有产品合格证明书或质量鉴定文件，并满足招标文件中的材料技术性能的要求。

(3)乳胶漆的品种、规格和技术性能必须符合施工规范和现行国家标准，符合环保要求。

3)施工工艺

(1)施工流程：清扫→ 填补缝隙、局部刮腻子 → 磨平 → 满刮腻子 → 磨平 → 刷底漆 → 刷第一遍面漆→刷第二遍面漆。

(2)刮腻子：刮腻子的遍数取决于墙的平整程度，腻子以纤维素溶液、福粉，加少量熟胶粉、光油和石膏粉拌合而成。施工用抹灰钢光匙横向满刮，一刮板紧接着一刮板地刮，不得留槎，每刮一刮板最后收头要干净平顺。干燥后用磨砂纸，将浮腻子及斑迹磨平磨光。

(3)涂刷顺序先刷顶后刷墙柱面。墙柱面是先上后下，涂刷时先使用毛棍按"W"形运动的方式涂刷，将涂料大致涂在墙面上，然后按着滚筒在墙面上下左右平稳地来回滚动，使涂料均匀展开，最后用滚筒按一定方向满滚一遍。也可以用喷枪由上往下喷涂。

(4)地铁工程多为地下工程，施工区域湿度大，特别到了春天，地下的湿度更大，在此期间不宜进行乳胶漆面层的施工，如果工期允许，尽量把乳胶漆的上漆时间放在秋季或冬季，且在车站通风空调正式启用时再上乳胶漆为宜。因此，春季最好只刮腻子，但即便如此，墙体也很容易发霉，对此，如工期需要，可要求承包商开大风扇吹，加强车站内的通风性，局部发霉的地方必须打磨补刷。

(5)因机电专业交叉作业多，考虑到成品保护的效果及装修的美观性，第一道墙面乳胶漆最好在分部验收前施工，第二道乳胶漆最好在三权移交前 2 ～ 3 周施工。

4)质量标准

(1)无掉粉、起皮、漏刷、透底的情况，不允许有严重色差。

(2)颜色应保持一致，刷纹通顺。

10.2.2 天花工程装修

1. 喷涂面层施工工艺及质量标准

喷涂面层一般为黑色乳胶漆喷涂，设备区主要是在无吊顶的设备走廊上方使用，轨行区顶面和侧墙、公共区的天花喷黑。

1)进场条件

(1)土建场地已移交。

(2)结构面表面平整度已达要求。

(3)若为设备区走廊天花，走廊两侧的墙体抹灰已完成，并表面干燥。

2)材料要求

(1)乳胶漆应具有产品合格证明书或质量鉴定文件，并满足招标文件中的材料技术性能的要求。

(2)乳胶漆的品种、规格和技术性能必须符合施工规范和现行国家标准，符合环保要求。

3)施工工艺

(1)内墙、天棚抹灰与一般抹灰工序相同。

(2)清扫、修补顶棚、墙面。用棕刷扫浮灰，除去油渍污垢等，用清水冲洗干净。若墙面及顶棚上有裂缝、孔洞、麻面等，应用双飞粉腻子局部刮平，走廊墙面有分隔线的应在喷涂前贴好分隔带。

(3)第一遍做水性抗碱改性丙烯酸封闭底漆喷涂：喷涂顺序是先天棚后墙、柱面，自上而下，墙分片喷涂。

(4)第二和第三遍喷涂黑色改性纯丙烯酸共聚物内墙乳胶漆面漆。

4)质量标准

(1)喷涂的颜色应一致，不得出现漏喷。

(2)喷涂后不得出现流坠等现象。

(3)注意底漆喷涂一遍、面漆喷涂两遍，第二遍涂料应尽量不加或少加水，防止露底。在现场注意把控喷涂的颜色是否均匀，色泽是否浓厚，如不符合要求要立即要求施工单位补喷。

(4)轨行区喷黑和公共区天花喷黑由于受结构渗漏水的影响，容易反白，在结构堵漏后要安排施工单位补喷，否则影响装修效果。

2. 天花吊顶施工工艺及质量标准

1)进场条件

(1)房间砌筑已完成。

(2)墙面抹灰已完成。

2)材料要求

(1)所使用的吊顶龙骨、吊顶饰面板应具有合格的产品合格证明书，并满足招标文件中的材料技术性能的要求。

(2)吊顶系统的龙骨、饰面板的规格、型号和使用的部位应符合设计要求。

(3)吊顶材料的防火等级应满足设计及消防验收规范的要求。

3)施工工艺

(1)放线、查明图纸和其他设计文件，在地面上弹出不同高度吊顶的分界线，用激光水平仪或线坠投射到顶棚上，对有标高变化的吊顶，在不同高度吊顶上分界线的两侧标明各自的吊顶标高。

(2)检查金属铝板吊顶顶部结构层天花板是否有渗漏水现象，如有，须对结构层进行补漏。

(3)安装轻钢龙骨：轻钢龙骨通过吊杆用膨胀螺栓紧固在楼板上，龙骨布置应考虑避开风口、灯具的位置。

(4)按设计要求间距安装主龙骨，用厂家定型的扣码将龙骨安装在轻钢龙骨下。整体调平后，将穿孔金属铝板天花固定在主龙骨架上。

4)质量标准

(1)龙骨架安装在不影响电气、环控系统设备的前提下尽量提高，为灯具、设备口、铝板吊顶安装创造空间。

(2)龙骨吊杆(筋)不得吊在吊顶内的通风管，水管等管道上，以防损坏暗管。

(3)冲孔铝板单体构件安装时避免冲压，避免过分弯曲而导致变形，安装应牢固，无松动，构件之间的角缝应咬合平顺。

(4)广播系统的喇叭等末端设备应设专用设备吊装，不得直接搁置在铝合金扣板上。

10.2.3 地面工程装修

地铁设备区地面工程装修一般有水泥砂浆地面、陶瓷地砖、防静电地板地面等，其中水泥砂浆地面、陶瓷地砖地面在结构层上面有一层 C15 混凝土垫层，在垫层施工前必须注意配合预埋管线施工及牵引供电承包商的设备基础预埋。

1. 水泥砂浆地面工工艺及质量标准

1)进场条件

(1)墙面砌筑已完成。

(2)标高控制线已完成。

(3)地面其他机电安装专业的预埋管线已敷设完成。

2)材料要求

(1)素混凝土垫层的强度等级满足设计要求。

(2)水泥砂浆的配比必须符合设计要求。

3)施工工艺

(1)基层处理：底层施工前，将楼面上的垃圾、污物等清理干净，提前一天用清水洗擦干净基层，保持湿润，影响面层厚度的凸出部位要凿平并冲洗干净。

(2)管线、设备基础预埋并办理好检查验收手续。

(3)浇筑 C15 混凝土垫层，采用平板振动器振捣，表面用木抹子搓平，浇筑后应浇水养护，养护时间不少于 7 天。

(4)刷一道素水泥砂浆结合层：刷水灰比为(0.4～0.5)：1 的素水泥浆，应随刷随做面层，一次涂刷面积不宜过大。

(5)打灰饼、冲筋：根据 +500 mm 水平线，在楼地面四周先做灰饼，然后拉线做中间的灰饼，再冲筋。

(6)做水泥砂浆地面：先用硬性水泥砂浆铺设，以冲筋为准，并将其刮平、拍实，待表面水分稍干后，用木抹子打磨，把砂眼、凹坑、脚印打磨掉，打磨完后，即用纯水泥均匀满涂在面上，用铁抹子抹光，向后退着操作，在初凝前完成。

(7)在水泥砂浆初凝前，可用铁抹子作第二遍压抹，做到不漏压，且要压实、压光；凹坑、砂眼、脚印填补压平；在水泥砂浆终凝前，用铁抹子压第三遍，达到压平、压实、压光的效果。

(8)水泥砂浆完工后，第二天要及时浇水养护，养护时间不少于 7 天。

4)质量标准

(1)面层与基层结合必须牢固，无空鼓，表面洁净，无裂纹、脱皮、麻面、起砂等现象。

(2)表面平整度偏差控制在 4 mm 内。

(3)大于 20 m^2 的房间，水泥砂浆宜设置分格缝。

2. 陶瓷地砖地面施工工艺及质量标准

1)进场条件

(1)墙面砌筑已完成。

(2)标高控制线已完成。

(3)地面其他机电安装专业的预埋管线已敷设完成。

2)材料要求

(1)所使用的陶瓷地砖应具有产品合格证明书，并满足招标文件中的材料技术性能的要求。

(2)陶瓷地砖的规格、型号和使用的部位应符合设计要求。

3)施工工艺

(1)基层处理：底层施工前，将楼面上的垃圾、污物等清理干净，提前一天用清水洗擦干净基层，保持湿润，影响面层厚度的凸出部位要凿平并冲洗干净。

(2)预埋：管线、设备基础预埋并办理好检查验收手续。

(3)浇筑C15细石混凝土垫层：采用平板振动器振捣，表面用木抹子搓平，浇筑后应浇水养护，养护时间不少于7天。

(4)弹线：在房间主要部位的垫层上弹互相垂直的控制十字线，要求尽可能符合砖块的模数，禁止出现有小于二分之一砖块尺寸的情况，并引至墙面底部，作为检查和控制耐磨砖块位置的准绳。

(5)试铺：铺设前应试铺设，确认板块间隙、标高等都符合要求。

(6)刷一道素水泥砂浆结合层：刷水灰比为(0.4～0.5)∶1的素水泥浆，随刷随做面层，一次涂刷面积不宜过大。

(7)铺找平层砂浆：按水平线定出面层找平层厚度，约30 mm厚，拉好十字线，即可铺找平层水泥砂浆，采用1∶3干硬性水泥砂浆，铺好后用铝合金方杠刮平、拍实，用抹子找平，其厚度适当高出1～2mm。

(8)铺耐磨砖：端起砖块，在干硬砂浆找平层上洒上素水泥，随后洒适量清水，随后铺放耐磨砖。注意安放时四角同时下落，并用橡胶锤或木槌敲实、找平。

(9)铺设完成后次日用填缝剂浆擦缝。

(10)在铺设完成24 h后洒水养护，2～3天养护期内禁止行人踩踏。

4)质量标准

(1)地砖品种、质量必须符合设计要求，无色差，规格偏差符合规范要求。

(2)基础清理要彻底，严禁遗留有白灰、砂浆灰、油污、落地灰等。

(3)面层与基层结合必须牢固，无空鼓，平整度偏差控制在1mm内。

(4)地漏和面层坡度符合设计及规范要求，不倒泛水，无积水，与地漏结合处严密牢固，无渗漏。

3. 防静电架空地板施工工艺及质量标准

1)进场条件

(1)墙面砌筑、抹灰已完成。

(2)标高控制线已完成。

(3)地面其他机电安装专业的预埋管线已敷设完成。

2)材料要求

(1)所使用的防静电架空地板及支撑构件应具有产品合格证明书，并满足招标文件中的材料技术性能的要求。

(2)防静电架空地板的规格、型号和使用的部位应符合设计要求。

3)施工工艺

(1)场地准备：在铺设前，应认真检查地面平整度及墙壁垂直度，如有重大缺陷应先行改造。地面应清洁、干燥，无杂物、无灰尘。

(2)排板、弹线：测量室内长度、宽度及选择铺设基准位置，绘出地板排板图，弹出控制线，应尽量减少地板的切割，且整齐美观。

(3)将所有支座调整到同一设计高度，按墨线摆放支座，并将横梁固定到支座上。

(4)支座高度调整，必须通过调整螺母进行，不得使用任何物品塞垫。

(5)用水平尺、直角尺逐一校正横梁，使之在同一水平面内，又互相垂直。

(6)上下调整螺母必须与面、底座旋紧，用吸板器将活动地板摆放到横梁上。

(7)若靠近墙边处剩余尺寸小于活动地板的长度，用切割活动地板的方法进行拼补，并将切割端面涂刷防锈漆。

4)质量标准

(1)活动地板架空空间应清洁，无遗留物，地板表面无划痕，无涂层脱落，边条无破损。

(2)地板应稳定牢固，人员在上面行走不应有摇晃感和异响。

(3)整个房间的地板块缝应保证通线，不得错开。

(4)活动地板之间应贴合紧密自然，两块相邻地板之间缝隙不大于1.5 mm。

(5)除通风地板外，两块相邻地板之间对接处的高差不大于1.5 mm。

(6)由于地板下有大量专业管线，出于成品保护需要，应尽量在管线完全敷设后再施工架空地板，避免管线敷设对静电地板的破坏。

10.3 公共区装修工程施工方法

10.3.1 公共区墙、柱面装修

一般地铁车站公共区的墙、柱面有干挂搪瓷钢板、烤漆铝板、玻璃墙板、陶瓷墙板、石材干挂等，施工工艺和连接方式大同小异，以下以干挂搪瓷钢板、烤漆铝板、石材干挂为例，介绍公共区墙、柱面的装修施工方法。

1. 挂搪瓷钢板施工工艺及质量标准

1)作业条件

(1)墙面结构已施工完毕，结构外墙无渗漏。

(2)公共区墙体砌筑已完成。

(3)搪瓷钢板饰面安装前，墙面上的机电专业管线、消防栓已安装完毕。

2)材料要求

(1)所使用的饰面板应具有产品合格证明书，并满足招标文件中的材料技术性能的要求。

(2)搪瓷钢板规格、型号、色泽和使用的部位应符合设计要求。

(3)搪瓷钢板安装前饰面板应按品种、规格、颜色进行分类并清理干净，板块应按布置图进行编号与标记。

3)施工工艺

(1)工艺流程：弹控制线→安装固墙码→安装龙骨架→安装钢固定件、挂件→安装搪瓷钢板(门套及热浸镀锌钢固件安装)→安装搪瓷钢板门及五金配件→细部、接口处理。

(2)测量放线：按墙面工程布置图、主体结构轴线、标高进行全面的测量放线及复核，根据结构的实际情况和BIM模型，并充分考虑广告灯箱、消火栓及其他较厚墙面设施的定位、衔接和安装情况，绘制出墙面的排版布置图，根据排版布置图确定墙面龙骨(钢骨架)的布置图和定位图，将骨架的安装位置在墙面上弹出相应垂直、水平控制线，并标识好消火栓、广告灯箱的位置。

(3)固墙码安装：骨架的立柱中心也是两个固墙码的中心线，故在安装时要注意控制固墙码的位置；安装固墙码时要拉水平线控制其水平及进深的位置以保证固定件的安装准确无误；骨架与主体结构连接的固墙码应牢固、位置准确，固墙码的标高偏差不得大于10 mm；固墙码由于位于车站的侧墙上，为避免车站侧墙结构渗水时顺着连接件渗到搪瓷钢板墙面上，要求固定件向侧墙有一点的坡度(倾斜)。

(4)龙骨及配件安装：将U形槽钢龙骨置于安装好的固墙码中，然后用螺栓将

固墙码与槽钢连接，并临时轻轻预紧固定槽钢。对初步固定的竖向槽钢龙骨按层次逐个检查垂直度、平面上的三维空间位置，将误差控制在允许范围内后，对连接螺栓进行最终固定，并再次复核垂直、水平方向的位置。

(5)安装搪瓷钢板面板：龙骨支架安装后，根据板块布置图的尺寸和位置先将挂钩与龙骨连接固定，并调整挂钩的水平和高度位置，然后方可试挂搪瓷钢板，从一个方向开始依次从下往上挂板，一面墙，最好从一端展开。安装时挂钩应钩住板材预留卡口边沿，挂钩与板材接触位应使用 1 mm 厚 U 形胶条隔离。调整板块的横向、竖向的留缝，符合要求后再进行饰面清洁。

4)质量标准

(1)板材饰面垂直度、平整度应满足施工验收规范的要求。

(2)饰面板的接缝宽度、接缝高度差应满足设计和施工验收规范的要求。

(3)饰面板的色差应满足设计及验收规范的要求。

(4)车站地面有一定的纵坡，坡度详见工点施工图。玻璃墙板的分缝应以地面完成面为基准面，竖向分缝垂直于地面完成面，横向分缝与地面完成面平行。

(5)公共区的消火栓门的开启方向应满足消防技术规程的要求，有开门见消火栓头的要求，门的开启角度应不小于 160°。

2. 烤漆铝板施工工艺及质量标准

1)作业条件

(1)墙面结构已施工完毕，结构外墙无渗漏。

(2)公共区墙体砌筑已完成。

(3)烤漆铝板安装前，墙面上的机电专业管线、消防栓已安装完毕。

2)材料要求

(1)所使用的烤漆铝板应具有合格的产品合格证明书，并满足招标文件中的材料技术性能的要求。

(2)烤漆铝板规格、型号、色泽和使用的部位应符合设计要求。

(3)烤漆铝板安装前饰面板应按品种、规格、颜色进行分类并清理干净，板块应按布置图进行编号与标记。

3)施工工艺

烤漆铝板安装的施工工艺与搪瓷钢板的安装工艺基本相同，以下简单介绍工艺流程和注意事项。

(1)工艺流程。弹控制线→安装预埋件→安装龙骨架→安装钢固定件、挂件→安装烤瓷铝板(包括装饰门套、热浸镀锌钢固件安装)→安装烤瓷铝板伪装门及五金配件→细部、接口处理。

(2)控制线的确定要充分考虑广告及其他较厚墙面设施的定位、衔接和安装。

(3)骨架与主体结构连接的预埋件应牢固、位置准确、预埋件的标高偏差不得大于 10 mm。

(4)对墙体表面进行清理修补，使墙面平整坚实。

(5)连接件由于位于车站的侧墙上，为避免车站侧墙结构渗水时顺着连接件渗到烤瓷铝板墙面上，要求连接件向侧墙有一点的坡度(倾斜)。

(6)骨架、连接件采用热浸锌防锈、防腐处理。

(7)烤瓷铝板安装前饰面板应按品种、规格、颜色进行分类并清理干净，板块应进行试拼，并编号。

(8)板材饰面应固定牢固，位置正确，横向分缝 5 mm，竖向密拼。

(9)铝板保护膜在车站装饰全面完成后的车站全面清洁阶段再撕除，以免板面被刮花。

4)质量标准

(1)铝板的垂直度、表面平整度控制在 1 mm 内。

(2)接缝高低差≤1 mm。

3. 干挂石材施工工艺及质量标准

一般地铁车站在出入口墙面有部分采用干挂花岗石，室外风亭外墙面部分采用干挂花岗石装饰工艺。

1)作业条件

(1)墙面结构已施工完毕，结构外墙无渗漏。

(2)公共区墙体砌筑已完成。

(3)干挂石材安装前，墙面上的机电专业管线、消防栓已安装完毕。

2)材料要求

(1)使用的干挂石材应具有产品合格证明书，并满足招标文件中的材料技术性能的要求。

(2)干挂石材规格、型号、色泽和使用的部位应符合设计要求。

(3)干挂石材规格、尺寸、颜色、品种、强度必须符合设计要求，并进行挑选、预排、拼花、编号，使施工时可对号入座。

3)施工工艺

(1)施工工艺流程：放控制线→石材排版放线→挑选石材→预排石材→打膨胀螺栓→安装钢骨架→安装调节片→石材开槽→石材固定→打胶→调整→成品保护。

(2)将墙面基层表面清理干净，对局部影响骨架安装的凸出部分应剔凿干净。

(3)放控制线：

①石材干挂作业前，须按设计标高在墙体上弹出 50cm 水平控制线和每层石材标高线，并在墙上做控制桩，拉线控制墙体水平位置，找出房间及墙面规矩和方正。

②根据石材分格图弹出控制线，确定金属胀锚螺栓的安装位置。

(4)挑选石材：

①石材到现场后须对材质、加工质量、花纹和尺寸等进行检查，将色差较大、缺棱掉角、崩边等有缺陷的石材挑出并加以更换。

②将选出的石材按使用部位和安装顺序进行编号，选择在较为平整的场地先作预排，检查拼接出的板块是否存在色差、是否满足现场尺寸要求，完成此项工作后将板材按编号存放备用。

(5)打膨胀螺栓孔：按设计的石材排版和骨架设计要求，确定膨胀螺栓间距，划出打孔点，用冲击钻在结构上打出孔洞以便安装膨胀螺栓，孔洞大小按照膨胀螺栓的规格确定，间距一般控制在500 mm左右。

(6)安装骨架：

①对非承重的空心砖墙体，干挂石材时采用镀锌槽钢和镀锌角钢做骨架，采用镀锌槽钢做主龙骨，镀锌角钢做次龙骨形成骨架网(在混凝土墙体上可直接采用挂件与墙体连接)。

②骨架安装前按照设计和排版要求的尺寸下料，用台钻钻出骨架的安装孔并刷防锈漆处理。

③按墙面上的控制线用$\phi8\sim\phi14$的膨胀螺栓固定在墙面上，或采用预埋钢板，使骨架与钢板焊接，焊接质量应符合规范规定。要求满焊，除去焊渣后补刷防锈漆。

④槽钢骨架选用6号槽钢，角钢为40×40×4 mm或50×50×5 mm。安装骨架时应注意保证垂直度和平整度，并拉线控制，使墙面或房间方正。骨架用槽钢、角钢均为镀锌钢材。

(7)安装调节片：调节片应根据石材板块规格确定，调节挂件应采用不锈钢产品，分40×3 mm和50×5 mm两种，按设计要求加工。利用螺钉与骨架连接，调节挂件必须安装牢固。

(8)石材开槽：石材安装前用云石机在侧面开槽，开槽深度根据挂件尺寸确定，一般要求不小于10mm且在板材后侧边中心。为保证开槽不崩边，开槽距边缘距离为1/4边长且不小于50mm。注意将槽内的石灰清理干净以保证灌胶质量，粘结牢固。

(9)石材安装

①从底层开始，吊垂直线依次向上安装。对石材的材质、颜色、纹路和加工尺寸进行检查。

②根据石材编号将石材轻放在T形挂件上，按线就位后调整准确位置，并立即清孔，槽内注入云石胶，保证锚固胶有4～8h的凝固时间，以避免过早凝固而脆裂，过慢凝固而松动。

③板材垂直度、平整度拉线校正后拧紧螺栓。安装时应注意各种石材的交接和接口。

(10)清理：石材挂接完毕后，用棉纱等柔软物对石材表面的污物进行初步清理，待云石胶凝固后，再用壁纸刀、棉纱等清理石材表面。打蜡一般应按蜡的使用操作方法进行，原则上烫硬蜡、擦软蜡，要求均匀、不露底色，色泽一致，表面整洁。

4)质量标准

(1)板材表面平整、光滑，无弯拱现象。

(2)石材接缝平整，板材纹理协调，无色差。

(3)墙面石材的垂直度、平整度、接缝平直度及板缝高低差必须满足设计及规范的要求。

4. 广告灯箱施工工艺及质量标准

1)作业条件

(1)广告灯箱的电源配管、配线均已敷设到位。

(2)广告灯箱四周的干挂饰面板墙面已安装完毕。

2)材料要求

(1)所进场的广告灯箱应具有产品合格证明书，并满足招标文件中的材料技术性能的要求。

(2)灯箱规格、型号、色泽应符合设计要求。

(3)灯箱安装所需要的配件已齐备。

3)施工工艺

(1)施工流程：测量放线→脚码安装→广告灯箱安装→收口检查→验收。

(2)根据实际情况和灯箱品种确定安装方法。根据灯箱背面的安装孔位置的实际尺寸来确定安装灯箱的固定点。一般水泥墙或砖墙，先用冲击钻打孔，然后用化学膨胀螺丝固定，如图 10－3－1 所示。

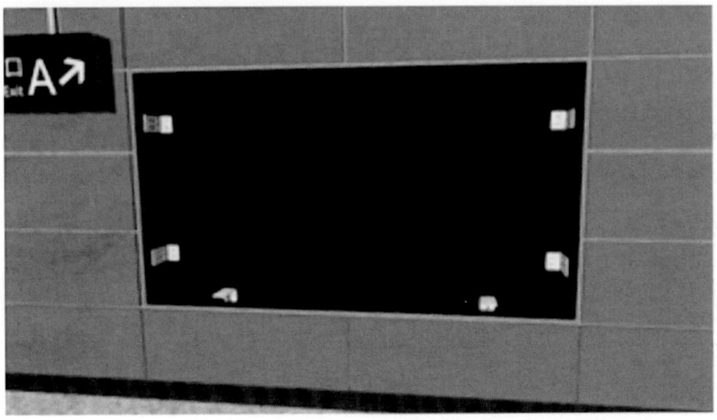

图 10－3－1　广告灯箱安装示例 1

(3)对于需要吊装或悬挂的灯箱，在选择好安装位置后，按灯箱安装孔位的实际尺寸来确定安装灯箱的固定点，再安装好吊具，连接地线(图 10－3－2)。

图 10－3－2　广告灯箱安装示例 2

(4)通电试亮，清洁灯箱表面。

4)质量标准

(1)广告灯箱的定位必须精准，做好与墙面饰面板安装的配合，灯箱与前面饰面板的间隙留缝 10 mm。

(2)广告灯箱的连接件必须热镀锌处理，防止锈蚀。

(3)灯箱与四周饰面板的留缝宽度应一致，与设计值之差≤2 mm，灯箱平面与墙面平面高低差≤3 mm。

10.3.2　公共区天花装修

1. 公共区铝合金天花施工工艺及质量标准

1)作业条件

(1)顶面、墙面抹灰和喷涂完工，天花以上的墙体孔洞已封堵完毕，并经验收。

(2)吊顶内管线已施工完毕，并经过隐蔽验收，主要有强电、弱电、系统各专业的管线及通风空调的风管、风口的引下支管已完成。

(3)公共区内的墙体砌筑已完成。

(4)车站标高 1m 线已完成，墙面控制线已完成。

(5)天花龙骨吊杆布置图已与机电安装各专业协调配合，并绘制吊点布置图。

2)材料要求

(1)所使用的铝合金天花材料应具有产品合格证明书，并满足招标文件中的材料技术性能的要求，天花材料规格、型号、色号应符合设计要求。

(2)做好天花装修的深化设计，加强厂家产品加工质量，确保完全满足设计和招标文件技术标准的要求。

(3)做好铝合金天花材料供应商的联络、监造工作，必要时派专人驻厂监造。

(4)要求厂家在出厂时在铝合金挂板的外表面贴好保护膜，以防运输、装卸、安装过程中刮损挂板表面。

3)施工工艺

(1)施工流程：测量放线→安装吊杆→安装龙骨及配件→安装吊顶面板→收口检查→清洁→验收。

(2)测量放线：根据原所引测的车站测量控制线，对标高线(点)、控制线(点)进行复测；待复测无误后，再全面布点和放线，标记1 m线，要注意一般车站有0.3%坡度。

根据总平面合理划分功能区域，用醒目、固定标志标定1 m线；因车站的0.3%放坡，固定标志标定的1 m线要根据车站公共区的完成面上1 m进行标定，确保公共区的净空高度。

(3)弹线：先在结构四周基层上弹好吊顶的水平高线。注意车站结构坡度及天花的高底跨的位置。根据基准点线、结构形式、天花的造型分格确定龙骨的吊点悬挂位置。在结构顶板上弹出吊点的位置。

(4)安装龙骨及配件：安装龙骨前必须进行吊杆的抗拔、抗拉强度试验，待现场试验合格后方能进行龙骨及配件的安装。

①龙骨安装顺序：应先根据水平高线通线，确定龙骨安装的高度及平整度。先安装主龙骨后安装次龙骨，但也可主、次龙骨一次安装。

②先将大龙骨与吊杆(或镀锌铁丝)连接固定，与吊杆固定时，应用双螺帽在螺杆穿过部位上下固定。然后按标高线调整大龙骨的标高，使其在同一水平面上。大龙骨调整工作，是确保吊顶质量的关键，必须认真进行。大跨度空间可根据设计要求起拱，一般为1/200左右。大龙骨的接头位置，不允许留在同一直线上，应适当错开。主龙骨调平以每层的整个跨度空间为单元。调整方法可用方木按主龙骨间距钉圆钉，将长方木条横放在主龙骨上，并卡住各主龙骨，使其按规定间隔定位，临时固定。方木两端要顶到墙上或梁边处，再按十字和对角拉线，拧动吊杆螺栓，升降调平。

③中小龙骨的位置，应按照装修饰板材的尺寸在大龙骨底部弹线，用挂件固定，并使其固定严密，不得有松动。为防止大龙骨向一边倾斜，吊挂件安装方向应交错进行。中(次)龙骨垂直于主龙骨，在交叉点用中(次)龙骨的吊挂件将其固定在主龙骨上，挂件上端搭在主龙骨上，挂件U形腿用钳子卧入主龙骨内。

(5)安装吊顶面板。

为了保证吊顶饰面的完整性和安装的可靠性，在确定龙骨位置线时，需要根据吊顶板的尺寸规格，及吊顶的面积尺寸来安排吊顶骨架的结构尺寸。对吊顶板饰面的尺寸布置要求是：板块组合的图案要完整，四周留边时，留边的尺寸要对称或均匀。

吊顶板与龙骨骨架的安装按照已弹好的板块布置线，从一个方向开始依次安装，并注意吊钩先与龙骨连接固定，再钩住板块侧边的小孔。铝合金板在安装时应轻拿轻放，保护板面使其不碰伤或刮伤。

（6）楼、扶梯收口板安装。

放线定位：根据设计完成面及设计高度弹出侧板安装等高线，按设计模数的间距弹出镀锌钢龙骨的分布线；按1000～1200 mm的间距弹出角码分布线，一般下端及顶端距离300 mm为起点。

安装角码：按定点定位点打孔，安装膨胀螺栓及角码。

安装镀锌钢龙骨：把镀锌钢龙骨对应的角码位置吊装，用螺杆及螺母把镀锌龙骨固定在角码上，安装后调节至水平顺直。

安装侧面封板：确定侧面封板安装轴线，并从轴线开始依照相应的次序安装侧面封板，用85×20 mm螺丝将侧面封板上的角码固定在镀锌钢龙骨上，相邻的侧面板角码应错位接插，依次推进直到安装完成。

（7）维护、保洁：非标板整体结构上采用点式固定及挂式（活动）相结合的结构形式，挂式面板可单元拆装，安装后可根据需要调整或拆装，满足内部维修要求，内部设备一般应布置活动式挂板，以方便以后维修。板面涂层为氟碳漆，表面光洁，防水防锈，可直接用水或一般清洁剂清洗表面，简单方便。

4）质量标准

（1）严格遵守材料进场程序，先进行厂家评审、申报，经监理、业主审批同意后再采购。进场后进行自检及报监理验收，杜绝不合格材料进入施工现场。材料厂家、品种、规格、颜色、厚度等符合设计要求。

（2）吊杆固定稳当，间距符合设计、规范要求。龙骨在运输安装时不得扔摔、撞碰，龙骨应平放，防止变形，罩面板在运输安装时应轻拿轻放，不得损坏板材的表面和边角，在运输及储存中应采取措施，防止受潮变形、生锈，吊顶骨料应放在平整的室内。

（3）吊顶的灯槽，应另设吊钩，不能挂在龙骨上。

（4）面板不得有悬臂现象，如有必要应增设附加次龙骨处理。

（5）面板与龙骨连接紧密，表面应平整，不得有污染、折裂、损伤。

2. 公共区导向牌安装技术要点

导向标识安装首先必须要位置准确，指示正确。

（1）悬吊式：标识牌底部距地高度2500 mm，与墙面最小距离为150 mm。吊装于吊顶上方，与吊顶内预留的预埋件稳固连接，与出口安全标志间距100 mm，下表面平齐。

（2）嵌墙式：标识牌大部分与墙面模数一致（除另注明外），不影响装饰整体效果。标识牌与结构墙面上的龙骨或预埋件稳固连接。

（3）落地式：牌体与地面结构预埋件稳固连接。

（4）粘贴式：根据粘贴的实际情况具体分析（除另有说明外）。粘贴于玻璃、铝板等装饰面上。

(5)吊挂导向牌安装前需用等比例大小 KT 板试挂，由设计确认方可正式吊挂安装。

10.3.3 公共区地面装修

1. 公共区花岗石地面施工工艺及质量标准

1)作业条件

(1)公共区内的墙体砌筑已完成。

(2)车站内的测量控制线、标高引测工作已完成。

(3)AFC 等预埋设备管线已完成。

(4)站厅到站台的自动扶梯已进场安装完成。

2)材料要求

(1)石材的样板已经设计、业主、监理单位确认。

(2)石材的品种、规格、花纹、色泽满足设计要求。

(3)石材的技术指标、性能满足招标文件和合同的要求。

(4)石材放射性指标满足国家现行规范的要求，并取得抽样送检合格报告。

3)施工工艺

(1)施工流程：基层处理→放线→工序交接，混凝土垫层浇筑→石材样板试拼→大面铺贴→收口。

(2)测量放线。对控制线进行布设和复测，中心线与水平线要随时监测，确保每一施工部位均准确无误，特别是扶梯承包商、屏蔽门承包商接口标高的控制；根据公共区墙面完成面来确定踢脚线离墙距离；站台施工前需要屏蔽门预埋件全部完成定位，根据现场情况确定站台的坡度，就屏蔽门的标高放出站台标高线，与屏蔽门控制线误差不得大于 0.5 mm。

(3)弹控制线。根据业主提供的墙面水平基准线，在四周墙面上弹出地面完成面标高控制线和踢脚线顶面标高控制线，在楼、扶梯开口周边放止灰带控制线。

(4)基层处理。清除基层的垃圾、砂浆和油垢，将灰尘冲洗干净，并刷素水泥浆一道。基层表面必须打扫干净，若有油污等物，须用丙酮或汽油、酒精、松节油擦洗干净。

(5)捣混凝土垫层。站厅混凝土施工要注意 AFC 及售票机的线槽、线管的保护，因为浇注混凝土时由于采用振动器，容易造成线槽、线管破裂，特别在检修口位置，容易注入水泥浆，造成管线的堵塞。站台混凝土施工要注意防止水泥浆流入已施工完成的轨道区而造成轨道区管线破坏。若水泥浆不慎流入集水井，要即时清理，避免水泥浆凝结后堵塞管道和排水设备。同时注意保护好屏蔽门的预埋件及屏蔽门框立柱。在屏蔽门两侧四个安全门出口位置，注意混凝土地面和块料面层不得超高，避免安全门无法打开。

(6)摊铺水泥砂浆结合层。水泥砂浆既是结合层也是找平层，应严格控制其稠度，以保证粘结牢固及面层的平整度。结合层先采用1：3 干硬性水泥砂浆铺20 mm，再采用素水泥膏铺设 10 mm，使结合层铺至厚度 30 mm。

(7)地面、楼梯花岗岩及盲人带的铺贴。

①首先应进行地面花岗石试铺。目的有四点：检查板面标高是否与构造设计标高相吻合；砂浆面层是否平整或达到规定的泛水坡度；调整块材的纹理和色彩，避免色差过大；检查板面尺寸是否一致并调整板缝。

②地面大面积施工的同时进行盲人带的铺贴工作，注意 AFC 及售票机的检修口的保护，不得进入砂浆等杂物。

③注意与自动扶梯平台的接口，按设计、施工图纸双方做好平台标高、挡水位置的接口处理，确保接口处不进入水泥砂浆。

④注意站台面层与橡胶绝缘层的接口，接口标高控制及接口处要求平、顺、直。注意屏蔽安全门位置面层不得超高。

⑤铺立柱下部的花岗石板材不得用干硬性砂浆铺砌，应以水泥砂浆 1：2 混合直接黏结在混凝土垫层上。

(8)踢脚线。

①在四周墙上应排尺取中，然后依据取中点在地面垫层上弹出十字中心线，用以检查和控制饰面板材的位置，并将底线引至墙面根部。

②依照设计或现场所定留缝方案，在地面的纵横方向，将饰面板材各铺一条，以便检查板块之间的缝隙，并核定板块与墙面、柱根、洞口等的相对位置，找出二次加工尺寸和部位，以便画线加工，此工序称之为试排。

③当遇到与其他地面材料或管沟、检查井、洞、变形缝等处相接时，其相接有镶边设置，应在铺设面层前装设。

4)质量标准

(1)地面面层应在地面混凝土垫层完工后施工，如确实需要，提前完成的地面面层完成后需加铺保护层。

(2)站台地面必须以轨道中线位置及标高为基准，测放出其标高及侧面帽石外缘的位置，其允许偏差为：距离 0 ～ 3 mm，高程 ±3 mm。

(3)铺砌前应分类选料，凡有裂纹、表面破损和有缺陷的应予剔出，不同品种的石板材不得混用。

(4)花岗岩石块应按施工图工艺进行铺贴，其表面应平整，板缝直顺、板缝宽度均匀、一致，图案镶嵌正确。施工间歇后继续铺砌时，应将铺砌花岗岩石块挤出的砂浆清理干净。

(5)石材面铺砌前，应按设计要求或板面纹理进行预先试拼，并编号。铺砌后应保护，待水泥砂浆结合层达到设计强度后方可使用。

(6)允许偏差参照《建筑装饰装修工程质量验收规范》。

2. 金属栏杆安装工程施工工艺及质量标准

1）作业条件

（1）地面块料的铺贴工作已开始，全程跟进地面铺贴进度埋设栏杆立杆底座。

（2）不锈钢栏杆扶手在地面的铺贴完成后再开始安装，玻璃可在装修工程收尾阶段再安装。

2）材料要求

（1）不锈钢栏杆扶手材料的样板已经设计、业主、监理单位确认。

（2）采用的不锈钢一般为304材质的不锈钢材料，所使用的安全玻璃一般为夹胶安全玻璃。

（3）不锈钢栏杆壁厚的规格、尺寸、形状应符合设计要求，管壁厚度如设计无要求时，应不小于2.5 mm。

（4）不锈钢栏杆扶手、安全玻璃材料应具有产品合格证明书，并满足招标文件中的材料技术性能的要求。

3）施工工艺

（1）放线。按设计要求，按固定件间距、位置、标高、坡度进行定位、校正，弹出栏杆纵向中心线和分格线。

（2）安装固定件。按所弹固定件的位置打孔安装，每个固定件不得少于两个ϕ10 mm的膨胀螺栓固定。铁件的大小、规格、尺寸及焊接立杆应符合设计要求。

（3）焊接立杆。焊接立杆与固定件应放出上下两条立杆位置线，每根主立杆应先点焊定位，进行立杆垂直度检查之后，再分段满焊，焊接焊缝符合设计要求及施工规范规定。焊接后应及时清除焊渣，并进行防锈处理。

护栏高度、栏杆间距、安装位置必须符合设计及施工规范要求，护栏安装必须牢靠。

（4）安装石材盖板。地面为石材地面且栏杆处安装有整块石材时，立杆焊接后，按照立杆的位置，将石材开洞套装在立杆上。开洞大小应保证栏杆的法兰盘能盖严。安装盖板时宜用水泥砂浆。通过固定石材，可加强栏杆立杆的稳定性。

（5）焊接扶手。采用不锈钢扶手时，焊接宜使用氩弧焊焊机焊接，焊接时应先点焊，检查位置间距、垂直度、直线度是否符合要求，再同时焊满两侧。焊缝时间一次不宜过长，防止钢管受热变形。焊接后间距、垂直度、直线度应符合质量要求。

（6）加工玻璃或铁艺。玻璃栏杆应根据设计要求及现场的实际尺寸加工安全玻璃。玻璃各边、角位应抛成斜边或圆角，以防伤手。

铁艺的加工、规格、尺寸造型应符合设计要求，根据实际尺寸编号（现场尺寸可小于实际尺寸1～2 mm）。安装焊接必须牢固。

(7)抛光。不锈钢管焊接时，表面抛光时应先用粗磨片进行打磨，如表面有砂眼不平处，可用氩弧焊补焊，大面磨平后，再用细片进行抛光。抛光处的质量效果应与钢管外观一致。

方、圆钢管焊缝打磨时，必须保证平整垂直。经过防锈处理后，焊接焊缝及表面不平、不光处可用原子灰补平、补光。焊后打磨清理，并按设计要求喷漆。

(8)成品保护。栏杆扶手安装时，若地面石材已安装完毕，扶手施工时应做好成品保护，防止焊接火花烧坏地面石材。玻璃栏板及不锈钢扶手应用木材加以保护，防止损坏。

4)质量标准

(1)栏杆扶手的高度、所能承受水平推力应满足设计和施工规范的要求。

(2)安装好立杆和栏杆必须平直，不锈钢表面光洁、平整。

(3)玻璃栏板应与边框吻合、平行；接缝严密，表面平顺、洁净、美观。

10.4 出入口钢结构与幕墙工程施工方法

地铁出入口的钢结构和屋面系统及维护玻璃幕墙的形式各异，以下仅以钢结构配以铝板屋面和落地大玻璃的类型做简单介绍。

出入口施工的进场条件：地铁出入口主体土建结构完成，并且混凝土已达到设计强度。同时出入口扶梯应吊装并基本安装完成，已做好成品和半成品保护。

10.4.1 出入口钢结构安装

1. 钢结构加工技术要点

1)钢材的选用

(1)钢材应采用Q235B碳素结构钢，并应符合碳素结构钢GB/T 700—2006国家现行相关规定。

(2)钢材的品种、型号、规格和质量必须符合设计和施工规范的规定；并应有出厂合格证、试验报告。

2)钢构件加工

(1)防锈防腐要求。钢构件喷砂除锈等级一般采用Sa 2.5级，表面粗糙度宜为30～70 μm。构件表面喷涂无机富锌底漆80 μm，面漆60 μm两道(2×30μm)，表面做煽漆处理。

(2)钢构件加工。钢结构的放样、号料、切割、矫正、成型、加工制孔、组装均应满足 GB 50205—2020 规定，应采用工厂生产、现场组装方式。

(3) 钢构件拼接采用对接焊缝的焊缝等级为一级，其余焊缝等级为三级。

(4) 钢材的弯曲及下料应实施对材料无损伤的弯杆加工，确保弯杆未受损伤。

(5) 除图上注明外，所有角焊缝均为凸面焊缝；端部需绕焊或包角。所有焊缝应打磨光滑。

(6) 钢构件应根据不同的出入口和不同的安装位置进行编号，并标记清晰，方便进场及安装使用。

2. 钢结构安装技术要点

1) 预埋件检查修正

预埋件位置的准确性是出入口钢结构安装的基础性工作，在立柱安装前，应仔细校核预埋件位置的准确性，对预埋件位置有偏差的部分采取纠正措施。

2) 钢支座的预装

钢支座预装焊接工作在预埋件安装、定位完毕后自下而上开始安装，校正位置后先点焊固定，待立柱安装定位后再焊接完全定位。

3) 钢立柱的安装

在钢支座安装校正后开始安装钢立柱，钢立柱的主要安装工艺如下：

(1) 对照施工图检查立柱的尺寸及加工孔位是否正确。

(2) 对照立面立柱分布图检查立柱编号是否与安装位置应安装的立柱编号相符。

(3) 安装立柱，以确保立柱安装的安装误差符合规范要求，钢立柱与不锈钢螺栓连接应加设防腐垫片，防雷应加设防雷垫片。为防止钢支座焊接时受热变形，在钢支座施焊时，应按先上下交替施焊，再左右交替焊的方式进行，焊接时必须保证焊缝质量，不得有假焊，气泡、夹渣等焊接缺陷，焊缝高度不小于设计要求。

4) 横梁安装

立柱安装完毕后，应及时复核立柱分格尺寸是否符合要求，配合土建要求确定基准线横梁标高，再根据设计要求抄出所有横梁的位置，用不锈钢螺钉固定紧固连接角码，然后安装横梁，安装横梁时要求横梁与立柱能够很好地配合，安装牢固，接缝严密。

10.4.2 出入口铝板屋面及玻璃幕墙安装

1. 铝板屋面安装技术要点

1) 安装前检查

在屋面板安装前应检查钢结构预留的屋面板固定座的安装质量，确保满足层面板安装要求。

2）放线

固定座经检查满足要求后，按屋面板的尺寸放出安装定位线，一般以面板出中心线的距离为控制线。

3）屋面板安装

施工人员将屋面板放置到安装位置，就位时先对准板端控制线，将压制成型的铝单板屋面板扣入固定支座顶部的蘑菇头上，使相邻的板相互搭扣，然后用铆钉、自攻钉进行固定，使其形成可在固定支座上自由滑动，以适应温差变形且具有装饰功能的构造防水系统。

2. 玻璃幕墙安装技术要点

1）玻璃加工

（1）钢结构骨架安装完成后，对幕墙安装位置的结构尺寸进行精确地测量，绘制玻璃加工外包尺寸图并做好编号，然后根据现场测量的结果编制玻璃下料单，报送厂家生产加工。

（2）各种规格形式的玻璃在厂内加工好，保护包装好后运至工地。

2）现场安装

（1）玻璃运到工地后，应堆放到在相应出入口适当位置，然后根据下料单、送货单等全面清点玻璃的到货数量，并对玻璃外包尺寸、玻璃质量进行全面的复核与验收。

（2）现场安装前应先对清图号、玻璃号以确认其安装位置，并分区摆放。

（3）安装时先搬运玻璃进入安装位置，玻璃下端必须垫合适的橡塑垫块，然后就位，调整周边间隙、水平及垂直度后，安装玻璃扣条就位紧固，再填塞塔胶条，塔胶条安装好后，在玻璃外侧四周注胶，然后清洁玻璃表面。

10.4.3 出入口装修技术要点

1. 出入口装修技术要点

（1）出入口顶棚的装修前，各机电安装专业应协调好管线的布置与敷设，务必做到管线平直、安全牢固；末端设备安装位置合理、美观。

（2）出入口顶棚的装修应与视频监控的末端设备安装、导向标识牌的安装做好空间上的协调配合，避免出现碰撞或打架的情形。

（3）出入口钢结构和玻璃幕墙专业与石材铺设专业的接口处理：钢结构支座、玻璃幕墙安装后与花岗石板材之间有接触，接缝处由石材铺设专业负责现场细部加工，进行注耐候胶密封处理，保证缝隙宽度均匀，缝隙两侧无明显高差。

2. 不锈钢格栅卷帘门安装技术要点

（1）不锈钢格栅卷帘按照设计要求委托专业厂家加工。若设计和招标文件技术要求没有说明的，一般管状帘片采用 ϕ22 mm × 2 mm 的不锈钢圆管，圆管中心线间距 100 mm。圆管用 22 × 22 × 2 mm 厚不锈钢方管连接，不锈钢标号为 304#。

（2）帘板、导轨、门楣、卷轴等部件的表面不允许有裂纹、压坑及较明显的凹凸、锤痕、毛刺、空洞等缺陷。构件或零部件的组装、拼接处不允许有错位。

（3）焊接处应牢固，外观平整，不允许有夹渣、漏焊等现象。

（4）手电动两用式卷门机：应设置限位开关，卷帘启闭至上下限时，能自动停止，其重复定位误差应小于 20 mm；应设有手动启闭装置，以备断电时使用；控制箱应安全并便于检修。所装配的操纵装置都应有明显的操纵标志，便于灾害发生时消防人员、值勤人员准确迅速地操作。使用手动速放装置时，臂力不得大于 50N。制动装置的制动力矩的安全系数应为 1.5。卷门机设置在卷帘门卷轴（卷筒）侧上方。

（5）不锈钢格栅卷帘门的启闭工作应灵敏、平顺，应无尖锐刺耳的噪声。

10.5 车站装修工程施工过程常见问题及解决方法

10.5.1 设备区装修施工过程常见问题及解决方法

1. 设备区管线密集部位穿墙套管无法封堵或封堵不严

1）现象

密集穿墙的套管无法安装或套管外侧与墙体间的墙体封堵和收口困难，甚至无法砌筑封堵；套管内的防火封堵也会无法按防火要求封堵。

2）原因分析

在车站设备区的一些特殊部位，存在风管在垂直方向有分几层布置的风管、电缆桥架穿越墙体的情况，若穿越墙体的部位风管、桥架尺寸较大，管线密集，会造成先安装机电管线、套管，则砌筑专业没有操作控制，或封堵困难，甚至出现无法完成砌筑的情况。

3）防治措施

（1）利用 BIM 技术在三维模型优化此处的管线布置，确定管线套管的空间位置。

（2）在此处墙体砌筑前，采用预先吊挂预埋套管，墙体砌筑过程将套管预先埋置到墙体中，整幅墙面可直接砌筑到顶，套管外砌筑不需后补。

（3）机电管线安装时从上往下分层依次安装穿墙管道，并安装一层，套管内防火封堵一层，以这样的方式逐层安装、封堵，保证过墙管道安装、防火封堵的施工质量，如图 10－5－1 所示。

图 10－5－1　穿墙预埋套管安装

2. 环控机房渗水

1)现象

机房有水渗漏到站台层，造成站台层该区域的房间顶棚滴水，影响到站台设备房的正常使用，若变压器室、高低压配电室位于该区域，甚至会带来极大的安全隐患。

2)原因分析

设备区的环控机房是长期有水的房间，在空调季期间，由于冷水机组、水泵的运转产生的楼板震动，增加渗漏的可能性。有些环控机房往往存在穿楼板的风管、水管的情况，防水细部做法不到位也会产生渗漏情况。

3)防治措施

(1)环控机房必须按照设计图纸和建筑防水技术规程的要求做好防水层施工，防水材料的种类、技术性能指标必须满足设计和验收规范的要求。

(2)沿着设备基础的四周设置排水沟，排水沟的深度和坡度必须满足设计要求，排水必须顺畅无积水。

(3)机房内存在竖向穿楼板的管道时，应在管道口的四周做与结构板粘结牢固的钢筋混凝土挡水槛，若能与结构楼板一起浇筑则效果更佳。

(4)防水层在设备基础四周和排水沟等重要部位，必须按照防水细部做法认真施工，必要时多刷几道，确保防水效果。

(5)防水层施工完成后必须进行 24h 的蓄水试验，无渗漏后方可进行下一步的施工。

(6)机房内的排水地漏标高要准确，确保汇水、去水顺畅，杜绝出现因地漏结构预埋时过高而未切割到位导致出现积水的情形。

3. 防火门变形

1)现象

设备区防火门出现开启、关闭不畅的情形。

2)原因分析

(1)防火门框的安装标高控制不好，偏差过大，导致门扇安装时上下预留间隙不够。

(2)防火门框的垂直度、对角线偏差大，导致门扇与门框接合处上下缝隙宽度不一，甚至存在擦框现象。

(3)门框安装存在两门框边不在一个平面上，造成门扇翘曲。

(4)部分大尺寸的防火门框存在顶框中下弯、两侧框向门中凸弯的情形，导致两扇门闭合困难。

3)防治措施

(1)认真复核防火门安装的控制线与房间内外的地面装饰层面标高的控制线，尤其要注意车站结构往往是有0.3%的结构坡度，因此房间内外的控制标高必须综合考虑。

(2)防火门门框安装时，必须选择好安装的时间点，在条件允许的情况下，尽量在房间内的设备、管线基本安装完成后进行，避免材料设备运输工程中碰撞损坏或变形。

(3)防火门框安装时，要认真控制门框的垂直度、对角线偏差及保证门框在一个平面内。

(4)必须按防火门的技术要求，认真做好门框与墙体连接件的连接牢固，连接件的间距必须满足规范要求，尤其是大尺寸的防火门，保证连接件的数量、间距和牢固性是防止顶框中下弯、侧框凸弯的有效措施。

(5)门框安装完成并经复核合格后，及时进行门框边的砂浆填缝和收口工作，门框边的砂浆填缝时，应避免出现用力猛挤或撞、敲框边的情况。待砂浆完全硬化定性后方可将防火门底向的固定撑拆除。

(6)门扇安装前，应再次复核门框的质量，确定满足要求方可安装门扇，门扇安装要注意上下留缝的宽度和竖向中缝的宽度，必须符合验收规范的要求。

10.5.2 公共区装修施工过程常见问题及解决方法

1. 站厅楼梯口、扶梯口滴水

1)现象

在站厅层的楼梯口、扶梯口、垂直电梯井四周出现渗水，会在站台层该位置的天花处存在滴水的现象。

2)原因分析

(1)站厅层离壁沟排水不畅存在积水。

(2)站厅离壁沟的结构挡水槛未按要求施工，未做防水层或防水层施工质量差，存在渗漏情况。

(3)在楼梯口、扶梯口、垂直电梯井的四周，未按要求设置混凝土挡水槛。

3)防治措施

(1)离壁沟位置应按要求设置钢筋混凝土挡水槛，挡水坎的高度必须满足要求。

(2)离壁沟必须找坡，排向在沟内设置的排水地漏。离壁沟的坡度必须符合设计要求，沟坡应平顺，无积水。在墙面安装饰面板时保证沟内干净无杂物方可封板。

(3)离壁沟必须认真做好防水层，并应进行蓄水试验，无渗漏方可进行下一步工序的施工。

(4)在楼梯口、扶梯口、垂直电梯井的四周应设置混凝土挡水槛。

2. 公共区消火栓装饰门的安装

1)现象

防火栓装饰门的开门方向与消火栓头不相一致，未达到开门见消火栓头的要求；还有就是装饰门的开门角度未达到160°的消防要求。

2)原因分析

(1)装饰门的开门方向的确定未与消防水专业进行配合协调。

(2)装饰门装修时，未对装饰门进行深化设计和技术处理，仅凭经验野蛮施工。

3)防治措施

(1)与消防水专业工程师协调，确定消防栓头的位置，在墙面装修深化设计中将装饰暗门的开启方向标识清楚。同时，在现场的结构墙体上标明装饰门的开启方向。

(2)结合墙面饰面材料的装修厚度和材料情况，对装饰门进行专门的深化设计，选用合适的门铰类型、门框钢架材料进行综合考虑，做出优化方案，并绘制深化设计大样图。

(3)施工前，对施工作业人员做好技术交底，确保按照深化后的设计图纸进行施工。

(4)施工完成后，对装饰门进行检查，检查门的开启方向是否与消防水的栓头相一致，门扇开启角度是否满足消防要求，门的开启是否顺畅、易于操作，确保各项指标必须满足消防技术的要求。

3. 公共区天花装修常见问题

1)现象

公共区天花龙骨吊杆间距过大，间距超过1200 mm，天花龙骨体系整体刚度差；公共区天花吊杆与机电系统管线支架共用吊杆，导致通风风管的振动传递到天花系统，偶尔会造成天花出现微小振动的现象。

2）原因分析

（1）天花龙骨吊杆未按设计及验收规范要求设置，遇到大尺寸的通风管道，吊杆无法避免设置在大尺寸管道的下方时，未设置角钢横担措施增加吊点。

（2）没有按要求将机电系统的管线支架、设备吊架与天花系统的龙骨吊杆分离独立设置，使局部吊杆受力过大，天花下垂，设备管线的轻微振动传递到天花系统。

3）防治措施

（1）在天花上部的机电管线安装前，公共区天花装修专业应与机电专业协调做好吊杆位置的布置图，在机电系统满足设计和规范要求的前提下，使天花龙骨吊点的间距满足规范要求。

（2）确实因管线尺寸过大，必须在管线下方设计吊点才能满足吊点间距要求的，须在管下设置角钢横担的方式增加吊点，以保证能完全承担天花的自身重量。

（3）天花龙骨的吊挂件不得与设备管道及检修通道的吊挂件合用，也不得吊挂在管道或其他设备上，设备管道不得架设在吊顶龙骨上。

4. 扶梯平台与地面石材高低差过大

1）现象

扶梯平台与地面石材装饰面的标高高低差过大。

2）原因分析

（1）标高控制线的不一致，或偏差过大。

（2）未考虑车站结构本身的结构坡度，按完全水平来安装扶梯。

（3）装修与扶梯安装专业协调不到位，交接交底未到位。

3）防治措施

（1）站厅与站台的标高控制线的应在附近的结构柱上标识好 +1.0m 控制线，要注意考虑车站的结构原有的坡度（一般为0.3%，以车站的设计坡度为准）。

（2）在扶梯进场施工时，密切与扶梯安装单位对标高控制线进行专项的协调和交底。

（3）及时复测扶梯安装完成后的扶梯平台标高，是否与装修完成面标高控制相一致。

（4）地面石材铺贴时，必须综合考虑地面饰面标高与扶梯平台标高以及站台饰面标高与轨道标高的关系，确保标高控制的一致性。

本书涉及所获奖项：

1. 工程类(质量)

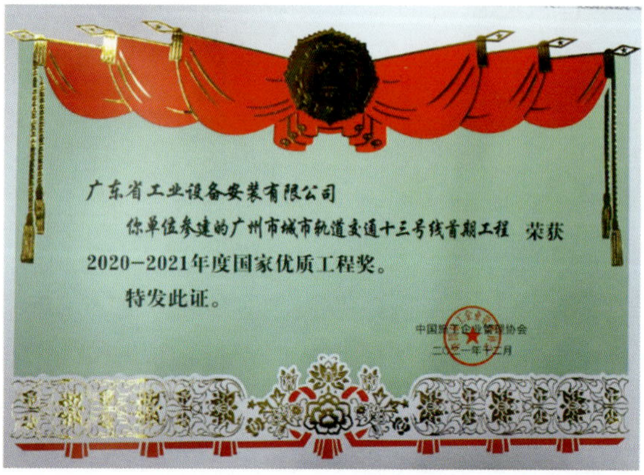

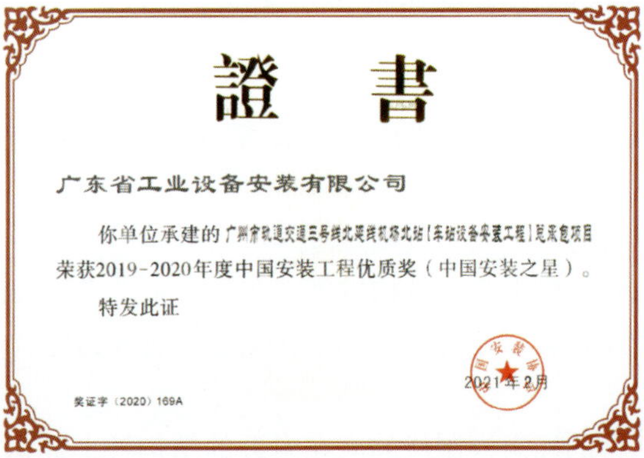

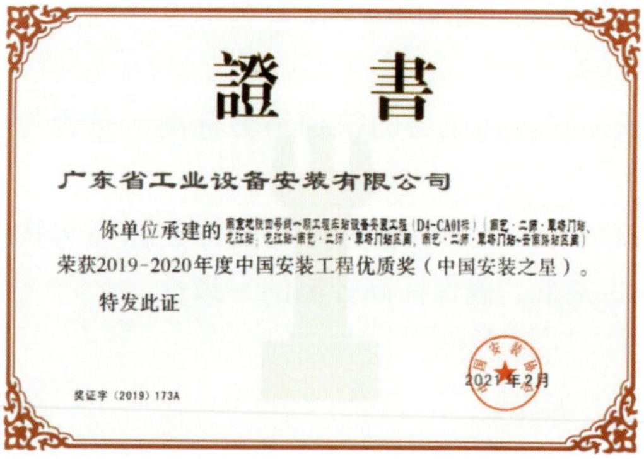

荣誉证书

广东省工业设备安装公司

广州市轨道交通四号线北延段车站设备安装工程VII标段工程车陂站被评为2013年度市政金杯示范工程，特予表彰。

中国市政工程协会

二〇一四年四月

中国建筑工程装饰奖

获奖证书

（公共建筑装饰类）

广东省工业设备安装有限公司

你单位承建的 广州市轨道交通三号线北延线机场北站【车站设备安装工程】总承包项目 工程

荣获二〇一九~二〇二〇年度中国建筑工程装饰奖。

特发此证

承建范围：

二〇二〇年十二月

广东省建设工程优质奖证书

广东省工业设备安装有限公司参建的

东莞市城市快速轨道交通R2线工程(东莞火车站~东莞虎门站段)2310标：厚街中心站、厚街汽车站、陈屋站~厚街中心站区间、厚街中心站~厚街汽车站区间)土建工程施工项目 工程评定为

二〇一九年度广东省建设工程优质奖。

特发此证

粤建工程优质证字（2019）117B号

二〇一九年五月三十日

获奖证书

广东省工业设备安装有限公司：

你单位参建的“南京地铁四号线一期工程龙江站～南艺·二师·草场门站区间、南艺·二师·草场门站～云南路站区间”荣获2018年度江苏省优质工程奖“扬子杯”。

二〇一九年[illegible]月十八日

获奖证书

广东省工业设备安装公司：

你公司参建的“南京地铁二号线一期(油坊桥站－汉中门站－新街口－马群站)”荣获 2012 年度江苏省“扬子杯”优质工程奖。

二〇一三年一月二十五日

荣誉证书

深圳市市政工程总公司、广东省工业设备安装公司：

你们联合承建的 深圳地铁2号线-侨香站 工程，荣获二〇一二年度深圳市优质工程金牛奖。

特发此证

深圳市建筑业协会

二〇一二年三月

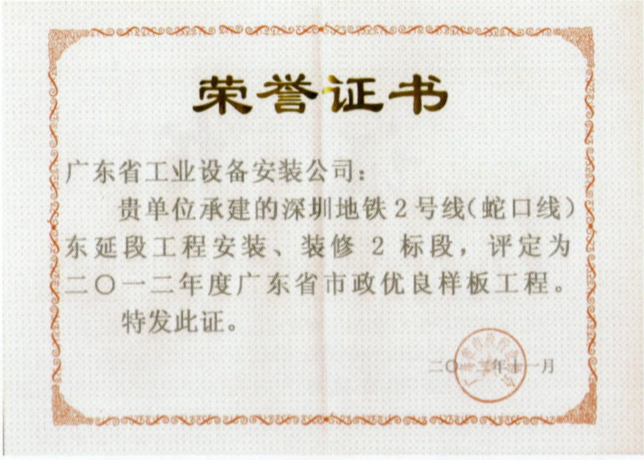
荣誉证书

广东省工业设备安装公司：

贵单位承建的深圳地铁2号线（蛇口线）东延段工程安装、装修2标段，评定为二〇一二年度广东省市政优良样板工程。

特发此证。

二〇一二年十一月

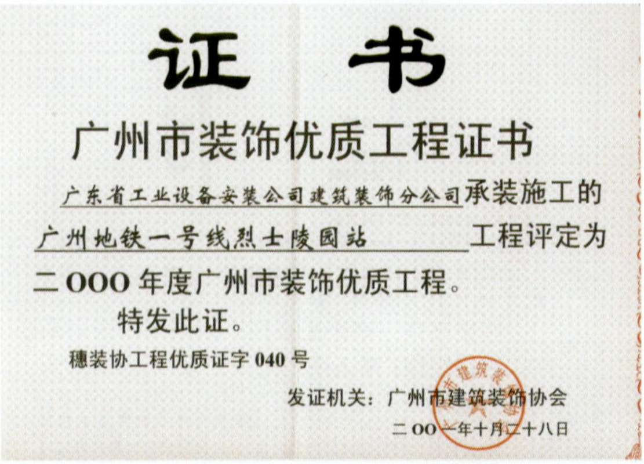
证　书

广州市装饰优质工程证书

广东省工业设备安装公司建筑装饰分公司承装施工的广州地铁一号线烈士陵园站工程评定为二OOO年度广州市装饰优质工程。

特发此证。

穗装协工程优质证字040号

发证机关：广州市建筑装饰协会

二OO一年十月二十八日

证　书

广州市装饰优质工程证书

广东省工业设备安装公司建筑装饰分公司承装施工的广州地铁一号线广州东站工程评定为二OOO年度广州市装饰优质工程。

特发此证。

穗装协工程优质证字039号

发证机关：广州市建筑装饰协会

二OO一年十月二十八日

2. 工程类(安全文明)

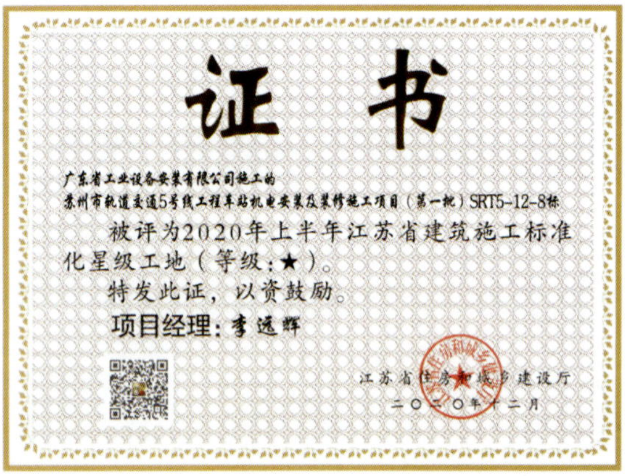
证 书

广东省工业设备安装有限公司施工的
苏州市轨道交通5号线工程车站机电安装及装修施工项目（第一批）SRT5-12-8标

被评为2020年上半年江苏省建筑施工标准化星级工地（等级:★）。

特发此证，以资鼓励。

项目经理：李远辉

江苏省住房和城乡建设厅
二〇二〇年十二月

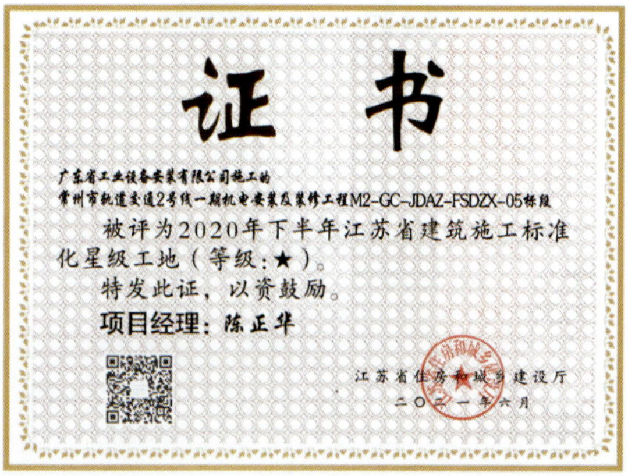
证 书

广东省工业设备安装有限公司施工的
常州市轨道交通2号线一期机电安装及装修工程M2-GC-JDAZ-FSDZX-05标段

被评为2020年下半年江苏省建筑施工标准化星级工地（等级:★）。

特发此证，以资鼓励。

项目经理：陈正华

江苏省住房和城乡建设厅
二〇二一年六月

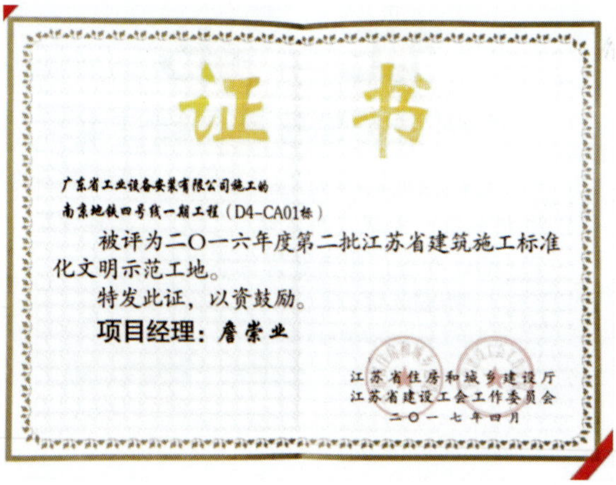
证 书

广东省工业设备安装有限公司施工的
南京地铁四号线一期工程（D4-CA01标）

被评为二〇一六年度第二批江苏省建筑施工标准化文明示范工地。

特发此证，以资鼓励。

项目经理：詹崇业

江苏省住房和城乡建设厅
江苏省建设工会工作委员会
二〇一七年四月

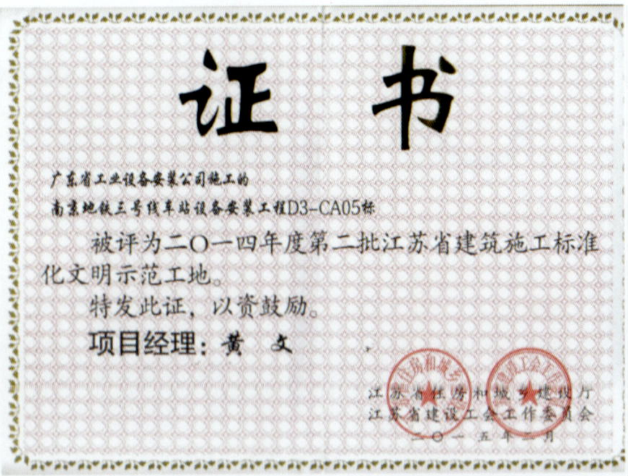

证　书

广东省工业设备安装公司施工的
南京地铁三号线车站设备安装工程D3-CA05标

被评为二〇一四年度第二批江苏省建筑施工标准化文明示范工地。

特发此证，以资鼓励。

项目经理：黄　文

江苏省住房和城乡建设厅
江苏省建设工会工作委员会
二〇一五年[illegible]月

3. 科技成果类

广东省土木建筑学会科学技术奖励

证　书

广东省科学技术厅2012年批准设立
国家科技部登记证书编号：粤科奖社证字第13号

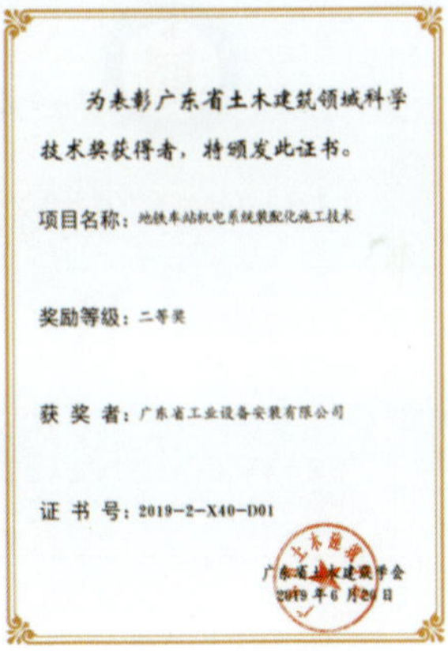

为表彰广东省土木建筑领域科学技术奖获得者，特颁发此证书。

项目名称：地铁车站机电系统装配化施工技术

奖励等级：二等奖

获 奖 者：广东省工业设备安装有限公司

证 书 号：2019-2-X40-D01

广东省土木建筑学会
2019年6月[illegible]日

广东省土木建筑学会科学技术奖

证　书

广东省科学技术厅2012年批准设立
国家科技部登记证书编号：粤科奖社证字第13号

为表彰广东省土木建筑领域科学技术奖获得者，特颁发此证书。

项目名称：地铁隧道通风系统施工技术

奖励等级：二等奖

获 奖 者：广东省工业设备安装有限公司

证 书 号：2021-2-X39-D01

广东省土木建筑学会
2021年7月

广东省土木建筑学会科学技术奖励

证 书

广东省科学技术厅2012年批准设立

国家科技部登记证书编号：粤科奖社证字第13号

为表彰广东省土木建筑领域科学技术奖获得者，特颁发此证书。

项目名称：地下轨道交通区间低压配电系统施工技术

奖励等级：二等奖

获 奖 者：广东省工业设备安装有限公司

证 书 号：2020-2-X20-D01

广东省土木建筑学会

2020年7月

广东省土木建筑学会科学技术奖

证 书

广东省科学技术厅2012年批准设立

国家科技部登记证书编号：粤科奖社证字第13号

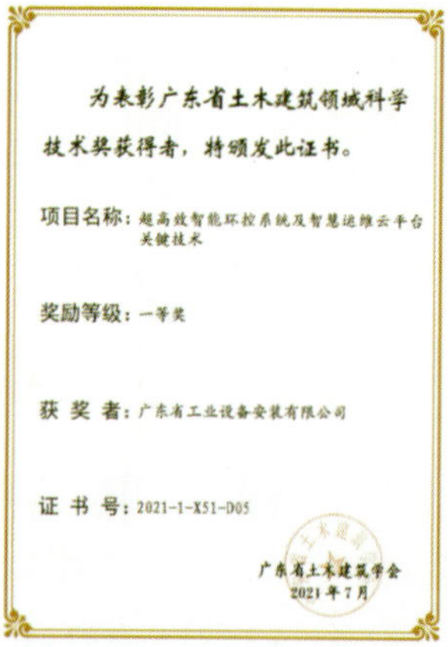
为表彰广东省土木建筑领域科学技术奖获得者，特颁发此证书。

项目名称：超高效智能环控系统及智慧运维云平台关键技术

奖励等级：一等奖

获 奖 者：广东省工业设备安装有限公司

证 书 号：2021-1-X51-D05

广东省土木建筑学会

2021年7月

4. 省级工法类

省级工法证书

工法名称：地铁车站机电系统装配化施工工法

批准文号：粤建市函〔2018〕2933号

工法编号：GDGF113-2018

完成单位：广东省工业设备安装有限公司

主要完成人：莫永红、张广志、卢炯平、李振强、陈德武、萧若霓、陆嘉智、方观伟

二〇一八年十二月二十日

省级工法证书

工法名称： 地铁隧道通风系统施工工法
批准文号： 粤建市函〔2021〕59号
工法编号： GDGF027-2020
完成单位： 广东省工业设备安装有限公司

主要完成人： 田炳权、黄桂红、萧若霓、罗传文、何文杰、
张梦玲、李存福、李振秾

二〇二一年一月十九日

省级工法证书

工法名称： 地下轨道交通区间低压配电系统施工工法
批准文号： 粤建市函〔2019〕1270号
工法编号： GDGF555-2019
完成单位： 广东省工业设备安装有限公司

主要完成人： 詹崇业、田炳权、萧若霓、何文杰、李颂华、
李存福、李振秾、陈平

二〇一九年十二月十一日

5. 专利

证书号第11567312号

实用新型专利证书

实用新型名称：设有检修口的风机

发 明 人：刘良贤;陆嘉智;江桂焕;方观伟

专 利 号：ZL 2019 2 2178031.7

专利申请日：2019年12月06日

专 利 权 人：广东省工业设备安装有限公司

地 址：510080 广东省广州市农林下路83号广发金融大厦15-16楼

授权公告日：2020年09月29日　　授权公告号：CN 211599075 U

国家知识产权局依照中华人民共和国专利法经过初步审查，决定授予专利权，颁发实用新型专利证书并在专利登记簿上予以登记。专利权自授权公告之日起生效。专利权期限为十年，自申请日起算。

专利证书记载专利权登记时的法律状况。专利权的转移、质押、无效、终止、恢复和专利权人的姓名或名称、国籍、地址变更等事项记载在专利登记簿上。

局长
申长雨

2020年09月29日

第1页（共2页）

其他事项参见背面

证书号第9963930号

实用新型专利证书

实用新型名称：一种地铁隧道区间电缆敷设运输装置

发 明 人：田炳权;李存福;詹崇业;萧若霓;李振秾;李颂华

专 利 号：ZL 2018 2 2278887.7

专利申请日：2018年12月30日

专 利 权 人：广东省工业设备安装有限公司

地 址：510080 广东省广州市农林下路83号广发大厦15-16楼

授权公告日：2020年01月21日　　授权公告号：CN 209972487 U

国家知识产权局依照中华人民共和国专利法经过初步审查，决定授予专利权，颁发实用新型专利证书并在专利登记簿上予以登记。专利权自授权公告之日起生效。专利权期限为十年，自申请日起算。

专利证书记载专利权登记时的法律状况。专利权的转移、质押、无效、终止、恢复和专利权人的姓名或名称、国籍、地址变更等事项记载在专利登记簿上。

局长
申长雨

2020年01月21日

第1页（共2页）

其他事项参见背面

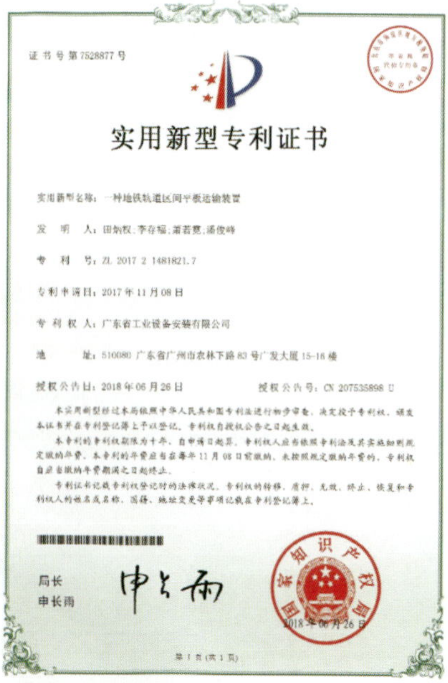
证书号第7528877号

实用新型专利证书

实用新型名称：一种地铁轨道区间平板运输装置

发　明　人：田炳权；李存福；萧若霓；潘俊峰

专　利　号：ZL 2017 2 1481821.7

专利申请日：2017年11月08日

专 利 权 人：广东省工业设备安装有限公司

地　　址：510080 广东省广州市农林下路83号广发大厦15-16楼

授权公告日：2018年06月26日　　授权公告号：CN 207535898 U

本实用新型经过本局依照中华人民共和国专利法进行初步审查，决定授予专利权，颁发本证书并在专利登记簿上予以登记。专利权自授权公告之日起生效。

本专利的专利权期限为十年，自申请日起算。专利权人应当依照专利法及其实施细则规定缴纳年费。本专利的年费应当在每年11月08日前缴纳。未按照规定缴纳年费的，专利权自应当缴纳年费期满之日起终止。

专利证书记载专利权登记时的法律状况。专利权的转移、质押、无效、终止、恢复和专利权人的姓名或名称、国籍、地址变更等事项记载在专利登记簿上。

局长
申长雨

2018年06月26日

第1页（共1页）

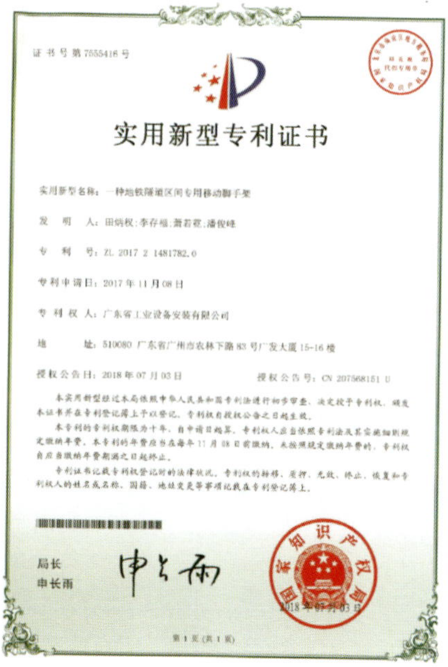
证书号第7555416号

实用新型专利证书

实用新型名称：一种地铁隧道区间专用移动脚手架

发　明　人：田炳权；李存福；萧若霓；潘俊峰

专　利　号：ZL 2017 2 1481782.0

专利申请日：2017年11月08日

专 利 权 人：广东省工业设备安装有限公司

地　　址：510080 广东省广州市农林下路83号广发大厦15-16楼

授权公告日：2018年07月03日　　授权公告号：CN 207568151 U

本实用新型经过本局依照中华人民共和国专利法进行初步审查，决定授予专利权，颁发本证书并在专利登记簿上予以登记。专利权自授权公告之日起生效。

本专利的专利权期限为十年，自申请日起算。专利权人应当依照专利法及其实施细则规定缴纳年费。本专利的年费应当在每年11月08日前缴纳。未按照规定缴纳年费的，专利权自应当缴纳年费期满之日起终止。

专利证书记载专利权登记时的法律状况。专利权的转移、质押、无效、终止、恢复和专利权人的姓名或名称、国籍、地址变更等事项记载在专利登记簿上。

局长
申长雨

2018年07月03日

第1页（共1页）

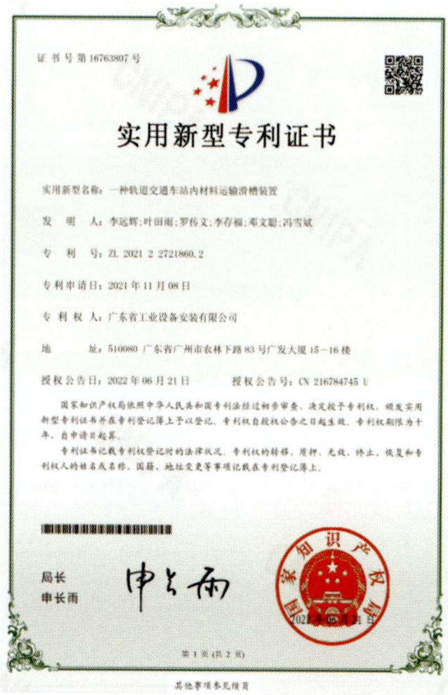
证书号第16763807号

实用新型专利证书

实用新型名称：一种轨道交通车站内材料运输滑槽装置

发　明　人：李运辉；叶田雨；罗传文；李存福；邓文聪；冯雪斌

专　利　号：ZL 2021 2 2721860.2

专利申请日：2021年11月08日

专 利 权 人：广东省工业设备安装有限公司

地　　址：510080 广东省广州市农林下路83号广发大厦15—16楼

授权公告日：2022年06月21日　　授权公告号：CN 216784745 U

国家知识产权局依照中华人民共和国专利法经过初步审查，决定授予专利权，颁发实用新型专利证书并在专利登记簿上予以登记。专利权自授权公告之日起生效。专利权期限为十年，自申请日起算。

专利证书记载专利权登记时的法律状况。专利权的转移、质押、无效、终止、恢复和专利权人的姓名或名称、国籍、地址变更等事项记载在专利登记簿上。

局长
申长雨

第1页（共2页）

其他事项参见续页

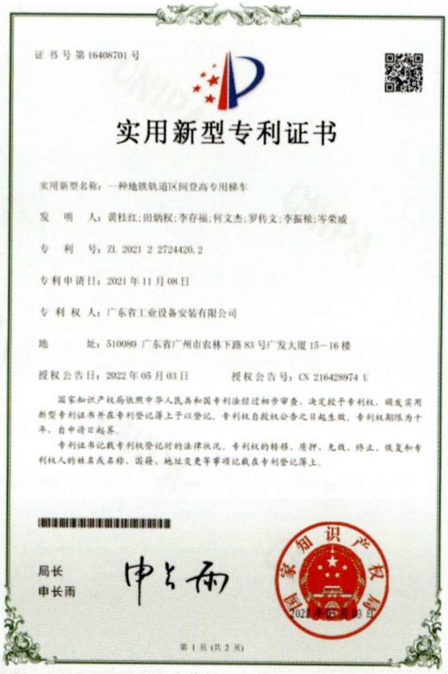
证书号第16408701号

实用新型专利证书

实用新型名称：一种地铁轨道区间登高专用梯车

发　明　人：黄柱红；田炳权；李存福；何文杰；罗传文；李振栋；岑荣威

专　利　号：ZL 2021 2 2724420.2

专利申请日：2021年11月08日

专 利 权 人：广东省工业设备安装有限公司

地　　址：510080 广东省广州市农林下路83号广发大厦15—16楼

授权公告日：2022年05月03日　　授权公告号：CN 216428974 U

国家知识产权局依照中华人民共和国专利法经过初步审查，决定授予专利权，颁发实用新型专利证书并在专利登记簿上予以登记。专利权自授权公告之日起生效。专利权期限为十年，自申请日起算。

专利证书记载专利权登记时的法律状况。专利权的转移、质押、无效、终止、恢复和专利权人的姓名或名称、国籍、地址变更等事项记载在专利登记簿上。

局长
申长雨

第1页（共2页）

其他事项参见续页

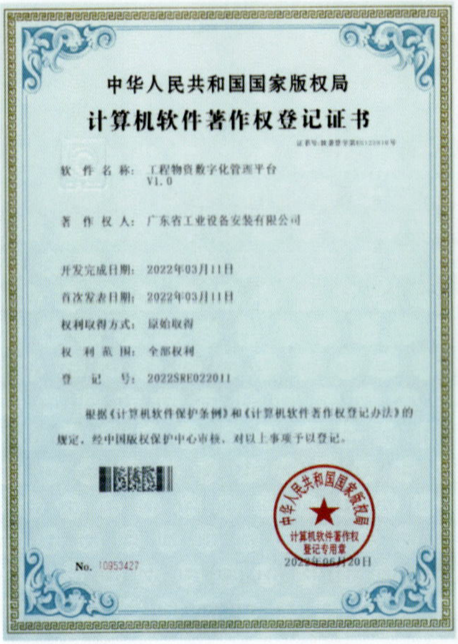

中华人民共和国国家版权局

计算机软件著作权登记证书

软 件 名 称： 工程物资数字化管理平台 V1.0

著 作 权 人： 广东省工业设备安装有限公司

开发完成日期： 2022年03月11日

首次发表日期： 2022年03月11日

权利取得方式： 原始取得

权 利 范 围： 全部权利

登 记 号： 2022SR0022011

根据《计算机软件保护条例》和《计算机软件著作权登记办法》的规定，经中国版权保护中心审核，对以上事项予以登记。

No. 10953427

2022年06月20日

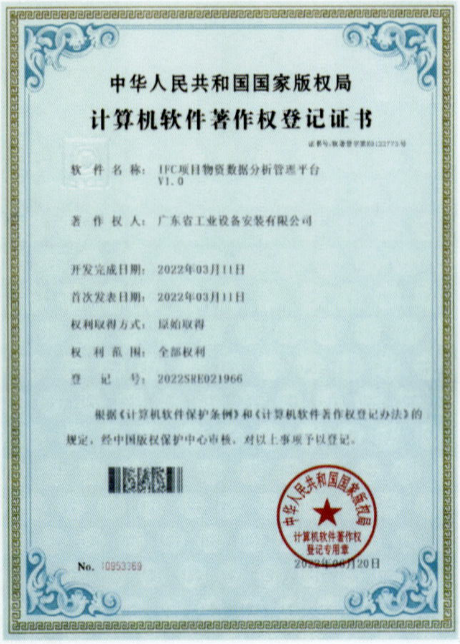

中华人民共和国国家版权局

计算机软件著作权登记证书

软 件 名 称： IFC项目物资数据分析管理平台 V1.0

著 作 权 人： 广东省工业设备安装有限公司

开发完成日期： 2022年03月11日

首次发表日期： 2022年03月11日

权利取得方式： 原始取得

权 利 范 围： 全部权利

登 记 号： 2022SR0021966

根据《计算机软件保护条例》和《计算机软件著作权登记办法》的规定，经中国版权保护中心审核，对以上事项予以登记。

No. 10953369

2022年06月20日

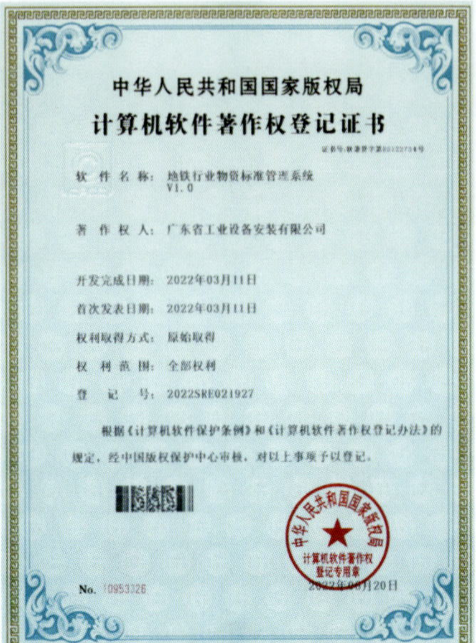

中华人民共和国国家版权局

计算机软件著作权登记证书

软 件 名 称： 地铁行业物资标准管理系统 V1.0

著 作 权 人： 广东省工业设备安装有限公司

开发完成日期： 2022年03月11日

首次发表日期： 2022年03月11日

权利取得方式： 原始取得

权 利 范 围： 全部权利

登 记 号： 2022SR0021927

根据《计算机软件保护条例》和《计算机软件著作权登记办法》的规定，经中国版权保护中心审核，对以上事项予以登记。

No. 10953326

2022年06月20日

6. BIM 应用

荣誉证书

广东省工业设备安装有限公司：

完成的“BIM技术在广州地铁三号线北延段机场北站设备安装工程施工中的应用”成果，在2018年安装行业BIM技术应用成果评价中达到“国内领先(I类)”水平。

No. 2018BIM006A(I)

荣誉证书

2021年安装行业BIM技术应用成果评价

国内先进、行业领先（Ⅱ类成果）

成果名称：佛山地铁3号线3204-4标机电工程BIM数字建造应用

完成单位：广东省工业设备安装有限公司

完 成 人：黄　文，岑荣威，江桂焕，李金河，萧若霓，方观伟，刘良贵，冯小东

成果类别：民用建筑机电安装工程BIM技术应用

成果编号：2021BIM-II-053

2021年12月

荣誉证书

2017安装之星全国BIM应用大赛

三等奖

成果名称：BIM技术在广州轨道交通十三号线Ⅲ标段机电安装工程施工中的应用

完成单位：广东省工业设备安装有限公司

获奖类别：民用建设机电安装工程

证书编号：AZZX-BIM-2017074

2017年12月

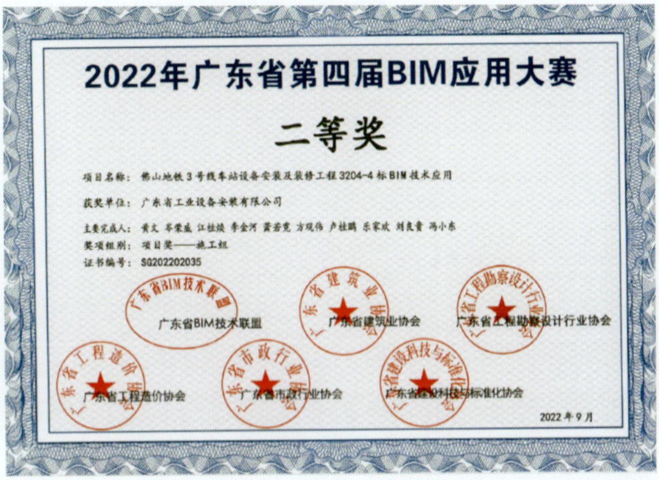

2022年广东省第四届BIM应用大赛

二等奖

项目名称：佛山地铁3号线车站设备安装及装修工程3204-4标BIM技术应用

获奖单位：广东省工业设备安装有限公司

主要完成人：黄文 岑荣盛 江桂焕 李金河 黄若宽 方观伟 卢桂鹏 乐家欢 刘良贵 冯小东

奖项组别：项目奖——施工组

证书编号：SG202202035

广东省BIM技术联盟　广东省建筑业协会　广东省工程勘察设计行业协会

广东省工程造价协会　广东省市政行业协会　广东省建设科技与标准化协会

2022年9月